Elogios de la crítica para La Dé...

"Una continuación profundam... ...na
Revelación... El argumento contiene imp... ...n-
za con la velocidad de una novela de s... ...ra línea.

—...RTER-NEWS

"Este libro es verdaderamente único. ¡Corra a buscarlo a la librería
más próxima!"

—LOS ANGELES FEATURES SYNDICATE

"Un peregrinaje pintoresco e imaginativo... Algunos de los momentos visionarios de esta historia recuerdan los relatos clásicos chinos e
hindúes. Es una forma de pensamiento que confiere un carácter palpable
a las áreas oscuras de la experiencia psicológica y espiritual, logrando
presentar lo sobrenatural con naturalidad."

—BOOKSCAPES

"En *La Décima Revelación*, Redfield insiste en el mensaje fundamental: vivir una vida que ayude a los demás."

—ROCKY MOUNTAIN NEWS

"Nos hará avanzar hacia la iluminación espiritual en el umbral del
tercer milenio... Con *La Décima Revelación*, Redfield demuestra que la vida
de todos es, como la suya, 'una aventura espiritual'."

—DETROIT NEWS

"No se pierda este libro."

—NEW AGE JOURNAL

"Redfield habla a una generación que tiene hambre de alimento
espiritual."

—NEWARK STAR-LEDGER

"Al leer *La Décima Revelación* es posible descubrir aspectos desconocidos de uno mismo y de los otros, y la necesidad de un cambio... *La Décima
Revelación* debe experimentarse de manera personal. En las primeras nueve
revelaciones, la intuición es percibida como algo posible; en la Décima, se
transforma en algo real."

—SUNDAY RECORD

EN BUSCA DE LA LUZ INTERIOR

TÍTULOS DEL AUTOR
PUBLICADOS POR EDITORIAL ATLÁNTIDA

La Novena Revelación

•

La Novena Revelación: Guía vivencial

•

La Décima Revelación

•

La Novena Revelación
(Libro en audio)

•

La Novena Revelación:
Lo esencial de las nueve Revelaciones

•

En busca de la luz interior

EN BUSCA DE LA LUZ INTERIOR

CÓMO TRANSFORMAR SU VIDA PONIENDO EN PRÁCTICA LAS DIEZ REVELACIONES

James Redfield
con Carol Adrienne

TRADUCCIÓN:
CRISTINA SARDOY

EDITORIAL ATLANTIDA
BUENOS AIRES • MEXICO

Adaptación de tapa: Silvina Rodríguez Pícaro

Título original: THE TENTH INSIGHT: HOLDING THE VISION. AN EXPERIENTIAL GUIDE
Copyright © 1996 by James Redfield.
Copyright © Editorial Atlántida, 1997.
Derechos reservados. Primera edición publicada por
EDITORIAL ATLÁNTIDA S.A., Azopardo 579, Buenos Aires, Argentina.
Hecho del depósito que marca la Ley 11.723.
Libro de edición argentina.
Impreso en España. Printed in Spain. Esta edición se terminó de imprimir
en el mes de abril de 1997 en los talleres gráficos
Rivadeneyra S.A., Madrid, España.

I.S.B.N. 950-08-1748-9

Este libro está dedicado a ustedes, los encargados de sostener la Visión.

Índice

PRIMERA PARTE
El umbral

QUINTA PARTE
La acción indicada

11   LA ACCIÓN GRUPAL PARA LA DÉCIMA REVELACIÓN   278

S E X T A   P A R T E
El círculo completo

14 SOSTENER LA VISIÓN 364

Agradecimientos

Este libro se escribió realmente sólo con la ayuda de muchas llamadas sincrónicas en el momento indicado. Gracias a todos aquellos cuyas ideas aparecen aquí. Como modelos de pensamiento nuevo y de comunidad, agradecemos de manera muy especial al Institute of Noetic Sciences, por su apoyo en el área de investigación, y al Centro de Ecoalfabetización, por muchas inspiraciones.

Individualmente, agradecemos el espíritu y la orientación de: Larry Leigon, por sus reflexiones sobre la sombra y la naturaleza de los cambios en la empresa; Elmer Schettler, por compartir sus pensamientos sobre el camino; Donna Hale, terapeuta y canal de trance, por su ayuda en relación con la dinámica de la energía y vidas pasadas; Kevin Ryerson, por el viaje de iniciación; Kathryn Leighton por todos los años de apoyo que allanaron el camino al trabajo actual; Sherrin Bennett, consultor de organizaciones, por ayudarnos a encontrar los esquemas del libro; Ann Buzenberg, editora de *The Celestine Journal*, por su generosa cooperación; doctor Henry Wesselman, por su conversación sobre ciencia y espiritualidad; doctora Selma Lewis por sus profundos análisis sobre conceptos psicológicos; Paula Pagano, quien nos proporcionó un enorme trabajo de campo; Penney Peirce, por sus generosos aportes; Fadel Behmann, por sugerir el libro del profesor Kyriacos Markides en el momento perfecto; Bonne Collenn, de KEST, y David Sersta, de Toronto Learning Annex, por ayudarnos a procesar ideas transformadoras; así como a la doctora Marilyn Rossner y el padre John Rossner, de Montreal; doctor Patrick Tribble; Johnathan Katz; Gilberto Munguia; Russell E. DiCarlo; Jack Coates; y Elizabeth Kibbey (¡sabes bien lo que hiciste!).

Por último agradecemos nuevamente a nuestra editora, Joann Davis, por abrir el camino a estos libros, y el trabajo de Harvey-Jane Kowals, que transformó este manuscrito en un libro.

Y a Candice Fuhrman, por todo.

Introducción

Este libro fue concebido para brindar información de referencia y diversas ideas complementarias que sustentan las hipótesis básicas de la Décima Revelación. Si bien es cierto que las revelaciones, tal como aparecen delineadas en los libros de las Revelaciones, son de naturaleza arquetípica, y por ende están incorporadas a nuestro desarrollo piscológico, nuestra misión consiste simplemente en difundir la palabra y facilitar en la medida de nuestras posibilidades una conversación honesta respecto de la experiencia espiritual actual.

Al leer esta obra, verá que ya está produciéndose en todas partes del mundo un diálogo rico y diverso sobre la vida espiritual. La conversación en sí —en la medida en que implica compartir experiencias con valentía— es el proceso a través del cual tiene lugar este despertar. En estos últimos días del siglo xx y del segundo milenio, no estamos descubriendo tanto nuevas experiencias (aunque esto ocurre) como tomando en serio experiencias que en un tiempo rechazamos o dimos por sentadas. La expresión clave es, desde luego, compartir con valentía, pues, tal como indica la Décima Revelación, nos hallamos en un momento muy importante de la historia.

La vieja Visión Global newtoniana, basada en la idea de que el universo es una gran maquinaria que funciona de manera materialista (desprovista de milagro) evoluciona en este momento hacia una nueva Visión Global que empieza a incorporar pruebas existenciales de que el mundo es muchísimo más que eso. Estamos empezando a ver al universo como un lugar espiritual e inteligente donde los seres humanos pueden desarrollar su conciencia, sentirse guiados a través de la intuición y la coincidencia mágica y recordar la verdad individual de que nacimos para colaborar con la sociedad.

El valor es la clave de este despertar porque, en primer lugar, debemos creer que vamos a encontrar y repetir estas experiencias. Si las primeras nueve Revelaciones se refieren a salir de nuestro camino y sumarnos al flujo trascendente en el que nuestras vibraciones aumentan y nuestras vidas avanzan, la Décima tiene que ver con la comprensión del poder de la intención sagrada que amplifica todo el proceso. Debemos sostener la visión, retener el poder de la fe y la visualización, vale decir, lo que es realmente la oración. En otras palabras, no basta con "dejarnos llevar" por el flujo de la sincronicidad, aunque ello sea fundamental. También debemos despertar a la mañana y tener la intención, la esperanza de que dicha sincronicidad se produzca.

La presente guía de estudio tiene por objeto estimular el debate de este y otros temas. Una vez más, tenemos puesta nuestra fe en la importancia del diálogo mismo. Sabemos interiormente que está produciéndose una transformación espiritual. Sin embargo, la imagen de esta nueva Visión Global sólo comienza a aparecer en su totalidad a medida que individuos y pequeños grupos sacan sus propias conclusiones, hablan con otros acerca de lo que ven, obtienen información nueva y desarrollan sus opiniones hasta alcanzar un nivel de exactitud mayor. Ésta es la conversación espiritual de base que está creando un nuevo consenso sobre la realidad.

Y seguirá estando incompleto en tanto no cuente con usted.

JAMES REDFIELD
CAROL ADRIENNE

"Tenemos esperanza dentro de nosotros, o no; es una dimensión del alma, y no depende en esencia de una observación particular del mundo o una evaluación de la situación. La esperanza no es pronóstico. Es una orientación del espíritu, una orientación del corazón; trasciente el mundo que experimentamos inmediatamente y está arraigado en algún lugar más allá de sus horizontes..."

VACLAV HAVEL, *DISTURBING THE PEACE*

El umbral

CAPÍTULO 1

El cuadro general

ÁGUILA
ESPÍRITU

"La Décima Revelación tiene que ver con la comprensión de toda esta cuestión: la percepción de coincidencias misteriosas, la conciencia espiritual cada vez mayor de la Tierra, las desapariciones de la Novena Revelación... todo desde la perspectiva más elevada de la otra dimensión, para que podamos entender por qué está ocurriendo todo esto y participemos de manera más plena."

LA DÉCIMA REVELACIÓN:
EN BUSCA DE LA LUZ INTERIOR[1]

MANTENER *ABIERTA* LA VISIÓN

Para seres como Jesucristo, Mahoma y Gautama Buda, la capacidad de sostener la Visión Global ya forma parte de su *curriculum vitae*. Entre los mejores candidatos en cualquier entrevista, casi siempre obtienen el puesto en virtud de su experiencia y sus habilidades.

Este libro está escrito para el resto de nosotros.

Hace no mucho tiempo, en un grupo de gente que estudiaba las Revelaciones, un hombre levantó la mano y preguntó: "Me preocupa mucho cómo puedo usar esta información en el mundo real. He ido a otros talleres y hablado con distintas personas, y todos sentimos mucho entusiasmo, pero ¿cómo puedo hacer para mantener ese entusiasmo en el mundo cotidiano? ¿Cómo puedo hacer para mantener ese sentimiento? Estoy harto de hablar de mí mismo, quiero empezar a estar más comprometido en el mundo. ¿Cómo hago?". Este hombre expresaba una idea que nos planteamos todos. Es muy probable que usted se haya dicho prácticamente lo mismo. Nuestra cultura debe hacerse esta pregunta si queremos abrirnos a una nueva Visión del mundo que nos lleve desde donde estamos ahora hacia un futuro viable. Preguntarse: "¿Qué puedo hacer para servir al mundo de una manera positiva?" es importante porque resulta indispensable una acción inmediata que nos aparte del borde del desastre, pero el punto de vista inherente a la pregunta tiene sus raíces en el mismo nivel que, en primer lugar, causó nuestros problemas. Sigue abordando el problema en términos de una acción externa. La verdadera acción debe realizarse primero en cada uno de nosotros, no salvando a los otros, sino cambiando la forma en que vemos el mundo y poniendo al descubierto una sabiduría y recursos desconocidos en otras dimensiones en la "realidad exterior" y otras dimensiones en nuestra realidad interior. Al actuar en este nivel multidimensional, nos alineamos con el objetivo evolutivo de espiritualizar nuestro mundo físico "real" e ingresamos en un proceso más fluido que a esta altura apenas podemos imaginar. ¿Cómo lo hacemos?

NIVELES DE CONCIENCIA

La Décima Revelación, junto con las otras nueve Revelaciones descritas en *La Novena Revelación*, de James Redfield, constituye este nivel de conciencia. Si usted leyó *La Novena Revelación* es posible que haya experimentado la sorprendente sensación de que ya conocía la mayoría de esas revelaciones, que de alguna manera ya las había aprendido, pero tal vez olvidado en forma temporaria. Ese recuerdo renueva la noción de que vinimos a esta vida con el objetivo de contribuir a hacer la transición al próximo paso en la conciencia.

En el nivel de la Décima Revelación, también podemos reconocer un poco o la mayor parte de la antigua filosofía perenne que analizaremos en los siguientes párrafos. En este nivel de pensamiento/sensación/intuición podemos decir: "Sí, siento que esos conceptos actúan en mi vida". Es como si vivieran a través de nosotros.

Esta conciencia hace que busquemos una respuesta, como mencionaba más arriba el hombre que formulaba la pregunta. ¿Y ahora qué? Estamos acostumbrados a ser activos, a controlar nuestro universo —o tratar de controlarlo— y obtener resultados. Pero hasta ahora nos preocupábamos por hacerle algo al mundo exterior, no por actuar en nuestro mundo interior donde reina la conciencia. Para realizar ese cambio, debemos *desconstruir* nuestros viejos métodos y visiones. En eso consiste el cambio de paradigma. ¿Podemos desconstruir y desacondicionar nuestras mentes, librarnos de nuestra ceguera y dejar que la luz penetre lo bastante rápido como para salvarnos, tanto a nosotros como a nuestro hábitat planetario? Ésa es la pregunta que nos hace despertar a las tres y las cuatro de la mañana.

Ahora depende de nosotros, personas comunes que avanzamos

hacia nuestro futuro. Podemos realizar parte del trabajo optando por hacer cambios o amar más. Por mucho que aprendamos, desarrollemos y cambiemos nuestra visión acerca de lo posible, también actúan sobre nosotros fuerzas exteriores. Algunas de las fuerzas externas de las que ya tenemos conciencia son los desastres ecológicos que alimentan nuestros miedos. Estas situaciones nos obligan a prestar atención a las consecuencias de todos nuestros actos.

Las otras fuerzas que influyen en nuestro pensamiento, de manera colectiva e individual, pueden resultar ser seres de la dimensión espiritual que observan nuestro avance y que llegaron a un estadio de preocupación por nuestro bienestar. ¿Suena siniestro? En realidad no. La dimensión espiritual que existe más allá del ámbito de nuestros cinco sentidos se nos aparece individual y colectivamente para despertarnos y apartarnos de la adicción a la complacencia, al miedo, a la negación y a la codicia que nos mantiene atrapados en una disfunción psico-espiritual. Estas otras dimensiones quieren que la Tierra florezca como la fuente increíblemente rica y maravillosa de amor, vida y aprendizaje que siempre fue. Hasta el presente, la mayoría no hemos tenido conciencia de esa frontera invisible entre estos planos de existencia. Llegados a este punto de la evolución, en que se hallan en juego la supervivencia del planeta y todas sus especies, es hora de levantar el velo. Es hora de declarar el calvario. Pero no nos adelantemos a nuestra historia.

La única receta es el proceso

En Occidente, casi todos queremos un mapa, una serie de instrucciones y una garantía de reembolso para el viaje de nuestra vida. Al comprender que la existencia es un proceso en marcha, llegamos a entender que no existe ninguna receta para el éxito fuera de prestar mucha atención al esquema de energías que nos alimentan e informan. La energía combustible de nuestro espíritu ilumina el camino y obtenemos ayuda de nuestros amigos. Si hubiera una fórmula, ésta consisti-

"... nuestras vidas se centran en la oración y la acción. Nuestro trabajo es una efusión de nuestra contemplación, nuestra unión con Dios en todo lo que hacemos, y a través de nuestro trabajo... alimentamos nuestra unión con Dios de modo que la oración y la acción y la acción y la oración fluyan constantemente." **Lucinda Vardey,** *Mother Teresa: A Simple Path*

ría en reconocer que el deseo y la voluntad son los mecanismos convergentes de la intención. En este camino es imperativa la fe, o el escuchar silencioso al cual se abrirán las puertas. La confianza es la esperanza confiada en que nuestras intenciones y deseos serán atendidos. Con la ley del dar y el recibir, servimos y recibimos un torrente de energía.

En el lenguaje de las Revelaciones, "hacemos preguntas y seguimos nuestra intuición". Más simple aún, podríamos decir que nuestras vidas siguen la corriente de nuestros pensamientos.

¿QUÉ PASARÍA SI…?

¿Qué pasaría si alguien le dijera que usted ya tiene un objetivo? ¿Qué ya está inmerso en un *continuum* de energía consciente que se desarrolla con un propósito? ¿Qué pasaría si usted supiera, sin ninguna duda, que no está solo, no de manera metafórica, sino literal? ¿Qué pasaría si supiera que los accidentes no existen y que dispone, a su alrededor, de informaciones importantes que puede o no estar reconociendo? ¿Cómo viviría su vida si supiera que no dejaría de existir cuando su cuerpo actual se apartara de usted al morir?

¿Cómo se sentiría si descubriera, mediante una experiencia personal innegable, que los seres humanos no son más que un nivel de conciencia en un universo estratificado de seres inteligentes y conscientes? ¿Aterrado? ¿Humillado? ¿Entusiasmado? ¿Profundamente conectado con una fuente cuya existencia había olvidado? Todas las personas que viven experiencias de *quasi* muerte, contactos con seres queridos muertos, presencias angelicales, santos y seres que parecen extraterrestres mencionan los sentimientos que acabamos de mencionar.

La Décima Revelación es el nivel de conciencia de que no estamos solos ni somos el centro del universo. Es el nivel de conciencia en el cual sabemos: "Vine aquí para hacer algo. Ahora lo recuerdo. Tengo un propósito". El propósito puede resultarle esquivo, como un recuerdo vago. Pero en este nivel de comprensión, este vago recuerdo basta para disparar hechos sincrónicos que lo llevan a conocer a la siguiente persona, a recibir el siguiente mensaje.

Tal vez hasta ahora no haya tenido una experiencia extraordinaria dentro del ámbito espiritual ni haya sentido contacto alguno con su grupo de almas. Tal vez su hija no haya sido rescatada en el aire mientras caía desde un peñasco del Gran Cañón, deslizándose por la pendiente hacia una muerte segura. Joan Wester Anderson, autora de dos libros sobre presencias angelicales y milagros, menciona la experiencia de una madre cuya hija había ido de *camping* con amigos. Una noche tuvo la premonición de que su hija corría peligro, y se oyó decir: "¡Dios mío, envía ayuda ya mismo!".

Cuando la hija regresó, le contó que se había caído de un peñasco y quedó momentáneamente sostenida de un reborde, más pequeño que su pie, cuando sintió que unos brazos la rodeaban y la llevaban de nuevo hasta la cima del peñasco. Es posible que usted sólo haya leído acerca de experiencias cercanas a la muerte en las que una persona entra en un túnel de luz, ve seres radiantes y siente un amor tan increíble que quiere quedarse allí y dejar atrás su vida terrenal.

"Los teóricos contemporáneos como el físico británico David Bohm, que trabajó mucho con las derivaciones del teorema de Bell, han llegado a suponer que existe un 'campo invisible' que sostiene toda la realidad, un campo que tiene la propiedad de saber qué está pasando en todas partes en un mismo momento... el campo invisible se parece mucho a la inteligencia implícita del ADN y ambos se comportan en gran medida como la mente. La mente tiene la propiedad de mantener todas las ideas en un lugar, en un depósito silencioso, por así decirlo, donde están organizadas con precisión en conceptos y categorías." **Doctor Deepak Chopra,** ***Quantum Healing: Exploring the Frontiers of Mind/ Body Medicine***

Aunque no haya tenido estos contactos extradimensionales, está rodeado por miles, cuando no millones, de seres humanos que han experimentado estos encuentros con otros planos de la existencia. Esto significa que, por formar parte de lo que el biólogo Rupert Sheldrake denomina el campo morfogenético, usted es parte del proceso.

Llegó la hora de aguzar nuestras capacidades para prestar atención a la información inquietante que afluye en estos tiempos. Está bien que nuestras mentes se inquieten. ¿Por qué? Porque la inquietud de la mente es el proceso de desconstrucción de una realidad que considerábamos sólida como una roca. Llegó el momento de hacer todos los esfuerzos posibles por abrirnos a lo que pueda significar esta información para la supervivencia y la evolución de la raza humana.

Somos los constructores de puentes entre el viejo modo de pensar con la Quinta, la Novena y la Décima Revelaciones, que incluyen cambios en la forma de vernos y tratar con los demás y el modo en que nos comunicamos con las otras dimensiones. Las respuestas que buscamos a las preguntas de todos los días no se alejan de la búsqueda de explicaciones acerca de hechos que desafían a nuestra mente racional. La curación que necesita el planeta depende de nuestra capacidad para abrirnos a las realidades de la vida después de la vida, o planos espirituales de existencia que ya están en comunicación con nosotros, y para comprender que esas dimensiones están interrelacionadas con nuestras conciencias. Por lo tanto, los interrogantes cotidianos referidos a cómo vivir nuestra vida y cómo ser-

"De acuerdo con el esquema de la evolución, cada desarrollo se incorpora al servicio de una función superior... La neocorteza [del cerebro] es tan poderosa que hace falta muy poco para modular o cambiar las inferiores; la pregunta que cabe hacerse es, pues: ¿para qué sirve el 90 por ciento restante? ... El programa de la naturaleza para nosotros después de la adolescencia consiste en que descubramos e integremos el proceso que activará e incorporará el resto de nuestras estructuras nerviosas, nos dará equilibrio y nos llevará hacia donde apunta la evolución. El doctor B. Ramamurthi, presidente del Congreso Internacional de Neurocirugía, sugiere que la parte no utilizada de nuestro cerebro está destinada a la exploración de un 'universo interior'." **Joseph Chilton Pearce,** *Evolution's End*

vir al planeta se desprenderán de nuestra atención a los mensajes que captemos a partir de nuestra intuición y de las coincidencias que nos lleven hacia el nuevo pensamiento.

Tal vez le parezca que esto suena extraño y muy poco factible. De todos modos, no tiene por qué seguir leyendo. Arroje el libro a la bolsa de buenas intenciones o déselo a alguien a quien considere extraño, también. Pero si continúa con nosotros, trataremos de llevarlo por un proceso imaginario que, sirviéndose de historias humanas simples, con suerte nos despierta pensamientos, sentimientos e intuiciones coherentes. En realidad, estamos juntos en este proceso de descubrimiento, y la Décima Revelación nos recuerda que de aquí en adelante debemos trabajar junto con otros para formar nuestra inteligencia/intuición grupal y llevar así a la oruga de la humanidad a una rama en la que pueda convertirse en mariposa.

Siga sacando sus sensores intuitivos cada vez que encuentre maestros, libros y sincronicidades relacionados con el punto en que usted se halla en la vida. Siga escuchando por el ojo de la cerradura de la dimensión espiritual con todo su corazón y toda su mente. Recuerde que ya no estamos en un camino lineal y es posible que deba abandonarse y experimentar algo imposible para poder romper la puerta de su siguiente nivel. Por cierto, lo instamos a que haga una discriminación respecto de la información que reciba. No obstante, no se quede empantanado tratando de probarle algo a alguien o exigiendo pruebas "científicas". Esta parte del viaje humano no se guía por las viejas "leyes". Su objetivo no es quedarse atascado discutiendo si algo es blanco o negro o "real o no real" (en oposición a la verdad que siempre resulta, en cierto modo, *verdadera*), sino preguntarse: ¿este hecho o idea me lleva a amar más, a estar más lleno de energía, a ser más generoso y abierto en la vida?". Ésta es la verdad que está detrás de su experiencia. No se dé por vencido, pero venza sus resistencias. Este viaje no es sentimental; tiene que ver con el amor, y nada más que el amor.

Está ocurriendo ahora

Este libro nació por los mismos principios que describe. Un torrente de sincronicidades de una precisión increíble permitió que muchas personas lo escribieran. Durante la elaboración de cada capítulo, en forma infalible, alguien llamó para dar una información que encajaba perfectamente en el tema que estábamos tratando. Descubrimos así que los que estamos en este camino nos conectamos misteriosamente, Por ejemplo, un día entrevistamos por teléfono a dos personas —a Cindy Spring, para hablar sobre los Círculos de Sabiduría, y a Richard Miles, para hablar sobre los nuevos paradigmas de salud—, dos nombres que nos habían llegado a través de referencias por entero distintas. Esa misma semana nos enteramos de que eran vecinos en Oakland, California, y que se habían comentado las respectivas entrevistas.

La información está en todas partes. Carol Adrienne dio dos charlas en Montreal, en la Conferencia para el restablecimiento de la conexión Cielo-Tierra —el mismo tema que trata la Décima Revelación, dicho sea de paso—, que en el momento en que le pidieron que hablara todavía no había sido publicada. Durante la conferencia, la doctora Myrin Borysenko, oradora en la misma conferencia, mencionó dos temas de investigación que Carol había estado analizando en California antes de salir rumbo a Montreal. Durante el almuerzo, en una conversación casual, Kevin Ryerson, el famoso intuitivo especializado, aportó material sobre lugares sagrados que analizaremos en el Capítulo 3. Carol también hizo allí un nuevo amigo que le envió luego la copia de un artículo sobre Kyriacos C. Markides, el cual la llevó a comprar el libro de este último, *Riding With the Lion* (una lectura obligatoria para todos). La tesis del libro del profesor Markides es asombrosamente similar a la Décima Revelación. Sus descripciones de la experiencia mística oriental ortodoxa constituyen un recurso excelente y estimulante que nos lleva al meollo del misterio, al tiempo que nos recuerda cómo contribuyen los ascetas a sostener la Visión Global.

En otro encuentro casual fructífero que parecía destinado a producirse, Carol conoció a Elizabeth Jenkins, fundadora de la Fundación Wiraqocha para la Preservación de la Sabiduría Indígena. Durante una conversación sobre las formas semejantes en que habían llegado al trabajo que hacen, Elizabeth tuvo la inspiración de hablarle a Carol de un libro que había leído, obra que desarrollaba la idea de los servidores del mundo y los grupos de almas. Además, sus conocimientos pusieron sobre el tapete las profecías de los indios peruanos Q'ero, que todavía practican las mismas tradiciones de los antiguos incas. La tradición andina, como otra pieza de un rompecabezas gigantesco que de pronto encaja con el resto, también predice un cambio en las dimensiones del tercer al cuarto nivel de conciencia en este período específico.

Ahora las coincidencias se producen con mayor frecuencia entre quienes son más conscientes de ellas o indagan en busca de sentido. En todos los talleres que organizamos, preguntamos: "¿Cuántas personas experimentaron un aumento de sincronicidades?", y el 80 por ciento, o más levantan las manos. Cuando compartimos experiencias con otras personas receptivas empezamos a sentir: "Vaya, tal vez yo forme parte de la masa crítica de conciencia energética descrita en la Primera Revelación".

Lo que queremos señalar aquí es que el proceso y los principios de las "Revelaciones" no son teóricos. Cuando tomamos conciencia de los principios y confiamos en el proceso de cómo funcionan en nuestra vida, se produce algo asombroso. Y realmente actúan en nuestra vida. Nuestro objetivo aquí es hablarle de lo que usted debe buscar. Queremos alentarlo a abrirse a este viaje misterioso y dejar que actúe en usted.

COHORTES Y COINCIDENCIAS

En todo el mundo, hay una comunidad que trabaja de manera silenciosa por la unidad global y actúa en favor del plan planetario, un plan que ninguno de nosotros es capaz de imaginar totalmente. Estas personas se reconocen de manera intuitiva en las actividades de todos los días: en aviones, estadios, librerías y cafés, conferencias, espectáculos musicales, fiestas, reuniones políticas y talleres, incluso en el consultorio del dentista, la peluquería, la sala del acupunturista o la fiesta de la oficina. Todos tenemos esta clase de experiencia. Cuando damos con un individuo cecano a nuestro corazón, se produce una especie de chispa, de energía eléctrica, y la otra persona parece sentir nuestra visión. De pronto tiene lugar un *rapport* y surge en nosotros una voluntad de abrirnos para manifestar nuestros objetivos y compartir ideas y la intuición de que esa persona puede ir en una dirección similar a la nuestra. ¿Le parece que esto está aumentando en su vida?

Independientemente del lugar del mundo en que usted esté, reconocerá a otra persona de su grupo. La conversación resultará natural, como si el otro hubiera estado pensando en temas similares unos momentos antes, como si la conversación hubiera empezado meses atrás y acabara de reanudarse. Los dos podrán darse consejos casi de inmediato aunque sus campos de actividad sean por completo distintos. Pueden sugerirse libros, artículos o nuevos métodos susceptibles de ayudarlos a ambos en lo que tratan de realizar. Se despedirán energizados y entusiasmados por la conexión que establecieron. Saber que otra persona —quizás un absoluto extraño— entiende su visión y se hace eco de sus ideas lo llenará de esperanza y fuerza durante días y semanas.

OTRA PIEZA DEL ROMPECABEZAS

¿Tener más diversión y aventura en el mundo? ¿Causar un impacto? Cuenten conmigo. Pero muchos no tenemos una imagen clara de qué lograr más allá de ganar la lotería, quizá, o "ayudar a los demás" o "trabajar por la paz". Además, es posible que pensemos que nuestros trabajos distan de ser la actividad significativa que anhelamos y que nos sintamos confusos respecto de qué otra cosa intentar.

Muchos ya estamos convencidos de que nada sucede por accidente. Por la misma razón, tal vez no comprendamos las sincronicidades que nos ocurren o no sepamos cómo lograr que sigan produciéndose. Éste es el estado de ánimo del personaje de *La Décima Revelación* cuando empieza a buscar a su vieja amiga, Charlene. Empieza a darse cuenta de que hay otra pieza del rompecabezas, la Décima Revelación, que nos ayuda a vivir las nueve Revelaciones restantes a largo plazo.

OBSTÁCULOS - UNA SENSACIÓN DE DESBORDAMIENTO

El mundo está cambiando a una velocidad desbocada. Cambios que solían llevar miles de años ahora se producen en unas décadas o menos. Esta aceleración que tiene lugar en todos los niveles, todas las culturas y todas las disciplinas, está causando grandes giros, innovaciones, síntomas y respuestas. En tanto los sistemas se organizan y desorganizan, nuestra respuesta humana va desde la excitación y el entusiasmo hasta el miedo y la desesperación. Sacudidos por las noticias o las experiencias personales referidas a problemas ambientales y sociales, pensamos en emprender algún tipo de acción. En la mayoría de los casos no hacemos nada. A medida que el ritmo se vuelve más rápido, bregamos por ajustarnos, preocupados por no poder mantenernos a la altura de las circunstancias o porque el futuro se nos va de las manos. Abrumados por nuestro ritmo actual, nuestros trabajos y otras responsabilidades, lo único que nos resta es esperar que "alguien" haga algo. Los obstáculos para actuar —como el tiempo, las finanzas, las obligaciones familiares— también pueden funcionar como justificaciones para seguir en nuestra rutina. La verdadera raíz de la parálisis puede ser la desesperación, la falta de esperanza ante la enormidad patente de la tarea.

> "Primero, a partir de los once años aproximadamente, una imagen idealista de la vida aumenta en intensidad durante la pubertad. Segundo, en algún momento entre los catorce y quince años surge la gran expectativa de que 'se supone que algo extraordinario va a ocurrir'. Tercero, los adolescentes sienten en su interior una grandeza secreta y única que busca expresión. Apuntan hacia el corazón en su intento por expresar algo de todo esto, una clave significativa de toda esta cuestión... una necesidad interior de un modelo de horizontes nuevos, una necesidad que los impulsa como la voluntad que aparece en el bebé." **Joseph Chilton Pearce, *Evolution's End***

LA POLARIZACIÓN DEL PENSAMIENTO - ADOPTAR POSICIONES FIJAS O PERMANECER ABIERTOS

Según lo que le haya pasado esta semana, es probable que tenga una visión pesimista u optimista del futuro. La visión pesimista es que el mundo se viene abajo rápidamente, y que desde el punto de vista económico, político y ecológico estamos en gran peligro sin ninguna esperanza de revertir este rumbo en el futuro cercano.

La visión optimista es que el mundo se halla en una gran transición, pero que, sirviéndose del sentido común y guiada por la intuición, la humanidad tiene grandes posibilidades de pensar nuevas soluciones a problemas en apariencia inabordables. Desde el punto de vista individual, podemos fluctuar entre estas dos visiones del futuro del mundo. Un día nos sentimos perdidos, inseguros, asustados, y no alimentamos esperanzas de introducir cambio alguno en condiciones que parecen hallarse fuera de nuestro control. Y luego, otro día, de pronto recuperamos la esperanza y nos sentimos inspirados, apasionados, audaces, generosos, compasivos y comprometidos con el camino espiritual. Estas actitudes contradictorias y estos estados de energía pueden surgir perfectamente de la mente colectiva que oscila entre los polos mientras tiene lugar la transición a una nueva Visión Global.

La polarización entre optimismo y pesimismo crea una encrucijada, lo cual significa que la humanidad está en un punto de elección. Cuando tenemos una opción, tenemos poder.

LA ELECCIÓN BASADA EN EL AMOR O EL MIEDO

A veces tenemos que rompernos para volver a unirnos. Y como esta rotura asusta, el Miedo puede enturbiar nuestra perspectiva. Podemos encontrar todo tipo de principio lógico para explicar por qué la cultura está fuera de control y se derrumba rápidamente, y defender esa posición ante nosotros y entre nosotros. El Miedo pasa a ser el bloqueo (y la justificación de la inacción) que nos dice: "¿Qué sentido tiene? Yo no puedo hacer nada".

Un punto de vista más amplio de nuestra situación muestra que estamos en el polo extremo del pensamiento y la vida materialistas. La cultura occidental ha venido bajando por el camino de un intenso materialismo.

Tal vez... eso estaba dentro del espectro del plan del Mundo.

El ultramaterialismo en este momento nos cataliza, nos obliga a buscar un equilibrio espiritual. Si podemos ver el proceso con un fin determinado que se oculta detrás de nuestra situación, es posible que podamos librarnos de parte del miedo y ponernos en contacto con nuestra visión original.

Según el sociólogo Paul Ray, "Nuestro mayor error podría ser tomar seriamente el temperamento pesimista de nuestros tiempo y ceder al miedo y el cinismo que invaden los medios de comunicación. Pues entonces llegaremos a creer algo realmente catastrófico: 'Las cosas van mal y empeoran y no se puede hacer nada'."[2]

La parte crucial de la Décima Revelación consiste en comprender que, si el pensamiento crea la realidad, debemos mantener nuestra intención concentrada en el resultado positivo que deseamos.

LA BUENA NUEVA

No estamos solos. De acuerdo con una nueva encuesta de Paul H. Ray, hay 44 millones de estadounidenses cuyos valores y preferencias centrales están contribuyendo a configurar una nueva visión del mundo. Ray describe tres culturas estadounidenses predominantes, de la siguiente manera: [3]

- *Los tradicionalistas*: 29 por ciento de la población, o 56 millones de personas, que desearían ver un retorno al estilo de vida religioso y pueblerino de los Estados Unidos de una época anterior.

- *Los modernistas*: 47 por ciento de la población, u 88 millones de personas con raíces en las "clases urbanas comerciantes, el estado moderno y los ejércitos, los científicos, tecnólogos e intelectuales". Dentro de este grupo, los conservadores "tienden a idealizar el estilo de vida de las décadas de los 20 o 50, en tanto que los liberales a moderados tienden a idealizar las filosofías de las décadas de los 50 y 60 y están más abiertos a ideas nuevas".[4]

- *Los transmodernistas*: 24 por ciento de la población, o 44 millones de personas, que tienen afinidad con el movimiento de la Nueva Era, la psicología humanística y transpersonal, el movimiento ecológico y el movimiento feminista. La investigación de Ray revela que alrededor de 20 millones, o sea el 10,6 por ciento, de esta población está seriamente preocupada por la vida espiritual, la realización personal y la sostenibilidad ecológica. Las mujeres, sobre todo de la clase media alta, superan a los hombres en una proporción del 67 por ciento al 33 por ciento. Los otros 24 millones —o el 13 por ciento— tienden a ser de clase media. Se interesan mucho por problemas ambientales y sociales desde un punto de vista secular y tienden a mostrar sólo un interés mediano en la espiritualidad y el desarrollo personal. Si bien la mayor parte de los integrantes de este nuevo grupo cultural tiende a vivir en la Costa Oeste, se los puede encontrar en todas las regiones del país.

Pruebas empíricas de estudios como el de Ray, además de otros comentaristas de la transformación de la conciencia, muestran un deseo emergente de muchas personas por incorporar lo personal y lo espiritual en lo social y lo político. Una encuesta de CBC News de Maclean realizada en 1995 reveló que el 82 por ciento de los canadienses se consideran "un poco o muy espirituales". Aun más interesante es que casi la mitad de los encuestados dijeron que sus vidas se habían vuelto más espirituales en los últimos años. La gente lee libros sobre tradiciones espirituales indígenas y esotéricas, forman grupos de estudio y practican rituales antiguos. Asoma el misterio de la vida. Estamos empezando a recordar que vinimos a la Tierra por elección para realizar algo. Notamos, como nunca hasta ahora, que las aparentes coincidencias tienen un significado más profundo y nos llevan adelante con un fin.

SINERGÍA

Los libros y los maestros constituyen importantes sistemas de apoyo. Más imperiosa aún es la experiencia de primera mano. ¿Cómo fluye la energía en su vida? ¿Las luchas de poder indican una necesidad de crecer? En el nivel de la Séptima, la Octava, la Novena y la Décima Revelaciones, ¿avanza intuitivamente en alineación con otros a través de sus atracciones hacia ciertas personas que parecen estar en su longitud de onda?

Muchos estamos viviendo también un contacto con la *dimensión espiritual*, aunque tal vez no lo hablemos con otros. Reconocemos las inspiraciones e intuiciones cotidianas que nos llevan adelante.

CADA INDIVIDUO ES UN PUNTO A TRAVÉS DEL CUAL FLUYE EL PROCESO EVOLUTIVO

Somos las manos, el corazón y la mente del proceso evolutivo. Como auxiliares de la energía de fuerza vital, es necesario que podamos sostener la intención original de cómo queríamos que avanzara nuestra vida y cómo queríamos aportar algo al mundo. Muchos han olvidado que nacimos con sueños. Cuando estamos "en el vacío" y parece que nada ocurre, es preciso recordar que son necesarias las etapas para alcanzar la integración, la reflexión y el refinamiento de nuestra visión.

La *Décima Revelación* comienza sugiriendo que, mediante la visualización, fortalezcamos nuestra fe en un universo con un fin. Mas, ¿visualizar qué? La vida presenta continuamente una opción respecto de dónde ubicar nuestra atención y nuestra intención. ¿Cómo elegimos? Cuando la energía fluye a través de nosotros nos vemos atraídos hacia situaciones y personas distintas. ¿Cómo nos mantenemos en camino? Las intuiciones surgen en nuestra mente, una sincronicidad abre una nueva dirección o recibimos la gracia de dones inesperados. ¿Qué hacemos con lo que recibimos?

No existe una receta ni una respuesta. Sí hay preguntas. Pregúntese: "¿Qué quiero hacer?", "¿Qué me impide hacerlo?". No olvide establecer su intención para alcanzar su ideal, y luego busque las pistas que el universo le da. Si está ocupado diciéndose: "Esto no me da resultado", "La vida es tonta y aburrida", no está ayudando al universo a entregar sus bienes. Nuestras creencias son la historia que nos contamos interiormente, y la historia se despliega en las primeras planas del kiosco de nuestra vida.

¿CUÁL ES LA HISTORIA?

Sostener la Visión Global pasa a ser una idea abstracta a menos que nos conectemos de manera significativa con la vida cotidiana. Si sólo nos concentramos en los hechos *literales* del mundo, nos perdemos los mensajes más profundos. Adquiera el hábito de buscar en el mundo la lección, el comentario más amplio. Por ejemplo, si le molesta la basura adherida al cerco del lote baldío que linda con su casa, ¿qué no está sucediendo en su barrio? ¿Qué está sucediendo? ¿Cuál es la situación más global? Para hallar sentido en las actividades de todos los días, entrelacemos el mundo común con el mundo simbólico oculto más profundo.

A través de la historia llegamos a encontrar nuestro lugar en el mundo, ya se trate de una poesía infantil o una epopeya mítica o un informe de la policía sobre un asesinato. Las historias iluminan los principios espirituales mediante los cuales la humanidad vive y evoluciona. Por lo tanto, lo exhortamos a ingresar con nosotros en este campo del conocimiento. Hagamos que este libro sea un puente entre la vida de todos los días y la Visión Global. Cada uno lo logrará si concentra su atención,

> "Cada acción o pensamiento genera una retroacción entre nuestra acción y los campos de los cuales tomamos nuestra experiencia... Una participación suficiente de un número suficiente de personas durante un tiempo suficiente puede estabilizar cualquier efecto de campo haciéndolo pasar de lo personal a lo social, de allí al nivel de la especie, hasta lo universal —de nuestras interacciones físicas sutiles a las estructuras causales sutiles—, pero esto requiere una cantidad enorme de esfuerzo paralelo o similar en un nivel social amplio."
> **Joseph Chilton Pearce,** *Evolution's End.*

sus interrogantes y percepciones en las historias que aparecen en este libro. Empiece a percibir historias en su propia vida y las vidas de las personas que vaya encontrando a lo largo del camino. Las historias y los conceptos contenidos aquí apuntan a estimularlo a recordar la verdad de lo que significa estar en la vida terrenal. Si estamos realmente presentes en nuestro mundo, debemos responder. Cuando respondemos, dejamos de estar paralizados: podemos ver opciones. Podemos asumir responsabilidades. Luego, podemos cambiar.

A usted le corresponde escribir su viaje, la historia de su vida. Y al escribirla, también está creando una parte de la historia del mundo.

Elmer Schettler, un agricultor que cultiva soja en Iowa, describe la nueva actitud que está desarrollándose en su vida: "En estos últimos años, he estado cada vez más en contacto con mi lado espiritual. Estoy empezando a ver que el mundo es misterioso e interesante y no sólo un lugar para tratar de que ocurran determinadas cosas". La visión de Elmer refleja un cambio del esfuerzo a la observación de lo que pasa. Afirma: "Para mí, la vida va desplegándose, no tiene que ver con trabajar más. Estoy dejando de lado esa vieja ética puritana. Quiero ser más interactivo con el Universo y permitir que me diga lo que me tiene reservado".

"En esos días en que las cosas no salen como yo esperaba —continúa Elmer—, cuando me siento frustrado por personas en las que confío y no hacen lo que deben, me pregunto: '¿Por qué pienso que debo resolver esto? ¿Cuál es mi objetivo a largo plazo? ¿Cuál es el verdadero sentido de lo que está pasando?'. Entonces respiro hondo, me relajo un momento y me conecto de nuevo con mi centro interior. Esto me permite retroceder un minuto. Me recuerdo que no quiero sólo trabajar más, o sentir que debo conocer todas las respuestas. Me recuerdo que mi vida está desplegándose. Busco algo para disfrutar: un atardecer, nubes, una foto de mi familia, y alimento esa parte de mí mismo.

"A veces, cuando necesito ayuda con un problema específico, lo escribo, me lo pongo en el bolsillo y lo dejo pasar. Durante el día, busco pequeñas cosas que confirmen que voy por el buen camino. Como el otro día en el gimnasio, cuando quise hacer rápidamente una lista de cosas para realizar. Tenía papel, pero no lápiz. Miré en dirección a un aparato y alguien había dejado una lapicera. Una cosa pequeñísima, pero me hizo feliz."

Como estás buscando, tu camino cambia.

EL MIEDO SURGE CUANDO NOS SENTIMOS DIVIDIDOS E INDEFENSOS

En Occidente, la mayoría fuimos educados para ver el mundo como circunstancias que existen "afuera" y que nos ocurren al azar. Por ejemplo, vemos los problemas en términos de categorías, como el desempleo, el crimen, la contaminación o la guerra. Creemos que estamos a merced de estos hechos, y sin una visión nos sentimos divididos e indefensos. En el intento de volver a sentir que tenemos el control, ignoramos o negamos que los problemas existen o adoptamos posturas como si pudiéramos frenar estos hechos teniendo la opinión "correcta". Para sentir la energía proveniente de personas mentalmente parecidas y para simplificar algo que parece caótico, adoptamos una posición polarizada. Desde el punto de vista político, podemos decir que somos izquierdistas o conservadores, profundamente convencidos de que la verdad se encuentra en una sola postura.

En nuestro esfuerzo por controlar nuestro miedo, tendemos a transformar a alguien o a algo en nuestro enemigo y poner allí la culpa. Estereotipar a todas las prostitutas, a todos los adolescentes delincuentes, a todos los políticos, tiene un efecto deshumanizador. Una vez que deshumanizamos a alguien, queda poco espacio para verlo como un alma, tal vez doliente, que necesita ayuda y amor. En la política, este comportamiento se utiliza para "demonizar" ciertos conflictos, tomando un tema central como el problema y erigiéndose uno mismo, o al propio partido, en salvador.

Las creencias basales de este comportamiento son que el mundo es un campo de batalla, y la vida, algo que habrá de corregir, controlar y capturar, y que otra persona recibirá lo que merecemos nosotros, a menos que luchemos por ello. ¿Qué sucedería si pasáramos una tarde de domingo en un círculo de personas totalmente alejadas de nuestro círculo normal? ¿Qué sucedería si habláramos unos con otros y escucháramos historias referidas a lo que es la vida para cada uno de nosotros?

"Según demostró el sociólogo Fred Polak en su estudio sobre 1.500 años de historia europea, *The Image of the Future*, si toda una cultura tiene una imagen muy pesimista del futuro, esa imagen es una profecía que se cumple. Las predicciones sobre la decadencia no tienen por qué ser acertadas o hacerse realidad: los comportamientos patológicos liberados pueden bastar perfectamente para producir la decadencia. Es una enfermedad de la fe. Y lo contrario también es cierto. Cuando una cultura tiene imágenes positivas del futuro, es posible que éstas no sean correctas, pero la inversión en nuevas oportunidades y la disposición a construir una sociedad buena bastan para generar una forma decente de vida, aunque no sea el mejor de los mundos." **Paul H. Ray, *The Rise of the Integral Culture***

Mientras nuestros niños se encaminan hacia su futuro, debemos enseñarles qué es la intuición: que tienen un lugar interior en el que pueden confiar para tomar decisiones. (Por supuesto, es posible que para entonces sean ellos los que nos enseñen.) Podríamos hablarles sobre dramas de control y permitir que toda la familia empiece a crecer y note los hábitos en que cayó.

Según el psicólogo Walter Mischel, que en la década de los 60 dirigió una investigación en la Universidad de Stanford, la capacidad para la gratificación postergada es uno de los *tests* más elocuentes respecto de cómo saldrá adelante un chico cuando sea adulto. Daniel Goleman, autor de *La inteligencia artificial: Por qué puede ser más importante que el coeficiente intelectual*, considera que "en esta época, el tejido de la sociedad parece deshacerse a una velocidad cada vez mayor, el egoísmo, la violencia y la mezquindad de espíritu parecen estar arruinando la bondad de nuestras vidas en comunidad. La capacidad para controlar las pulsiones es la base de la voluntad y el carácter. Asimismo, la raíz del altruismo se halla en la empatía, la capacidad para interpretar las emociones en los demás; no existiendo un sentido de la necesidad o la desesperación del otro, no hay afecto. Y si hay dos posturas morales que nuestra época requiere, ésas son precisamente la automoderación y la compasión".[5] En las próximas décadas, el desarrollo del control de las pulsiones, la compasión, la sensibilidad, la responsabilidad personal y la conexión espiritual será más importante que todos los avances que hemos hecho hasta el momento. En caso contrario, estaremos a merced de nuestra tecnología. Ya hemos puesto armas automáticas en manos de niños.

EN EL UMBRAL

Piense por un instante que, antes de bajar a su cuerpo —su nacimiento— recibe "instrucciones" de mentores afectuosos y guías sabios. Podemos imaginar que la conversación sería algo así: "Bueno, si ya estás listo para volver a un cuerpo, ¿ves allá abajo algunos padres capaces de exponerte a la lección sobre la que quieres trabajar?

"Una vez que usted estés en tu cuerpo, no olvides prestar atención a los carteles señalizadores. No recibirás más de lo que puedas manejar, y si deseas algo de trabajo extra, ¡dilo ahora! Recuerda que deberás aprender a generar toda la energía afectiva posible y mantenerte conectado a la fuente espiritual. Habrá momentos en que te sentirás perdido y dolorido, pero acuérdate de pedir ayuda y escucha atentamente a tu sabiduría interior. Tendrás todo lo que necesites para estar atento a tu naturaleza espiritual, para que puedas imprimir tu espíritu a todo lo que hagas. Recuerda que conocerás a muchas otras personas que están en el camino y, sólo por diversión, serán muy distintas de lo que tú esperas, pero te darán la oportunidad de mostrar todo el amor que puedes aportar. De vez en cuando, las cosas se pondrán difíciles, pero no estarás solo. Mantente en contacto. Escribe, cuando puedas. Si necesitas algo, pídelo. Hasta la vista, por ahora. Ah, y no lo olvides: Serás responsable de cada acto, por pequeño que sea. Cuando regreses aquí, comprenderás mejor."

La Visión Global

Tal vez ya se sienta en armonía con mucho de lo que leyó en *La Novena Revelación, La Novena Revelación: guía vivencial* y *La Décima Revelación*. Lo que ocurre es que la visión del mundo que está emergiendo presenta muchos temas en común con lo que el filósofo y escritor Aldous Huxley llamó la "filosofía perenne". En los últimos cinco mil años aproximadamente, tanto en la filosofía oriental como en la occidental, ciertas verdades esenciales continúan iluminando el camino.

> "¡Ánimo! Pese a que casi todos lo ignoramos, estamos viajando en medio de una enorme compañía de aliados: una población más grande de personas creativas, que transportan ideas, tendencias y valores más positivos que cualquier otro período de renacimiento anterior. Y es probable que sean movilizados para actuar en forma altruista en nombre de nuestro futuro." **Paul H. Ray, *The Rise of the Integral Culture***

La Visión Global, basada en estos principios esenciales, está *dentro de nosotros*. También existe una Visión Global en cada una de las creencias de nuestra cultura respecto de lo que es posible. La Visión se convierte en realidad según la forma en que elijamos para vivir nuestras vidas. No es un objetivo externo para lograr en algún momento del futuro, sino una fuerza que define e informa, que nos resulta real a través de los valores que sentimos en nuestro interior. La Visión Global es "lo que nos importa". No es una regla, o un comportamiento, o una receta para obtener cierto resultado, con consecuencias políticas, económicas o culturales definibles. La Visión Global podría pensarse mejor como un proceso que produce una convivencia pacífica, un equilibrio y una liberalidad, y que respeta y aprecia las diferencias de especies, pueblos, culturas, lenguajes, religiones y filosofías.

A continuación, algunos puntos claves de la sabiduría perenne que han dado —y siguen dando— forma a nuestra trayectoria evolutiva.

1. La conciencia es causal

El campo energético en el que vivimos y a partir del cual creamos con nuestra intención es la conciencia. Es lo creador y lo no creado, o, como lo llama Deepak Chopra, el campo de la pura potencialidad. *Las actitudes crean la Visión Global.* Imagínese como una gota en el balde, un balde enorme. Al introducirse en él para conectarse con sus corazonadas (dirección espiritual), sus pensamientos conscientes se agitan. Su ser empieza a catalizar cambios en su familia, sus amigos, vecinos y compañeros de trabajo. Las ondas empiezan a extenderse hasta sus representantes políticos, se unen y combinan con muchas otras ondas que se mueven en dirección a quienes tienen el liderazgo mundial. *Una vez que una masa crítica de conciencia humana capta la visión de esta totalidad, de esta Visión Global más amplia, la Visión se despliega de manera natural.*

2. Nos hallamos inmersos en un campo de energía. Nadamos en Dios.

Estamos hechos de la misma energía divina creativa que Dios. Las religiones denominan a esta energía nuestro Cristo resistente o nuestra naturaleza de Buda. El mundo material brota de este mar de energía mediante nuestras creencias y pensamientos colectivos. A través de los siglos, los maestros enseñaron que somos interdependientes con toda la vida y que cada forma desempeña un papel importante en el funcionamiento del todo. Basados en esquemas y relaciones, los principios de la antigua filosofía forman un gran receptáculo del plan de Dios para el universo.

> "Creo profundamente que debemos encontrar, todos juntos, una nueva espiritualidad. Este nuevo concepto debería elaborarse en las religiones, de tal manera que todas las personas pudieran adherir a él. Necesitamos un nuevo concepto, una espiritualidad laica. Deberíamos promover dicho concepto con la ayuda de los científicos. Podría llevarnos a imaginar lo que todos estamos buscando: una moral secular." **El Dalai-Lama,** *Violence and Compassion: Conversations with the Dalai Lama,* **por Jean-Claude Carrière.**

3. El universo tiene un propósito

Casi nada sucede por casualidad. Una mujer que se preguntaba si debía o no seguir adelante con su vocación de escribir comentó en *The Celestine Journal* una decisión crucial que le pareció asistida por fuerzas divinas. Había leído *Zen in the Art of Writing: Releasing the Creative Genius Within You,* de Ray Bradbury. "Me conmovió tanto que le escribí una carta apasionada a Bradbury para agradecerle su inspiración y su aliento para escribir. Poco después de despachar la carta, nuestra librería anunció que Ray Bradbury firmaría libros y que sortearían los nombres de cinco clientes para comer con él. En cuanto vi el anuncio, supe que estaría entre las elegidas... El día del sorteo, mi nombre fue el último en salir. Tuve la oportunidad de hablar largamente con él. Ahora sé que debo seguir escribiendo. El universo tiene una forma maravillosa de cuidarnos si se lo permitimos."[6]

4. El amor es la forma más elevada de energía

La sabiduría inmemorial reconoce que la razón por la cual la humanidad está en la Tierra es crecer espiritualmente aumentando la capacidad de amar. Una mujer dijo: "Aprendí a prestar atención a las coincidencias que se producen en mi vida y escuchar los pensamientos que flotan en mi mente y mis sueños. También aprendí a apreciar hasta la interacción humana más mínima y en apariencia inconsecuente".[7] *Este amor no es una idea sentimental pegada a la realidad. Es una efusión del estado de conciencia de un individuo cuando esa persona se conecta con la energía universal, que es la frecuencia del amor.*

5. Tenemos muchas vidas para amar

Es inherente a la filosofía perenne la idea de la reencarnación y la oportunidad de experimentar muchas vidas y, en definitiva, el espectro total del potencial humano. Sí, muchas veces la vida es breve. Sí, tenemos esta única vida para vivir... plenamente. Traemos ciertas tendencias y ciertos dones para cumplir nuevos objetivos. Al completar el propósito de esta vida, la abandonamos. Y, sí, es muy probable que tengamos otra oportunidad de hacer las cosas de otra forma la próxima vez.

6. Las opciones traen aparejadas consecuencias, lo cual constituye la ley de causa y efecto o karma

De chicos, aprendemos a no tocar una hornalla encendida. Así como sabemos que los actos generan consecuencias en nuestra vida cotidiana, también aprendemos que la ley de causa y efecto puede generar consecuencias, a partir de acciones tomadas en vidas anteriores, que *tal vez no se experimentan hasta otra vida.* Esto es lo que Oriente denomina "karma", y Occidente, la "Regla de Oro" y "justicia". El karma es una ley natural del universo, y por ello decimos que "lo que va vuelve" y "lo que das es lo que obtienes".

"A los pocos días, [los Guías] me pidieron que empezara a meditar sobre 'el alma del hombre y su lugar de aquí en adelante.' Hicieron hincapié en que era importante, porque tornaría menos tedioso el período de cruce que llamamos muerte y permitiría un avance más acelerado en el siguiente plano. 'Cuanto más rápido podemos convertir las almas terrenas en espíritus transfigurados —escribieron [los Guías]—, más rápido será el avance hacia una fusión del todo. Esto puede no resultar claro ahora, pero a medida que avances en tu meditación podremos conducirte a través de una serie transfigurante de experiencias que divulgarán la causa por la cual estamos trabajando." **Ruth Montgomery, *A Search for Truth***

7. Las otras dimensiones son realidades válidas

Nuestra tarea consiste en abrir los ojos a la forma en que nos mantenemos separados y reconocer nuestra unidad con la fuente que llamamos Dios. La vieja Visión Global veía la existencia material como única "realidad" porque está ante nosotros todos los días.

De acuerdo con el profesor Markides, uno de los supuestos básicos sobre el universo es la realidad de otros niveles de existencia. En *Riding with the Lion*, afirma que: "Existen otros mundos que interpenetran en el nuestro. Estos mundos están estratificados, lo cual significa que se relacionan entre sí de manera jerárquica. El mundo de los cinco sentidos está en la parte inferior del tótem espiritual. Estos estratos no sólo se hallan en la naturaleza, objetivamente hablando, sino que también forman parte de la estructura de la conciencia humana".[8]

8. La naturaleza dual

En la dimensión espiritual no hay dualidad. Hay una fuente —Dios— y esa fuente es toda bondad. No hay una segunda fuente igual del Mal. No obstante, en el plano terrenal, somos cautivos de la dualidad, pares de opuestos como el bien y el mal, la luz y la oscuridad, lo masculino y lo femenino, lo nuevo y lo viejo. Al venir al plano terrenal, nos separamos de la fuente única. Nuestra meta es recordar esa fuente y volver a conectarnos con ella.

La filosofía perenne nos recuerda que en nuestra naturaleza dual somos individuos pero que no obstante formamos parte de una sola humanidad. Nuestros cuerpos viven y mueren en su momento, pero nuestra conciencia vive eternamente. Estar vivos en la Tierra implica enfrentar los opuestos y elegir. La vida nos obliga a elegir, a expresar y a avanzar a través de la dudalidad. El mal surge en proporción con el grado en que las elecciones individuales se oponen al amor, la compasión y el servicio.

PANORAMA GENERAL DE LA DÉCIMA REVELACIÓN

Al igual que la filosofía perenne, la Décima Revelación es el contexto que asegura la implementación de todas las Revelaciones.

LAS IDEAS CENTRALES DE LAS
Primeras Nueve Revelaciones
DE LA NOVENA REVELACIÓN

- Estamos en medio de una transformación acelerada de la forma en que vemos nuestro mundo.
- Vemos que el propósito de nuestra vida es el crecimiento espiritual a través de la acción afectuosa y no sólo la supervivencia en un mundo materialista. *Sólo podemos avanzar verdaderamente en forma individual y colectiva si nos abrimos a la dimensión total de quiénes somos, si seguimos las indicaciones de la intuición y si ayudamos a los demás en vez de trabajar para favorecer nuestros propios intereses.*
- Entendemos que somos un ser divino, temporariamente en un cuerpo físico.
- Estamos en comunicación con la dimensión espiritual mediante el conocimiento intuitivo, las sincronicidades y los hechos metanormales y los milagros de sanación.
- La mayoría hemos elegido estar aquí, y elegimos las circunstancias que fortalicerían el carácter de nuestra alma y contribuirían a sostener la Visión Global.
- Podemos aprender a mantenernos energizados en vez de mezclarnos en luchas de poder estériles.

LAS IDEAS CENTRALES DE
La Décima Revelación

- Existen niveles de conciencia más allá de nuestra dimensión espiritual.
- Al nacer, tuvimos una Visión del nacimiento.
- Estamos despertando colectivamente a la Visión Global mantenida por nuestros grupos de almas.
- Estamos dándonos cuenta de que recibimos una guía del ámbito espiritual y angelical.
- Estamos profundamente conectados con las personas a las que nos hallamos vinculados y con algunas de las personas a las que conocemos en momentos cruciales de nuestra vida.

- Estamos trabajando para que el medio físico sea más espiritual.
- Juntos, estamos recordando que la visión del mundo se basa en los elementos esenciales de la sabiduría inmemorial.
- Estamos aprendiendo a sostener una intuición y a tener fe en que nos conduce al siguiente punto de nuestro camino.
- Lo que queremos existe primero en nuestras mentes y nuestros corazones y se vuelve realidad sosteniendo la intención.
- Después de abandonar el cuerpo al morir, revisaremos cada episodio de nuestras vidas. Podremos ver (y sentir) con claridad todo el amor que fuimos capaces de dar a los demás en cada encuentro.
- El objetivo último para la humanidad es fusionar las dimensiones material y espiritual.

LA ESCUELA DE LA SABIDURÍA

Pensemos en la Décima Revelación como parte de una escuela de sabiduría cuyo programa es optativo. Es posible que usted ya conozca gran parte de este material, pero leer historias de gente común puede ayudarlo a recordar de manera más plena. Nuestro objetivo es sólo estimular su conocimiento interior.

Para la parte izquierda del cerebro, presentaremos descripciones de principios. Para la parte derecha del cerebro, contaremos historias. Los temas de nuestra escuela son: 1) vidas pasadas; 2) grupos de almas (que mantienen nuestros recuerdos de vidas pasadas y nos envían energía); 3) Visiones del Nacimiento; 4) la revisión de la vida después de la vida (una

Es natural resistirse al cambio. Algunos fluctuamos salvajemente entre confiar en el proceso durante un tiempo y dudar de nosotros mismos y del punto de vista espiritual. Queremos nuevamente tener el control y quedarnos con lo que nos resulta familiar aunque no funcione muy bien. Muchos todavía nos preguntamos: "Sé que tengo un destino espiritual, pero ¿qué puedo hacer hoy?".

evaluación de cómo nos fue con el recuerdo y la realización de nuestra Visión del Nacimiento en la tierra; 5) la Visión Global, que consiste en unificar los ámbitos espiritual y físico mediante la conciencia de ambos dominios; y 6) historias de pioneros.

Encontrar nuestro lugar

La metáfora que aparece en *La Décima Revelación*, referente a experimentar el valle solos, envuelve la idea de que todos debemos entrar en nosotros mismos y escuchar las intuiciones y los mensajes importantes que nos llegan a través de los demás. Es importante tener presente que encontrar nuestro lugar es un proceso continuo. En el viaje de la vida respondemos constantemente a la situación siguiente,

"La carrera avanza sólo en la medida en que todos nos precipitemos hacia el objetivo común de la iluminación y la perfección. Por lo tanto, si avanzamos rápidamente debemos hacer el esfuerzo de ver que otros que posean intereses similares también reciban las herramientas necesarias para el progreso personal." **Ruth Montgomery, A World Beyond**

venciendo el siguiente obstáculo. No hay un punto en el que podamos parar y decir: "Ya lo tengo". Al elegir la vida en vez del Miedo, cumplimos con uno de los aspectos más importantes del propósito de nuestra vida.

Como veremos más adelante, debemos dejar de lado nuestra adicción a las heridas y los fracasos pasados. Si nos mantenemos en el momento presente, crecemos pidiendo consejos respecto de adónde ir y qué hacer. Centremos la atención en nuestra intención y dejemos que el universo abra el camino.

¿QUÉ ES LO NUESTRO?

Según Peter Drucker, escritor y gurú de la gestión, el primer paso en el camino al éxito consiste en preguntarse: "¿Qué es lo mío?" o "¿En qué ando exactamente?" Si no puede responder a esa pregunta, es probable que esté gastando el noventa por ciento de su tiempo haciendo cosas que no son asunto suyo.

Ser un puesto de informes

Una mujer que tiene un negocio mediano, especializado en educación espiritual por correspondencia, comentó: "Yo soy como un puesto de informes. Quiero estar para proporcionar algo que sé que tiene valor y ayudará a alguien en su camino. Siento que soy un catalizador, y veo que eso es lo que he hecho en mis distintos trabajos a lo largo de los años". Luego agregó: "Aprendí gran parte de mi comprensión y mi percepción a lo largo —y después— de años difíciles en que bebía, sufrí un accidente de auto y luego pasé por una rehabilitación física. En esos tiempos, me resistía mucho a cualquier información nueva, pero al fin empecé mi recuperación después de varios fracasos. Ahora vendo casetes, libros y otras herramientas espirituales. Lo más importante para mí es poder decir: 'Mire, tengo algo que le va a gustar mucho'. Después me aparto. Aclaro muy bien que no soy más que la proveedora. Después cada uno hará lo que quiera hacer".

Al definir para nosotros mismos "en qué estamos", podemos ponernos en la agenda de Dios, para que, cuando necesite un puesto de informes, sepa a quién llamar para ese trabajo.

Preservar lo importante

Una mujer, directora de una fundación, también viaja y toma fotografías de ceremonias étnicas en otros países. Afirma: "Sé que lo mío es preservar lo importante. Lo hago de distintas formas, tanto en mi trabajo de base como en mis fotografías. Me parece que es un impulso dominante de mi naturaleza".

Dirigir orquestas

Otra persona, que dirige una fábrica, forma parte de una comisión escolar y preside dos organizaciones profesionales, manifestó: "Lo mío es dirigir orquestas. Desempeño muchas funciones de liderazgo porque tengo un fuerte sentido de cómo algo puede avanzar sin problemas si las que llevan las cosas adelante son las personas indicadas. Pongo todo mi empeño para sacar lo mejor de cualquier grupo y me encanta el desafío aun cuando las cosas resulten caóticas".

> "Un renacimiento se produce cuando las puertas de la mente se abren a otros mundos y a ideas extrañas, y una nueva armonía turbulenta empieza a formarse."
> **Graham Dunstan Martin, *Shadows in the Cave***

Sorprender con un floreo deslumbrante

Un escritor técnico y entrenador de equipos de fútbol señaló, después de reflexionar un momento: "Yo escucho y sintetizo. Siempre busco formas de que las cosas resulten más fáciles de hacer, pero también me gusta sorprender a la gente con una suerte de floreo deslumbrante que nadie esperaba. Mi trabajo podría parecer aburrido, pero me encanta zambullirme por entero en un proyecto, imprimirle cierto orden y después mostrárselo a alguien".

Crear momentos brillantes para los demás

Un hombre que trabaja con maquinaria pesada y es además un excelente bailarín constituye un buen ejemplo de equilibrio entre trabajo y juego. Varias veces por semana baila salsa y es famoso en su pueblo por ser excepcionalmente optimista, filosófico, generoso y lleno de humor. Después de reflexionar, él y su compañera rieron, y ella dijo: "¿Sabes en qué estás tú? En crear momentos brillantes para los demás".

ESTUDIO INDIVIDUAL

Práctica: Intención

Por la mañana, o cuando enfrente una decisión o interacción especialmente importante, escriba su intención en una ficha. Concéntrese un momento.

Primer Paso—Aclarar la imagen

- *Pare el mundo.* Tómese un momento para serenar su mente. Cierre los ojos y penetre en su interior.
- *Relájese y junte energía.* Siga el ritmo de su respiración durante uno o dos minutos.
- *Aclare la imagen.* Pregúntese: "¿Qué expectativas tengo respecto de este hecho, tema o decisión?".
- *Cargue la imagen.* Escriba todas las expectativas o esperanzas positivas que le acudan a la mente.
- *Pregunte.* Ahora escriba cualquier pregunta que se le ocurra. Por ejemplo, "¿Debería casarme con Fulano?" o "¿Cuál es la mejor manera de presentar mi propuesta hoy?" o "¿Es ésta la casa indicada para comprar?".

Segundo Paso—Crear el objetivo y liberarlo

- *Piense.* Luego, reescriba su pregunta en un enunciado positivo en el que *usted ya tenga el resultado deseado.* Por ejemplo, la primera pregunta que aparece más arriba podría enunciarse de nuevo en presente, concentrándose en el desenlace desado que implica la pregunta, escribiendo: "Estoy felizmente casada con la persona correcta" o "Mi propuesta creó las condiciones perfectas para mi siguiente paso en mi crecimiento" o "Estoy viviendo en la casa perfecta para mí en este momento".

- *Libérese*. Por el momento, sienta cómo se despoja de todos los sentimientos de duda. Abandónese y confíe en que el universo manejará los detalles. Sienta cómo se libera de cualquier resultado, confiando en que la sabiduría divina trabaja para el mayor bien, del cual tal vez usted todavía no tenga conciencia.

Tercer Paso–Notar lo que el universo le sugiere que haga
- *Reciba*. Aumente su conciencia para recibir signos o mensajes sutiles respecto del rumbo correcto a seguir durante el día.
- *Recargue*. Concéntrese en su enunciado y en una imagen suya con la cosa que desea.

Cuarto Paso–La gratitud lo mantiene abierto
- *Agradezca*. Cada vez que note aunque más no sea pequeñas bendiciones, como conseguir un asiento en el colectivo, encontrar una moneda o recibir la sonrisa de alguien, eleve en su interior una oración de agradecimiento. La gratitud nos ayuda a mantener la intención cargada de energía.

Tal vez le convenga llevar un diario para registrar y activar su intención y también para anotar las sincronicidades y buscar el significado que puedan contener. Como las sincronicidades tienden a ocurrir en grupos, un diario es una herramienta muy útil para trabajar con la Décima Revelación.

ESTUDIO GRUPAL

Pautas

- Sean puntuales para llegar y para irse, en especial si se reúnen en la casa de alguien.
- En el grupo no es necesario ni aconsejable un líder, aunque alguien puede ofrecerse para tomar notas o apuntar cosas para cumplir, o controlar el tiempo.
- El grupo debe dejar que cada persona hable sin interrupción, y prestarle plena atención.
- Envíen energía afectiva a cada orador y vean la belleza interior de su alma.
- Hablen y escuchen desde el corazón.

- Eviten los chismes o los juicios.
- No debatan detalles de la vida de las personas fuera del grupo.
- La meditación grupal sobre cualquier tema puede resultar muy fructífera. Permitan que las personas hablen de los mensajes que recibieron.
- Si surgen luchas de poder, sean honestos con sus sentimientos, muéstrense amables y pacientes, pero firmes. Eviten echar culpas.
- Mediten con frecuencia sobre el recuerdo de la Visión del Nacimiento de cada uno.

Diálogos

Empiecen a leer libros y revistas sobre temas que amplíen los límites de su Visión Global, tales como la reencarnación, los contactos extraterrestres, los ángeles y el poder sanador de las oraciones. Hagan una sinopsis de las lecturas para los demás miembros de los grupos e intercambien pensamientos sobre estas ideas.

También pueden iniciar un diálogo sobre uno de los temas que aparecen a continuación. Decidan qué tema tiene "el máximo de energía" para la gente. Seleccione cada uno su tema y escriba en unos cinco minutos qué siente al respecto. Luego todos pueden leer qué escribieron, por turnos. Una vez que todos tuvieron la posibilidad de leer sus pensamientos, puede realizarse una discusión general.

Temas sugeridos

Si tuviera que contarle la historia de su vida a un chico de cinco años, ¿qué puntos destacaría?

¿A quién conoce que haya sido una inspiración para usted? ¿Por qué? ¿De qué manera?

¿Cuándo se siente indefenso/a? ¿Qué cambiaría al respecto?

¿Está en el umbral de algo? ¿Qué puerta quiere que se abra?

¿Qué le ha parecido significativo en su vida hasta ahora?

¿Qué piensa de la reencarnación?

¿Qué le gustaría cambiar en su comunidad?

CAPÍTULO 2

Cómo nos preparan las Nueve Revelaciones para la Décima

CUERVO
LEY

"Todos podemos identificar algunas cuestiones... relacionadas con nuestra carrera, nuestras relaciones, el lugar en el que debemos vivir... [y] si nos mantenemos conscientes... las intuiciones... nos proporcionan impresiones que nos dicen adónde ir, qué hacer o con quién hablar para buscar una respuesta."

LA DÉCIMA REVELACIÓN:
EN BUSCA DE LA LUZ INTERIOR[1]

LAS NUEVE REVELACIONES CONDUCEN A LA DÉCIMA

Como base para analizar la forma en que la Décima Revelación nos lleva a un nuevo nivel de conciencia, damos a continuación una breve revisión de la secuencia de las primeras nueve Revelaciones. Si usted ya conoce a fondo los principios, puede saltar este capítulo.

1. La masa crítica

En la cultura humana está produciéndose un nuevo despertar espiritual, un despertar provocado por una masa crítica de individuos que experimentan sus vidas como una evolución espiritual, una travesía en la que somos conducidos por misteriosas coincidencias.

2. Un ahora más permanente

Este despertar representa la creación de una visión del mundo nueva y más completa, que reemplaza una preocupación de quinientos años por la supervivencia y el confort secular. Si bien esta preocupación tecnológica constituyó un paso importante, nuestro despertar a las coincidencias de la vida nos abre al verdadero propósito de la vida humana en este planeta y a la verdadera naturaleza de nuestro universo.

3. Una cuestión de energía

Nos damos cuenta de que no vivimos en un universo material,

sino en universo de energía dinámica. Todo constituye un campo de energía sagrada que podemos sentir e intuir. Además, los seres humanos podemos proyectar nuestra energía concentrando nuestra atención en la dirección deseada ("la energía fluye hacia donde va la atención"), influyendo sobre otro sistema de energía y aumentando el ritmo de coincidencias en nuestras vidas.

4. La lucha por el poder

Con frecuencia, los seres humanos nos apartamos de la fuente mayor de esta energía y nos sentimos entonces débiles e inseguros. Para conseguir energía tendemos a manipular o forzar a los demás a prestarnos atención y, por ende, a darnos energía. Cuando logramos dominar a otros de esta forma, nos sentimos más poderosos, pero los demás quedan debilitados y a menudo se vengan. La competencia por la escasa energía humana es causa de todos los conflictos entre las personas.

5. El mensaje de los místicos

La inseguridad y la violencia terminan cuando experimentamos una conexión interior con la energía divina interior, una conexión descrita por los místicos de todas las tradiciones. Indicadores de esta conexión son una sensación de levedad —júbilo— y la sensación constante del amor. Si aparecen estos indicadores, la conexión es real. Si no, es sólo fingida.

6. Poner en claro el pasado

Cuanto más conectados nos mantenemos, más conscientes somos de los momentos en que perdemos la conexión, en general bajo una fuerte presión. En esas oportunidades, vemos nuestra forma particular de robar energía a los demás. Una vez que nuestras manipulaciones son reconocidas por la conciencia personal, nuestra conexión se vuelve más constante y entonces podemos descubrir nuestro camino de crecimiento en la vida y nuestra misión espiritual, la forma personal en que podemos colaborar con el mundo.

7. Fluir

Conocer nuestra misión personal acrecienta el flujo de coincidencias misteriosas mientras somos guiados hacia nuestros destinos. Primero tenemos una pregunta, luego sueños, ensueños e intuiciones que nos llevan hacia las respuestas, que, en general, nos son dadas de manera sincrónica por la sabiduría de otro ser humano.

8. La ética interpersonal

Podemos aumentar la frecuencia de las coincidencias orientadoras elevando a cada persona que llega a nuestras vidas. Es fundamental no perder la conexión interior en relaciones románticas. Elevar a otros es específicamente eficaz en grupos donde cada integrante puede sentir la energía de todos los demás. Con los niños, es de suma importancia para su seguridad y su crecimiento tempranos. Viendo la belleza en cada cara, elevamos a los demás a su yo más sabio y aumentamos las posibilidades de oír un mensaje sincrónico.

9. La cultura emergente

En la medida en que todos evolucionemos hacia la mejor cristalización de nuestras misiones espirituales, los medios tecnológicos de supervivencia serán totalmente automatizados, en tanto que los seres humanos se concentrarán, en cambio, en los estados de energía sincrónicos que en definitiva transformarán nuestros cuerpos en forma espiritual y unirán esta dimensión de la existencia con la dimensión de la vida después de la vida, completando el ciclo de nacimiento y muerte.

INTERROGANTES SOBRE LAS NUEVE REVELACIONES

Si queremos sostener la Visión del Mundo, debemos, desde luego, basarnos en nuestra capacidad para seguir la orientación que recibimos. Tal vez descubra que se ha planteado algunas de las siguientes preguntas y preocupaciones.

"He percibido más coincidencias, pero, ¿cómo sé qué significan? No siempre sé qué hacer con ellas."

Como dice el personaje de la Décima Revelación, "La verdad era, obviamente, que algunas partes de la profecía todavía se me escapaban. Sin duda había retenido la capacidad de conectarme con una energía espiritual interior... Y era más consciente que nunca de pensamientos intuitivos y los sueños y la luminosidad de una habitación o un paisaje. Sin embargo, al mismo tiempo, la naturaleza esporádica de las coincidencias había pasado a ser un problema... Me cargaba de energía... y en general tenía un presentimiento claro respecto de qué hacer... no obstante, después de hacer algo relacionado con la situación eran muchísimas las veces en que no ocurría nada importante. No encontraba ningún mensaje, ninguna coincidencia... con igual frecuencia mi iniciativa, pese a mis esfuerzos por enviar energía, era totalmente rechazada, o peor aún, empezaba de una manera estimulante sólo para desviarse, descontrolarse y al fin morir en medio de un torrente de irritaciones y emociones inesperadas... me di cuenta de que algo me faltaba cuando quería vivir las Revelaciones a largo plazo... En apariencia había olvidado alguna parte vital del conocimiento... o tal vez aún no la había descubierto."[2]

¿Coincidencia o reminiscencia?

Las coincidencias siempre parecen estimulantes o misteriosas. ¿Por qué? Es posible que parezcan así porque nos conectan con nuestro recuerdo de lo que queríamos hacer con nuestra vida. Desde un punto de vista espiritual, todo sucede por alguna razón. Por lo tanto, ese estado aumentado de conciencia que sentimos, causado por dos o más hechos que se unen de una manera inesperada, significa que hay un significado inconsciente en los hechos. Aunque no podamos ver ningún propósito inmediato para ese hecho, no significa que no lo haya. Algún día, es posible que, mirando hacia atrás, vea que ese hecho marcó un punto crucial en su vida o modificó sus creencias. Por ejemplo, un músico de Louisiana había decidido que quería ser menos distante después de haber leído el capítulo sobre los dramas de control en *La Novena Revelación*. Fue a una librería metafísica para averiguar sobre grupos de estudio en la zona. El dueño le dijo que en ese momento no había ninguno y le propuso que tomara clases de yoga. El músico decidió hacerle caso, y nos dijo: "El yoga era exactamente lo que necesitaba para ponerme en contacto con mi cuerpo. Es mucho mejor que un grupo de estudio en este momento, porque tal vez habría sido más mental y ése ha sido siempre mi problema. Me sorprende cómo se ha abierto mi vida desde que di este paso". Su intención de trabajar en lo que le parecía un área bloqueada lo llevó a experimentar la vida de maneras por completo distintas.

La sincronicidad como reafirmación

A veces, un hecho sincrónico se produce para hacernos saber que vamos por el camino correcto. Por ejemplo, una madre y su hija viajaron desde California a Vancouver para hacer un taller sobre programación neurolingüística. En la primera conferencia de la noche se sentaron justo detrás de otras dos mujeres y empezaron a charlar. Resultó que estas mujeres también eran madre e hija. Más aún, las madres tenían el mismo nombre de pila y la madre de Vancouver acababa de regresar después de haber vivido en el mismo edificio de departamentos que la hija de California. Considerando que no había habido ningún contacto entre ellas, la madre y la hija de California pensaron que esta sincronicidad significaba que habían hecho la elección correcta al asistir al taller, puesto que la sincronicidad implicaba *ubicación* (las dos mujeres vivían en el mismo lugar).

La sincronicidad revela el proceso interior

Cuando empezamos a pedir información con claridad, nuestro nivel de hechos sincrónicos aumenta. Alvin Stenzel, un médico de Bethesda, relató: "Cuando el alumno está listo, aparece el maestro... Mientras trabajaba en mi último libro, una guía para estudiantes del secundario que están eligiendo universidad y se preparan para 'la vida después', había llegado a un punto en que me costaba encontrar un buen enfoque, un concepto para estructurar mis puntos de vista. Me tomé una semana libre y leí uno de mis regalos de Navidad, *Care of the Soul*, de Thomas Moore... ¡y ahí encontré lo que necesitaba! Una vez que reconocí mi necesidad y me abrí a las respuestas, apareció el maestro".[3]

Las coincidencias proceden de una fuerza espiritual que nos arrastra y siempre corresponden a una de las Revelaciones sobre las que estamos trabajando. Por ejemplo, si estamos en la Primera Revelación, las coincidencias nos darán

---

"De modo que podemos... decir que el inconsciente colectivo es un campo de energía psíquica, cuyos puntos excitados son los arquetipos, y ese campo tiene un aspecto ordenado que está dominado por la cantidad de ritmos del *Self*... el *Self* se encuentra en un proceso eterno de rejuvenecimiento constante... podemos ver los procesos psicológicos como procesos energéticos que siguen incluso ciertas leyes." **Marie-Louise von Franz, *On Divination and Synchronicity***

---

pruebas de que está produciéndose la transformación. Si estamos en la Segunda Revelación, obtendremos ejemplos de cómo estamos despertando de las viejas preocupaciones. Si estamos en la Tercera, obtenemos revelaciones referidas a la forma en que fluye la energía. Empiezan a aparecer en nuestra vidas personas con conocimiento sobre los temas que estamos dilucidando. O sea que, a través de hechos sincrónicos, nuestra percepción aumenta. Al acercarnos a la Sexta Revelación, que nos permite identificar nuestro linaje desde nuestros ancestros, vemos con más claridad las sincronicidades. Nos muestran la dirección hacia la cual estamos yendo y hacen resaltar la cuestión que más tenemos ante nosotros. Cuando somos más claramente conscientes de lo que vinimos a aportar, los hechos sincrónicos se amplían en forma considerable. Debemos tener presente, además que, al integrar información remontamos el ciclo de las Revelaciones.

"¿Cómo puedo analizar las coincidencias para tener más información?"

Cuando el hecho está ocurriendo, trate de acordarse de dar energía a la persona o las personas involucradas para ayudarlas a que le transmitan mensajes. Puede incluso adoptar el enfoque directo y, cuando sea apropiado, decir: "De veras me interesa saber por qué nos conocimos justamente ahora. Tal vez tengas algún mensaje para mí". Puede decirlo con humor y permitir que la persona vea que usted tiene una sincera intención de conectarse con ella.

"Los chinos no se preguntan qué fue lo que hizo que algo ocurriera... no tienen una idea lineal del tiempo... [Se] preguntan:"¿a qué cosas les gusta ocurrir juntas?'... luego analizan esos grupos de hechos internos y externos... hay una tendencia a que ciertos hechos se apiñen... Los occidentales lentamente van dándose cuenta de que en verdad hay una tendencia a que las cosas ocurran juntas, no es una fantasía, existe una tendencia notable a que los hechos se agrupen. Hasta donde podemos ver, esto tiene que ver con los arquetipos; es decir, si cierto arquetipo está constelado en el inconsciente colectivo, ciertos hechos tienden a producirse juntos." **Marie-Louise von Franz, On Divination and Synchronicity**

Luego de su coincidencia, tómese unos minutos para observar los elementos más salientes del hecho. Hágase preguntas como : "¿Qué he querido saber últimamente?", "¿Qué ha estado preocupando a mi mente en estos últimos tiempos?", "¿Por qué conocí a esta persona justo ahora en relación con esa cuestión?". Escriba el hecho y cualquier significado que usted le atribuya (aunque parezca bastante fantasioso) en su diario y anote la fecha. Ábrase a los mensajes intuitivos dejando que aparezcan pensamientos al azar en una escritura de libre asociación, mientras la energía del hecho sea todavía intensa. La información puede resultarle más significativa en unos días o meses.

Otra forma de sondear una coincidencia consiste en simular que fue un sueño. ¿Qué significado le daría si fuera un sueño?

"¿Cómo puedo usar mi nueva conciencia de las Revelaciones en mi trabajo? ¿En mi familia?"

Obviamente, no existe una receta para usar las Revelaciones que se adapte a todos en todas las situaciones. No obstante, puede empezar a buscar un propósito más profundo en sus relaciones con sus compañeros de trabajo y su familia. Muchas personas han notado que el solo hecho de tomar conciencia de los dramas de control los hizo pasar de una reacción inconsciente a una libertad consciente en el momento de tomar decisiones.

"¿Cómo es posible que mi mujer/marido no se entusiasme con estas ideas? ¿Debo tratar de explicárselas, o es que la relación me quedó chica?"

¿Cuántas veces nos sentimos frustrados porque alguien a quien queremos no comparte nuestros nuevos intereses? Lo que en general pasa es que los cambios en la conciencia inevitablemente generan cambios en las relaciones que se basaban en supuestos anteriores. Por ejemplo, si su cónyuge se da cuenta de que usted avanza en direcciones nuevas, es posible que tenga varias reacciones. Tal vez no le importe, tal vez se interese o tal vez sienta la amenaza de que usted no lo/la amará más si no acepta las ideas nuevas. Cualquiera de estas reacciones puede activar una necesidad de atraer la atención o de controlar sus acciones por miedo.

Aunque no tenga una pareja, los nuevos niveles de conciencia a menudo plantean una prueba inmediata. Por ejemplo, alguien cercano a nosotros expresará en forma verbal o no nuestras propias dudas internas respecto de nuestro nuevo paso o nuestra nueva percepción. De modo que observe si un amigo, un familiar o una pareja plantea una crítica sobre su nueva decisión o idea. ¿Sus palabras reflejan algunas semillas de duda que usted todavía no resolvió dentro de su propio entendimiento? Observe si ha estado excepcionalmente replegado sobre sí mismo o distante, suponiendo que a su pareja no le interese lo que usted busca. Dispóngase a decir con franqueza lo importantes que son para usted su trabajo espiritual,

---

"Plantamos una semilla en las personas y ésta se instala en algún sustrato profundo de la mente. Con el tiempo, empieza a crecer y de pronto se vuelve consciente, y esas personas se interesan en estas cosas muchos años más tarde, cuando ellas mismas cambiaron en respuesta a estas nuevas ideas.

...Lo que tiene el cambio de paradigma —y Thomas Kuhn habló mucho al respecto— es que no constituye simplemente un cambio de opinión intelectual. Es una profunda experiencia de conversión... De modo que este trabajo de mediar entre paradigmas, llamar la atención de los otros sobre ciertos datos y esperar a que cambien de opinión es muy lento. No ocurre de la noche a la mañana." **Doctora Beverly Rubik en *Towards a New World Vision*, de Russell E. Di Carlo**

---

sus lecturas, su escritura o sus actividades. Comprométase con su camino y deje que sus actos, su mayor compasión y energía afectiva
sean un modelo para los demás, sin tratar de convencerlos de que
sigan su camino. Cada persona tiene su tiempo para el desarrollo y
por más que usted quiera que lo/la acompañen, cada uno debe hacerlo siguiendo su propio ritmo e inclinación. No se apresure a hacer
juicios respecto del destino de su relación hasta no haber analizado
sus sentimientos con un mentor de confianza o un psicólogo profesional. ¡En su carrera hacia la iluminación, no olvide su sentido del
humor!

*"Mi jefe es un intimidador. ¿Cómo puedo manejarlo sin perder mi
trabajo?"*

Todos, en uno u otro momento, encontramos personas difíciles
con personalidades iracundas o amenazadoras. Una mujer, Frances,
trabajaba con un tipo de jefe errático y dominante que esperaba que
ella saltara cada vez que él gritaba. Si bien había cosas de su trabajo
que le gustaban, se sentía siempre al borde del caos porque rara vez
podía terminar una tarea sin que él le pidiera que hiciera otra. Cuando Frances hizo una revisión de sus influencias paternas, estableció la
conexión con el hecho de haber tenido un padre muy parecido a su
jefe actual. Siempre había sentido un temor reverencial por su padre y
se había rebajado ante sus gritos y exigencias. Empezó a ver que había
recreado una atmósfera similar en la elección de su trabajo. "Supongo
que me parecía normal ser dominada y maltratada verbalmen-
te —dijo—, porque era igual a lo que conocía." Frances se preguntó:
"¿Por qué tengo esta situación en este momento de mi vida?". Si bien
alcanzó la plena conciencia un poco más tarde, empezó a considerar
que tal vez el propósito de tener un jefe dominante era mostrarle dónde debía producirse su crecimiento interior. Para poder iniciar un
trabajo más creativo, debía aprender a ser un poco más decidida y
confiada. Pero primero tuvo que tomar algunas medidas.

Aunque su escalafón en la oficina la ubicaba en un nivel inferior
de la administración, empezó a poner algunos límites a lo que aceptaba
de su jefe. Una tarde, cuando la oficina estaba menos activa que de
costumbre, le preguntó si podía hablar con él unos minutos. Con el
corazón en la garganta, le comunicó su sensación de que no rendía
al máximo. Él le preguntó qué la hacía pensar eso, y ella le contestó:
"Usted me da miedo". Frances comentó que él se quedó callado un
minuto, observándola, y ella entonces continuó: "No puedo rendir al

máximo cuando me gritan. Me gusta trabajar aquí, y quiero ser lo bastante flexible como para ayudarlo de la mejor manera posible. Pero... por ejemplo, necesito que me dé algún tiempo de ventaja para cambiar de tareas. Me gustaría trabajar acá y no vivir temiendo que me grite cada vez que me doy vuelta". Su sinceridad dio lugar a una conversación breve pero afable entre los dos. Frances comentó que ese día salió de la oficina con una enorme carga de energía por haber hablado de una manera tranquila, aunque resuelta. Trabajó allí unos meses más y luego, sin esfuerzos, se le presentó un trabajo nuevo que era más de su agrado, con un jefe muy llevadero. Frances aprendió que no tenía por qué aceptar una situación dolorosa simplemente porque le resultara conocida. Se dio cuenta de que el incidente le había dado la oportunidad perfecta de enfrentar este tema no resuelto con su padre. Al poco tiempo, también se dio cuenta de que el incidente con su jefe subrayada una tendencia a centrarse en las necesidades de los otros como más importantes que las de ella. "El solo notar esta tendencia —la de tratar de complacer a los demás porque temía su desaprobación— me ha cambiado la vida. Ahora me siento mucho más liviana", comentó Frances. Más tarde, con ayuda de un terapeuta, pudo reconocer que había proyectado en su jefe su propia necesidad de atención.

En general, una situación difícil nos da la oportunidad de ver dónde estamos atascados o qué tememos, para que podamos tomar las medidas correspondientes. Podría ser una oportunidad para sanar una vieja herida, modificar un esquema inconsciente de comportamiento, defendernos a nosotros mismos, cumplir un sueño o descubrir una información crucial que necesitamos para nuestro recorrido evolutivo. Una vez realizado nuestro aprendizaje, la vida se asegura de que avancemos.

"Si estoy convencido de que yo creo mi realidad, ¿por qué las cosas no cambian?"

La energía sigue al pensamiento. Si usted no está alcanzando la meta que quiere, le conviene hacerse cuatro preguntas para llegar a la raíz de su "estancamiento".

Primero, ¿en realidad cree que puede alcanzar, o que merece alcanzar, el nuevo objetivo? ¿Tiene una creencia no analizada de que, más allá de lo que usted haga, nunca obtendrá lo que quiere? Pregúntese: "¿De qué manera me digo interiormente que no merezco mi meta?". Por ejemplo, si quiere algo que cuesta mucho dinero, ¿va por ahí diciendo que no puede pagar esto o aquello? ¿Habla todo el tiempo de la cantidad de deudas que ya tiene? Su descreimiento podría neutralizar su intención de lograr el nuevo objetivo.

Segundo, ¿presta atención y hace caso a los mensajes intuitivos que le sugieren nuevos pasos o riesgos que podrían encaminarlo hacia su meta?

"Pide bendiciones como si dieras por sentado que vas a recibirlas, pues ésa es la parte que significa fe.

"Trata de conocer Su voluntad para ti. Siente Su presencia y luego asegúrate de que lo que pidas sea para el mejor propósito posible y no un capricho egoísta. Recuerda que la oración es inútil si es para dañar a otro o ponerte por encima de rivales y amigos. Pide que se haga la voluntad de Dios, no la tuya, y luego reza como si esperaras que tu ruego se cumpla en un instante."
Ruth Montgomery, *A World Beyond*

Tercero, ¿es oportuno el momento para que este objetivo se realice? ¿Se muestra impaciente respecto de los resultados, no está dispuesto a esperar o recorrer todos los pasos necesarios para manifestar el objetivo?

Por último, intuitivamente, ¿considera que este objetivo deseado le conviene? Si el resultado que quiere no se produce, ¿qué mensaje podría haber en esto para usted?

Algunas personas vieron que obtienen resultados cuando escriben su objetivo deseado quince veces en un papel todos los días durante un par de semanas y después lo olvidan por el resto del día... para dejar que Dios se haga cargo de él.

Lo que es más importante, para crear nuestra realidad debemos tener la mayor parte de nuestra energía psíquica presente y disponible para que se oriente hacia la intención positiva. Si nuestra energía retrocede para alimentar viejos fracasos y heridas, no tenemos suficiente energía psíquica disponible para crear el futuro que deseamos. Estancadas repasando cada cosa negativa que nos pasó, nuestras mentes alimentan creaciones negativas. Seguimos sintiéndonos víctimas de nuestro pasado. Obviamente, con esto no queremos sugerirle que niegue estos hechos o que no se dé tiempo para una recuperación apropiada y necesaria. No obstante, cuando nos identificamos mucho con lo que pasamos o sufrimos, limitamos nuestra capacidad para superarlo. Una descripción excelente de este proceso puede encontrarse en la casete de audio de Caroline Myss, intuitiva médica y escritora, titulado, *Why People Don't Heal*.[4]

"*¿Cómo puedo concretar mi situación actual para poder avanzar?*"

Ya que sabemos que todo tiene un propósito, es útil que busquemos la intención positiva detrás de nuestra situación actual. ¿Qué obtenemos "no avanzando"? ¿Cuál es la compensación? Un hombre nos dijo: "Había aceptado un trabajo que en realidad no me gustaba para nada, pero necesitaba el dinero. Pensaba todo el tiempo: '¿Por qué diablos estoy en este empleo? Ni siquiera me gusta la mayoría de la gente que hay'. Después de reflexionar sobre la Primera Revelación, donde se nos dice que la vida es un misterio, decidí enfocar mi situación actual como si fuera un misterio que quería entender. Esto me dio una visión totalmente distinta respecto del motivo por el cual yo seguía yendo ahí todos los días (fuera del sueldo, por supuesto). Empecé a hablar con la gente y a buscar sutilmente el mensaje que pudieran tener para mí. Este enfoque cambió mi experiencia en ese trabajo mientras estuve allí y lo hizo mucho más soportable. Empecé a darme cuenta de que muchas de las personas que estaban allí habían abandonado un sueño de algún tipo. Al quedarme en ese trabajo que odiaba, la compensación era que me impedía ver que ya no quería ser un actor con 'un empleo de día'. Me impedía evaluar lo que quería hacer de mí mismo, porque así parecía que no tenía amarras de ningún tipo". Finalmente, regresó a Indiana y volvió a la universidad para completar sus estudios sobre educación, con la esperanza de poder conseguir un puesto como profesor de arte dramático.

Para avanzar, primero observe bien su situación actual y esté atento a la intención positiva que hay detrás de ella. Note si hay alguna sincronicidad que sugiera nuevas opciones (o incluso "pistas" de opciones). Irradie energía afectiva y confíe en que el universo le da exactamente lo que necesita en este momento. Le conviene recordar también un viejo adagio: "Aquello a lo que resistes, persiste".

"*¿Cómo puedo usar estos conceptos para favorecer el bienestar del planeta?*"

Usted ya forma parte de la masa crítica de individuos que están sintonizados con las posibilidades de salvar al planeta. Imprima una intención apasionada a su tiempo en la Tierra y el compromiso de saber quién es verdaderamente y usar sus dones. Cuando se sienta fuera del flujo, ríndase al orden superior de la inteligencia universal. De usted depende ver dónde ha estado hasta el momento y actuar donde sea necesario. Por ejemplo, una noticia reciente, en California, demostró de qué manera la determinación de unos padres de bajos ingresos creó no sólo un mejor futuro para sus hijos sino un nuevo modelo para desegregar escuelas. Hace diez años, en la península de San Francisco, se construyó una ruta que separó a dos distritos escolares, uno blanco y el otro negro. Margaret Tinsley, afroestadounidense, no estaba dispuesta a dejar que sus hijos fueran a una escuela que, desde el punto de vista académico, estaba muy mal conceptuada. "Tampoco creía —dijo— que ir a una escuela casi totalmente negra fuera a preparar a mis hijos para el futuro."[5] Sus esfuerzos y los de otros padres dieron como resultado un juicio histórico que derivó en la creación de un programa único y voluntario en el cual los escolares pueden movilizarse entre los límites de los distritos. Al inscribirse, entre jardín de infantes y segundo grado, están expuestos a distintas razas y culturas antes de aprender a desconfiar de otros que son distintos. "El fallo del caso Tinsley hizo posible que chicos de distintos medios culturales se conocieran a una edad relativamente temprana —dijo Jack Robertson, uno de los abogados que defendió el caso de los demandantes—. Los chicos no nacen con prejuicios. Los aprenden."

Observe dónde lo puso la vida. ¿Qué hace falta allí? ¿Cuál es su pasión? ¿Cómo puede prestar servicio a una necesidad mayor que la suya personal? El fallo del caso Tinsley no ocurrió gracias a la iniciativa estatal, sino a una madre valiente y visionaria.

"¿Hay algún método que pueda aprender para aumentar la efectividad de mi intención piadosa?"

Sí. Como base para pensar en su futuro, olvídese del pasado.

Antes de salir de la cama a la mañana, pregúntese: "¿Cuál es la cuestión más apremiante hoy?". Digamos que debe tomar una decisión respecto de un tratamiento médico y no sabe qué hacer. Si tiene miedo de equivocarse, se siente confundido o indeciso en cuanto a sus elecciones, trate de plantear su incógnita como un enunciado positivo del resultado que desea. Formule la pregunta en forma afirmativa, en presente, como si ya se hubiera cumplido. Debería decir algo como: "Cada decisión que tomo me devuelve plenamente la salud y la paz espiritual".

Acostúmbrese a imaginar cómo le gustaría que fuera el día antes de salir de su casa. Expresar gratitud abre canales para que sucedan más cosas buenas. Cada vez que tome conciencia de algo o alcance un logro, reconózcalo. De esa manera, energizará positivamente su campo y el campo colectivo.

De una actitud abierta y confiada fluye la abundancia. Los sistemas de creencias de los demás también nos impactan. Por simple que parezca, es muy útil desarrollar amistades con personas que sean positivas y optimistas. Pase poco tiempo con gente que tenga una actitud triste y taciturna.

Disperse un poco de confusión. Mire su casa y su medio de trabajo. ¿De qué puede prescindir? ¿Qué cosas le quedaron chicas? Despeje de cosas viejas sus campos de energía física, emocional y financiera. Tire lo que no necesita o lo que para usted ya no significa nada. Cree en su casa un rinconcito sagrado para recordar su deseo de evolucionar y colaborar. Ponga fotos de modelos ejemplares o maestros, junto con algo de la tierra: flores, piedras, conchillas, frutas.

Cientos de estudios y anécdotas personales demuestran que la oración funciona más allá del tiempo o la distancia. Sin embargo, a veces no siempre sabemos por qué debemos rezar. Por ejemplo, cuando alguien a quien queremos está enfermo, deseamos que se recupere. Según los estudios mencionados por el doctor Larry Dossey, rezar por el desenlace más positivo para una persona es muy eficaz. Enviar energía afectiva para contribuir al desenlace perfecto es útil para todos los afectos. De esta forma, rogamos para que una sabiduría espiritual superior aporte el mayor bien.

"Pongo mi esperanza en los que están despiertos y tienen el valor y la convicción de ver cómo pueden despertar a muchos otros. Si esto ocurre, entonces tendremos un Renacimiento. Escuchen a los líderes que nos alientan a ser mejores, no a los que juegan con nuestros miedos. Para mí, o tendremos una decadencia muy rápida hacia una situación peor, o el sueño de un nuevo Renacimiento se hará realidad. La decisión es nuestra. **Doctor Larry Dossey, en *Towards a New World View*, de Russell E. DiCarlo**

En *Healing Words*, un libro sobre la práctica de la intención piadosa, el doctor Larry Dossey escribe: "Cuanto más tratamos de impeler y controlar estos hechos, más parecen eludirnos. El secreto consiste, al parecer, en no tratar y no hacer, permitiendo que el mundo manifieste telesomáticamente su sabiduría, no la nuestra... Si bien la oración es eficaz a distancia, no siempre podemos 'hacer que las cosas sucedan' mediante el deseo voluntario de desenlaces específicos o rogando por ellos... También podemos ver la oración como una invitación, una petición respetuosa para que el mundo se manifieste de maneras benévolas".[6]

"Sé que tengo una misión, pero ¿cómo puedo ser más consciente de ella?"

Como alma en crecimiento, nuestra misión es perfeccionar nuestra capacidad para amar, aunque tratemos de hacerlo más complicado. Tendemos a tener cuatro ideas comunes sobre una "misión en la vida". La primera es que esta misión o propósito de vida existe en algún lugar "fuera de nosotros" y espera ser descubierta. Segundo, que nuestro propósito en la vida es una ocupación o una actividad específica y definible. Tercero, que una vez que la descubrimos empieza nuestra verdadera vida. Y cuarto, que quizá tengamos que hacer algo que nos cambie para poder encontrarla y merecerla. Sin la certeza de esta ocupación definible, tendemos a decir: "Estoy confudido. No sé cuál es mi misión. No sé para qué sirvo".

Esta búsqueda es nuestro deseo de recordar nuestra intención original o Visión del Nacimiento. En el Capítulo 7 hablaremos de manera más extensa de este proceso de encontrar un propósito, pero tomemos las opiniones comunes que mencionamos más arriba y convirtámoslas en medidas prácticas para que usted pueda conectarse con su Visión del Nacimiento ahora mismo.

1. Motivación interior

Primero, su misión existe dentro de usted mismo en forma de inclinaciones naturales, deseos y motivaciones. Mire qué le gusta hacer. ¿Qué actividades le dan alegría y satisfacción? ¿Qué cosas hacía durante horas interminables cuando era chico?

Sólo por diversión, escriba en una hoja todas las actividades que hacía de chico o que le dan placer en la actualidad. Digamos que se divierte haciendo palabras cruzadas. Ahora dé un paso más. Pregúntese: ¿qué tienen las palabras cruzadas que les resulta tan agradable pasar horas resolviéndolas? Tal vez le gusten porque trabaja solo, en un ambiente tranquilo, y dispone de mucho tiempo para pensar y buscar palabras en el diccionario. Tal vez tenga una memoria excepcional o una misteriosa habilidad para encontrar el término correcto. Tal vez le agrada el sentido tangible de conclusión cuando termina un crucigrama. Todos estos "pequeños placeres" constituyen factores motivadores por los cuales esta actividad le resulta intrínsecamente valiosa.

Enumere todos los intereses y talentos que posee y vea por qué le gustan tanto. Las razones por las que hace algo son las fuerzas motivadoras de su personalidad única. Si trabaja en armonía con estas motivaciones, vivirá parte del propósito en su vida. Tal vez no le convenga ganarse la vida haciendo crucigramas, pero la naturaleza de esa actividad le muestra qué cosas lo atraen de manera inherente. Por lo tanto, su propósito está dentro de usted. Observe con atención hacia qué y hacia dónde se siente atraído/a.

2. Encontrar y vivir el propósito es un proceso, no un resultado final

La segunda idea es que el propósito es una ocupación definible. En general, la mayoría creemos que nuestro propósito viene envasado, como una carrera: piloto de avión, agente inmobiliario, dentista, vicepresidente de *marketing*, asistente social o diseñador de interiores. Contemple la idea de que su propósito puede consistir en aprender a ser más compasivo en su respuesta a todos los seres. Su propósito puede ser aconsejar a un niño en especial, crear una industria o ser el peñón de Gibraltar de su familia. Darnos cuenta de que nuestro propósito se nos revela a lo largo de toda la trayectoria de vida abre nuestro corazón a la aceptación de todo lo que ocurre como parte de nuestro propósito, no sólo a lo que hacemos para ganarnos la vida.

3. No esperar

No ayuda en nada suponer que hasta no encontrar un propósito nuestra vida está en suspenso o es insignificante. El momento presente es el único que tenemos para tocar la vida y ser tocados por ella. Ninguna idea abstracta de éxito y logros puede reemplazar la gama increíble de experiencia que cada día nos aporta. Busque el propósito en los hechos de cada día y confíe en que está exactamente en el lugar donde necesita estar. Olvide la lucha y la confusión por encontrar su propósito, pero mantenga la intención de que le será revelado. Lo más liberador que puede hacer es rendirse al programa de la vida y disfrutar con plenitud el presente.

4. Somos un sistema que se autoorganiza

Su propósito está desplegándose. No conviene mantener la actitud de que algo está mal o de que usted tiene que cambiar para encontrar su destino. Su guía está dentro de usted mismo y está actuando en este preciso instante. El deseo de su alma de ser parte del mundo lo llevará hacia las oportunidades indicadas para que el propósito se desarrolle. Su tarea consiste en: 1) estar atento a su flujo interior de energía; 2) prestar atención a lo que se produce naturalmente; 3) hacer el trabajo que le corresponda hacer; 4) confiar en que le será proporcionado lo necesario para que realice "lo suyo". Una rosa no pregunta si puede o no desempeñar las funciones de una rosa. Un castor no trata de ser búho.

Como afirma el maestro budista Jack Kornfield en *A Path with Heart*: "En muchas tradiciones espirituales hay sólo una pregunta importante para responder, y esa pregunta es: ¿Quién soy? Cuando empezamos a responderla, nos llenamos de imágenes e ideales: las imágenes negativas de nosotros mismos que deseamos cambiar y perfeccionar, y las imágenes positivas de un gran potencial espiritual. Con todo, el camino espiritual no consiste en que cambiemos sino en que escuchemos la esencia de nuestro ser".[7]

En su carta a *The Celestine Journal* (febrero de 1995), Pat Brady Waslenko, de Seattle, WA, escribe: "A veces las consecuencias del crecimiento espiritual son sutiles, sin cambios concretos muy visibles que confimen que estamos en el camino correcto. A los que no tenemos una buena autoestima nos resulta fácil creer que estamos haciendo algo mal o que no merecemos que ocurran con facilidad cosas buenas en nuestra vida. Soy de esos en cuya existencia las promesas se cumplen en forma lenta y en niveles sutiles. Hay dos técnicas que me resultan muy útiles para hacerme avanzar en mi proceso evolutivo: 1) recordar que, en la medida en que esté totalmente abierto a la voluntad de Dios, cada uno de mis actos es sagrado. Yo soy responsable de esa parte, más que de los resultados; 2) revisar mi semana y enumerar, los viernes a la noche, todas las sincronicidades que viví. Sin este esfuerzo consciente, muchos dones me pasarían inadvertidos".[8]

ESTUDIO INDIVIDUAL Y GRUPAL

Avances o problemas con las Nueve Revelaciones

Tómense un tiempo para reflexionar sobre los cambios que ha habido en su vida desde que leyeron *La Novena Revelación*, *La Novena Revelación: Guía vivencial*, *La Décima Revelación* o cualquier libro que los haya impactado. Si están trabajando en grupo, elijan una de las preguntas que anotamos más abajo. Escriban cada uno sus pensamientos durante alrededor de cinco minutos y luego, por turno, díganlos en voz alta sin comentarios. Presten todos atención a cada uno que hable, enviándole energía afectiva mientras escuchan, por si algún pensamiento les despierta intuiciones especiales. Una vez que todos hayan tenido oportunidad de hablar, realicen una discusión general.

Avances

- ¿Qué Revelaciones causaron el mayor cambio en su vida? ¿Qué pasó?
- ¿En qué cambiaron sus relaciones con su cónyuge, hijos, amigos, familia o compañeros de trabajo? Sea específico.
- En una ficha, escriban una de las siguientes cualidades por ficha hasta tener una pila con las palabras escritas. (Convendría que alguien preparara las fichas antes de la reunión.)

comprensión	perdón	amor
determinación	renuncia	juego
liderazgo	aventura	abandono
cooperación	equilibrio	éxito
visión	encrucijadas	alegría
amabilidad	control	imaginación
justicia	confianza	responsabilidad
defensa	abundancia	concentración
creatividad	transformación	armonía
belleza	inspiración	sabiduría
compromiso		

Háganlas circular, con el lado en blanco hacia arriba para que no se vean las palabras. Elijan una o dos palabras por persona y luego usen dicha palabra para escribir cómo cada uno demostró o experimentó esa cualidad últimamente.

- Describa tres actividades que de chico le hayan resultado muy agradables. ¿Qué cosa parecida hace en este momento?
- Describa su vida ideal: ¿Dónde le gustaría vivir? ¿Qué tipo de trabajo se imagina haciendo? ¿Con qué clase de gente está? En una escala de uno a diez, en la que diez representa que está viviendo totalmente su ideal, ¿cuán cerca se halla de él? Reflexionen todos en forma activa (una persona por vez) respecto de uno o dos pasos que podrían dar para acercarse a su vida ideal.

Describa las tres cosas de las que puede jactarse con total desenvoltura. No reprima decir lo fantástico que es usted.

Enigmas

- ¿Cuáles son las Revelaciones que menos entiende? ¿Por qué? Debatan estas preguntas en grupo.
- Tome una de las preguntas más urgentes sobre las Revelaciones y escríbala en una ficha. Cierre los ojos y medite en torno de la idea de recibir, en los próximos días, un mensaje claro que aumente su comprensión.

SEGUNDA PARTE

Misterio

CAPÍTULO 3

Intuición - Las imágenes del camino

"Me cargaba de energía, por ejemplo, discernía la cuestión más importante en mi vida, y en general tenía un presentimiento claro respecto de qué hacer o adónde ir para buscar la respuesta; no obstante, después de hacer algo relacionado con la situación eran muchísimas las veces en que no ocurría nada importante... En apariencia había olvidado alguna parte vital del conocimiento... o tal vez aún no la había descubierto."

LINCE
SECRETOS

LA DÉCIMA REVELACIÓN:
EN BUSCA DE LA LUZ INTERIOR[1]

APRENDER A TOMAR LAS INTUICIONES EN SERIO

Cuando el teléfono suena, respondemos y recibimos un mensaje. Cuando llama la intuición, "respondemos" tomándola en serio. Un principio fundamental de *La Décima Revelación* es que, para poder producir nuestra Visión del Nacimiento, debemos mantener las intuiciones que surgen en nuestra mente.

El personaje de *La Décima Revelación* recuerda, de las Nueve Revelaciones, que "experimentamos las intuiciones como corazonadas fugaces o presentimientos vagos. Pero a medida que nos familiarizamos con estos fenómenos podemos captar con mayor claridad la naturaleza de estas intuiciones... Aquí, en el valle, ha estado pasando lo mismo. Recibiste una imagen mental de un hecho potencial: dar con las cascadas y encontrarte con alguien. Y pudiste vivirlo, provocando la coincidencia de descubrir de veras el lugar y encontrarme. Si hubieras ahuyentado la imagen o perdido la fe en buscar las cascadas, habrías perdido la sincronicidad y tu vida habría seguido siendo chata. Pero tomaste en serio la imagen; la mantuviste en tu mente".[2]

Al desarrollar nuestro destino y ser desarrollados por nuestro destino, debemos no sólo reconocer las intuiciones fugaces, sino mantenerlas para que puedan acumular suficiente energía para manifestarse. Las intuiciones son guías y fuerzas de atracción. Como guías, nos dan claves para manejar situaciones nuevas o difíciles. Como fuerzas de atracción, a veces nos muestran un modelo ejemplar o nos permiten vislumbrar una posibilidad estimulante de avanzar velozmente en nuestro camino. Podemos recibir una imagen completa, un ensueño recurrente, un sueño nocturno o una simple afirmación. Una mujer comentó: "Un día supe que debía irme de Santa Fe, Nueva México, y regresar a California. Una voz interior me decía: 'Es hora de que vuelvas a la facultad'. Pero no tenía la más mínima idea de lo que debía estudiar". Siguiendo su intuición, se mudó de nuevo a California. Una sincronicidad tras otra fueron llevándola a una facultad que acababa de inaugurar una carrera sobre psicología transpersonal. "En cuanto me enteré, supe que era lo que había estado buscando, aunque sin saberlo."

Del mismo modo, Sandra Fry, de Wayne, Pensilvania, escribió a *The Celestine Journal* que, siguiendo una visión, había llegado a un don. "Tuve la experiencia de una imagen que aparecía mientras me sometía a un masaje... He aprendido a confiar en este proceso. Estaba sumergida en el análisis de mi pasado y, al mismo tiempo, le pedía al Espíritu una experiencia mística que me ayudara a encontrar al nuevo ser dentro de mí. Fue entonces cuando empecé a ver esa capilla con una campana, y supe que se hallaba en el sudoeste... por la misma época, me enteré de que la Asociación Estadounidense de Terapias con Masaje realizaba una convención en Albuquerque... a la que asistí. Las montañas que se veían desde la ventana de mi hotel generaron en mí la urgencia de subirme a un auto e ir a explorarlas. Esperé el momento oportuno... Hice un *tour* visitando museos de cultura e historia americana nativa y un hombre me dijo que siguiera el Turquoise Trail hasta las montañas. La huella de tierra que me había indicado me llevó hasta Cerrillos, un viejo pueblo minero anidado en la montaña. Fue allí donde vi la capilla de mi visión." Dentro de ella, recibió un mensaje interior que decía: "Sé tu futuro yo". Sandra continúa: "Siento que la Séptima Revelación es el lugar en que me encuentro ahora, apreciando el flujo, trabajando mucho para estar presente y dejar que las cosas pasen... mi experiencia en la capilla fue como cerrar un círculo, como sentir que había completado un trabajo muy grande. Me permitió ver el pasado como maestro... Antes de ir a Nueva México, había estado atrapada en un proceso de olvido/transformación... olvido/transformación. En la capilla, por un instante en el tiempo, el Espíritu me permitió detenerme, sentirme una con Dios, saber que... lo interior se vuelve exterior. Me sentí unida a mi Fuente. Ese momento fue un don al que siempre puedo recurrir".[3]

Las sensaciones, los ensueños y la imaginación a menudo son tildados de pérdidas de tiempo o irrealidades. Nada más alejado de la verdad. La imaginación es la clave del trabajo con la mente; nos permite entrar en el ámbito espiritual para recobrar la antigua sabiduría. La imaginación es el poder de las visiones y las profecías más elevadas.

Si nuestras sensaciones y nuestros presentimientos constituyen fuentes de información tan válidas como nuestros sentidos

"Durante años, Ernest Hilgard, de la Universidad de Stanford, investigó un aspecto enigmático de la personalidad que define como el 'observador oculto'. Sea cual fuere nuestro estado consciente, ya sea que estemos dormidos, anestesiados, bajo hipnosis o drogados, tenemos otro aspecto del *self* que siempre está alerta y consciente de todo lo que pasa y que responde en forma inteligente... El observador oculto exhibe una inteligencia no emocional y desapegada, más fuerte y cohesiva que nuestro propio yo... Me parece que somos uno con este observador oculto hasta los siete años aproximadamente, cuando nuestro intelecto empieza a formarse y se produce una escisión." **Joseph Chilton Pearce, *Evolution's End***

físicos, ¿siempre son correctos? En el preciso instante en que estábamos escribiendo esta pregunta, sonó el teléfono. Era Blair Steelman, que llamaba por otro asunto pero parecía tener un mensaje para nosotros sobre la validez de las intuiciones. Blair, ex piloto de la fuerza aérea y empresario que en la actualidad dirige talleres sobre mitología y rendimiento personal en Miami, Florida, comentó que alguien le había contado en una oportunidad la siguiente anécdota, que ahora él utiliza para describir la intuición. "Al final de la película *Doctor Zhivago*, el camarada General habla con una chiquilla. Le pregunta cómo fue que se separó del padre en medio de la revolución. Ella le contesta: 'Oh, había mucha gente y una gran conmoción, y me perdí'. Él vuelve a preguntarle: "¿Cómo fue que te separaste realmente de tu padre?". Ella no quiere contestarle, pero él le pregunta una vez más, y por último la nena dice: 'Mi padre me soltó la mano'. El camarada General contesta: 'Pero eso es lo que trato de decirte. Ése no era tu verdadero padre. Tu verdadero padre es el doctor Zhivago, y él nunca habría soltado tu mano'." Blair comentó que a sus estudiantes les dice: "Cada uno de nosotros tiene un 'padre' o 'familiar' en su interior que nunca suelta su mano, con independencia de cuál sea la situación. El padre o familiar es la vocecita de nuestra intuición. Esa voz nunca nos abandonará, pase lo que pasare en nuestra vida". ¿Y si nos descarriamos? "Es porque nos aferramos a nuestro falso padre, el padre de nuestros sentidos, nuestro yo —afirma Blair—. Nos aferramos a las posiciones, las formas y los papeles que representamos en nuestra vida, que son menos que nuestro verdadero yo."

¿Cómo se prueba una intuición? "Para mí, en los resultados —responde Blair—. Si tengo una idea y actúo en base a ella y lo único que obtengo es resistencia, eso me dice que es probable que esté haciendo algo que creo necesitar, cuando en realidad no es lo que tengo que hacer. Por ejemplo, cada vez que hago algo sólo por el dinero, las cosas se complican. Cuando me mantengo dentro de mi propio ser y hago cosas que armonizan conmigo, el dinero siempre aparece de manera natural. Me recuerdo a mí mismo que debo ser quien soy. Entonces, confío en que lo que necesite para facilitarlo va a aparecer." Blair nos recuerda que la secuencia natural en que se manifiesta una visión es: 1) ser; 2) hacer; y 3) tener. "En general nos enseñan lo contrario: 1) tener; 2) hacer; 3) ser —afirma—. Queremos tener un auto, una carrera, una relación, lo que fuere. Entonces tratamos de imaginar qué hacer para obtenerlo. Buscamos los trabajos sensacionales y después tratamos de hacer aquello que somos." Tarde o temprano, las cosas comienzan a desplegarse. Si uno encuentra su verdadero ser y le es fiel, no pueda equivocarse.

Fe

Cuando vivimos las experiencias como algo significativo, tenemos un conocimiento interno que supera el simple hecho de comprender una teoría. El haber tenido esta experiencia personal directa aumenta nuestra capacidad para "tener fe". La fe es como una "expectativa alerta". Ese estado anímico tiende a aumentar la intuición y las oportunidades.

En *La Décima Revelación*, Wil dice: "Mira lo que ya pasó. Viniste aquí buscando a Charlene y encontraste a David, quien dijo que la Décima trata de una mayor comprensión del renacimiento espiritual que está produciéndose en el planeta, comprensión que se alcanza captando nuestra relación con la dimensión de la Otra Vida. Dijo que la revelación habla de aclarar la naturaleza de las intuiciones, de sostenerlas en nuestra mente, de ver nuestro camino sincrónico de una manera más plena.

> "La fe es la certeza que procede de saber cómo deberían ser las cosas. Los ancestros sabían, pero todavía no muchos de los que estamos aquí hemos alcanzado ese conocimiento." **James Redfield,** *La Décima Revelación, En busca de la luz interior.*

"Más tarde, pensaste en cómo sostener las intuiciones, me encontraste en las cascadas y yo te confirmé que sostener las intuiciones, las imágenes mentales de nosotros mismos, constituye el modo operativo también en la Otra Vida, y que los humanos nos movemos en armonía con esta otra dimensión. Poco después, los dos observamos la Revisión de Vida de Williams y lo vimos sufrir por no recordar algo que había querido hacer, que era reunirse con un grupo de gente para ayudar a manejar este Miedo que amenaza nuestro despertar espiritual...

> "Creo que el trabajo experimental de Robert Jahn y Brenda Dunn en el Laboratorio de Ingeniería de Investigaciones de Anomalías de Princeton es sin duda importante. Han revelado que las personas pueden falsear los números de un generador numérico aleatorio hacia valores superiores o inferiores simplemente deseando que sean altos o bajos, respectivamente.
>
> "Es una de esas excepciones a la visión del mundo científico tradicional sobre "cómo son las cosas" que sencillamente no podemos explicar utilizando la estructura vieja. Sus datos constituyen un verdadero desafío para el paradigma predominante.
>
> "Mostraron que la intención mental puede interactuar con sistemas físicos aleatorios, ya sean mecánicos, electrónicos o radioactivos." **Doctora Beverly Rubik en** *Towards a New World View,* **de Russell E. DiCarlo**

"Él dice que debemos entender este Miedo y hacer algo al respecto, y después nos separamos y tú te encontraste con un periodista... que [enuncia] una visión temerosa del futuro.

"Luego... das con una mujer cuya vida tiene que ver con sanar y la forma en que ella facilita la sanación consiste en ayudar a la gente a superar los bloqueos del miedo estimulando su memoria, ayudándola a discernir por qué está en el planeta. La clave tiene que ser este recordar."[4]

Este pasaje nos insta a concentrarnos en el resultado que queremos y a mantener la fe en esa imagen. Recordar por qué hacemos algo nos mantiene en contacto con el cuadro más amplio de nuestra visión original si o cuando nos volvemos pesimistas o temerosos.

Un ejemplo maravilloso referido a la forma de sostener la visión, es el de Marjorie Stern, benefactora de bibliotecas, perteneciente a la cuarta generación de una familia arraigada en San Francisco. En 1966, después de haber pasado diez años haciendo trabajo voluntario para reunir dinero y crear conciencia sobre la necesidad de un nuevo edificio para la biblioteca, escribió una carta a los posibles donantes, en la que decía: "No existen atajos para un mejoramiento cívico significativo.

Hacen falta años de arduo trabajo... si queremos realizar nuestro sueño de un nuevo edificio para la Biblioteca Principal". Tres décadas más tarde, Stern, que en este momento tiene 80 años, ha visto tornarse realidad el sueño que mantuvo vivo mediante su infatigable dedicación, cuando en efecto se inauguró la nueva biblioteca. Los esfuerzos de Stern contribuyeron a reunir más de 33 millones de dólares donados por 17.000 personas, todas las cuales recibieron un agradecimiento personal de su parte. "Así es la vida. Las cosas no se producen con rapidez... Yo tengo una visión a largo plazo. Es necesario tenerla —dice con humildad—. Es una lucha y hay que seguir luchando. Pero no hay que aceptar menos que lo mejor."[5]

SUEÑOS

Aumentar la intención de manifestar nuestra visión estimula al inconsciente a aportarnos información a través de los sueños. Recuerde que el misterio quiere desentrañarse. Los sueños siempre nos transmiten un mensaje sobre nuestro crecimiento personal o la forma de interactuar mejor con el mundo. Nos hacen percibir aquello de lo cual todavía no somos conscientes.

Según estudios sobre sueños, éstos se dividen en sueños personales y sueños que reflejan el inconsciente colectivo. A este último grupo pertenecen los Grandes Sueños que experimentan los grandes líderes, que indican configuraciones venideras para el futuro de la humanidad. En tanto que una masa crítica de individuos empieza a tener un conocimiento vivencial de los ámbitos espirituales, descubrimos que aflora más información para un número mayor de personas a través de sueños misteriosos llenos de luz con símbolos arquetípicos. Para captar esta información, nos conviene profundizar nuestro conocimiento sobre los siguientes puntos: 1) cómo fijar la intención para poder soñar; 2) cómo favorecer el recuerdo del sueño por la mañana; 3) cómo revisar el sueño para extraer información; y 4) cómo interpretar los símbolos oníricos sobre la base de los mitos personales y colectivos.

SUEÑOS PERSONALES

En una entrevista, Joyce Petchek, autora de tres libros referidos a los sueños —*The Silver Bird*, *Silver Dreams* y *Bedroom Chocolates*—, nos contó parte de su experiencia como especialista en sueños, es decir, alguien que sondea los sueños para conectarse con los mensajes que transmiten.

"Ante todo —dice—, hay varios tipos diferentes de sueños. Los más comunes son, desde luego, los sueños personales que reflejan los temas, las ansiedades y las relaciones de la propia vida. Estos sueños nunca nos transmiten nada que podamos manejar, y los mensajes nos llegan cuando estamos listos para oírlos. Ayudan a eliminar las emociones negativas y a transformar nuestras energías personales. Si los negamos, se tornan recurrentes. Como una bola de nieve, se tornan cada vez más grandes y producen cada vez más ansiedad. También pueden ser versiones del mismo sueño desde distintos ángulos. Estos sueños recurrentes en general están arraigados en traumas infantiles no resueltos. Al liberar el miedo y la negatividad de estos traumas infantiles, abrimos nuestro potencial psíquico para recibir y explorar nuestra creatividad personal."

Los sueños existen en nuestro campo áurico e ingresan en nuestra conciencia a través del estado onírico de conciencia. Integramos la energía y el mensaje oníricos analizándolos en el estado de vigilia cuando los escribimos, pintamos o dibujamos imágenes de ellos o cuando usamos la enseñanza espiritual que contienen. Al trabajar con ellos, traemos su energía a la realidad de la vigilia, fusionando así los límites entre las dimensiones física y espiritual. Allan Ishac, de Nueva York, escribió a *The Celestine Journal*[6]: "Hace varios años, en un estado a mitad de camino entre la vigilia y el sueño, apareció un mensaje escrito sobre la pantalla negra de mis párpados cerrados. Las palabras eran: "25 lugares para encontrar paz y tranquilidad en Nueva York"". Escribió la frase en una hoja y la olvidó. Cada tanto salía a flote entre sus papeles. En ese momento planeaba dejar Nueva York porque se sentía abrumado por el ritmo acelerado, el ruido y la tensión general. De pronto tomó conciencia de que lo que el sueño le decía en efecto era: "Estás enseñando lo que más necesitas aprender". Se dio cuenta de que el sueño estaba dándole el título de un libro, de modo que empezó a investigar y escribir durante los fines de semana. Luego de una serie de sincronicidades, al fin publicó su libro: *50 lugares para encontrar paz y tranquilidad en Nueva York*.

LOS SUEÑOS ESCLARECEN SITUACIONES ACTUALES

En *La Décima Revelación*, Wil, inmerso en la energía espiritual de la Vida después de la Vida, ve al periodista, Joel, teniendo un sueño que muestra uno de los errores de Joel en una vida pasada. Explica su significado diciéndole a nuestro personaje: "Sí, pero [el sueño] tiene un sentido. Cuando soñamos regresamos en forma inconsciente a este nivel de sueño y otras almas vienen a ayudarnos. No olvides qué hacen los sueños; esclarecen el manejo de las situaciones actuales de nuestra vida. La Séptima Revelación habla de interpretar los sueños superponiendo el argumento del sueño a la situación real que enfrentamos en la vida".[7]

SUEÑOS COLECTIVOS

"Al expandirnos más allá del *self* personal y preocuparnos por lo colectivo, aparecen los sueños atípicos —afirma Petschek—, que surgen cuando hemos aprendido a rendirnos y recibir positivamente lo inesperado. Éstos son sueños que afectan a otros más que a nosotros mismos y resultan precognitivos, aunque importantes para el momento actual. Indican una disposición a recibir información de una fuente desconocida, información que afectará las vidas de otras personas." Por ejemplo, Petschek nos dijo: "Trabajé con un senador estadounidense que había soñado con una larga mesa de conferencias sobre la que había papel blanco y un lápiz. En el sueño oía una voz que decía: 'No firme'. A los pocos meses, revivió la escena en una conferencia en Islandia en la que encontró la misma mesa, y el mismo papel blanco y el lápiz. Debido al sueño, no firmó el acuerdo". Este sueño precognitivo refleja la propia conexión con la energía colectiva. Esta información puede afectarnos en forma personal hasta cierto punto, pero la importancia del mensaje tiene una significación más amplia. "En general —afirma Petschek—, cuando empezamos a recibir estos sueños colectivos es porque nuestra psique empezó a preocuparse tanto por los demás como por nosotros mismos."

Muchos han descrito los sueños colectivos diciendo que los inunda una luz dorada o blanca brillante. Estos sueños se recuerdan con claridad y no se olvidan en toda la vida. Al ofrecernos una perspectiva más amplia, comunican una enseñanza espiritual profunda. "Cuando estamos dispuestos a vivir intuitivamente, o en el borde, como yo digo —continúa Petschek—, estos sueños constituyen a veces las únicas afirmaciones que tenemos sobre el viaje de nuestra vida en el sentido más amplio. Cuando fluimos con lo desconocido, debemos confiar en lo que viene. Entonces la vida despliega sus lecciones invisibles, que no podemos controlar pero de las cuales podemos aprender."

ESCUELA NOCTURNA

Los especialistas en sueños califican a algunos sueños como "escuela nocturna". Petschek reconoce dichos sueños por ciertas características. "En los sueños de la escuela nocturna nos encontramos fuera de esta dimensión, en un espacio circular flotante, con muchos otros seres, algunos que reconocemos de esta vida, otros de dimensiones desconocidas y de otras vidas. El clima es siempre extraño y familiar. En general, un individuo extraordinario imparte enseñanzas telepáticas, como en una clase. En sueños así, he visto a personas que conocía y en la realidad les conté mi sueño. La respuesta usual es, 'Ah, sí, ahí estaba, y también te vi'. " Petschek ha observado que los sueños de la escuela nocturna invariablemente tienen lugar en una esfera de cristal y son "claros como el cristal." Están iluminados por una luz blanca brillante, siempre hay una comunicación telepática y son inolvidables. Otro tipo de experiencia onírica es la llamada "sueño paralelo", en la que dos individuos tienen el mismo sueño por separado, se ven mutuamente en él y experimentan el mismo espacio onírico desde diferentes puntos de vista.

SUEÑOS RECURRENTES

Los sueños precognitivos también pueden repetirse, indicando una dirección desconocida que se abre al soñador, un esquema psíquico potencial que aparece. Una mujer soñó con un paisaje italiano, que vio bajo una luz blanca brillante. Mientras viajó durante dos años por Italia, buscó sin cesar ese paisaje. Sólo cuando al fin "se dio por vencida" apareció en la realidad. Compró el lugar y dos años más tarde se abrió un centro tibetano a diez minutos de su propiedad, una comunidad con la que se comprometió profundamente.

SUEÑOS PROFÉTICOS

Los sueños predictivos han fascinado a la gente a través de los siglos. Por ejemplo, muchos soñaron con el hundimiento del *Titanic* o con accidentes de avión. Estos hechos catastróficos existen en el aura del inconsciente colectivo antes de manifestarse en la realidad. Estos sueños pasan inadvertidos a quienes podrían actuar en base a dicha información, pero en este estadio de nuestro desarrollo es probable que la mayoría no estemos lo bastante capacitados para contribuir a minimizar el alcance de estos hechos. Una de las razones es que nuestras creencias en nuestra capacidad para cambiar psíquicamente algunos hechos todavía no es lo bastante fuerte en el inconsciente colectivo. La otra es que estos sueños predictivos se presentan a individuos y no existe una oficina central establecida para reunir y rastrear la información y poder así prevenir o aliviar los daños mediante la concentración grupal.

Un sueño catastrófico puede producirse también en el nivel personal. Estos sueños telepáticos urgentes en general contienen un sentido de desesperación e implican problemas potenciales. Alguien busca ayuda y, como ocurre con la longitud de onda de la radio, la persona necesitada sintoniza a una persona receptiva que recibe físicamente el mensaje y con suerte presta su ayuda. Al hablar en forma telepática con la persona perturbada en el sueño y darle instrucciones claras de lo que debe hacer, dicho peligro potencial puede desviarse en la realidad. Por ejemplo, una mujer relató: "Soñé que una amiga estaba en un barco. Vi a un hombre que la perseguía con la intención de estrangularla y sentí su terror al tratar de eludirlo. En el sueño empecé a darle instrucciones: 'Por ahí. Sigue ese corredor. Gira a la izquierda. Sube la escalera'. Telepáticamente le sugerí que entrara en un cuarto vacío, cerrara la puerta y que se quedara allí hasta que amaneciera. El sueño terminó. A las pocas semanas, cuando ya estaba de vuelta en casa, le conté el sueño a mi amiga. Me explicó que había tomado un trabajo como cocinera en un barco y que se había enemistado con uno de sus compañeros por haber rechazado varias veces sus avances. Era cierto que él había tratado de estrangularla y ella, aterrada, se había metido en un cuarto vacío y se había encerrado. Las dos nos quedamos asombradísimas por esta sincronicidad".

Una mujer a la que llamaremos Anastasia escribió a *The Celestine Journal* desde Toronto: "Un viernes a la noche, a eso de las once de la noche, soñé que mi amiga Katie y yo estábamos divirtiéndonos mucho en un sitio que parecía ser un cuarto grande de hotel... Nuestra diversión se vio interrumpida de pronto por un fuerte golpe a la puerta. Mirándome llena de confusión, Katie gritó: '¿Quién es?'. Como respuesta, oyó la voz de un ex novio al que no veía desde hacía tiempo. 'Vete, déjame en paz', le dijo. Él empezó a patear y golpear la puerta, mientras gritaba con todas sus fuerzas. Asustadas, obstruimos la puerta. Llamé a Seguridad. El sueño terminó. A la mañana siguiente, fui a buscar a la hija de Katie, quien me contó la misma historia de mi sueño. Ella y su madre estaban mirando televisión a la noche, alrededor de las once, cuando se oyó un golpe fuerte a la puerta. Katie abrió y se encontró con el mismo ex novio que aparecía en mi sueño. Cuando cerró la puerta y le dijo que se fuera, ocurrieron exactamente las mismas cosas. Después de patear la puerta unas veces más, se fue. A Katie y a mí nos sorprendió que mientras esto ocurría yo estuviera soñándolo".[8] En apariencia, nuestro inconsciente puede dirigirse telepáticamente a alguien en quien confiamos, para pedirle ayuda en caso de extrema necesidad. Este tipo de sueño prueba que nuestras energías psíquicas están intrincadamente interconectadas.

A medida que vamos liberando una cantidad mayor de estas voces negativas de nuestra mente, podemos empezar a contactarnos con Maestros en el estado onírico. Estos guías en los sueños pueden aparecen de manera inesperada o a pedido si nuestra energía está abierta a recibir su ayuda o su información. Para Petschek, las personas que dicen que no sueñan en general se sienten tan abrumadas que no quieren más información. No quieren ahondar en su vida y es posible que bloqueen los sueños. Esta actitud también puede ocasionar un bloqueo de las sutilezas, los mensajes intuitivos y el significado de las coincidencias.

UNA INVITACIÓN AL SUEÑO

Para obtener la información que puede surgir en el recuerdo del sueño, Petschek sugiere el siguiente proceso. Colóquese en la "posición del rey", o sea, recostado boca arriba con los pies cruzados. Luego, ponga los dedos formando un triángulo sobre el plexo solar, cierre los ojos y escuche su respiración en silencio, con la boca apenas entreabierta. Automáticamente, su mente se serenará. Deje flotar los pensamientos que aparezcan sin tratar de retenerlos o juzgarlos. Al cabo de unos minutos, cuando su mente parezca vacía, formule mentalmente una breve pregunta que desee ver contestada en un sueño. La pregunta debe ser simple y breve y solicitar una información que otros no puedan darle. Estos pedidos pueden tener que ver con su sanación personal, un proyecto creativo, una orientación para el liderazgo, etc. Repita tres veces la pregunta y luego, con la mente serena, duérmase.

Si no recibe respuesta a sus preguntas, pregunte otra vez sólo tres noches seguidas. Si tampoco recibe nada, olvide todo por el momento. Todavía no está preparado para recibir positivamente la respuesta.

EL RECUERDO MATINAL

Al despertarse, recuerde mantener los ojos cerrados y ponerse boca arriba. Observe la última escena del sueño que aparece en su mente, luego deje surgir la escena anterior y la anterior a ésa, como si viera una película al revés. Luego, en su pantalla onírica, proyecte las escenas hacia adelante, desde el final del sueño hasta el principio, imprimiendo cada escena en su mente. Cuando esté despierto del todo, escriba esas escenas. Se sorprenderá al ver que aparecen más fragmentos del sueño. Es útil ponerle un título al sueño y definir, quizá, cada tema que se presenta en el sueño en el margen de sus notas.

SÍMBOLOS Y PERSONAJES FAMOSOS

Si el sueño estuviera envuelto en una transparencia blanca o dorada brillante, indica que usted se halla en una encrucijada y sugiere el camino desconocido. Cuanto más profundo es el sueño, más simbólico es su contenido. Trabaje con cada símbolo, preguntándose: ¿Cuál es la esencia, la enseñanza, de este símbolo? ¿Cómo se relaciona con mi vida? Tal vez quiera remitirse a libros de símbolos oníricos, pero recuerde que su interpretación del símbolo es doble: su significado mítico colectivo y su connotación personal, sólo para usted. Si en su sueño aparece una persona famosa, note qué logros admira y qué desea emular en su vida personal. Cada persona representa un aspecto de nuestra vida que se nos manifiesta.

LA TRANSFORMACIÓN DEL SUEÑO

Si tenemos un sueño perturbador, que nos crea ansiedad, expresa un aspecto de un Miedo que en este momento estamos listos para enfrentar. Los sueños adultos relacionados con la ansiedad proceden de cuestiones infantiles conflictivas, a menudo cuestiones no resueltas de vidas pasadas que nos impiden avanzar emocionalmente en la vida. Eliminar este Miedo aumenta la confianza en nosotros mismos y expande nuestro potencial para alcanzar nuevos horizontes.

A la mañana, repase el sueño para recordar todos los elementos. ¿Está receptivo al mensaje, u opone resistencia? Si le hubiera gustado un resultado distinto, tome la escena final y reescríbala con un final más deseable. Por ejemplo, supongamos que se vio fracasando en un examen (tema común para muchos de nosotros, dicho sea de paso); dígase mentalmente con voz enfática: "Aprobé el examen con una nota brillante. En realidad, mi trabajo fue tan bueno que me saqué la nota más alta y todos, hasta el profesor, me dedicaron un aplauso. Me siento fantástico". Imagine su propio gran final para sus sueños. Vea lo diferente que le resulta el día después de haberlo hecho. Este tipo de charla consigo mismo muchas veces aumenta la energía y disminuye el estrés (en especial si lo hace con sentido del humor), y es posible que su día transcurra mucho más tranquilo. Recuerde que su trabajo interior precede a la realidad exterior. Los sueños ya nos muestran la calidad de nuestra realidad interior que precede el desarrollo de la realidad externa. Estas técnicas simples nos ayudan a despejar nuestra mente negativa y a abrirnos a niveles multidimensionales desconocidos.

LA MECÁNICA DE LOS SUEÑOS

Al analizar su sueño, observe qué decisiones tomó en él. Por ejemplo, una mujer recordó: "Soñé que me despertaba en una casa desconocida y me asusté. Me levanté para investigar y encontré la puerta de entrada abierta. Había un hombre en el hall. Yo estaba afuera y miraba hacia adentro; entonces, él salió hacia mi izquierda por una puerta del interior de la casa. Volví a entrar y ahora ya no estaba asustada. Di unas vueltas y la casa, de una sola planta, empezó a gustarme (normalmente, ese estilo no me gusta). En la habitación del fondo de la casa había una mujer joven... La vi y charlamos unos minutos... Pasamos al comedor. Entonces vi que el gato había traído un animal mordido, casi muerto, como una iguana o un dinosaurio mítico. A la mujer no le daba asco y se disponía a limpiar toda la suciedad. En lugar de hacer eso, empezó a hablarme de un nuevo descubrimiento arqueológico fabuloso de una antigua cultura, a unos pocos metros del patio trasero. Llegaron otras personas... y oí más detalles sobre la cultura antigua, cómo vivían. El tipo de viviendas parecía indicar que los habitantes tenían 'mentes ingenieras'". Mientras escucha la descripción de la escena del descubrimiento y mira las viviendas, la soñadora se da cuenta de que las personas que habían vivido mil años atrás eran las mismas que descubrían las ruinas... en sus vidas actuales. En el sueño, ella dice: "¡Pero esas personas eran nosotros!".

¿Cuál es la estructura implícita de este sueño? En primer lugar, sabemos que es un sueño colectivo porque su entorno es decididamente desconocido e inolvidable, es vívido e intenso y está lleno de una luz blanca. No hay referencias personales a la vida de la persona que sueña. Como elemento que prueba la naturaleza colectiva del sueño, aparece la frase "llegaron otras personas", que revela que otros, además de la persona que sueña, se interesarán en los descubrimientos del sueño.

El tema del sueño se anuncia de dos maneras. Primero, el gato (un símbolo de la energía antigua, psíquica) trae al comedor algo antiguo que fue distorsionado (mordido) a lo largo del tiempo. El comedor es el símbolo de un lugar donde tiene lugar la comida, la digestión y el intercambio de ideas en una conversación que se prolonga durante el tiempo de comer. Segundo, la soñadora afirma que la casa era "una casa simple, de una sala planta", lo cual indica que este sueño contiene una historia sencilla y que se trata de un sueño informativo.

La otra mujer del sueño se ofrece a limpiar la suciedad, pero la persona que sueña quiere saber acerca de los descubrimientos antiguos. Este cambio en la acción de limpiar la suciedad que trajo el gato a hablar sobre el descubrimiento arqueológico muestra que la persona opta por buscar el contenido informativo del sueño.

El sueño comienza en la parte delantera de la casa, se traslada a la parte de atrás y después al medio, para terminar finalmente en el patio trasero. El intruso de sexo masculino representa el lado sombrío masculino de la soñadora, el punto de vista masculino lógico y racional, que ella preferiría evitar pues necesita introducirse en su psique. La soñadora debe cuidar sus lados masculino y femenino y prestar atención a lo que pasa tanto en el presente como en el pasado (la parte delantera y trasera de la casa). Los descubrimientos se producen en el patio de atrás, el lugar de la privacidad y el ritual. La secuencia va desde la parte delantera, que representa lo conocido, hacia la parte posterior, que indica lo desconocido.

Según Petschek, la primera secuencia del sueño arma el escenario, y la parte intermedia es donde tiene lugar la acción creativa y se introduce nueva información. El final del sueño expresa cuál puede ser la salida de esta corriente de energía. Por ejemplo, este sueño pasó a imágenes presentes de artefactos muy bien articulados, hechos de una sustancia desconocida parecida al ámbar que la soñadora no pudo identificar. En el sueño, le daban una serie de figuras de juguete de esta cultura antigua y un mapa topográfico. Podrían interpretarse "las figuras de juguete" como una orden de "jugar" con este material.

Un sueño colectivo de este tipo que ofrece información tan detallada es seguido sin ninguna duda por temas similares de descubrimiento. En la última escena del sueño, la persona ve a un hombre besando a una señora anciana muy influyente frente a periodistas y fotógrafos. Ve los flashes de las cámaras. Esta escena indica que, si la persona cultiva su comprensión de estos nuevos descubrimientos, con el tiempo será reconocida y valorizada. Esta última escena también muestra hacia dónde irá el potencial del sueño en el futuro.

Antes de tener este sueño, la persona había estado escribiendo un trabajo sobre la reencarnación. A través de un soñador individual, el mensaje del sueño, de que la gente de la antigua civilización es la misma que la del presente, está reflejando, quizá, la aceptación cada vez mayor en la humanidad de la idea de la reencarnación.

SUEÑOS Y GRUPOS DE ALMAS

La Décima Revelación sugiere que en la dimensión espiritual hay grupos de almas que son otros aspectos de nosotros mismos. Se nos dice que estos grupos de almas siempre se hallan cerca. Están esperando para darnos energía a medida que aumenta nuestra conciencia y cuando pedimos ayuda para cumplir un propósito más elevado. En la novela, las almas de un grupo tienden a parecerse entre sí y a su miembro que vive una vida terrenal. Wil explica: "Cuando soñamos nos reunimos con nuestro grupo de almas y eso activa la memoria de lo que en verdad queríamos hacer en la situación de nuestra vida actual. Vislumbramos brevemente nuestra intención original. Luego, cuando volvemos a lo físico, retenemos ese recuerdo aunque a veces se exprese a través de símbolos arquetípicos".[9]

Si bien muchos podemos no recordar encuentros como éstos, nos conviene mantener la mente abierta a la idea de recibir apoyo no físico durante nuestro tiempo onírico. Tal vez los grupos de almas sean otra manera de describir la energía psíquica. Jung consideraba los sueños como un torrente de ellos, una secuencia de imágenes que representan cierto flujo de energía. Von Franz dice: "Por eso, al observar los sueños, [el final] es tan importante, porque muestra hacia dónde apunta el flujo de energía... Siempre recuerdo la última frase de un sueño... y entonces sé que hasta ahí llegó el flujo de energía psíquica. Así sabemos hacia dónde fluye la corriente vital debajo de la conciencia y hacia dónde apunta, la dirección en que va. La frase inicial del sueño es importante porque muestra la situación actual, muestra dónde se halla la persona que sueña ahora en este mundo de confusión. Luego viene una secuencia de hechos y la frase final marca el rumbo hacia el cual fluye la energía".[10]

ANIMALES, PRESAGIOS Y SIGNOS

Cuando se trabaja para mantener una Visión del Mundo positiva, la capacidad para interpretar signos y presagios es sumamente útil. Cuando estamos confundidos, un signo ayuda a aclarar las cosas. Nos ayuda a ajustar nuestro pensamiento al sentido que le damos al signo. Una vez que creemos entender el sentido, crecemos en energía. Recuperamos un sentido de propósito y avanzamos.

El animal que aparece al comienzo de un viaje o de un sueño marca el tono general

En *La Décima Revelación*, el personaje empieza a prestar atención a los animales que aparecen en los momentos en que necesita orientación o aliento. Por ejemplo, cuando era importante que tomara distancia o que viera la situación con mayor amplitud, se le acercó un águila. Tradicionalmente, las águilas representan una visión de largo alcance, valor, independencia y pruebas espirituales. También vio docenas de cuervos posados en un árbol o girando en torno de él. Los cuervos, poseedores de las leyes del espíritu, le transmitían que abriera su mente, que recordara las leyes espirituales que se le presentaban. ¿Cuántas veces sintió un ligero sobresalto al oír el fuerte grito de los cuervos? Carlos Castaneda, el antropólogo chamán, describe muchas veces la aparición de su maestro, Don Juan, en el cuerpo de un cuervo.

El halcón también es un animal significativo en *La Décima Revelación*, donde David señala: "Los halcones son astutos y observadores, atentos a la siguiente información, al siguiente mensaje. Su presencia significa que es importante en ese momento aumentar la vigilancia. Muchas veces señalan que un mensajero está cerca".[11]

En las culturas indígenas y en la tradición chamánica, los animales son aliados que indican cambios, marcan rumbos y ofrecen dones. Cuando el personaje buscaba una orientación y se sentía ansioso y dubitativo respecto de las Revelaciones, una liebre apareció entre la maleza. Más adelante, en la novela, con la ayuda de David, pudo entender qué sentido tenía este signo. Al recordar que el conejo ejemplifica la abundancia (fertilidad) y también el miedo (presa de muchos carnívoros), el personaje pudo enfrentar su miedo abiertamente (en vez de quedar paralizado) y superarlo, sabiendo que, cuando hiciera falta, llegaría la abundancia.

Los animales son aspectos de nosotros mismos con los que debemos ponernos en contacto

En los ritos tradicionales de iniciación, la aparición de animales a menudo simboliza el propósito en la vida del iniciado. La aparición de animales es una coincidencia de un orden superior. La analista Marie-Louise von Franz afirma: "En todos los mitos y cuentos de hadas que he estudiado, nunca vi un caso en que no ganara un héroe con animales útiles".[12] Ted Andrews, autor de *Animal-Speak: The Spiritual & Magical Powers of Creatures Great & Small*, escribe: "En la mayoría de las escrituras y mitologías del mundo he hallado una vena de saber popular en torno del espíritu de los animales y la creencia en que las fuerzas divinas hablan a los seres humanos a través del mundo natural... Tienen que ver con todos los pueblos del mundo".[13] Señala que, con nuestro enfoque científico para todo, tendemos a pensar en la naturaleza sólo en términos de fragmentarla y estudiar sus elementos. Hemos perdido el misterio, desdeñando nuestra relación interdependiente con nuestros colegas animales.

La Décima Revelación nos recuerda la dimensión espiritual de nuestro hábitat físico y la rica fuente de orientación de que disponemos si nos decidimos a abrir los ojos a ella. Andrews escribe: "El mundo animal tiene mucho para enseñarnos. Algunos animales son expertos en supervivencia y adaptación. En ocasiones podemos usar esas mismas habilidades. Algunos animales nunca se enferman de cáncer. ¿No sería maravilloso aprender sus secretos? Algunos son grandes alimentadores y protectores. Algunos tienen una gran fertilidad, y otros, una gran docilidad... El mundo animal nos muestra los potenciales que podemos desplegar... Cada animal es una puerta al mundo fenomenal del espíritu humano. Muchos, sin embargo, no se dan cuenta de que lo que piensan de los animales refleja la forma en que piensan de sí mismos".[14]

Andrews nos insta a abrirnos al mundo natural estudiando a los animales, los árboles y las flores a cuya energía nos sintamos estrechamente asociados. Al ponernos en armonía con esta riqueza de vida nos conectamos directamente con los arquetipos vivos, cualidades esenciales que viven a través de nosotros. Afirma: "El animal se convierte en símbolo de una fuerza específica del ámbito espiritual invisible que se manifiesta en nuestra propia vida".[15] Cada animal tiene una especialidad y un espíritu poderoso. Andrews y su mujer sienten una estrecha afinidad con el lobo. En las sociedades tradicionales, esta afinidad con un animal se denomina "tótem". El tótem se convierte en un guía para toda la vida y ayuda al individuo en los momentos de crisis, de pasaje o de sanación. En su libro, Andrews menciona una oportunidad en que, para un cumpleaños, habían ido a acampar a los bosques de Ontario y oyeron aullidos de lobos provenientes de distintas direcciones durante toda la noche, pese a que era poco habital oír lobos en esa época del año. En otro viaje a los bosques, él y su mujer habían acampado varios días con la sensación de que en algún momento aparecería un lobo. "La gente visita el Superior año tras año sin ningún contacto con lobos, pero nosotros sentíamos que si el lobo era nuestro tótem debíamos tener fe e intentarlo. Cuando nos preparábamos para abandonar la zona, decepcionados, un bellísimo lobo salió de entre los árboles a unos diez metros de nosotros. Se volvió y nos observó, con sus ojos clavados en los nuestros durante lo que nos pareció una eternidad. Luego cruzó y nos siguió bajo las sombras de los árboles hasta desaparecer otra vez en los bosques, dejándonos emocionados y benditos".[16]

Elmer Schettler, el cultivador de soja que mencioné en el Capítulo 1, contó hace poco su experiencia en buscar presagios y tomar conciencia de los dones que nos aportan los animales. "Descubrí que cuando no fuerzo las cosas y dejo que fermenten, por decirlo de alguna manera, obtengo mis respuestas —dijo—. Tengo dos grandes amigos, Tom y Judy Crowley. Tom y yo hablamos una vez por semana, y un día me llamó para invitarme porque era Pascua. Iba volando en mi avión, y de pronto noté que tenía un 119 triple en mi sistema de navegación. Orientación 119, rumbo 119 y velocidad 119. En seguida me acordé de 1983, cuando leí el libro de Kushner, *When Bad Things Happen to Good People*. Recordé con claridad que en la página 119 decía que, cuando rezamos, Dios nos manda gente. Cuando leí eso, yo iba en el vuelo 119 de United y era la 1:19 de la tarde. De modo que, mientras iba volando, me dieron escalofríos y pensé que aquél tenía que ser un día significativo.

"Tom, Judy y yo fuimos al servicio de Pascua en la iglesia de la Unidad, y el sermón giró en torno de varias cosas en las que yo estaba pensando. Después, cuando salíamos del estacionamiento, Tom giró "por error" hacia la derecha en vez de la izquierda. Mientras dábamos vuelta, un tejón se cruzó en nuestro camino. Nunca se ven tejones de día. Judy dijo enseguida: 'Tenemos que buscar al tejón en el libro de Medicina Animal' (que yo le había regalado). Lo buscamos, y era perfecto, porque el mensaje tenía que ver con ser más firme.

"La idea de fondo es, sí, que rezamos y Dios nos envía mensajes sólo si tenemos la presencia anímica de prestarles atención. El universo nos habla todo el tiempo. Cuando llegué a casa, empecé de manera consciente a pedir 'energía de tejón' para que me ayudara a ser firme, no agresivo, sino firme en las áreas de mi vida en las que necesitaba hacerme oír.

"En otra oportunidad, Tom y yo estábamos hablando por teléfono un sábado a la mañana, y vino un cuervo y se sentó en mi ventana. Se lo comenté, pero no pensamos en buscar el mensaje del cuervo. Judy sí lo hizo, y el mensaje nos recordaba que existe un orden de bien y mal superior a aquel del que habla la cultura humana. Se refería a la integridad personal y a decir la Verdad. Todas estas cosas me hacen preguntar cuántas cosas pasan de largo a mi lado durante el día."

Puede ser que, si nuestro nivel de vibración es bajo, un animal simplemente esté con nosotros, realizando sus funciones ecológicas habituales. Como dice David, el personaje americano nativo en *La Décima Revelación*: "Un biólogo escéptico reduce el comportamiento animal a un instinto estúpido, ve la restricción que él mismo le pone al animal. Pero cuando nuestra vibración cambia, las acciones de los animales que se nos acercan se vuelven más sincrónicas, misteriosas e instructivas."[17]

Dan Miller, de Las Vegas, Nevada, escribió a *The Celestine Journal* (noviembre de 1995) para contar que trabajaba en el pequeño jardín de un *ranch* que también tenía 80 o 90 colmenas en la propiedad. En general, las abejas zumbaban todo el tiempo cerca de la casa y el agua disponible, pero nunca molestaban a nadie. Estaba agachado quitando yuyos cuando dos abejas empezaron a volar a su alrededor y entre sus manos, y no se iban. Miller escribe: "Me levanté y exclamé: '¡Maldición!'. Al momento, oí el disparo de un rifle. Un segundo más tarde oí que la bala pasaba silbando justo donde yo había estado agachado, a menos de treinta centímetros. Las abejas se fueron. Más tarde supe que uno de los peones del *ranch* había ido a dispararles a unos bandidos con un rifle calibre 22. Nunca le dije a ese hombre lo cerca que había estado de matarme".[18]

A lo largo de la evolución, desarrollamos los rasgos de los animales

Como forma de vida cuyos orígenes evolucionaron a partir de las aguas misteriosas de peces a anfibios, de reptiles a mamíferos, nuestros yoes antiguos experimentaron la vida como esas especies. Por lo tanto, una conciencia espiritual completa abarca las vibraciones de los reinos animal, mineral y vegetal, y no sólo de la humanidad.

Paul McLean, jefe del Laboratorio de Evolución y Comportamiento del Cerebro en el Instituto Nacional de Salud Mental, desarrolló un modelo de cerebro de tres partes, basado en su evolución. Cada una de estas tres partes está dedicada a retener las matrices fisiológicas y comportamentales de formas de vida más primitivas. Jean Houston, directora de la Fundación para la Investigación de la Mente, de Pomona, Nueva York, escribe en su libro *The Possible Human*: "Podríamos llamarlo una especie de polifrenia evolutiva derivada del hecho de que vemos la realidad a través de los receptores de tres mentalidades muy distintas, de edades y funciones distintas, con los dos "cerebros" más viejos que carecen de la posibilidad de la comunicación verbal...

Vemos, por ejemplo, que el comportamiento rutinario e impulsado ritualmente de los reptiles y los anfibios se traduce en nuestra expresión humana en actos obsesivo-compulsivos... En nuestro cerebro medio, las luchas y los cuidados de los mamíferos, así como sus preparativos elaborados para la paternidad y la procreación, proporcionan un impulso emocional para el desarrollo de la familia, el clan y la base primaria de la civilización...[así como] los esquemas neuroquímicos que se orientan hacia la guerra, la agresión, el dominio y la alienación... Y por último, vemos nuestro cerebro neomamífero... en parte una computadora fría y calculadora, en parte refugio de la paradoja y vehículo de la trascendencia, es ese aspecto de nosotros que asigna nuestro destino y determina si la especie va a crecer o morir".[19]

Cuando aparece un animal particular en un sueño o en la vida real, significa que estamos listos para integrar esta conciencia en nuestro conocimiento de la vigilia. Al darnos cuenta de nuestros orígenes comunes y nuestros vínculos con otras especies, no podemos evitar tomar conciencia de la necesidad de preservar esta rica diversidad de forma y *conciencia* de la cual provenimos. Como señala David en la novela: "Queremos que resistan no sólo porque son parte de la ecosfera equilibrada, sino porque representan aspectos de nosotros mismos que todavía tratamos de recordar".[20]

"El descubrimiento del reino cuántico abrió un camino para seguir la influencia del Sol, la Luna y el mar hasta la profundidad de nosotros mismos. Lo estoy llevando allí sólo con la esperanza de que allí podamos encontrar un bienestar mayor. Ya sabemos que un feto humano se desarrolla recordando e imitando las formas de los peces, los anfibios y los primeros mamíferos. Los descubrimientos cuánticos nos permiten llegar hasta los átomos mismos y recordar el universo inicial." **Doctor Deepak Chopra,** *Quantum Healing*

OTROS PRESAGIOS

Cuando pedimos orientación, tendemos a tener un sentido aumentado de conciencia. Es importante que nos llenemos de una energía jubilosa y expectante para vivir nuestro día. Tal vez oigamos al pasar alguna frase que se destaca. Podemos llegar a oír una palabra especial que de pronto se distingue de los ruidos que hace una multitud, o escuchar un anuncio importante por la radio. Un hombre nos contó que iba a entregar algunas cintas de música a un *country* pero se había olvidado de llevar las direcciones. Frenó junto a unas vías de ferrocarril y estaba preguntándose si le convenía doblar para la derecha o para la izquierda cuando oyó en la radio de su auto un aviso de ese mismo *country*. El anunciante dijo: "No lo olvide, en las vías del ferrocarril, gire a la izquierda". Obviamente, la coincidencia no terminó ahí; después de entregar las cintas, se cruzó con alguien que más adelante le permitiría realizar su sueño de tocar con varios grupos famosos.

Los oráculos tienen una rica tradición desde hace siglos. Por ejemplo, el *I Ching*, el *Libro de los cambios*, es un sistema de oráculos y es posible que sus traducciones constituyan el libro más viejo del planeta. Este libro de sabiduría observa todos los esquemas de vida, desde el movimiento de las estrellas hasta las relaciones dentro de las familias, la práctica de los negocios, los ciclos de la agricultura y los resultados de la guerra. Combina temas míticos con preocupaciones prácticas de todos los días y ofrece un consejo acertado a través de la caída sincrónica de monedas o palitos de milenrama. El psicólogo suizo Carl Jung llegó a sentir fascinación por el *I Ching*, porque pensaba que sus hexagramas reflejaban los arquetipos del inconsciente colectivo. R. L. Wing, autor de *The I Ching Workbook*, dice: "[Jung] veía la naturaleza humana y el orden cósmico unidos en el inconsciente colectivo a través de símbolos que afectan a los individuos de cualquier época y cultura... [El] ritual de detener el tiempo (o 'cambio') con una pregunta particular en la mente constituye una forma de ajustar el *Self* y sus circunstancias en el entorno de todo lo que se desarrolla en el universo".[21]

Los números también son símbolos potentes que nos transmiten sentido si nos tomamos la molestia de aprender sus características. Los antiguos maestros espirituales enseñaban que cada número describe cualidades intrínsecas que podrían ayudarnos a sintonizarnos con lo que sucede. Hasta los números de nuestro domicilio o nuestra oficina pueden decirnos algo. Por ejemplo, una mujer, excelente vendedora, nos dijo que una de las razones por las que la entusiasmó ocupar determinado departamento nuevo fue que sus números sumaban tres; para ella era un número de suerte y también el número de la abundancia, la imaginación y la sociabilidad. También hemos oído muchas historias de personas que ven reiteradamente un número en particular, por ejemplo el número once-once, que puede indicar que una persona es parte de un grupo de almas que trabaja para abrir una nueva puerta en la dimensión espiritual.

Casi todo puede cargarse de significado cuando estamos abiertos y atentos a los mensajes intuitivos. A veces podemos estar siguiendo señales que nos llevan a enviarle un mensaje a otro. Por ejemplo, Nancy

Vittum, de Cupertino, California, escribió a *The Celestine Journal*: "Una mañana, mientras escribía, sentí un impulso interior apremiante de ir al video y sacar una película. No había ninguna que quisiera ver especialmente, de modo que al principio ignoré la sugerencia. Persistió, y volví a sentir el impulso de ir rápido, antes de que se llevaran todos los videos buenos". Cuando llegó al negocio, se encontró con una persona con la que había trabajado diez años antes. Resultó que la mujer estaba cuidando a su madre enferma, de 86 años, y Nancy justamente había pasado cinco años y medio cuidando a sus padres antes de que murieran. Nancy comentó: "La mujer me dijo que sin duda el destino nos había unido esa mañana, porque lo que le dije la había ayudado muchísimo".[22]

APERTURAS DIMENSIONALES

Alicia en el País de las Maravillas lo hizo. Igual que Indiana Jones, los druidas y los antiguos griegos. Los chamanes todavía lo hacen… es decir, entrar en otra dimensión a través de un lugar sagrado en la tierra viva. Los sitios sagrados. La idea misma evoca cimas de montañas ventosas, lobos aullando, cascadas de agua, cuevas, valles encantados, piedras proféticas y puentes hacia los ancestros. Dios nos habla en los árboles que suspiran, en las rocas calientes que arden bajo el sol, en las antiguas huellas de manos sobre los acantilados, en los caminos terrosos pisoteados por miles de pies descalzos que corrieron y caminaron para encontrarse con el espíritu, para renacer en el espíritu. Mucho antes de que las agujas góticas llevaran nuestros corazones hacia lo alto, hombres y mujeres encontraban la inspiración y la conexión con lo divino en ciertos lugares de poder de la Tierra. ¿Cuántas veces tuvo la suerte de que se le cortara la respiración ante el es-

"…hay sólo un puñado de Hopi vivos que conocen todos esos lugares. Como sus hermanas y hermanos de todo el mundo que todavía sienten y presienten el poder de un lugar, estas mentes sabias afirman que el poder de los lugares sagrados va mucho más allá de la belleza visible. Reconocen que la historia es importante, pero mucho más importante, insisten, es el espíritu. Este espíritu puede obrar con personas de todas las razas, pero sólo si nuestra mente está clara y nuestro corazón es puro… algunos lugares de naturaleza especial tienen la capacidad de facilitar el ingreso de las personas en estados alterados de conciencia que son llamados 'espirituales' como consecuencia del contacto mental y/o físico con ellos." **James A. Swan, *Sacred Places: How the Living Earth Seeks Our Friendship***

plendor de un mar interminable de árboles, de estar parado en una meseta con una caída de mil quinientos metros, de absorber la serena presencia de una selva añosa, o de ser acallado por una cascada torrencial de agua que cae sobre bloques de granito? No las suficientes. Los sitios sagrados no necesitan ninguna explicación, ningún mapa. Son. Uno los siente y crece.

Kevin Ryerson, experto intuitivo, escritor y conferencista famoso por su asociación con la actriz y activista Shirley MacLaine, posee el raro don de contactarse con espíritus antiguos. En estos últimos años ha llevado personas a sitios sagrados de todo el mundo con el espíritu de la venerable búsqueda de la visión, permitiéndoles entrar en lo que él denomina el paisaje onírico personal. El propósito implícito de esta búsqueda es resolver el pasado capacitando al iniciado para recibir percepciones sobre su propósito, sobre el futuro y para vivenciar la inteligencia ancestral como una fuerza viva.

En el territorio de rocas rojizas de Sedona, Arizona, por ejemplo, hay un cañón sagrado conocido como Red Tank Draw. El cañón, que forma una pared natural, es el telón de fondo de una serie de petroglifos (imágenes talladas) y pictoglifos (símbolos pintados) sobre los lados izquierdo y derecho. En línea con el Sol, cuando el cañón es recorrido por el iniciado o el buscador de visiones, transporta a la persona en un viaje totalmente chamánico, que empieza al alba y se completa al atardecer. El cañón, escogido por su alineación con las cuatro direcciones, refleja y mantiene, según Ryerson, inteligencia arquetípica ancestral. El solo hecho de leer la descripción que aparece abajo conecta a la persona con esta experiencia mística.

Al comienzo del viaje se ven imágenes de la creación, de nacimiento e inocencia. Estas imágenes primordiales simbolizan la separación del espíritu y el cuerpo en el viaje chamánico, pero también pueden interpretarse como que cada uno se separa de su primera verdad o inocencia. Es el arquetipo del quedarse huérfano, afirma Ryerson, y el equivalente indígena de la expulsión del Jardín del Edén. Usted, el huérfano, se convierte entonces en el vagabundo, representado chamánicamente por animales migratorios. Los petroglifos muestran con claridad animales que se mueven en asociación con la cruz celta, que representa las cuatro direcciones y un destino sagrado: lo que podríamos definir como "errar con intención" o hacer un recorrido espiritual. A esta altura, vaga entre los ancestros y las personas vivas, buscando una verdad que parece y se siente como propia, para poder reconocerla.

Cuando descubre una verdad importante para usted, el iniciado, ésta lo fortalece, restablece y reafirma su sentido de destino. (¡Qué parecido a la coincidencia que nos aporta una percepción que nos reconecta con nuestro sentido de una misión!) Ryerson comenta que, en este punto, el iniciado se convierte en guerrero. En este nuevo estado de sensibilidad, usted se siente casi demasiado sensible. Es posible que trate de proteger su verdad, una verdad que no necesita protección. Esta etapa se representa en forma de tortugas (un símbolo arquetípico del escudarse). El caparazón de la tortuga también representa los esquemas de adivinación que el sabio podría leer para proporcionarle al ahora guerrero la guía de la profecía.

Ahora usted es el guerrero, representado por el arquero y el arco estirado. Ahora está en el lugar de siete flechas que simbolizan los siete chakras, orígenes de la energía material y espiritual. Son las zonas psíquicas a partir de las cuales formamos nuestro carácter y liberamos nuestra energía en el mundo. En la profundidad del cañón, está cumpliendo su misión. Arquetípicamente, es el héroe. Ryerson nos recuerda que Joseph Campbell decía que el mito perfecto del héroe era *La guerra de las galaxias*. ¡Imagine, por un momento, el júbilo y la aceleración que sintió cuando volaba con Luke Skywalker por las entrañas con geografía de cañón de la Estrella Muerte! Si hace memoria, al regresar hablaba de un cañón en el que había realizado la misma proeza. En Red Tank Draw, entonces, usted está haciendo el Viaje del Héroe.

En su fase de guerrero, se da cuenta de que el rostro del enemigo se parece a usted: la etapa psicológica de recuperar todas sus partes rechazadas que usted puso en la sombra. En ese momento de toma de conciencia, recibe un poder mayor y es iniciado en la siguiente fase del viaje, que es el sanador. Se da cuenta de que, si inflige dolor, también puede curarlo. El sanador es representado por la espiral en la palma de la mano.

La parte más difícil del viaje tiene lugar cuando, como sanador, usted se da cuenta de que en realidad no es diferente del guerrero que fue. Curar tratando simplemente de eliminar la enfermedad o el dolor sigue siendo un proceso de combatir al otro.

En un momento extático de sanación (conexión), de pronto ve la inocencia original del otro. Ryerson comenta esta etapa diciendo: "Y al ver esa inocencia, debe poner en práctica un nuevo criterio de verdad, la verdad de la que sólo puede hablarse en presencia de un niño".

Éste es el punto de renacimiento en el viaje. Es cuando los ancestros vienen a dar la bienvenida a la nueva persona (usted) en la comunidad. "Literalmente —cuenta Ryerson— a esa altura, en el cañón, damos la vuelta a la esquina y vemos la plantilla espiritual, alquímica, que sólo es comparable con el momento de la película *2001*. Vemos la oscuridad, el vacío, el obelisco que puede absorberlo todo, todo el dolor, todo el sufrimiento, todos los errores, todas las percepciones de la identidad. Ese momento es como la serpiente que cambia su piel. Es entonces cuando dejamos de preocuparnos por el futuro. Sabemos qué vamos a ser. Y lo que vamos a ser es un ancestro. El arquetipo del ancestro se resuelve para la historia, para nosotros mismos, y nos damos cuenta de que, como los petroglifos, nuestra vida no es real hasta que se relata como un cuento."

La caminata por el cañón se termina frente a un acantilado monolítico de roca rojiza. Es el lugar del fortalecimiento, el único lugar del cañón donde se repiten todas las imágenes como una visión cohesiva. Es un espacio sagrado. ¿Qué se le enseña al viajero? "Se le enseña lo que necesita saber —dice Ryerson—. En general todos me dicen que después de la caminata tienen sueños muy vívidos. Se sienten más vivos. Toman resoluciones internas referidas a padres, relaciones y carreras. La inteligencia del cañón está viva e influye en nuestras vidas aquí y ahora. La familia humana es continua. Lo que es aplicable a los ancestros también se aplica a nosotros hoy."

James A. Swan escribe en *Sacred Places: How the Living Earth Seeks Our Friedship*: "En todo el mundo, la superficie de la Tierra está salpicada de lugares cuyos solos nombres movilizan sentimientos profundos: Palenque, monte Omei, monte Ararat, monte Fuji, Lascaux, Iona, Jerusalén, Delfos, el Kilimanjaro, la Mecca, el monte Sinaí, el monte McKinley o Denali, Chartres, las grandes pirámides, Stonehenge, el cráter Haleakala, el monte Kailas, el río Ganges, el monte Katahdin, Machu Picchu, Lourdes, Fátima y el Templo del Sol en Mesa Verde se cuentan entre los más famosos...".[23] Podríamos incluso visitar los fenómenos contemporáneos de los círculos de cultivos de la llanura de Salisbury, que desafían nuestra mente lógica pero tiran de la cuerda del misterio en nuestra alma.

ESTUDIO INDIVIDUAL

Meditación atenta

Busque un lugar tranquilo de su casa donde pueda sentarse a meditar. Si es posible, cree un clima sagrado en ese lugar. Le conviene tener una mesita con flores o elementos especiales que le recuerden su deseo de cultivar la capacidad de serenar la mente. Elija una hora regular para sentarse a meditar, como la mañana antes de salir de su casa o a la noche antes o después de comer.

Siéntese en una posición erguida con los pies en el suelo, las manos apoyadas levemente en los muslos con las palmas hacia arriba. Si desea, puede sentarse con las piernas cruzadas sobre un almohadón para quedar bien afirmado en el piso. Para marcar el comienzo de la meditación, cierre los ojos, junte las palmas en el centro del pecho y haga una ligera inclinación de cabeza. Con las manos de nuevo en los muslos, exhale, manteniendo los ojos cerrados o apenas abiertos pero entornados hacia abajo.

Note simplemente cómo entra el aire y cómo sale. Si en su mente aparecen pensamientos, déjelos pasar y fluir. Vuelva a notar la respiración. Aunque la mente siga un pensamiento, déjelo pasar. Experimente la sensación del aire cuando atraviesa las fosas nasales, levanta el pecho y sale a la habitación. Serénese con cada exhalación. Afloje la tensión de los músculos. Continúe siguiendo la respiración y aquiete la mente, los sentidos, la respiración. Cuando su mente empiece a vagar, observe con atención que se ha ido. Como si estuviera observando el pensamiento como un objeto, reconózcalo con una palabra, como "preocupación", "tristeza", "pensar", "frialdad", y vuelva a la respiración, sin importar cuánto tiempo estuvo vagando su mente. Sea dócil y esté atento en su meditación, volviendo siempre al ritmo de la respiración. Quédese así sentado durante diez minutos por día para empezar, y vaya aumentándolos hasta llegar a treinta minutos o una hora, según lo desee. Termine la meditación con otra ligera inclinación de cabeza y las palmas juntas. El ritual de la reverencia implica no sólo reconocer su disposición al recogimiento sino enviar al yo señales para que se relaje por un momento y se abra para dejar entrar una energía superior.

El efecto inmediato de la meditación es traernos al momento presente, dejarnos tomar conciencia del lugar hacia donde nos lleva la mente y permitir que calmemos la mente constantemente en lucha. Con el tiempo, aunque nuestra mente siga errando durante la meditación, notamos un aumento en la conciencia de las sensaciones y la frecuencia y claridad de las intuiciones.

La atención durante el día

Para incrementar la energía y despejar la mente, aunque esté en algún lugar público o en el trabajo, tómese cinco minutos en el subte o a la hora de almorzar para sentarse tranquilo, con los ojos bajos pero no cerrados, y note la calidad y las sensaciones de su respiración. Este simple acto lo ayudará a estar por entero presente en el momento.

Otra actividad de atención para hacer durante el día consiste en tomarse una pausa de cinco minutos para mirar por la ventana o simplemente sentarse con tranquilidad frente a su lugar de trabajo y tomar conciencia de cada elemento que lo rodea, exhalando energía afectiva a todo el espacio.

Un hombre comentó en un taller: "Mi mente es demasiado inquieta para meditar. No puedo serenarme lo suficiente como para hacerlo". Serenar la mente antes de meditar es como limpiar la casa antes de que venga la mucama. El primer paso en la meditación es la intención de sentarse. Luego, tomar la mente inquieta y sentarse con ella, observarla, calmarla y ajustarla al ritmo constante de la respiración.

> "Siendo novicio en un monasterio budista, me enseñaron a estar consciente de cada cosa que hacía durante el día, y durante más de cincuenta años lo he puesto en práctica. Cuando empecé, creía que este tipo de práctica era sólo para los principiantes, que los avanzados hacían cosas más importantes, pero ahora sé que el ejercicio de la atención es para todos." **Thich Nhat Hanh,** *Love in Action*

La atención en el auto

Cuando arranca su auto para ir a trabajar o dar un paseo, adopte la costumbre de sentirse presente al girar la llave. Tome conciencia de que está a punto de sumarse a la corriente de otras almas que trabajan en el mundo a su manera. Al ingresar en el tránsito, aumente su conciencia de los vehículos, los transeúntes, las bicicletas o cualquier otra información pertinente. Mantenga su intención de conducir de la manera más diestra y afectiva que pueda, sabiendo que forma parte de este gran torrente de seres conectados con usted de maneras que todavía ignora. Envíe energía positiva a este torrente de seres de los que usted forma parte.

Cuando el tránsito es más lento de lo que usted desea, imagínese en su destino, sintiéndose feliz y viendo que llega casi a tiempo. Si ve una patente o algún otro mensaje en apariencia especial, anótelo cuando llegue a su destino. Si sigue recordándolo durante un tiempo, escriba algunas asociaciones libres.

La imaginación activa

Le conviene usar una vez por semana o un par de veces al mes una grabación con meditación guiada para estimular su facultad intuitiva.

Si en su mente surgió una intuición o una imagen, reafírmela escribiéndola en su diario. A veces resulta más fácil escribir los pensamientos que recordarlos. Para asociar libremente, empiece con su intuición y luego cuente una historia a partir de ella. Deje que su lapicera escriba todo lo que le venga a la mente. No pare ni cambie nada; siga escribiendo hasta llenar dos o tres páginas. Puede revisar lo que salió, o volver a mirarlo dos o tres días más tarde.

Tótems animales

Los tótems animales constituyen nuestro espíritu animal especial. El animal "nos elige" apareciendo en sueños, en la naturaleza o capturando nuestra imaginación a través de relatos o cuadros que nos atraen. Si usted trata de elegir su tótem, elegirá a un animal por su "imagen" exótica o encantadora, lo cual significa que es su yo el que está involucrado. Empiece a prestar atención a los pájaros y animales que ve cuando sale a caminar, o cerca de su casa, o cuando acampa. ¿En qué estaba pensando cuando vio al animal? Si estaba preocupado o inquieto por algo, ¿cuál podría ser el mensaje de ese animal para usted?

Si ya tiene una relación especial con un animal, acerque su energía teniendo una foto o una pequeña escultura en su casa. Aprenda sus características e imagine que le habla cuando tiene que tomar una decisión difícil. Su vinculación con la medicina animal se da a través de su imaginación. También le convendría aprender las características de cada especie. El libro de Ted Andrews *Animal-Speak* contiene mucha información y sugerencias para trabajar con nuestros hermanos animales.

ESTUDIO GRUPAL

Visualización

Por la paz en el planeta (puede hacerse en forma indidivual o en grupo)

Si su deseo es contribuir a la paz en el mundo pero no se le ocurre cómo, propóngase hacer una meditación con visualización para "trabajar por la paz" todos los días o todas las semanas. Realice la meditación atenta hasta sentirse sereno y tranquilo. Luego, piense en su visión de cómo es la paz. Puede ser un círculo de personas tomadas de la mano alrededor de una fogata en el desierto, personas tomadas de la mano entre los continentes y los mares, personas sonriendo y caminando por las calles, charlando y realizando las actividades cotidianas con amor en el corazón y el rostro. Podría incluir a personas de muchas culturas sentadas juntas que expresan sus opiniones en un espíritu de controversia genuina y saludable. Una vez que haya establecido una imagen que lo haga sentir lleno de amor y vitalidad, úsela con frecuencia durante el día fuera del momento de meditación. Espere que se presente una oportunidad que lo lleve a trabajar más por la paz.

Visualizar la actividad o la acción social que más nos conmueve constituye un acto muy potenciador. Recuerde que la energía sigue al pensamiento y que aquello en lo que nos concentramos se expande. Cree una imagen visual fuerte de lo que a usted más lo conmueve, ya sea preservar las selvas tropicales, cuidar niños sin hogar, construir casas y escuelas, atender enfermos o ayudar a la gente a irrigar huertos en el desierto. Elija el área que más lo atraiga y concéntrese para ver esta acción positiva realizada. Espere que se presente una oportunidad que lo introduzca más en este tipo de interacción.

Temas para el diálogo grupal

- ¿Cómo podemos manejar la duda y el miedo cuando nuestra intuición parece sugerir un nuevo rumbo?
- ¿Qué animales aparecieron en su vida en momentos especiales?

Ejercitación con la intuición

- Por turno, que cada uno reciba mensajes intuitivos de los integrantes del grupo. Este ejercicio puede llevar de cinco a diez minutos por persona y es muy divertido.
  Una persona se sienta frente a las demás con los ojos cerrados y en silencio. Todos se sintonizan con la energía de esa persona y luego refieren la información o imágenes positivas que recibieron sobre esa persona. Todos hablan en forma espontánea a medida que aparecen las imágenes. Que un integrante del grupo escriba toda la información recibida para esa persona. Cuando parezca que la energía se agotó, la persona en cuestión debe hacer una devolución respecto de la exactitud de la información recibida.
- Experimenten con el *I Ching* o alguna otra herramienta intuitiva.
- Cada integrante escribe una pregunta específica en un papel. Mézclenlas y extraigan una pregunta (sin desdoblar ni mirar la pregunta) y coloquen el papel en el centro de la habitación. Cierren todos los ojos y empiecen a captar cualquier imagen o mensaje que surge, sin censurarlos. Díganlos en voz alta y que una persona se encargue de escribir los mensajes. Cuando parezca que la energía se agotó, abran la pregunta y vean de qué manera se le aplican las respuestas.

Trabajo con los sueños

- Analicen el contenido de un sueño. Asegúrense de que todos quieren hacerlo, ya que el análisis de los sueños puede volverse tedioso o aburrido si hay quienes no desean participar. Busquen el mensaje que le revele a cada uno *algo de lo que no es consciente* en su vida actual.

CAPÍTULO 4

Poner en claro

"Pensé en todas las situaciones grupales que había experimentado. Algunos miembros del grupo se agradaban de inmediato mientras que otros parecían estar en constante discordia sin razón aparente. Me pregunté: ¿la cultura humana está lista para percibir el origen distante de esas reacciones inconscientes?"

MARIPOSA
CAMBIO

LA DÉCIMA REVELACIÓN:
EN BUSCA DE LA LUZ INTERIOR[1]

Las Revelaciones nos han dicho que lo mejor que podemos hacer por nosotros mismos es cargarnos de energía positiva y afectuosa. No obstante, si queremos estar en el flujo de la vida, también debemos dejar de gastar energía en intercambios de energía repetitivos e infructíferos con otras personas. No podemos acumular suficiente energía positiva para crear la vida que queremos, si filtramos energía. Filtramos energía cuando permitimos que los demás nos consuman y cuando no tenemos una buena percepción de nuestros dramas de control.

Sabemos que nos preocupamos. Nos oímos decir veinte veces al día: "No sé cómo se va el tiempo", "Nunca terminaré todo este trabajo", "No puedo tener eso", "Es demasiado caro", "No se puede contar con nadie", o algunas variaciones sobre estos temas. Se trata, en todos los casos, de pequeñas maneras de gastar energía de modo negativo. Sabemos que algunas personas oprimen con facilidad nuestros botones y nos hacen enojar, nos vuelven irritables o nos hacen sentir culpables.

En el nivel de percepción de la Décima Revelación, nuestra Visión del Nacimiento nos orienta hacia las personas que necesitamos encontrar y el trabajo que necesitamos hacer. Nuestro trabajo estará en armonía con la Visión del Mundo en la medida en que nos hallemos atentos al efecto de nuestras acciones en los demás y al intento activo de que el mundo sea mejor para todos. En este nivel, eliminamos muchos de nuestros problemas anteriores y dejamos de tratar de controlar a otros. ¿Por qué, entonces, nos metemos en situaciones en que las personas oprimen nuestros botones?

Convendría que cada uno empezara por recordar: "Sé que el mundo exterior es un reflejo de mi estado interior". Pregúntese: "¿Sigo atascado en mi viejo comportamiento del drama de control? ¿Filtro las percepciones sobre mí mismo y la otra persona a través de una vieja creencia porque me siento amenazado o atemorizado? ¿Qué intuiciones o sincronicidades no he escuchado últimamente?". Si en su interior está librando una lucha con alguien, aumente su tiempo de tranquilidad con la meditación. Analice sus sueños para ver situaciones elocuentes que le den otra imagen vívida de su estado interno actual, y aplique ese mensaje a su conflicto con la otra persona.

En el nivel de percepción de la Décima Revelación, estamos dispuestos a considerar la posibilidad de que las reacciones negativas con las personas puedan ser resabio de una relación con ellas en una vida anterior. La Décima Revelación sugiere que estos sentimientos irracionales de culpa, irritación, incluso miedos de traición, pueden ser recuerdos residuales de cuestiones no resueltas en vidas pasadas que compartimos con esa persona. Desde luego, también podemos experimentar sentimientos irracionales buenos hacia una persona, lo cual indica experiencias de vidas pasadas muy positivas con esa alma. Considerando que los sentimientos negativos nos perturban más y afectan nuestra capacidad para vivir nuestro propósito, en este capítulo nos concentraremos en cómo liberarnos de estos hilos o cuerdas de energía negativa.

ELIMINAR LOS DRAMAS DE CONTROL CREADOS EN NUESTRA VIDA *PRESENTE*

La Sexta Revelación señala que de chicos empezamos a usar determinadas conductas para mantenernos conectados con nuestros padres, de los cuales dependíamos para sobrevivir. Dichos comportamientos se desarrollaron a partir de la forma en que percibíamos a nuestros padres. Si los veíamos temerosos y arrogantes, reaccionábamos de una forma. Si los veíamos críticos y entrometidos, de otra. Si los veíamos como víctimas que se quejaban sin cesar, reaccionábamos de otra manera. Con el tiempo, estos comportamientos se solidificaron hasta formar lo que denominamos "dramas de control". El aspecto del *control* significa que tratábamos de controlar la a veces incierta conexión con el amor y la atención de nuestros padres, para asegurar nuestra supervivencia. Entonces aprendíamos a controlar nuestro entorno de la única manera que conocíamos en ese nivel de desarrollo. El aspecto del *drama* significa que seguíamos haciéndolo en la vida adulta, quedando así limitados por estas respuestas habituales desactualizadas.

Según nuestra naturaleza, algunos hemos gritado y armado escándalos para intimidar a nuestros padres y obligarlos a prestarnos atención, aprendiendo a controlar a los demás siendo *Intimidadores*. Otros hemos importunado a nuestros padres con planteos constantes o con actos abiertamente destructivos porque eran indiferentes o distantes, aprendiendo a convertirnos en *Interrogadores* para atraer su atención. Es posible que algunos hayamos tratado de escondernos y huir con actos destructivos subrepticios porque nuestros padres eran entrometidos o críticos, aprendiendo a mantenernos *Distantes* e indiferentes. Y por último, algunos tal vez hayamos lloriqueado y nos hayamos chupado el pulgar como reacción pasiva a un padre amenazador e intimidador, aprendiendo a sobrevivir dejando que los demás nos vieran como *Pobre de Mí*, alguien necesitado de atención.

Como adultos, estas tácticas de dramas de control no sólo son por completo ineficaces y poco gratificantes, sino que también constituyen *bloqueos muy reales a las sincronicidades que crean nuevas oportunidades de desarrollar nuestra Visión del Nacimiento*. En suma, si no tomamos conciencia de estos esquemas reactivos, estamos atascados. Es posible que, por ejemplo, tratemos de intimidar a los demás para que nos den lo que queremos (dinero, amor, atención, reconocimiento, etc.) mediante una conducta agresiva, enjuiciadora, amenazadora y egoísta. Como Intimidadores, tenemos mucho miedo de que no nos tomen en serio y por eso queremos ahuyentar cualquier amenaza potencial a nuestra libertad o nuestra importancia personal. En realidad, el tipo de personalidad del Intimidador muchas veces no es consciente en absoluto de sus necesidades y sentimientos verdaderos.

Los Intimidadores ven el mundo como un campo de batalla. Cada vez que obramos a partir de la necesidad de controlarlo todo, limitamos o impedimos el apoyo providencial. Si el Intimidador supone que la vida es una lucha y que los demás quieren quitarle el poder, atraerá ese tipo de situación. La energía sigue al pensamiento. La batalla que se libra dentro de la persona se manifiesta afuera en el mundo físico.

Esta persona no podrá sostener una visión para el mundo pues su principal modo de interacción es la confrontación y la agresividad. Está demasiado ocupado librando batallas internas para poder expandirse y ayudar a otros. Todo el que representa el papel del

Intimidador en su vida está colaborando con la mentalidad de conflicto/ campo de batalla en el campo unificado de la conciencia, manteniendo así la vieja Visión del Mundo.

Los Interrogadores ven el mundo como un juego de ingenio. Estas personas están observando siempre a los demás para encontrar puntos débiles y actuar para aprovecharse de ellos. Socavan las ideas de los otros con preguntas retóricas que los dividen y los distancian de la gente, en lugar de crear un honesto intercambio de dar y recibir. Una de sus afirmaciones favoritas es: "Yo voy a ser el abogado del diablo en esto". Obviamente, la controversia es saludable. El debate legítimo no es lo mismo que el drama de control del Interrogador, que constituye una respuesta habitual para el propósito de robarle energía a la otra persona y mantener una sensación de control. Por ejemplo, anunciar con frecuencia que uno va a ser el abogado del diablo crea distancia y genera una posición de antagonismo. La verdadera motivación de un abogado del diablo constante es que lo consideren tan importante como para garantizar una corriente de atención. Si hace una pregunta debemos contestarle, y de inmediato quedamos a la defensiva. Por lo tanto, su propia necesidad de ser importante crea un elemento de división y corrosión que no contribuye a crear una visión positiva para un proyecto o para el mundo. Su impulso interior es echar por tierra ideas en vez de abrirse a la sabiduría de los otros. Este drama de control de escala global alimenta la idea de separación, de nosotros y ellos, de sospecha y de odio.

Las personas Distantes consideran que el mundo es amenazador y abrumador. Prefieren retirarse y no asumir un papel activo y responsable en la formación del mundo. Tienen miedo de adoptar una postura o quizá de cometer un error y que las critiquen o consideren inadecuadas, o sea que hacen poco o nada por sobresalir y contar. Este comportamiento distante también mantiene a las personas separadas y sutilmente crea un desgaste en los otros. Al permanecer alejadas y cerradas, las personas Distantes se sienten aisladas, desconfían y se consideran justificadas cuando las cosas fracasan o salen mal. Son incapaces de ver que, de manera inconsciente, crearon un fracaso porque no participaban de verdad en los hechos. Las personas Distantes a menudo son tímidas o temen dejar que los demás sepan qué sienten porque temen (por haber tenido un padre Interrogador o Intimidador) que alguien invalide sus necesidades o sentimientos. Esta invalidación es vivida como una negación o muerte y las arroja en el modo de supervivencia.

Las personas distantes ven a los demás como invasores potenciales. Es posible que estén convencidos de que el mundo puede ser un lugar mejor, pero no actúan porque se resisten a comprometerse a dar el primer paso. Los Distantes, prudentes natos y un poco desconfiados de los motivos de los demás, tienden a resistirse a los encuentros providenciales. En escala global, nos convertimos en los "inocentes" o los observadores apáticos en vez de actuar a partir de una sensibilidad sana respecto del mundo.

Las personas Pobre de Mí consideran que el mundo es injusto. El problema son las otras personas o situaciones. Para ellas, el mundo está evidentemente descontrolado y debe ser defendido a toda costa. La actitud Pobre de Mí se reconoce en afirmaciones como: "No se puede cambiar nada", "Los ricos establecen las reglas", "No tengo tiempo para mí", "Si no fuera por la DGI, estaría fantástico", "Ustedes nunca me dieron lo que yo pedía", "Nunca podré salir adelante", y así sucesivamente. Los Pobre de Mí se consideran indefensos y anteponen sus heridas y sus problemas en todas las conversaciones. Se definen a sí mismos por sus traumas pasados y atraen la atención y la energía de los demás concentrándose continuamente en negatividades para inducir a los demás a que les den energía.

En realidad, toda nuestra cultura se centra en la idea de la víctima. A través de la televisión, podemos estar presentes prácticamente en cada escena de crimen y en cada tragedia. La cobertura de los medios de comunicación alimenta la idea de que, si no somos muy cuidadosos, terminaremos asesinados, descuartizados, sin casa o en bancarrota. La actitud Pobre de Mí se centra en los aspectos temerosos y negativos de una cosmovisión. Si de cualquier modo todo va barranca abajo, la excusa es buena para quedarse clavado en la inacción.

Caroline Myss, escritora, investigadora e intuitiva médica, habla con elocuencia de nuestra adicción a una mentalidad de víctimas, en una conferencia grabada con el título de *Por*

"El desastre realmente importante de la historia es la separación de la madre y el bebé al nacer. Esta experiencia de abandono es el hecho más devastador de la vida, que nos deja emocional y psicológicamente inválidos. La madre experimenta muchas veces... "una depresión posparto"... separada del vínculo que supuestamente debía producirse. Durante un tiempo, llora, pero el llanto genera rabia, dureza, una armadura que cubre una herida profunda, que nunca cierra, de la que la mayoría de las mujeres ni siquiera son conscientes, pues se proyecta al entorno general y a menudo es desviada hacia al bebé-niño." **Joseph Chilton Pearce, *Evolution's End***

qué la gente no se cura. Myss afirma que convertimos nuestras heridas en poder y nos volvemos adictos a la identidad y el privilegio que nos dan dichas heridas. Por ejemplo, es inevitable que en una conversación general compartamos datos sobre nuestra historia anterior. Dejamos que la gente sepa el sufrimiento que pasamos, ya sea maltrato infantil, incesto, alcoholismo, la muerte de un hijo o alguna privación o fracaso.

Es obvio que, cuando ocurre algo negativo, necesitamos apoyo y tiempo para enfrentar las consecuencias. Con el tiempo, sanamos y salimos adelante. Pero si mantenemos la herida fresca y la usamos como una forma de filtrar todo lo demás en la vida, la herida sirve como excusa de por qué no podemos lograr nada.

Myss considera que, en esencia, dejamos una parte de nuestra alma en estos traumas tempranos y seguimos alimentándolos porque todavía nos parecen injustos. La energía que obtenemos de quienes escuchan nuestros relatos nos da poder. Por lo tanto, no podemos ni queremos dejar que esas viejas heridas desaparezcan. Como es lógico, todos hemos vivido penurias legítimas que nos fortalecieron. Pero mantener vivos en el presente estos hechos negativos socava nuestra energía psíquica para crear un nuevo camino, para completar nuestra Visión del Nacimiento.

Una vez que cambiamos nuestra percepción y nos damos cuenta de que estas circunstancias pueden haberse producido por alguna razón, podemos olvidar la idea de que realmente algo nos dañó. Myss dice: "Se liberará así de una percepción inhabilitante... la consecuencia [de esto] es una elevación a un orden superior de percepción... El perdón es fuerte justamente porque usted hace desviar a su espíritu de percepciones de culpa, excusa, debilidad, todas cosas ligadas a la idea de justicia del ojo por ojo".[2]

La vida cambia en forma considerable cuando realizamos cambios internos de percepción. Cuando ya no queremos tener la fijación del daño que nos hicieron los demás, nuestras relaciones cambian. Myss afirma: "En el momento en que usted deja de ser la víctima, podrá dejar de andar con víctimas... porque van a decir: '¡Vaya, cómo has cambiado!'. Eso no los alegrará y lo verán como una traición. Tiene que ser lo bastante fuerte como para que vean que cambió... porque usted no puede cargar con todos sus mundos... Existirá un miedo... ¿Cómo será mi mundo si estoy bien? ¿Cómo es vincularse a partir de la fuerza? Al compartir heridas, usted tiene una agenda privada: 1) quiere tener poder sobre la otra persona; 2) tiene la intención de controlarla; y 3) hace proyectos para un día de lluvia cuando necesite su ayuda, lo cual constituye un plan de manipulación de largo alcance".[3]

ESTUDIO DE UN CASO DE DRAMA DE CONTROL
POBRE DE MÍ / INTIMIDADOR

Una mujer a la que llamaremos Jane tomó conciencia, después de leer *La Novena Revelación*, en 1993, de la cantidad de personas intimidadoras que había en su vida. Pese a sentirse agotada y enojada por "la forma en que la habían tratado", también se sentía culpable e insegura de no hacer lo suficiente para agradar a esas personas. "Ya que tenía tres Intimidadores importantes en mi vida, debía enfrentar el hecho de que por alguna razón los atraía. Mi primer pensamiento fue cómo se parecían a mi madre —nos dijo—. Pensé que sufriría mucho hasta poder reconocer el esquema, pero estaba absolutamente decidida a romper mis dramas de control."

Jane llamó hace poco para informarnos sobre sus progresos en los últimos seis meses. "Me siento muy distinta —dijo—. Por ejemplo, cambié mi actitud en mi empresa inmobiliaria. Hace seis meses sentía que no era para mí. Ahora estoy atrayendo clientes muy buenos y me gusta mucho trabajar con ellos. Me siento más creativa y optimista y eso me hace más buena. Estoy más relajada interiormente, sin ese sentimiento de pánico. Empecé a ganar dinero otra vez, pero no es sólo el dinero, porque ya antes había tenido años financieros buenos y sin embargo seguía con esos sentimientos de pánico. He trabajado mucho con mi actitud Pobre de Mí, y me da la sensación de haberme quitado un gran peso. Los enojos ya no tienen el efecto acumulativo que tenían." ¿Qué pasó?, le preguntamos.

"Primero, me di cuenta de que esas personas estaban en mi vida por alguna razón. Siempre me sentía atraída hacia personas difíciles. Podían engancharme con facilidad, era como si me hechizaran. No puedo explicarlo, pero sabía que repetía un viejo esquema —comentó Jane—. Segundo, empecé a ver que siempre estallaba en algún momento cuando ignoraba

> "El poder que otro posee es el poder que yo le doy... Si investí al *Otro* con un poder que el *Otro* no posee, entonces enfrento mi propio poder, ¿no es cierto? Mi poder se ha convertido en mi opositor, mi enemigo. Por otro lado, si el *Otro* posee poder, pero yo no considero el poder del *Otro* tan efectivo en mi contra, no tiene ninguno, ninguno para mí." **Gerry Spence, *How to Argue and Win Every Time***

mis propias necesidades. Me daba cuenta de que esas personas eran egoístas y exigentes, pero cargaba con toda la culpa y me sobreadaptaba. Después, cuando mi rabia se acumulaba, me transformaba en una Intimidadora más grande que ellos. Supongo que me daba la sensación de no tener ningún poder para enfrentarlos si no estaba llena de rabia, lo cual me hacía sentir más fuerte.

"Cedía tanto que al final debía adoptar una postura fuerte. Llegaba al punto de sentirme en piloto automático. Había perdido toda mi energía y entonces explotaba. Después me sentía culpable. Me concentraba en ellos y sus problemas, olvidándome por completo de mis necesidades.

"Mi primera medida consistió en obtener una comprensión intelectual de los dramas de control. También trabajé con un psicólogo. En cada encuentro con uno de mis Intimidadores, prestaba mucha atención a cómo me sentía. Después empecé a preguntarme: ¿Qué opciones tengo en esto? Probé distintas variantes, como: 'Tengo que cortar', o 'No me gusta la forma en que estás hablándome'.

"Al principio, después de cortar una llamada con una de esas personas, sentía una punzada en el estómago. Pero seguí firme en mi intención de romper el drama y mantener mi poder, y noté que me trataban mejor. Cuando gritaban o protestaban, me encogía de hombros. Aprendí a distanciarme. Me concentré en cuidarme en vez de fijarme en lo que hacían los otros. Éste fue mi primer cambio importante: pensar en Jane."

Jane continuó: "Empecé un diario donde escribía qué decían, qué decía yo, cómo me sentía. Después lo revisaba y me preguntaba constantemente: ¿Cómo puedo tomar mejor las cosas? ¿Qué puedo hacer de distinto la próxima vez? Me ejercitaba porque no sabía qué hacía. Era como estar en piloto automático y los visores se encendían y yo estaba totalmente ciega a mis decisiones."

Engancharse

La historia de Jane contiene varios elementos que se encuentran en todos los comportamientos disfuncionales de dramas de control. Primero, reconoció un esquema recurrente de personas intimidadoras. Se sentía atraída hacia personas difíciles y quedaba "enganchada". El gancho cumple la función de llamarle la atención para que ella pueda sanar este viejo sistema.

La proyección del enojo teñía otras decisiones

Después, Jane vio que había estado negando el alcance de su dolor pero que todo el tiempo había acumulado ira. Proyectaba el dolor y la rabia en su situación laboral. Esta proyección de sentimientos dolorosos la convenció de que la inmobiliaria no era el lugar indicado para ella. Tercero, ignoraba sus verdaderos sentimientos y se concentraba sólo en el comportamiento de la otra persona, casi como si no estuviera presente en el hecho. Experimentaba una pérdida de energía, reaccionaba enojándose y después se sentía culpable, lo cual, por supuesto, significaba que gastaba un montón de energía en repeticiones y culpa.

Volver al cuerpo como fuente de información

Jane empezó a revertir su drama de control tomando cada vez más conciencia de cómo se enganchaba en el drama. Al empezar a conectarse otra vez con las sensaciones físicas en el cuello y el estómago, pudo cuidarse mejor en el momento, y no después, en la repetición del encuentro. Empezó a intentar distintas respuestas, haciendo saber a los demás que no le gustaba que le gritaran o que la criticaran. Y lo que es más importante, a mantener la atención en sus sentimientos y su intención de superar las sensaciones de miedo, con la confianza de que esto traería aparejadas elecciones liberadoras. Fue más allá de la necesidad reactiva y regresiva de defenderse y controlar, para sentir que podía cuidarse aun cuando la gente tratara de quitarle su energía.

Tomar conciencia de que los demás no harán marchar mejor nuestra vida

Al descubrir que superaba sus conflictos internos en estas relaciones difíciles, Jane empezó a ver con mayor claridad que, en un nivel profundo, cada persona representaba algo que *ella inconscientemente consideraba necesario para su supervivencia.* "Me di cuenta de que estaba enganchada con esa persona porque era una celebridad y yo tenía miedo de perder ese contacto porque también me hacía sentir especial tenerla como clienta. Mi otro cliente era muy rico, muy realizado y tenía una casa bellísima que me encantaba. Realmente quería agradarle y quería venderle una casa de cinco millones de dólares. La otra persona era muy inteligente y exitosa. Hablaba muy bien en público y estaba muy bien conectada, algo que siempre pensé que me faltaba, y envidiaba su *status* y esperaba que me presentara a otra gente. Es interesante, porque después de esa toma de conciencia respecto de ella 'casualmente' tuve la posibilidad de participar en un suceso importante donde me felicitaron de manera muy especial por mi capacidad para hablar y para atraer público. De pronto sentí que me conectaba con mi propia fuente de poder y energía. ¡Vi con gran claridad que, cuando trataba de conectarme con esas tres personas, no ganaba energía, sino que la perdía."

Recuperar la energía dada a otros

En términos psicológicos, Jane recuperó las cualidades que había proyectado en esas personas. Volvió en sí y ya no necesitó atraer Intimidadores para sanar su falta de autoestima. También se apartó de la creencia implícita de que su supervivencia dependía de agradar a personas difíciles, como había hecho con su madre en la infancia.

Para mantenerse conectada con su energía, Jane dice: "Salgo a la naturaleza, corro por la playa. Medito. Miro la belleza que me rodea, o escucho música. Trato de comer bien. Aprendí, de verdad, a no reaccionar a todas las estratagemas de mis clientes. Sé cuándo decir no, sé hasta qué punto adaptarme a los demás para no ponerme en situación de víctima. Por más que me cueste decir que no, debo mantener mis límites. Pongo mis verdaderas necesidades primero y dejo que los otros sean como son, sin tratar de imaginarlos o cambiarlos. Si empiezo a sentirme consumida, recuerdo que tengo la opción de cambiar mi comportamiento. A veces estar en paz conmigo misma puede significar levantar la voz, pero la diferencia es que me mantengo centrada en mi energía".

Ahora Jane dice: "Me sorprende cómo cambiaron las cosas. Pensaba que dejaría el negocio inmobiliario, pero me ofrecieron un puesto en una nueva firma donde la dinámica es muy diferente. Acá trabajamos todos juntos. Es divertido. Me encanta esta gente. Y, ahora que lo pienso, me doy cuenta de que en realidad ni siquiera intenté que ocurriera. Es como si las cosas hubieran empezado a fluir". Hace poco estuvo en un almuerzo con su amiga Patti, y Nadine, la hermana de Patti. Nadine se burlaba sarcásticamente de la conversación de Jane y Patti sobre la aromaterapia y la astrología, calificándolas de "basura New Age". Patti se enojó con Nadine, pero Jane comentó que de pronto la situación le pareció graciosa. La risa de Jane fue contagiosa, y más tarde Patti le dio las gracias por haber cambiado la energía haciendo que la seriedad se convirtiera en una charla amistosa. Jane comentó: "La gente no puede continuar con sus ataques si uno conserva el sentido del humor".

La determinación o la intención de Jane de transformar un esquema doloroso la introdujo en el drama de control para poder superarlo. No ignoró a los demás ni cambió de trabajo. Empezó a ver que había un propósito de reparación detrás del esquema recurrente de atraer intimidadores. Encontró este propósito escribiendo sobre cada

> "Tomar conciencia y liberarse de un drama de control siempre genera ansiedad al principio, porque debe levantarse la compulsión para poder encontrar la solución interior a la pérdida. Por eso a veces una mayor conciencia y euforia espiritual son precedidas por una 'noche oscura del alma'." **James Redfield, *La Décima Revelación: En busca de la luz interior***

episodio y buscando mensajes en sus sueños. Dejó de sentirse culpable por los problemas ajenos. Empezó a notar cuándo su energía caía, y tomó medidas para mantenerse eufórica y satisfecha. Su intención de ser un todo dentro de sí misma atrajo nuevas oportunidades favorables y cambió su actitud respecto de su propia corrección y la de su trabajo. Pese a lo doloroso que fue por un tiempo, la toma de conciencia y el trabajo psicológico que hizo le permitieron avanzar a su siguiente nivel de desarrollo espiritual.

"Ahora noto los signos de advertencia o las banderas rojas —concluye Jane—. Puedo ver venir la pelota, como en el fútbol, y simplemente me hago a un lado. Para mí, aparece una bandera roja cuando una persona se acerca a mí demasiado rápido y siento que va a empezar a culparme, a mostrarse necesitada o abiertamente agresiva. Puedo sentir cuando quiere algo de mí. La veo fuera de sí misma. Así solía estar yo: fuera de mí misma. Me veo como una parte movible de mi organización total, y no soy el centro del universo. Cuando era tan egocéntrica, no podía ver que los demás tenían su propia realidad. Aunque me pongan en un pedestal y mi ego se sienta bien, a la larga es una relación desequilibrada."

EQUIPO PESADO, ENERGÍA PESADA

Jan E., de Oklahoma, nos proporcionó otra historia en la que tomar conciencia de cómo la gente tiende a controlar la energía le permitió encontrar nuevas maneras de tratar a clientes recalcitrantes.

"Nosotros alquilamos remolques para transportar equipos pesados —nos contó— y yo trato con muchísimos hombres. En este trabajo, parecería que muchos hombres tienden naturalmente a tener una actitud agresiva cuando se topan con una mujer manejando 'cosas de hombres'. Se acercan con aire beligerante. Piensan, me parece, que ésa es la mejor manera de conseguir lo que quieren o necesitan. Antes me afectaba. Desde que leí *La Novena Revelación* y *La guía vivencial*, en lugar de sentirme una víctima, puedo ver lo que la gente hace.

"Comprender que los dramas de control empiezan en la infancia me ayudó a no sentirme tan amenazada. Puedo ver que las personas hacen simplemente lo que aprendieron a hacer. Algunos clientes sacan el drama Pobre de Mí, como por ejemplo, 'Oh, ¿tienen que cobrarme todo el día?' y cosas así. Ahora veo cómo tratan de ganarse mi simpatía y manipular las circunstancias a su favor. A veces me causa gracia verlo con tanta claridad."

Del mismo modo que Jane, Jan transformó su experiencia de trabajo interior y exterior. No psicoanalizó a nadie, no hizo proselitismo sobre espiritualidad ni señaló con el dedo los defectos de nadie. Hizo un cambio perceptivo dentro de sí misma. Ya no supone en forma automática que es la causa de la conducta insolente ni lucha por mantener su poder. Con una nueva conciencia, hasta su sentido del humor aumenta.

ARMONÍA INTERIOR

Un músico de jazz de Nueva Orleans, Brian Finigan, nos escribió una carta que decía: "Las ideas de la Novena cambiaron enormemente mi vida. Las coincidencias se producen con tanta aceleración que empecé un diario para llevar un registro. Siempre me moví con el drama del Distante, pero ahora me doy cuenta de que cuanto más me acerco a la gente, más coincidencias me ocurren que me mantienen abierto.

"Formé mi drama Distante en respuesta a mi padre, que era Interrogador. Era un inmigrante de Irlanda y muy práctico. Yo no. La música era para él una idea poco práctica; en realidad, trató de convencerme de que no estudiara música, lo cual me costó muchísimo. Usaba hechos y razones lógicas, y yo no podía explicarle lo que sentía. Me volví aislado y callado. Siempre supe que era Distante y eso me impedía correr riesgos más grandes y crecer... Usaba una máscara, 'que me impedía ser yo mismo, y, estoy seguro de que afectaba mi creatividad. Ahora veo que, cuanto más me acerco a la gente, más coincidencias se me presentan."

ATRAER INTERROGADORES

Anne, propietaria de una empresa, nos contó que había tenido una fuerte lucha de poder con su socia, Joanie, cuando leyó acerca de los dramas de control. "Instantáneamente se me hizo la luz cuando leí sobre la dinámica del Interrogador/Distante. Me di cuenta de que Joanie encajaba en el tipo Interrogador. Siempre parecía estar mirando por encima de mi hombro para pescarme en tal o cual error o cuestionar mis métodos. Me molestaba mucho y estaba empezando a dudar de mi capacidad en la empresa. Pero el *shock* más grande que me causaron los dramas de control fue ver que yo era Distante. En seguida me di cuenta: "Eh, soy yo la que creo esta respuesta de Interrogadora en Joanie". Sabía que me había vuelto distante con ella. No le respondía las llamadas telefónicas hasta después de varios días. No le decía todo lo que hacía con algunos de nuestros clientes. Le quitaba mi energía porque, en esencial, quería que dejara de estar a mis espaldas. Entonces pude ver que ser Distante activaba en ella sus problemas de aban-

"LA CERRADURA: ¿Cómo te las arreglas para que por lo menos te escuchen? ¿Cómo los abres?

"LA LLAVE: La clave es muy simple. Dales todo el poder. Di la verdad. Sé tú mismo.

"¡Si sólo pudiéramos abrirlos para recibir nuestros argumentos! Pues si el Otro quiere oírnos, el argumento más simple puede ganar. Por otro lado, podemos presentar el argumento más inteligente concebido hasta ahora por el hombre y, hasta que el Otro no esté dispuesto a oírnos, podríamos perfectamente unirnos a los coyotes aullando bajo la Luna.

"Habilitar al Otro para aceptar o rechazar nuestros argumentos elimina el miedo del Otro, el miedo que siempre nos derrota. Usted podría, por ejemplo, decirle a su cónyuge: "Estoy harto de este trabajo. La semana que viene me tomo unas vacaciones. Puedes tomarte días en tu trabajo e ir conmigo o yo me voy solo", en cuyo caso es posible que se vaya solo.

"O podría decir, "Querida, realmente estoy cansado y sé que tú también debes de estarlo. Cuando tengas algo de tiempo libre en tu trabajo, lo antes posible, me gustaría tomarme unas pequeñas vacaciones'... Reconociendo que la decisión depende exclusivamente del otro, adoptamos una posición sin perdedores, pues si no habilitamos al Otro, siempre permanecerá cerrado y protegido contra nuestros argumentos y siempre perderemos." **Gerry Spence, *How to Argue and Win Every Time*.**

dono. Conocía su historia y recordaba que sus padres la habían dejado en diferentes momentos y que no había aprendido a confiar de verdad en nadie. Me di cuenta de que yo tendía a volverme silenciosa o reservada debido a mi propia inseguridad, y que ella sin duda creía que la abandonaba.

"Después de esta toma de conciencia, empecé a ver de qué manera mi comportamiento distante había afectado todos los aspectos de mi vida. Por ejemplo, hubo un momento en mi vida en que tendría que haber cuestionado las decisiones de mi médico, pero no lo hice. Lo dejé pasar. Ser Distante también me impidió comprometerme de veras a comercializar mi empresa, lo cual afecta mis finanzas. ¡Ni hablemos de mis relaciones personales!"

ELIMINAR LAS BAJAS EMOCIONES

Los ingredientes comunes a todos los dramas de control son las emociones inferiores. ¿Cuáles son? Más allá de que tendamos a ser Intimidadores o Pobre de Mí, todos experimentamos estados emocionales negativos, como resentimiento, desconfianza, cinismo, inseguridad, engreimiento, rabia, celos o envidia. Estos sentimientos, surgen por miedo o dolor cuando sentimos que perdemos el control sobre nuestra vida. Como estos estados emocionales negativos consumen nuestra energía e interfieren con el recuerdo de nuestra Visión del Nacimiento, conviene notar cuándo se presentan. Obviamente, una vida emocional plena y rica abarca todos los sentimientos porque cada uno tiene un mensaje. Pero si estamos atorados en la energía pesada, miramos la vida con anteojeras y creamos una mayor cantidad de la energía que fijó nuestra mente. Crear una Visión del Mundo positiva requiere que seamos flexibles, adaptables y enseñables. La próxima vez que tenga un conflicto o una mala comunicación, observe lo pesado que se siente físicamente.

LIMPIAR EL CAMPO

Nuestro campo de energía puede limpiarse: 1) notando los dramas de control; 2) reemplazando las elecciones reactivas por soluciones creativas; y 3) perdonando nuestro pasado y avanzando. Barbara Brennan es una profesora, terapeuta, sanadora, escritora y científica que investiga el campo energético humano desde hace veinte años. Considerada una de las sanadoras espirituales más idóneas, percibe el campo de energía humano como una estructura matriz sobre la cual se desarrollan las células del cuerpo físico. Según ella, nuestro campo energético está en un movimiento constante pues procesa en forma continua un flujo de información entrante. Las actitudes y las decisiones crean cambios en la dinámica energética. En una entrevista con Russell diCarlo, en *Towards a New World Vision*, dice, por ejemplo: "Cuando uno se perdona a sí mismo, ocurren cosas maravillosas. Cada vez que no aceptamos algo dentro de nosotros mismos hay cierta tensión y una energía estancada en el campo. Es como la mucosa que aparece cuando nos resfriamos. Por lo tanto, creamos en nuestro propio esquema de energía distorsiones que tienen que ver con la falta de perdón hacia nosotros mismos. Estas distorsiones a la larga llevan a la enfermedad. Cuando nos perdonamos, desbloqueamos el flujo de energía en nuestro campo para que pueda salir solo... Cuando tenemos una actitud no misericordiosa hacia un individuo, se produce un esquema definido en nuestro campo. El borde exterior del campo se vuelve rígido y se quiebra al interactuar con dicha persona. Existen más formas en las que usted no dejará salir el flujo de energía vital hacia esa persona. Hay grandes bandas de energía o fajas bioplásmicas que normalmente fluyen entre las personas cuando interactúan. Hay un intercambio de energía vital que normalmente se da entre todas las cosas vivas... Pero si hay una sensación de falta de perdón, todo eso se frena. El mismo tipo de detención se producirá en el otro individuo también. En general, es una calle de dos manos". [4]

LA DEPURACIÓN PERSONAL ES PARTE DE LA ESPIRITUALIZACIÓN DE LA DIMENSIÓN TERRENAL

Tal como señalaba la Tercera Revelación, estamos inmersos en el campo de conciencia divina pura (antes de ser formada por la conciencia humana). Cada pensamiento y decisión afecta no sólo nuestro campo energético personal, sino también el de aquellas personas con las que tenemos lazos kármicos, y hasta el *campo energético universal*. Al depurar personalmente la energía, avanzamos hacia la

> "Las cosas no se producen entre sí ni hacen que ocurran otras, como en una causalidad lineal; contribuyen a que ocurran proporcionando la ocasión, el lugar o el contexto y, al hacerlo, son a su vez afectadas. Existe una reciprocidad, una dinámica mutua. El poder es inherente no a la entidad, sino a las relaciones entre entidades."
> **Joanna Macy, World as Lover, *World as Self***

unificación de las dimensiones espiritual y física dentro de nosotros. Siendo cada uno de nosotros una chispa de Dios, cada depuración crea más energía afectuosa con fines evolutivos. Muchos maestros han enseñado: "Si quieres la paz en el mundo, sé pacífico en tu interior".

LA GRATITUD ABRE EL CANAL DE LAS COINCIDENCIAS

Brennan dice: "Todos los campos tienen distintos tipos de límites; así, el límite de alguien con mucho amor es suave y más flexible. Como consecuencia de ello, esa persona puede interactuar con otro ser humano con mucho mayor facilidad".[5] Ser agradecido energiza las regiones más profundas del espíritu divino, donde reside la Visión del

Nacimiento. Según Brennan, "La intensa energía del núcleo esencial se irradia hacia afuera. Es como si desde ese núcleo esencial se abriera un corredor... y la energía pudiera fluir al mundo entero. La gratitud también pone al individuo en sincronicidad con el campo de energía universal... o los campos morfogénicos de todo el planeta y del sistema solar. Esto también es muy importante porque nos pone en sincronía con nuestra vida. Cuando podemos fluir de esa forma y encontrar ese lugar en la vida, todo el universo se vuelve muy solidario." [6]

Aunque muchos no hayamos llegado todavía al nivel en el que podemos ver estos flujos de energía, las experiencias directas con campos de energía de pioneros como Myss y Brennan, para nombrar sólo a dos, elevan la competencia de nuestras capacidades colectivas. Curiosamente, las pruebas que se manifiestan en los campos emergentes como la bioenergética tienen el potencial de producir directamente avances en áreas importantes como la resolución de conflictos globales. ¡Piense lo que significaría aportar estos conocimientos, percepciones y actitudes a las conversaciones de paz, además de las estrategias habituales de negociación! Como una gota de tintura roja en el agua, nuestras emociones tiñen el mundo. Cuando, de manera individual, ponemos en práctica un comportamiento más afectivo y honesto en nuestras relaciones personales, nuestras energías afectan lo colectivo. Sin ningún esfuerzo suplementario, creamos condiciones fértiles para que los otros se conecten. Es lo que sucedió en nuestros ejemplos anteriores de Jane y Jan, quienes descubrieron que, una vez que cambiaron sus percepciones internas y su comportamiento, las condiciones exteriores se modificaron en forma casi automática. En vez de buscar una receta lineal (A + B = C) para "cambiar el mundo", nos conviene empezar a cambiar las condiciones de nuestra vida, y luego notar *qué surge después para poder servir a los demás*. Teniendo una percepción más fluida de la evolución como proceso dinámicamente impulsado por las relaciones entre los hechos, descubrimientos y decisiones, entenderíamos entonces que, una vez que despejamos el camino, nuestra Visión del Nacimiento y la Visión del Mundo se desenvuelven en forma natural.

RESISTENCIA

En este punto, pues, está usted: leyendo sobre las Revelaciones y entusiasmado con la idea de hacer cambios en su vida. Tiene la esperanza de encontrar el propósito de su existencia. Quiere amar más y elevar su nivel de comprensión espiritual. En estos últimos tiempos ha tomado mayor conciencia de ciertos pasos que podría dar para iniciar cambios positivos. Vio algunos de los ejercicios en este u otros libros. Le parecieron coherentes.

Pero todavía no emprendió ninguna de esas medidas.

Siente que está buscando una orientación para salir de un lugar en el que se halla atascado pero, para su gran frustración, no sucede nada.

Bienvenido a la resistencia. La resistencia es una dinámica que puede aparecer en nuestra vida bajo muchos disfraces. Digamos que alguien que lo conoce señala un comportamiento suyo que genera problemas en la relación. Si usted se ofende, puede ser una buena oportunidad para reconocer la verdad de lo que le están diciendo. Sin embargo, es probable que usted no diga: "Muchas gracias por señalármelo. Voy a trabajar en esto porque quiero crecer y ser la mejor persona que pueda ser". No. Lo más probable es que se ponga un poquito rígido por sus observaciones atrevidas, infundadas y erróneas. O tal vez adopte una postura de resentimiento por todas las observaciones atrevidas e infundadas que le ha hecho hasta ahora en su relación. En la computadora de su mente, repasa todas las observaciones inexcusables que borró de sus archivos porque en realidad nunca logró aclararle, de una vez por todas, lo fantástico que usted es pese a su mirada crítica y poco esclarecida. Esto es la resistencia. Cuando nos sentimos "indebidamente desdeñados" y el resentimiento es una de las emociones negativas que elegimos, es probable que tengamos una creencia interior que exige "una justicia del ojo por ojo". Este tipo de respuesta muestra una incapacidad para retroalimentarse o notar cuándo las cosas no funcionan, y vuelve rígida y socava nuestra energía creativa.

LA RESISTENCIA PUEDE SIGNIFICAR QUE HAY UN CAMBIO A LA VUELTA DE LA ESQUINA

Un estudiante que participó en un taller sobre *La Novena Revelación* en Interface, en Boston, manifestó: "Descubrí que cuando me resisto a algo, significa que hay una verdad. También descubrí que la resistencia indica en realidad que estoy por hacer un gran cambio. Siempre he sido un tipo científico y estas ideas espirituales me resultan totalmente nuevas. Pero ahora, cuando siento resistencia a hacer algo nuevo, empiezo a buscar el cambio [en mi vida] que parece a punto de producirse".

Pese a saber que debemos introducir cambios en nuestra vida, muchas veces no los hacemos. Pregúntese: ¿Qué tendré que dejar si doy este paso? Beverly, radióloga, nos contó que, mientras leía las Revelaciones, evitaba sentarse a hacer el ejercicio de revisión parental que aparece en La Novena Revelación: Guía vivencial, aunque se daba cuenta de que podía proporcionarle información respecto de por qué había elegido a sus padres. La cuestión en su vida era saber si quería o no seguir trabajando en el campo médico o dedicarse más a escribir en forma independiente. "Me di cuenta de que mi resistencia a hacer un autoanálisis semejante era mi temor a ver cómo era yo de chica y quién soy ahora. Me costaba pensar en mi madre y mi padre de una manera neutral. Siempre pensé que me habían tocado 'los padres equivocados'. Lamentaba haber sido tan moldeada por ellos." La resistencia de Beverly a hacer el ejercicio de revisión parental era indicio de una necesidad más profunda de seguir "en la oscuridad" respecto de sus padres, porque eso le permitía seguir viéndolos como la "razón" por la cual no desarrollaba sus inquietudes literarias. Se dio cuenta de que tenía miedo de estar empezando una carrera demasiado tarde. Era más fácil pensar que si sus padres hubieran estimulado su talento antes podría haber llegado lejos. Lo que veía era que la rigidez de ellos le había dado una autodisciplina increíble y su carrera médica le había proporcionado muchos beneficios materiales así como un sentido de autoestima. Hablando del tema con una amiga, la amiga le sugirió que trasladara su disciplina y su capacidad para salir adelante con un desafío como la medicina a escribir y comercializar lo que escribía. "En realidad —dijo— no creo que de joven tuviera mucho para decir. Ahora me interesa mucho escribir sobre los cambios en el campo médico, y necesitaba esta experiencia para resultar creíble."

ENCONTRAR LA COMPENSACIÓN POR PERMANECER DONDE SE ESTÁ

Cuando no seguimos una intuición o no aprovechamos una oportunidad sincrónica, es obvio que estamos haciendo una elección. En la base de dicha elección hay otro miedo más profundo u otra prioridad más importante que la nueva vida que usted dice desear. Pregúntese: ¿Qué temo saber de mí? ¿Qué va a cambiar mi resistencia, qué me permitirá ser, hacer o tener? ¿Cuál es la compensación de seguir describiéndome de esta manera limitadora? ¿Por qué argumento a favor de mis limitaciones?

Es útil observar, entonces, cualquier resistencia y verla como una señal de una creencia limitante. Sin juzgar, vea la resistencia como un lugar al que necesita llevar luz y benevolencia. Los maestros budistas sugieren insuflar aire en la resistencia que sentimos y hacerla pasar por el corazón. Imagine que se disuelve y se depura a medida que pasa a través de su corazón lleno de amor y de luz.

ELIMINAR SENTIMIENTOS RESIDUALES DE VIDAS PASADAS

Ahora que revisamos cómo despejar los bloqueos de energía anclados en hechos del pasado de esta vida, observemos las conexiones que van a estratos más profundos dentro de nosotros. ¿Por qué? Cada vez son más los grupos de personas que se encarnan juntas para trabajar en sostener una Visión del Mundo positiva durante esta época de enorme transición. Ser capaz de trabajar en forma armoniosa no sólo constituye una gran ventaja, sino una necesidad para la realización de cambios positivos en el ambiente y la cultura. Dado que "ningún grupo puede alcanzar su poder creativo total hasta no concientizar y luego amplificar su energía, debemos estar dispuestos a considerar que es posible que estemos trabajando en cuestiones que van más allá de esta vida."[7] La percepción en el nivel de la Décima Revelación nos da una perspectiva más amplia que incluye la reencarnación, una visión que nuestra cultura, históricamente, no nos ha enseñado.

> "La Octava Revelación trata de saber cómo elevar a los otros, sabiendo cómo enviar energía concentrándonos en la belleza y la sabiduría del yo superior de otro. Este proceso puede aumentar el nivel de energía y creatividad del grupo de manera exponencial. Por desgracia, a muchos grupos les cuesta elevarse de esta forma pese a que los individuos que participan son capaces de hacerlo en otros momentos. Esto ocurre sobre todo si el grupo está orientado al trabajo, un grupo de empleados, por ejemplo, o personas que se unen para crear un proyecto único de algún tipo, porque a menudo estas personas han estado juntas antes, y surgen y se interponen en el camino viejas emociones de vidas pasadas." **James Redfield,** *La Décima Revelación: En busca de la luz interior*

Por ejemplo, en la novela, de las siete personas que forman el grupo que trata de detener el experimento energético en el valle, Curtis y David manifiestan una rabia en apariencia irracional hacia Maya. En sus meditaciones, empiezan a ver fragmentos de una vida pasada juntos en la que Maya cometió un error que provocó la muerte de Curtis y David. Las emociones negativas de esa vida se trasladaron a la encarnación actual que les dio otra oportunidad de alcanzar una meta juntos.

La Revelación nos recuerda que, aunque hayamos trabajado mucho con nuestras tendencias a los dramas de control, es posible que nos sintamos irracionalmente irritados por otra persona. Debemos tener en cuenta que estas animosidades pueden estar arraigadas en experiencias de vidas pasadas. Esto explica los sentimientos de culpa, vergüenza, envidia, rabia o celos para con alguien en un grupo aunque no exista ninguna razón aparente para ello. En vez de ignorar los sentimientos, puede resultar útil tratar de traer a la conciencia el motivo por el cual estaban juntos en una vida pasada, qué habían querido realizar y qué podrían modificar esta vez. Es el mismo proceso que utilizamos cuando ponemos en claro sentimientos y comportamientos negativos, pero puede aplicarse a una visión más amplia de una encarnación cuyas lecciones de vida de entonces podrían ayudar en la vida que estamos viviendo ahora. ¡Tenga paciencia! En la novela, estas concientizaciones se producen con mucha rapidez para señalar la cuestión. Si hay un conflicto importante que vale la pena resolver, y usted ya recurrió a la psicología tradicional, le conviene tratar de acceder a estos sentimientos a través de una terapia de regresión o a la lectura psíquica de un amigo o un consejero de confianza. Como con cualquier servicio profesional, asegúrese de obtener buenas referencias.

EMOCIONES RESIDUALES U ONDAS DEL PASADO

En *Exploring Reincarnation*, el psicólogo Hans TenDam cita un ejemplo gráfico de sentimientos residuales de vidas pasadas en el caso de Lanfranco Davito, un policía italiano. Menciona un incidente de su vida actual: "[Davito] está de guardia cuando se le acerca un extraño en la calle. En el mismo momento, recuerda que ese hombre lo golpeó con un palo hasta matarlo durante una riña tribal, y se pone blanco de miedo. Más tarde se le presentan todo tipo de recuerdos de esa vida primitiva".[8] Esta clase de recuerdos dolorosos son exactamente el motivo por el cual recibimos la bendición del perdón al nacer. En general, tienden a no aflorar hasta que, en un punto de nuestra madurez emocional, las remembranzas nos hacen perder el equilibrio. No obstante, un recuerdo espontáneo o una sensación vaga pueden ayudarnos a comprender de manera más plena la relación actual con alguien a quien conocimos en otra vida, tal vez en circunstancias diferentes.

Aunque no es aconsejable tratar de hacer memoria de vidas pasadas sin asistencia profesional competente, tal vez le resulte útil considerar simplemente la posibilidad de que nació para seguir trabajando en problemas no resueltos a la vez que para realizar el propósito de su vida (que incluye compensar las deudas kármicas no repitiendo los mismos errores). Las personas que conoce aceptaron ayudarlo a saldar su deuda.

Al ser más conscientes de nuestros sentimientos en este momento, nuestra intuición puede transmitirnos mensajes sobre sentimientos aparentemente fuera de contexto. Por ejemplo, al casarse, usted puede haber sentido un desagrado inmediato por un pariente político. O acaso deba trabajar en un proyecto con alguien que lo irrita de manera injustificada. Para poder satisfacer su Visión original del Nacimiento, le resultará útil tener una perspectiva más amplia en cuanto a la raíz de esos sentimientos irracionales.

"Siempre tenemos un momento tranquilo de 'sintonización' (unificación) con el Devas en nuestro jardín antes de trabajar en él. Nos sintonizamos con el Devas de los árboles antes de cortarlos y nos sintonizamos bien con el Devas de los insectos para hacer que abandonen las plantas. Pero cuando tratamos de sintonizarnos con el Deva o Espíritu del ciervo para pedirles que dejaran de comer nuestro huerto, vimos que nos llevó muchos días de meditación entrar en relación con ese Deva. El ciervo había sido cazado por los antiguos propietarios de la tierra y era necesario restablecer la confianza.

"También descubrimos que no podíamos sintonizarnos con la naturaleza si no estábamos sincronizados entre nosotros. O sea que primero debía ponerse en claro cualquier conflicto. Después descubrimos que no podíamos pensar en la naturaleza sólo como un pequeño pedazo de jardín creado por los humanos; en nuestra sintonización debíamos incluir el paisaje circundante y la selva." **Corinne McLaughlin y Gordon Davidson, *Spiritual Politics***

En un grupo formado para un proyecto, una persona problemática puede reflejar un tema implícito importante que todo el grupo debe reconocer y manejar. Los grupos que funcionan desde la perspectiva de la Décima Revelación deben saber cómo tomar su energía de cuestiones pasadas y llegar al presente con el amor como sentimiento ambiente. Como dice la Revelación, "El proceso [de esclarecimiento] no puede empezar hasta no retornar por completo al amor".[9] Edgar Cayce, el gran sanador y vidente, ha hecho hincapié muchas veces en que si no eliminamos nuestra hostilidad con los demás, nos atamos a ellos una vida tras otra hasta resolver-

"Miro a Águila Gris y le pregunto: ¿Cuál es la clave? Y con gran sentimiento, responde, LA BONDAD. Tu mundo necesita BONDAD. Y le pregunto a Águila Gris: ¿Cómo podemos aprender? Él responde: Con bondad, sólo con bondad." **Rosemary Altea, *The Eagle and the Rose.***

lo. Tanto enemigos como amigos pueden decidir compartir una unidad familiar para superar problemas kármicos.

A veces, una persona con una vibración muy diferente de la nuestra puede ingresar en nuestra vida para ser sanada a través de esta interacción. En su libro, *Many Lives Many Masters*, el doctor Brian Weiss menciona parte de la información llegada de dimensiones superiores de conciencia durante las sesiones de regresión con su paciente Catherine. Un mensaje así deja muy en claro que, si no nos liberamos de nuestros defectos y vicios, los llevaremos a la próxima vida. Una vez que decidimos que tenemos fuerza suficiente para dominar los problemas externos, dejamos de tenerlos en la vida siguiente. Sabiendo que nos encarnamos con personas que aceptaron ayudarnos a liberarnos de nuestras deudas, debemos aprender a compartir nuestro conocimiento con otra gente. El mensaje de los seres superiores fue: "También debemos aprender a acercarnos no sólo a las personas cuyas vibraciones son iguales a las nuestras. Es normal sentirse atraído por alguien que está en nuestro mismo nivel. Pero esto no es bueno. Debemos ir hacia las personas cuyas vibraciones no son buenas... con la nuestra. Ésa es la importancia que tiene... ayudar... a esas personas.

"Recibimos poderes intuitivos que debemos seguir sin tratar de resistirnos. Los que se resisten correrán peligro. No volvemos a ser enviados de cada plano con iguales poderes. Algunos poseen poderes mayores que otros porque aumentaron en otros tiempos. Por eso las personas no son creadas iguales. Pero al fin llegaremos a un punto en que todos seremos iguales."[10]

Estamos empezando a darnos cuenta, en el nivel de propósito más profundo, de que nuestra infancia y nuestra familia inicial tal vez fueron elegidas para

> "El imperativo de la naturaleza es, una vez más, que ninguna inteligencia se desarrolla sin el estímulo de una forma desarrollada de dicha inteligencia. Todas las pruebas indican que el corazón desarrollado de la madre estimula el corazón recién nacido del bebé, activando así un diálogo entre la mente-cerebro y el corazón del bebé. Con ello, el recién nacido sabe que todo está bien y que el nacimiento concluyó bien... esta comunicación de corazón a corazón activa asimismo las inteligencias correspondientes en la madre.
>
> "Al sostener a su bebé en la posición del pecho izquierdo con el correspondiente contacto con el corazón, un bloque importante de inteligencias aletargadas se activa en la madre, provocando cambios precisos en la función cerebral y modificaciones permanentes en el comportamiento." **Joseph Chilton Pearce**, *Evolutionís End.*

exponernos a una tendencia dentro de nuestra alma con el fin de que pudiéramos refinar nuestra capacidad de amar. Como veremos en los siguientes capítulos, es muy probable que nuestra alma eligiera una ubicación y una dinámica parental particular en parte para que pudiéramos sanar tendencias defectuosas tales como ridiculizar a los demás, la obstinación el elitismo, la crítica, la superioridad, la inferioridad, la arrogancia, la codicia, el empecinamiento, la impaciencia, la rabia, la venganza, el juzgamiento o la rigidez. En muchas enseñanzas espirituales se cree que otra alma a la que estamos conectados aceptó vivir la parte en la que debemos trabajar. Por ejemplo, el doctor Weiss describió una sesión con Catherine en la que ella ve, en otra vida, a un hombre afectuoso en una granja, cuidando caballos. Ella lo reconoce como su actual abuelo. Le dice al médico: "Era muy bueno con nosotros. Nos amaba. Nunca nos gritaba... Pero murió". Weiss responde: "Sí, pero usted estará con él nuevamente. Ya lo sabe". Y ella responde: "Sí. Ya estuve con él antes. No era como mi padre. Son tan distintos". Weiss le pregunta: "¿Por qué uno la quiere tanto y la trata tan bien y el otro es tan diferente?", a lo que ella responde: "Porque uno aprendió. Pagó la deuda que debía. Mi padre no pagó su deuda. Volvió... sin entender. Tendrá que volver a hacerlo". Veía que la tarea de su padre era aprender a no tratar a sus hijos como una propiedad, sino como a personas a quienes amar.[11]

ESTUDIO INDIVIDUAL O GRUPAL

Los siguientes ejercicios pueden hacerse en forma individual o ser utilizados como base para la discusión en un estudio grupal. Si usted trabaja en un grupo, le conviene seleccionar uno o más temas y escribir sobre ellos durante cinco o diez minutos, ya sea en su casa, antes de la reunión, o al comienzo de la reunión.

Teniendo en cuenta que estos temas tienden a ser de índole personal, es muy importante crear en el grupo un ambiente protegido y no amenazador. Cada participante puede descubrir que se gana mucho escuchando cómo manejan sus temas los demás.

Que cada uno lea o discuta por turno sus sentimientos sobre los temas elegidos, sin interrupción del resto del grupo. Una vez que cada uno tuvo su turno, sigan adelante con una discusión general o hagan una devolución positiva para cada participante. ¡Vea quién tiene un mensaje para usted en su forma de abordar el tema!

Registro de alimentación de viejas heridas

Escriba durante tres a cinco minutos siguiendo el fluir de la conciencia. Si está trabajando en grupo, no tiene por qué decir nada que no quiera.

1. Describa cualquier sentimiento, persona o situación que haya estado obsesionándolo últimamente. ¿Se ve a sí mismo enviando energía a esta vieja herida no resuelta? ¿Con cuánta frecuencia lo hace? ¿Qué porcentaje de su energía psíquica va dirigida a mantener este tema activo?

2. ¿Qué maltratos, enfermedades, heridas, defectos de carácter u otros hechos negativos de su infancia, suele comentar con otras personas? ¿Entiende hasta qué punto contar todo esto es un intento de sentirse importante? ¿Esto le da un poder sutil de algún tipo?

3. ¿En qué se siente atascado en su vida? ¿En el trabajo? ¿En las relaciones? ¿En su casa? ¿Qué paso teme dar? ¿Cuánto tiempo dedica a estar confundido? (Simplemente escriba sus sentimientos, sin intención de resolver nada.)

4. Describa en detalle el conflicto actual que crea el mismo nivel de tensión que existía en su temprana infancia.

Vivir con gusto

1. Describa qué es lo que más le gustaría que ocurriera en su vida.

2. Describa en detalle una escena que ejemplifique ese deseo.

3. ¿Qué es lo más placentero y gratificante que podría hacer mañana con su día?

4. ¿Lo hará? Si no, ¿por qué no? ¿Qué se interpone en su camino?

5. ¿Qué tipo de actitud revela su respuesta? ¿De quién es esa voz? ¿De su madre? ¿De su padre? ¿De Dios?

6. ¿Qué prioridad revela su elección de qué hacer mañana?

7. ¿Qué hace por diversión?

Registro de los dramas de control

1. ¿Qué comportamiento de drama de control tiende a mostrar bajo presión?

2. Describa las tendencias a controlar de sus padres (u otras personas mayores que le hayan prodigado cuidados).

3. ¿Con qué clase de personas tiene más problemas? ¿Cómo lo/la hacen sentir? Piense en una o dos personas específicas que sean amigos o colegas y describa algunos de los sentimientos que experimenta en su cuerpo cuando está en conflicto con ellos.

4. ¿Pudo "definir el drama" y empezar a hablar sobre sus sentimientos con la otra persona? ¿Qué pasó? Si no, ¿qué teme que pase si habla con ella?

5. Imagine una conversación con la persona con la cual mantiene una lucha de poder. Imagine que los dos están relajados y en un lugar neutral como un café o un banco de plaza. Escriba cómo podría plantear sus sentimientos de una manera sincera, no culpógena.

Monitoreo de relaciones para eliminar energías negativas

Antes de enfrentar una relación problemática en el mundo exterior, es buena idea hacer un poco de introspección como preparación para eliminar la energía negativa.

Tómese un momento para reflexionar sobre las siguientes cuestiones y ver en qué área alberga sentimientos negativos respecto de alguien. Es muy posible que estos sentimientos no resueltos estén provocando bloqueos inconscientes de energía en otras áreas de su vida, como la creatividad, las finanzas o la toma de decisiones. Tenga un papel a mano para apuntar las primeras impresiones que le suscitan estas preguntas.

¿Cómo ve a esa persona?

• Cierre los ojos y pregúntese: "¿Quién me molesta más en la vida?" Escriba su nombre en la parte superior de la hoja.

• "¿Cómo consume mi energía esa persona?" Escriba una o dos oraciones.

• Ahora escriba cuatro o cinco palabras que describan el sentimiento emocional que le inspira esa persona. ¿Es irritación, rabia, resentimiento o envidia? Rodee con un círculo la emoción más descriptiva.

• Cierre otra vez los ojos e imagine que está en presencia de dicha persona. ¿Qué sensaciones físicas nota en su visualización, o qué recuerda de la última vez que lo/la vio? ¿Siente un encogimiento en el pecho, el estómago, la garganta o el cuello en relación con esa persona? Escriba cuatro o cinco sensaciones físicas asociadas con esa persona. Rodee con un círculo la sensación física más descriptiva.

- ¿Habla con otros y comenta los incidentes que tuvo con la persona problemática? ¿Siente sarcasmo o cinismo hacia ella/él?
- Escriba cuatro o cinco palabras que acaso haya empleado para calificar a la persona en cuestión, como necia, rígida, temible, loca, abusadora, intimidante, víctima o perversa. Rodee con un círculo la descripción más importante que ha utilizado sobre esa persona. ¿En qué se describiría usted con la misma palabra, aunque sea mínimamente?
- ¿En qué clase de proyecto, si lo hay, intentan trabajar juntos? Escriba el mejor final que pueda imaginar y por qué no puede ocurrir, debido a su relación con esa persona.

Dejar que la historia se desarrolle

PRIMER PASO   Escriba el nombre de la persona en la parte superior de una hoja en blanco.

SEGUNDO PASO   Ahora escriba, debajo del nombre, las tres palabras encerradas con un círculo que mejor transmiten su sentimiento emocional, sus sensaciones físicas y la descripción de la persona.

TERCER PASO   Seleccione una de esas palabras para empezar su primera frase.

CUARTO PASO   Empiece a escribir y utilice las otras dos palabras en el primer párrafo. Escriba sin parar durante tres minutos todo lo que se le ocurra, siempre y cuando incluya las tres palabras encerradas con un círculo.

QUINTO PASO   Piense en los mensajes intuitivos que surgieron en su escritura. Dejando que sus voces internas le hablen en la página, puede alcanzar una mayor comprensión del proceso en que se halla con la otra persona.

HISTORIA DE MUESTRA
JOHN
competitivo, furioso, mezquino

Mezquino es una palabra que rima con dañino. Y John me hace mucho daño. Cuando estoy con él muchas veces quiero esconderme. Es tan competitivo que me hace sentir que no hago lo suficiente. Que nunca puedo estar a su altura.

Cuando estoy en su casa, me pone furioso porque nunca me pregunta qué estoy haciendo. Todo es él, él, él. Es tan mezquino con todo que cuando estoy con él siento que soy como un chico. Y lo gracioso es que juego mejor que él al tenis, soy mucho más divertido con nuestros otros amigos y tengo más sentido del humor. ¿Entonces por qué no lo aplico?

Reescribir la historia

• Si desea, escriba dos o tres frases describiendo cómo le gustaría que fuera la relación con esta persona. ¿Qué le gustaría que pasara en el mejor de los mundos? Escriba sus expectativas en forma clara y simple. Termine el ejercicio con una meditación de un minuto visualizando que la persona recuerda con alegría *su intención original o Visión del Nacimiento.* Tenga en cuenta que los pensamientos de ambos han desplazado la energía entre ustedes dos.

REESCRITURA DE LA MUESTRA

Veo que yo también tengo una naturaleza competitiva, y que soy duro conmigo mismo por no empezar el proyecto de escribir del que hablo continuamente. Me pone de mal humor que John haya montado su propia empresa y veo lo comprometido que está. Probablemente sería un poco así yo también. Las cosas me hacen enojar pero en realidad nunca le hice conocer mis sentimientos a John. Supongo que no puede leerme la mente.

Si quiero tener una relación mejor con John, no tendré que ser tan distante y quedarme sentado juzgándolo como loco. La próxima vez que lo vea, escucharé sus historias un rato pero después voy a preguntarle si quiere saber algo de lo que estoy haciendo. De esa forma se dará cuenta de que valoro su opinión y quiero que me escuche un poco. De todos modos lo intentaré, y le haré saber que estoy trabajando en esto para que podamos tener una amistad mejor. ¡Me pregunto qué dirá al respecto!

ESTUDIO GRUPAL

Afuera

Si está listo para superar un obstáculo interpersonal en un grupo, pida una orientación superior y recuerde que su motivación debe crear un clima afectuoso. La bondad y la compasión siempre son parte integrante de un buen encuentro.

Si ya trató de trabajar con un integrante que altera el grupo y no logró llegar a una resolución armónica, deje que la intuición guíe sus pasos. En vez de permitir que el grupo se rompa, los demás integrantes pueden meditar para ver si hay algo más acerca de lo cual el grupo debe tomar conciencia.

Actitudes útiles

- Estén dispuestos a considerar que tal vez estuvieron juntos en vidas anteriores. Además del objetivo que tratan de alcanzar, es posible que también se hayan reunido para resolver sentimientos residuales negativos de otras vidas.
- Recuerden que la otra persona es como ustedes y quiere ser amada, aceptada y ayudada para poder cumplir también con su propósito.
- Vernos como víctimas de alguien es una ilusión. Recuerden que tenemos opciones en la mayoría de las situaciones cotidianas.
- Su objetivo es sentir la energía afectiva estando en su grupo. Sumérjanse en el sentimiento de amor que existe detrás de toda la irritación exterior.

Técnicas

- Antes de llegar a las reuniones visualicen a cada una de las personas del grupo recordando qué vinieron a hacer aquí.
- Hablen de lo que está pasando en el grupo. Pongan los temas sobre el tapete.
- Con honestidad, expresen uno a uno los sentimientos que experimentan hacia la persona problemática, pero sin culparla ni insultarla. Manifiesten cómo los/las afecta su conducta.

- Identifiquen el drama que, en su opinión, controla la energía del grupo. Por ejemplo, si la persona perturbadora de su grupo actúa de manera egoísta y domina el grupo hablando y relatando su caso personal todo el tiempo, pueden decir: "Bueno, por mi parte, me irrita que trates de meterte en una discusión y termines hablando de tus problemas. Me hace sentir que nos atascamos", o algo como: "No sé si te das cuenta del efecto que tienes en este grupo. Por mi parte, comienzo a no desear participar" (o: "me siento vacío/a en tu presencia, y no sé por qué"). Pregunten a la persona: "¿Qué sientes en este grupo? ¿Qué observas?".
- Manténganse lo más abiertos posible, y rechacen la necesidad de estar a la defensiva, o hacer que algo ocurra.
- Vean si pueden transformar los sentimientos negativos en un sentimiento neutral. Pidan al universo que elabore la mejor solución posible y abandonen la idea de controlar el desenlace.
- Mantengan la concentración en el presente.
- Estén dispuestos a considerar que la persona podría beneficiar más al grupo trabajando fuera de él por un tiempo.

"Este efecto es aún mayor con grupos que interactúan de esta forma con cada integrante, porque cuando cada persona envía energía a las demás, todos los integrantes se elevan a un nuevo nivel de sabiduría que tiene más energía a su disposición, y esta mayor energía es luego enviada nuevamente a todos los demás en lo que pasa a ser un efecto de amplificación." **James Redfield**, *En busca de la luz interior*

TERCERA PARTE

Recordar

CAPÍTULO 5

Sanación, transformación y creación

SERPIENTE
TRANSFORMACIÓN

"Ahora sabemos que la actitud interior del paciente es crucial. Un factor clave es el miedo y el estrés y la forma en que lo manejamos. A veces el miedo es consciente, pero en muchos casos lo reprimimos totalmente. Es la actitud fanfarrona y machista: negar el problema, conjurar actitudes heroicas. Adoptar una perspectiva positiva es muy importante para mantenerse sano, pero para que esta actitud resulte efectiva, debemos comprometernos con ella, utilizando el amor no el machismo. Yo creo que nuestros miedos no expresados crean bloqueos u obstáculos en el flujo de energía del cuerpo, y son estos bloqueos los que a la larga derivan en problemas."

LA DÉCIMA REVELACIÓN:
EN BUSCA DE LA LUZ INTERIOR[1]

LA FUERZA ENERGÉTICA DE LAS EXPECTATIVAS HUMANAS

En *La Décima Revelación*, Maya, que es médica, introduce la idea de utilizar las técnicas de visualización para curar problemas físicos. Le enseña al personaje que la curación se produce siguiendo los mismos procesos que usamos para crear nuestra vida.

También le dice que "nuestra Visión del Nacimiento contiene no sólo lo que pensamos hacer en forma individual en la dimensión física, sino también una visión más amplia de lo que los seres humanos han tratado de hacer a lo largo de toda la historia y los detalles del lugar adonde vamos y cómo llegar allí. Lo único que debemos hacer es amplificar nuestra energía y compartir nuestras intenciones del Nacimiento, y entonces podemos recordar".[2]

Maya nos recuerda que hacer memoria de lo que vinimos a realizar puede restablecer nuestra salud. Cuando podamos recordar lo que se supone que toda la humanidad debe hacer —que es vivir una vida espiritual en el plano físico— sanaremos nuestro efecto negativo en los otros y en la naturaleza. Lo que sucede arriba también se produce abajo.

TÉCNICAS DE SANACIÓN FÍSICA

Una de las áreas ocupacionales de mayor desarrollo es el campo de la curación bioenergética, que ve las raíces de la enfermedad y la salud en la dinámica "interior"del complejo cuerpo/mente. Por cierto alentamos a la persona prudente a analizar cualesquiera terapias complementarias con su médico, y existen muchas terapias alternativas entre las cuales elegir.

En su libro *Healing Words*, el doctor Larry Dossey cita pruebas contundentes de estudios científicos serios en los que aparece el poder sanador de la oración o la intención piadosa. En lo que él denomina medicina de la Era III, es posible que los médicos tradicionales ya no ignoren técnicas antiguas, aunque nuevas para nosotros, como el diagnóstico intuitivo y el toque terapéutico sin contacto. De hecho, Dossey reconoce la profunda vinculación entre el alma y el cuerpo/mente como uno de los factores decisivos, si no el más importante, en la salud. Dossey menciona la capacidad interior que poseemos de estimular la cura a través de nuestros propios recursos físicos, mentales, emocionales y espirituales.

> "... las experiencias kármicas se asocian muchas veces con sincronicidades significativas. Por ejemplo, una persona tiene una relación difícil con otra y tiene una experiencia de vida pasada que muestra que ambas fueron parte de algún tipo de conflicto violento. Una de ellas es la víctima y la otra el agresor. Si esta persona logra revivir ese incidente y llega a un sentido de perdón, su actitud hacia el otro protagonista cambia en la dirección positiva. Esto es, de por sí, impresionante e interesante. No obstante, lo que resulta más extraordinario es que muchas veces se produce exactamente al mismo tiempo un cambio significativo en la misma dirección en la otra persona, cuya actitud también cambia en forma radical. Esto puede suceder aunque no haya una comunicación o conexión convencional de ninguna especie entre ambas personas."
> **Doctor Stan Grof, en *Towards a New World View*, de Russell E. DiCarlo**

También analiza hasta qué punto "la conciencia de una persona puede afectar el sustrato físico de otra".[3] Aun cuando no se entienda cómo, la intención piadosa de enviar energía sanadora a alguien se conecta de alguna manera con el campo de la otra persona, independientemente del tiempo y la distancia. Si bien podemos rezar por la completa recuperación de un ser querido, no tenemos una verdadera comprensión de lo que más le conviene en realidad al alma de la persona que sufre. A veces la curación de una persona avanza con lentitud, aportando revelaciones profundas a lo largo del proceso.

Es posible, incluso, que la muerte sea el siguiente paso adecuado para el alma sufriente.

EL "EFECTO MADRE TERESA"

Dossey cita docenas de estudios que demuestran el poder curativo del amor. Por ejemplo, en un estudio, David McClelland, doctor en medicina de la facultad de Medicina de Harvard, descubrió lo que llamó el "efecto Madre Teresa". Dossey escribe: "[McClelland] mostró a un grupo de estudiantes de Harvard un documental sobre la Madre Teresa atendiendo cariñosamente a los enfermos, y midió los niveles de inmunoglobulina (IgA) en su saliva antes y después de ver la película. El IgA es un anticuerpo activo contra las infecciones virales, como los resfríos. Los niveles de IgA aumentaron de manera significativa en los que vieron la película, pese a que muchos consideraban a la Madre Teresa 'demasiado religiosa' o una impostora. Para probar el efecto de otra manera, McClelland descartó luego la película y solicitó a sus estudiantes que pensaran simplemente en dos cosas: momentos pasados en los que se hubieran sentido muy amados y cuidados por otra persona, y una oportunidad en que hubieran amado a otra persona. Por experiencia propia, McClelland había podido abortar resfríos con esta técnica".[4]

> "Si los científicos descubrieran de repente una droga que fuera tan potente como el amor para generar salud, sería aclamada como un avance médico y comercializada de la noche a la mañana, en especial si tuviera pocos efectos secundarios y fuera barata como el amor... Esto no es una exageración sentimental. Una encuesta realizada entre diez mil hombres con enfermedades cardíacas reveló una reducción del 50 por ciento en la frecuencia del dolor pectoral (angina) en hombres que consideraban que sus mujeres los respaldaban y los amaban." **Doctor Larry Dossey, *Healing Words***

Otras investigaciones muestran que cuando tenemos encuentros placenteros con nuestros seres queridos, o reuniones agradables con compañeros de trabajo, los efectos positivos en el sistema inmune duran varios días. Por otro lado, las interacciones negativas perjudican nuestro sistema inmune, pero en general no perduran tanto como las positivas.

ENERGÍA ESPIRITUAL Y MATERIAL ES EL PUENTE PARA LA CURA

Rosemary Altea es una médium famosa cuyo trabajo se centró originalmente en unir las dimensiones física y espiritual para quienes habían perdido un ser querido. En su libro *The Eagle and The Rose* describe cientos de sesiones en las que se puso en contacto con los espíritus y trajo información personal de gran poder sanador para los que seguían vivos. A partir de su trabajo, fundó una organización de curación con sede en Inglaterra y pacientes de todo el mundo. Una de numerosas historias de curación narra el caso de una niña de siete años llamada Caroline, que no podía estirar la pierna derecha desde los dos años. Un grupo de sanadores trabajó de

"En la década de los 70 se realizó en la Universidad de Ohio un estudio sobre enfermedades cardíacas, alimentando conejos con dietas muy tóxicas y con alto tenor de colesterol, para bloquear sus arterias, duplicando el efecto que una dieta así puede tener en las arterias humanas. En todos los grupos de conejos empezaron a observarse resultados coherentes, excepto en uno, que curios.mente exhibía un 60 por ciento menos de síntomas. En la fisiología de los conejos no habrá nada que explicara su alta tolerancia a la dieta, hasta que se descubrió por accidente que al estudiante que estaba a cargo de la alimentación de estos animales le gustaba mimarlos y los acariciarlos.

"Alzaba en brazos a cada conejo durante unos minutos antes de alimentarlo; curiosamente, esto solo parecía permitir que los animales se sobrepusieran a la dieta tóxica. Experimentos reiterados... arrojaron los mismos resultados. Una vez más, el mecanismo que provoca dicha inmunidad es totalmente desconocido; resulta sorprendente pensar que la evolución creó en la mente del conejo una respuesta inmune que debe ser detonada por el afecto humano." **Doctor Deepak Chopra,** *Quantum Healing*

manera constante durante dieciocho meses. Altea escribe: "trabajamos con constancia... usando nuestra energía, conectándonos con la energía universal, concentrándonos para ser buenos canales que permitieran pasar la energía curadora... al fin, después de varios meses, una noche entró caminando en el centro de curación, sin renquear como hacía comúnmente... nos dimos cuenta de que lo había logrado".[5]

Actitudes respecto de la vida y la salud

Donde más visibles resultan estos cambios de conciencia que están emergiendo es en las nuevas actitudes con respecto a la salud. En la vieja visión del mundo nos dirigíamos a las autoridades para que tomaran decisiones en cuanto a nuestra salud. Obviamente, todavía confiamos en las autoridades médicas, pero la relación que tenemos con quienes bridan atención médica está cambiando. Somos menos propensos a aceptar su opinión como la única respuesta. Al estar más informados sobre los estilos de vida sanos, aprendemos que nuestra salud es responsabilidad nuestra. Aprendemos que existe una amplia variedad de disciplinas de cura que funciona con todo el sistema mente/cuerpo sin "fijar" síntomas separados. Al recordar la naturaleza espiritual de nuestro ser, comprendiendo que estamos hechos de energía, podemos concentrarnos de manera más eficaz en nuestras actitudes internas, en vez de recurrir sólo a una autoridad o medicina externa para curar nuestros síntomas.

En este cambio de paradigma, todos sentimos cierto grado de estrés. Uno de los grandes barómetros para la salud futura, que será crucial para sostener la Visión Global, es pecisamente la forma en que manejamos este estrés. El estrés resulta letal cuando creemos que tenemos muy poco dominio o casi ninguno sobre las circunstancias, por ejemplo, en un medio de trabajo inflexible (o un cambio de paradigma).

> "Y así como el corazón físico mantiene nuestro cuerpo, la inteligencia no local que gobierna el corazón mantiene a su vez la sincronía con una 'conciencia universal en sentido amplio'. De modo que tenemos un corazón físico y 'un corazón universal' más elevado, y nuestro acceso a este último depende considerablemente, como en todo desarrollo, del desarrollo del primero.
>
> "Así como las inteligencias, bajo la conducción del cerebro, se sirven de habilidades específicas, el corazón se sirve del orden supraimplícito y del ámbito de la inteligencia de la percepción. Estos órdenes superiores no se articulan como específicos, sino como un movimiento general para el bienestar y el equilibrio de todas las operaciones del cerebro-mente-cuerpo." **Joseph Chilton Pearce,** *Evolution's End*

Cuando nos apartamos de las perspectivas de nuestro viejo drama de control, en general vemos que nuestras reacciones internas a situaciones externas cambian y la vida nos parece mejor, como vimos en algunas de las historias anteriores. Además, cuando buscamos el propósito o la lección en lo que nos ocurre —ya sea en la enfermedad, en un accidente o una quiebra— cambiamos el deseo de controlar las circunstancias por un deseo de trabajar con ellas, lo cual suele crear un flujo mayor. Por lo tanto, todo el trabajo espiritual que llevamos a cabo para ser más

> "Los psicólogos se apresuran a categorizar y decir: '¿Qué pasa con el comportamiento de esta persona?', en vez de decir: '¿Hay aquí alguna dificultad o herida que, en esta persona, tenga una importancia especial en cuanto a ser íntegra y en cuanto a la forma en que puede ser creativa, y la forma en que puede despertar su intuición interior y su capacidad para amar?'." **Joan Borysenko,** *en Towards A New World View*, **de Russell E. DiCarlo**

conscientes de la naturaleza misteriosa de la vida, del hecho de estar aquí y ahora y de la verdadera naturaleza de las sincronicidades, beneficia a nuestros cuerpos físico y emocional. Con más curiosidad y menos culpabilidad, empezamos a sentir que tenemos más posibilidades, el estado anímico más beneficioso para la salud. Cuanto más empecemos a ver que ayudamos a crear nuestra situación actual, más poder sentiremos que poseemos para contribuir a avanzar hacia nuestra Visión del Nacimiento original.

Un monje tibetano explicó que la salud no es simplemente una función de ingerir los alimentos indicados y hacer ejercicio. Aunque llevemos una vida ejemplar, es posible que nos enfermemos de gravedad. Algunas personas llevan un estilo de vida visiblemente poco saludable y no obstante se mantienen llenas de vitalidad. El monje explicó que nuestra salud física es reflejo del karma en el cual trabajamos en esta vida. Si nos enfermamos, puede ser porque el alma tiene algo que aprender de la experiencia que no podemos comprender con nuestra mente consciente.

EL PODER INTERIOR

En *La Décima Revelación*, Maya nos recuerda que participar en nuestra propia sanación, física y emocionalmente, aumenta nuestra capacidad de ser motivados y productivos en otros sentidos. Dice: "Podemos inspirarnos para dar forma a un futuro más elevado y más ideal, y cuando lo hacemos se producen los milagros... Con energía suficiente no hay nada que no pueda sanarse: el odio... la guerra... Es sólo cuestión de dar con la visión correcta".[6]

A ella le resulta fácil decirlo, ¿no? Es un personaje de novela... Pero, ¿cómo aprovechamos nosotros esa energía, en nuestra vida común, y cómo podemos reconsiderar nuestra vida? Sabemos que los libros y los talleres aportan muchas ideas en cuanto al destino que vemos desarrollarse en el mundo. Pero, ¿no hace falta algo más para mantenernos en camino *todos los días*?

Esta pregunta llevó a Michael Murphy y George Leonard, dos de las figuras fundamentales del Movimiento Potencial Humano, a concebir una práctica experimental que integra el cuerpo, la mente, el corazón y el alma. Ellos creen —y la mayoría de la gente estaría de acuerdo—, que debemos desarrollar una práctica a estabilizarnos y que contribuya a integrar toda la información que recibimos. Abogan fervientemente por el compromiso con un programa a largo plazo, cuya aplicación constante genere inevitables recompensas, además del placer del proceso en sí.

En su libro *The Life We Are Given*, Murphy y Leonard describen una evolución del pensamiento, que empezó en la década de los 60, referida al desarrollo humano, que tiene en cuenta las prácticas científicas y las antiguas. Su trabajo, así como el de otros de su mismo nivel, hizo volver la atención hacia

"Al proceder de la misma fuente primordial, la práctica transformadora y la evolución del mundo tienen esquemas similares. En ambas hay períodos de estancamiento, largas mesetas de la curva del aprendizaje, seguidas por explosiones de desarrollo rápido. En ambas se sacrifican cosas cuando surge algo nuevo. En ambas nuevos niveles o dimensiones de funcionamiento absorben lo que pasaba antes, imprimiendo una expresión más plena a nuestra divinidad latente. Y en ambas hay momentos en que el proceso de cambio en sí se ajusta en un nivel más elevado. En apariencia, nos hallamos en una de esas transiciones trascendentales." **Michael Murphy y George Leonard,** *The Life We Are Given*

los procesos alquímicos de la conciencia superior e impulsó la conciencia general de la Visión Global emergente.

Escriben: "Todas las tradiciones sagradas tienen una influencia generadora en la aldea global que estimula a innumerables personas a volcarse a lo que en una época fueron formas esotéricas de crecimiento. Este hecho en el nivel mundial contribuyó a producir una nueva etapa trascendente en el desarrollo de la práctica transformadora. Pues hoy, más que nunca, el cambio humano a largo plazo puede ser entendido y guiado con ayuda de la ciencia. Hay muchas razones para ello, entre otras, los nuevos avances de la psicología moderna en la comprensión de la psicodinámica, las demostraciones de nuestra capacidad para un cambio específico en la psiconeuroinmunología, la medicina deportiva, el entrenamiento en *biofeedback*, los estudios con placebo y la investigación sobre hipnosis, los nuevos descubrimientos sobre la capacidad de la mente para reformar motivaciones, emociones y la carne, y las demostraciones de los sociólogos en el sentido de que cada grupo social cuida sólo algunos de nuestros atributos desdeñando o eliminando otros.

"Nunca antes existió un conocimiento de base científica tan grande sobre las capacidades transformadoras de la naturaleza humana. Este conocimiento, combinado con el saber popular y la inspiración de las tradiciones sagradas, proporciona a la raza humana una oportunidad sin precedente de llevar a cabo un gran avance evolutivo. Creemos que es posible, ahora, que la humanidad alcance su destino con mayor claridad que nunca."[7]

La base de su programa, llamado Práctica Transformadora Integral (ITP) radica en la creencia de que las personas comunes, aunque lleven una vida ajetreada, pueden desarrollar capacidades extraordinarias si: 1) practican con regularidad a lo largo del

"Cada uno puede recurrir al Invisible para su transformación más allá del límite de la ciencia convencional. Algunos miembros de nuestras clases, por ejemplo, tienen experiencias de remisiones de enfermedades que muchos médicos consideran incurables. Pero si bien la ciencia no puede explicar dichas remisiones (y otros tipos de experiencias extraordinarias...), existe un corpus cada vez mayor de información que respalda los informes anecdóticos de cambios como éstos producidos por las prácticas transformadoras."
Michael Murphy y George Leonard, *The Life We Are Given*

tiempo, 2) integran las funciones de cuerpo, mente, emociones y alma mediante una dieta, ejercicios, lectura y actividades comunitarias, proceso grupal y meditación, y 3) disfrutan de los beneficios intrínsecos de la práctica. Iniciaron su programa en 1992 con un grupo selecto de personas en Mill Valley, California, comprometidos con la disciplina de una práctica a largo plazo. Escriben: "Teníamos una fuerte fe en el poder transformador —y la sacralidad— de las virtudes serenas de la vida, incluidas la curiosidad y la integridad intelectual, en un sentido del amor espiritual e incondicional, en el ejercicio sano y en la devoción a la práctica. Estábamos allí con miras al largo plazo. 'Sí, vamos a divertirnos mucho —le dijo Leonard al grupo—. Vamos a divertirnos. Pero lo más importante es aprender a disfrutar de la práctica regular, encontrar satisfacción en la belleza sin adornos del lugar común y aprender a amar la meseta, los períodos en que nos parece que no avanzamos, tal como amamos los momentos repentinos de aprendizaje y cambio'".[8]

Los integrantes del grupo tenían que hacer cuatro tipos distintos de afirmaciones. La primera era una afirmación referida al *cambio físico mensurable* que pudiera explicarse mediante métodos normales. Por ejemplo, una persona podía querer bajar unos kilos o disminuir varios centímetros de cintura. La segunda afirmación estaba referida a un *cambio excepcional* en el cuerpo o la mente, de naturaleza espiritual o emocional, algo que no pudiera explicarse mediante métodos comunes. La tercera afirmación era de un *resultado extraordinario* que excediera la capacidad humana común, que resultara difícil de explicar mediante el pensamiento científico. La última afirmación era la misma para todos y decía: "*Todo mi ser es equilibrado, vital y sano*".[9] En todos los casos, las afirmaciones tenían que ver con procesos internos dentro de la persona antes que con la afirmación de cambios en el mundo exterior. En vez de afirmar que alguien había ganado la lotería, por ejemplo, se pedía a los participantes que afirmaran cambios positivos en su funcionamiento.

"...por cada circuito [de energía] que distribuimos fuera de nosotros mismos, aumentamos la cantidad de tiempo necesaria para que algo se manifeste en nuestra vida. Por cada circuito que contenemos dentro de nosotros, aumentamos nuestra experiencia de lo que llamaríamos sincronicidad y en un nivel de maestro, la creación instantánea. Es así de simple." **Caroline Myss, en** ***Towards a New World View*, de Russell E. DiCarlo**

Los estudios referidos al primero y al segundo grupo constituyen un testimonio fascinante en cuanto al valor de la intención sostenida y la práctica disciplinada. Si bien el análisis estadístico mostró una marcada correlación entre la fidelidad al programa y el progreso en el logro del estado deseado, las declaraciones personales fueron aún más estimulantes. Por ejemplo, Murphy y Leonard mencionan a una psicóloga de treinta y nueve años que hizo esta afirmación: "Mi voluntad está en armonía con la Voluntad Divina del universo. No hay obstrucciones. Todas las cosas fluyen a mí y a través de mí: el amor, la salud, la riqueza, el éxito y la creatividad". Describe su estado en el momento en que hizo la afirmación, diciendo: "A menudo estoy en conflicto por cuestiones de finanzas, de mi capacidad para escribir y mis relaciones con [un ex profesor]". A fin de año escribe: "Éste ha sido mi resultado más asombroso. Mi situación financiera mejoró muchísimo, justamente porque no pienso más en cómo resolverla. Mi conflicto interpersonal se solucionó por completo... Hubo un cambio casi total en mi actitud. De mis intentos anteriores de "hacer" que pasaran cosas, a una aceptación de lo que se presenta y una aceptación de lo que siento. Siento que todo fluye más en mí y que eliminé los obstáculos que provocaban mi tristeza. Ya no me siento atascada".[10]

Otros integrantes del grupo informaron acerca de un mejoramiento de la visión, desaparición de cataratas, disminución de peso, mayor capacidad para manejar los traumas, aumento en el tamaño del busto y hasta un aumento de estatura, así como mejoras generales difíciles de medir. En el libro se describe con claridad el programa ITP, que constituye un apoyo excelente para quienes desean liberar su poder interior.

ESCRIBIR LOS SENTIMIENTOS

Otro estudio interesante, realizado por James W. Pennebaker, profesor de la Universidad Metodista del Sur en Dallas y autor de *The Healing Power of Confession*, nos permite conocer los aspectos transformadores que surte sobre los sentimientos el hecho de llevar un diario. Pennebaker demostró en reiteradas oportunidades las ventajas de escribir sobre acontecimientos traumáticos. Las personas que aparecen en estos estudios no sólo se sintieron mejor emocionalmente después de volcar sus sentimientos en el papel, sino que también su salud física mejoró en forma notable.

Pennebaker estudió tres grupos de personas, todas las cuales habían perdido su trabajo. Le pidió al primer grupo que escribiera veinte minutos diarios, durante cinco días, sus planes y sus ideas en cuanto al manejo del tiempo para asegurarse un nuevo empleo. Al segundo grupo le pidió que escribiera veinte minutos durante cinco días sobre temas triviales. Al último grupo le pidió que escribiera veinte minutos durante cindo días sobre *sus ideas y sentimientos más profundos* respecto de la pérdida del trabajo.

Después de cuatro meses, el treinta y cinco por ciento de los que escribieron sobre sus sentimientos habían encontrado trabajo, contra sólo el cinco por ciento del grupo de control que escribió sobre temas triviales. En el grupo de "manejo del tiempo", ninguno había conseguido empleo. Pennebaker considera que escribir "los ayudó a presentarse mejor en las entrevistas, porque habían superado su rabia y su amargura y desarrollado una perspectiva equilibrada. Pudieron superar los traumas y seguir adelante su vida con confianza".[11] Por otra parte, es posible que los ejercicios de manejo del tiempo fueran potencialmente destructivos como una "forma de obsesión". Al concentrarse sin cesar en las luchas del día a día, el grupo del manejo del tiempo permaneció atascado en la rabia y la ansiedad. Este estudio respalda la Tercera Revelación, que nos recuerda la paradoja de expresar una fuerte intención y luego *dejar de lado la necesidad de controlar los resultados*.

ESTUDIO INDIVIDUAL

Escribir

Si enfrenta un problema o situación particularmente difícil, ¿por que no prueba con el ejercicio de Pennebaker? Escriba todo lo que sienta sobre cualquier situación de la vida, pero escriba sólo sobre una situación por vez. Dedique veinte minutos por día a la tarea, durante cinco días consecutivos sin interrupción. Luego deje de pensar demasiado en ello, y permita que el universo trabaje para ayudarlo a resolver el problema. Observe cómo cambian las cosas en los próximos meses.

Revisión de accidentes/enfermedades

Sintonizarse con el mensaje de cada circunstancia asienta las habilidades intuitivas y aumenta la capacidad para mantenerse en línea con la voluntad divina.

La siguiente práctica está tomada de la técnica de Maya en *La Décima Revelación*. Le conviene grabar las preguntas y sugerencias en una casete, con espacios de silencio para usar en la meditación o trabajar con un/a amigo/a que pueda hacerle las preguntas.

1. Serene la mente siguiendo su respiración unos minutos.
2. Evoque la última vez que tuvo una enfermedad o un accidente.
3. Cuando se lastimó o tomó conciencia de su enfermedad, ¿qué grado de gravedad le pareció que tenía? Su respuesta puede revelar cuánto miedo siente en general o hasta qué punto usted se ve afectado por el mundo.
4. ¿Por qué cree que se produjo el accidente o la enfermedad? Su actitud hacia la causa puede haber afectado su recuperación.
5. ¿Qué estaba haciendo justo antes del accidente o la enfermedad?
6. ¿Qué estaba pensando justo antes del problema de salud?
7. ¿Qué otros recuerdos se agolpan junto a su enfermedad o accidente? ¿Le recuerda problemas pasados? Escriba los recuerdos que se le ocurran, por irrelevantes que parezcan.
8. ¿Qué es lo que ese accidente o enfermedad le impide hacer, ser o tener?
9. ¿Qué le permite hacer, ser, o tener?
10. ¿Cuál es el beneficio que obtiene por tener este problema?
11. ¿De qué manera obtiene poder o energía del problema? (Por ejemplo: La gente me tiene compasión. Me siento especial o importante. No tengo que trabajar, cuidar a los chicos, etc.)
12. ¿Qué miedo(s) tiene, o tuvo, en cuanto al problema? Tenga en cuenta que un miedo irracional y profundamente arraigado puede

provenir de algo que ocurrió en una vida pasada. El doctor Brian Weiss, el psicólogo que realizó estudios de regresión a vidas pasadas, señaló que a veces las cosas que tememos ya pasaron en una vida anterior. Conviene procurar a un profesional con experiencia en este campo.

Si todavía experimenta dolor a raíz de esa enfermedad o ese accidente, le convendría intentar lo siguiente:

13. Imagine que el o los miedos son un bloque oscuro de energía que está en su interior o en su campo de energía. Centre la atención en ese punto.
14. Rodéese de toda la luz y la energía afectiva que pueda y concéntrese en la ubicación exacta del bloque.
15. En forma consciente, envíe energía divina de curación al punto exacto identificado por el dolor, con la intención de que el amor transforme las células del lugar para que funcionen perfectamente.
16. Sienta el dolor con todo su ser, e imagine que la energía afectiva va al centro mismo del dolor y eleva el punto exacto de su cuerpo, los átomos propiamente dichos, a una vibración superior.
17. Vea cómo las partículas dan un salto cuántico al esquema de energía pura que es su estado óptimo. Literalmente, experimente la sensación vibrante en ese punto.

"La verdadera sanación se produce cuando vislumbramos un nuevo tipo de futuro para nosotros que nos enstusiasma. La Inspiración es lo que nos mantiene bien."[12]

Ejercitación de la intención y la atención

Piense en todas las cosas que todavía quiere ver y las hazañas que le gustaría realizar. Imagine cuál sería el legado que más le gustaría hacerle al mundo.

Trate de escribir algunos de los sueños que le gustaría alcanzar, como si estuviera escribiendo un obituario para su mejor amigo/a. El siguiente es un ejemplo de una vida maravillosa que apareció hace poco en el *San Francisco Chronicle*, sobre Evelyn Wood Glascock Allen, que murió el 10 de abril de 1996, a los ochenta y dos años:

Fue diseñadora de vestidos de fiesta para mujeres de la alta sociedad, vestidos de graduación para estudiantes universitarias y trajes fantásticos para ella misma. Después de haber vivido mucho tiempo en Chicago, en siete años llegó a saber más sobre San Francisco que la mayoría de sus habitantes. Desde el puesto de mando de su departamento-taller, sobre la calle Market, en Fox Plaza, controlaba sus dominios y planeaba cada día, lo cual incluía un almuerzo de $ 1.25 en el Marina Senior Center, costillitas asadas en Marriott, una salida a la Ópera o a un concierto de James Brown e ir a bailar a Rawhide.

Una mujer fuerte, madre sola y trabajadora desde 1953, amante de la miel, la ropa de colores intensos y el champaña. Viajera incansable, nadie le ganaba en habilidad para reconocer el valor de objetos hallados en las calles de la City. Fue la Florence Nightingale de muchas almas masculinas descarriadas.[13]

Escriba un párrafo breve sobre usted mismo como si hubiera ganado un premio por algo, como estas tres personas valientes y resueltas que en mayo de 1995 fueron honradas por la California Wellness Foundation:[14]

- Rebecca 'Maggie' Escobedo Steele pasó cinco años como líder de una pandilla de chicas de San Diego. Ahora trabaja en problemas de mujeres nativas estadounidenses y chicanas en el condado de Humboldt. Mediadora profesional, ayuda a resolver conflictos tribales y zanjar diferencias entre tribus y ambientalistas.
- Después de la muerte de su hijo, asesinado a los 35 años desde un auto, Myrtle Faye Rumph se dedicó a dar alternativas positivas a la droga y las pandillas a los chicos de la parte sur-central de Los Ángeles. En 1990, ella y doce compañeros fundaron un centro que ahora cuenta con una biblioteca, una sala de recreo, un laboratorio de computación y aulas. La señora Rumph quiere hacer una colcha, estampada como la colcha del SIDA, para aquellos que perdieron a miembros de su familia en hechos violentos y para dar a los jóvenes formación sobre resolución de conflictos.
- Criado en East San José, Sonny Lara fue integrante, a los 14 años, de una pandilla que traficaba drogas. Mientras estaba en San Quintín se dedicó a ayudar a los jóvenes, y

después de su liberación se ordenó ministro religioso e inició un programa para la promoción de los reclusos. Creó un programa de conciencia de pandilla para jóvenes, educadores y dirigentes de la comunidad y recientemente inauguró un centro para la juventud.

Nuestros sueños y objetivos nos ayudan a recordar quiénes somos. Lea su afirmación cada tanto y esté atento a cualquier avance que le abra el camino para vivir su nueva vida.

Trabajo con la oración

Todos los días observe, entre las personas que conoce, quién puede necesitar una ayuda extra. Acostúmbrese a enviar energía afectiva a personas específicas para su mayor bien. Extienda su plegaria afectiva a los que padecen necesidad en todo el mundo y luego extienda su plegaria afectiva a todas las formas de vida en las dimensiones física y espiritual.

Incluimos la oración que aparece a continuación, pues nos la envió un amigo mientras escribíamos este capítulo. La leyó en un pequeño diario de México y pensó probarla. Decidió que lo que más quería era que lo invitaran a tocar determinada pieza con una orquesta. Después de leer la oración una sola vez y pensar en la música que quería tocar, sin darse cuenta la perdió. Sin embargo, tres días después lo llamó por teléfono su agente para decirle que había recibido una invitación para tocar en una gran Universidad. La pieza que quería tocar (que no es muy conocida) era exactamente la que estaban considerando para el programa. Si usted usa esta oración y recibe lo que desea, debe publicar la oración completa con las instrucciones que aparecen al final.

Oración de súplica al Espíritu Santo

ESPÍRITU SANTO, que resuelves todos los problemas, que iluminas todos los caminos para que yo pueda alcanzar mi objetivo. Tú, que me das el don divino de perdonar y olvidar todo mal en mi contra y que en todas las circunstancias de mi vida estás conmigo. Quiero en esta breve oración agradecerte todas las cosas y confirmarte una vez más que no quiero separarme nunca de ti, pese a toda la ilusión material. Quiero estar contigo en la gloria eterna. Gracias por tu misericordia hacia mí y los míos.

La persona debe decir esta oración tres días seguidos. Al cabo de tres días, el favor pedido será concedido aunque pueda parecer difícil.

Esta oración, con estas instrucciones incluidas, debe publicarse inmediatamente una vez concedido el favor, sin mencionar cuál fue; al final deben aparecer sólo sus iniciales.

ESTUDIO GRUPAL

Círculos de sanación

Los círculos crean fuertes energías cuando se utilizan para el mayor beneficio de los demás. Tal vez su grupo quiera dedicar un tiempo en cada encuentro a enviar energía pacificadora y afectiva a amigos y familiares que estén sufriendo. También le convendría enviar intención piadosa para el bienestar de la comunidad, el país o un tema específico. Traten de respetar este tiempo reservado para el trabajo de cura. A lo mejor desean decir el nombre de una persona en particular en voz alta cuando todos meditan y proyectarle energía afectiva.

Práctica transformadora integral

Si a su grupo le interesa la práctica a largo plazo, conviene seguir el programa señalado en *The Life We Are Given*, de George Leonard y Michael Murphy. Trabajar con el apoyo de una comunidad de igual mentalidad resulta muy positivo.

Temas para discusión

- ¿Quién o qué necesita más asistencia o curación en su comunidad? ¿Cómo podrían trabajar todos juntos como grupo para brindar un nuevo servicio o mejorar el que ya existente?
- ¿Qué cosa en apariencia difícil en sus antecedentes individuales los preparó para comprender un problema de la comunidad? (Por ejemplo: violencia adolescente, drogas, embarazos prematuros, incapacidad de aprendizaje, etc.)
- ¿Hay niños de la comunidad que nunca estuvieron en un bosque? ¿Un zoológico? ¿Cómo podría su grupo ayudarlos a visitar la naturaleza?
- ¿A su grupo le interesa iniciar un jardín comunitario? ¿Pueden comprometer a adolescentes que quieran participar en forma voluntaria?
- Planteen la pregunta: "¿Qué servicio de bienestar especial podría brindar nuestro grupo a la comunidad?". Medite cada uno en silencio entre cinco a diez minutos y luego escriban las ideas que se les ocurren a todos los integrantes. ¿Hubo alguna coincidencia?
- Escriba un objetivo que le gustaría alcanzar que esté un poco más allá de su zona de comodidad. Trabaje con otras dos personas (grupos de tres) para reflexionar activamente sobre qué medidas podrían tomar para llegar a la meta. Este tipo de trabajo exige un seguimiento en el tiempo, o sea que fijen los objetivos pero prepárense para que el trabajo se desarrolle con el tiempo. Algunos libros buenos que pueden ayudar a que la vida sea una aventura son:

> *Wishcraft: How to Get What You Really Want*, Barbara Sher
> *Live the Life You Love*, Barbara Sher
> *Teamworks!: Building Support Groups that Guarantee Success*, Barbara Sher y Annie Gottlieb
> *The Artistís Way*, Julia Cameron y Mark Bryan
> *The Seven Spiritual Laws of Success*, Doctor Deepak Chopra.
> *Growing Season: A Healing Journey into the Heart of Nature*, Arlene Berstein

CAPÍTULO 6

Influencia y actividad de la Otra Vida

CUERVO
MAGIA

En primer lugar, déjame hablarte de mi experiencia en la otra dimensión, lo que yo llamo la dimensión de la Otra Vida. Cuando pude mantener mi nivel de energía en Perú, aun cuando todos ustedes sintieron miedo y perdieron su vibración, me vi en un mundo increíble de belleza y forma clara. Estaba allí, en el mismo lugar, pero todo era distinto. El mundo era luminoso y asombroso... Podía trasladarme a cualquier lugar... podía crear todo lo que quería, sólo imaginándolo."

LA DÉCIMA REVELACIÓN:
EN BUSCA DE LA LUZ INTERIOR[1]

¿QUÉ ES LA OTRA VIDA?

La Otra Vida es nuestra casa. Es el lugar del cual venimos y al cual retornamos. Según la sabiduría antigua, los relatos de las experiencias de vida después de la muerte y los estudios sobre regresión, la Otra Vida es el "lugar" o dimensión donde nuestra conciencia individual sigue existiendo entre las vidas en la Tierra. Estamos llegando a darnos cuenta de la gran verdad de que nuestra conciencia, nuestra alma, no muere. Después de la muerte en el cuerpo físico, hacemos una transición al ámbito de la Otra Vida. El "arriba" no está en los cielos, sino aquí, en la Tierra, en una dimensión invisible a nuestros cinco sentidos. La Otra Vida, que en términos cristianos se denomina a menudo "el más allá", es la casa de nuestra alma fuera del cuerpo.

Lo que la Otra Vida es depende de quiénes somos, qué pensamos al respecto y qué esperamos que sea. El medio inicial que encontramos en el ámbito espiritual parece estar formado por sistemas de creencias por los cuales nos guiamos en el plano terrenal. Aunque no nos llevamos posesiones materiales, sí llevamos con nosotros nuestra conciencia y nuestras creencias. Lo que esperamos es lo que obtenemos. Al comienzo de nuestra residencia espiritual, todavía nos aferramos a las fijaciones de la vida que acabamos de dejar. Con la ayuda de nuestro grupo de almas y la disposición de "despertar", avanzamos a niveles superiores y participamos de todo el aprendizaje que se realiza en la Otra Vida.

Según los relatos de las excursiones de Robert Monroe a estos universos, hay un lugar de descanso inicial, con árboles, torrentes de agua, flores y pasto, que encaja con la experiencia del mundo físico del alma recién fallecida. Las personas cuentan que gran parte del paisaje de la Otra Vida es de una belleza vibrante y está lleno de música. No obstante, también hay sectores oscuros de sufrimiento, creados por aquellos cuyos pensamientos sombríos y hechos más sombríos aún los relegaron a su propia visión del Infierno.

En *Journeys Out of the Body*, Robert Monroe describe una parte de la Otra Vida como una fuerza creativa vital que produce energía, convierte la "materia" en forma y proporciona canales de percepción y comunicación.

"Dime cómo piensas y te diré quién eres."[2] "Nuestro destino [viajar a la Otra Vida en una experiencia extracorporal] parece estar totalmente fundada en la estructura de nuestras motivaciones internas, emociones y deseos más constantes. Es posible que en forma consciente no deseemos 'ir', pero no tenemos alternativa. Nuestra Supermente (¿alma?) es más fuerte y en general toma la decisión por nosotros. Los iguales se atraen."[3]

Monroe cree que hay tres fuentes que crean las condiciones semejantes a la Tierra en la Otra Vida. "Prime-

> Abrirse a la Otra Vida es estar dispuesto a ver lo sagrado en las cosas pequeñas, *todo*. Es saber que cada decisión que tomamos acá es importante. No llevaremos riqueza material con nosotros, pero volvemos al plano espiritual con nuestras creencias y nuestros hechos pasados.

ro, [el medio natural simulado] es producto del pensamiento de quienes vivieron alguna vez en el mundo físico, cuyos esquemas subsisten. La segunda fuente está constituida por quienes aman algunas cosas materiales del mundo físico, que recrearon en apariencia para realzar su entorno [en la Otra Vida]. La tercera fuente supongo que es un orden superior de seres inteligentes más conscientes del medio [de la Otra Vida] que la mayoría de los habitantes. Su propósito parece ser la simulación del medio físico —temporariamente, por lo menos— para los que acaban de llegar del mundo físico, después de la 'muerte'. Esto se hace para disminuir el trauma y el *shock* a los 'recién llegados' introduciendo formas y escenarios familiares en las primeras etapas de conversión."[4]

En esta parte de la Otra Vida, nuestra experiencia estará compuesta por nuestros deseos y miedos más profundos. El pensamiento es acción, y ya no podemos ocultar nada. El condicionamiento socio-psicológico por el cual aprendimos a reprimir las emociones en el plano físico ya no existe en el espiritual.

LA TRANSICIÓN DE LA MUERTE

Lo que sabemos de la experiencia de la muerte procede de muchas fuentes directas. Una de las descripciones más antiguas de las etapas de la muerte es el *Libro tibetano de los muertos*. Escrito por ascetas avanzados que afirman haber recordado el pasaje de sus almas entre la muerte y el renacimiento, este libro contiene descripciones del proceso de reencarnación, varios mundos no físicos distintos y la Revisión de la Vida. El libro fue concebido para ayudar a morir mejor y se leía a la persona moribunda una especie de hoja de ruta del viaje que estaba por emprender. También fue escrito para ayudar a los vivos a "pensar en forma positiva y no tratar de retener al moribundo con su amor y su preocupación emocional, para que pueda entrar en los planos del Más Allá con una actitud mental positiva, liberada de las preocupaciones corporales".[5]

VOLVER A CASA

Los recién llegados que desarrollaron un punto de vista espiritual en la Tierra pueden estar atentos y dispuestos a emprender de nuevo ilimitadas actividades de la dimensión espiritual. O, si las personas no están del todo dispuestas a aceptar su existencia espiritual recién adquirida, pueden tomarse todo el tiempo que quieran para descansar y despertar. Aparentemente, las plegarias afectuosas de los que quedan en la Tierra ayudan en nuestra transición de la vida material a la espiritual.

En la Otra Vida, tenemos mucho tiempo para contemplar las ganancias y pérdidas de nuestra alma, nuestros errores y nuestros logros, mientras nos aprestamos a planificar la próxima vida. De acuerdo con nuestro nivel de madurez, basado en lo que aprendimos e integramos y en la conciencia que tomamos de nuestro verdadero propósito en la Tierra, podemos atravesar los niveles y trabajar con los Guías y Maestros.

En estos últimos siglos, bajo el paradigma científico dominante, la vida se redujo a lo que sucede exclusivamente en el mundo físico. La muerte es considerada el final de la vida y vista muchas veces como una tragedia cuando se produce. Esta visión materialista del mundo contribuye a hacernos pensar que somos nada más que un puñado de sustancias químicas con una especie de anhelo espiritual que ayuda a que la vida resulte soportable mien-

"El vidente Arthur Ford, que transmitía desde la dimensión de la Otra Vida a través de comunicaciones con su amiga en la tierra, la periodista Ruth Montgomery, hizo un comentario interesante respecto de algunas almas especiales que conoció: 'Los hermanos Kennedy constituyen un ejemplo contundente del poder de la oración. Cuando el Presidente fue asesinado, llovió una ola tan tumultuosa y espontánea de oraciones que en ningún momento éste perdió la conciencia. Casi instantáneamente, se sintonizó con lo que estaba pasando y como estas oraciones lo arrastraron hacia adelante y hacia arriba, no tuvo necesidad, ni por un instante, de encontrar lo que los sacerdotes de su Iglesia llamaría purgatorio: un estado de almas que vagan sin rumbo y están perdidas hasta que algo las despierta al potencial de su nuevo estado de ser'." **Ruth Montgomery, A World Beyond**

tras estamos aquí. Todos los fenómenos espirituales, como las sanaciones espontáneas, la comunicación con personas muertas u otros milagros, que la ciencia ha sido incapaz de explicar son rechazados por considerárselos alucinaciones o imposturas. Aunque le hayan ocurrido en verdad a alguien, se los considera fenómenos demasiado idiosincráticos para estudiarlos y se los deja de lado para pasar a los avances heroicos "más importantes" de prolongar la vida y combatir la enfermedad. La mayoría hemos tenido una valiosa percepción respecto de la transición del espíritu cuando abandona el caparazón físico e ingresa en la otra dimensión, la Otra Vida. La Visión Global de nuestra cultura ha mantenido un límite firme entre los mundos visible e invisible. La capitalización del miedo a la muerte resulta lucrativa para muchas industrias.

SABER, NO CREER

La Décima Revelación o nivel de conciencia queda demostrada ahora gracias al *corpus* de información vivencial cada vez mayor sobre la dimensión espiritual que está ingresando en el sistema de creencias de la corriente dominante. Hechos espirituales como las experiencias de vida después de la muerte y extracorporales configuran y amplían con rapidez el "conocimiento común". Esta alianza de lo sagrado con lo mundano constituye el primer paso en la unificación de los reinos material y espiritual. A través de estados alterados de conciencia como la percepción extrasensorial o los viajes fuera del cuerpo, la meditación trascendental y los fenómenos parapsicológicos (ver fantasmas o comunicarse con los muertos), traemos la dimensión espiritual a la física, y ésta pasa a formar parte de esta vida. Traer la dimensión de la Otra Vida al plano físico nos proporciona un vocabulario más amplio de capacidades y está destinado a generar cambios cuánticos en nuestra evolución.

SOMOS ETERNOS

¿Qué podría cambiar más la vida que saber —no sólo creer— que nuestra conciencia sobrevive intacta después de nuestra muerte física? Como una mariposa, al morir surgimos del capullo del cuerpo, con alas y una belleza iridiscente… si no cometimos aquí errores graves que nos envíen a una recapitulación personal larga y dolorosa del sufrimiento que infligimos a otros. La muerte, tal como la definimos, no es el gran vacío. En esta nueva conciencia, la vida y la muerte son consideradas dos estados de un proceso eterno y misterioso.

La comunicación proveniente de almas en la Otra Vida puede obtenerse en muchas fuentes intachables. Una de las más fascinantes es la periodista Ruth Montgomery, de Washington, una autoridad en el área mediúmnica.

> "Pensé en Huston Smith, el filósofo de la ciencia y religiones comparadas del MIT. Él planteó el argumento de que como seres humanos podemos estudiar científicamente sólo lo que está por debajo de nosotros en la conciencia, nunca aquello o quienquiera que esté sobre nosotros." **Kyriacos C. Markides,** *Riding with the Lion*

Pese a haber sido escéptica en las etapas iniciales de contacto con sus Guías invisibles, Ruth escribió varios libros, dictados por los Guías mediante escritura automática durante los últimos treinta años. Además de la sabiduría de los Guías, también se comunicó con su viejo amigo, el famoso vidente Arthur Ford, después de su muerte. Éste, junto con los Guías, transmitió una cantidad sorprendente de información sobre el ámbito espiritual.

Si queremos alcanzar una mayor comprensión de la totalidad de la experiencia de la vida, el próximo paso para la humanidad tal vez no consista sólo en reconocer la realidad de la dimensión de la Otra Vida, sino empezar a recurrir en forma consciente a ella para que pueda ayudarnos a mantener la Visión Global positiva. Nuestro saber intuitivo de que vinimos aquí con un propósito se vuelve así parte de nuestra realidad.

¿Por qué no quedarnos aquí?

En la Otra Vida, o dimensión espiritual, podemos imaginar cualquier cosa y crearla, pero este tipo de creación no física no es tan gratificante como la creación en el mundo físico. Elegimos nacer en la vibración más densa del plano terrenal para poder deleitarnos en el mundo físico y experimentar las consecuencias de nuestras acciones. La vida terrenal es necesaria para el desarrollo del alma. La Décima Revelación abre nuestra memoria para que veamos por qué vinimos aquí.

En *La Décima Revelación*, Wil dice: "Estamos aprendiendo a utilizar nuestra visualización como se usa en la Otra Vida, y al hacerlo entramos en armonía con la dimensión espiritual, y eso ayuda a unir el Cielo y la Tierra". Cada uno de nosotros es el recipiente alquímico que transmuta la energía en acciones, uniendo estas dimensiones.

La unificación de las dimensiones

Al investigar para la elaboración de este capítulo, nos llamó la atención la similitud de algunos de los argumentos que plantea la Décima Revelación con los mensajes que los Guías le dieron a Ruth Montgomery hace más de veinte años. Los Guías fueron muy claros con Ruth; los mensajes que le transmitían eran tan importantes para su propio avance como para el nuestro, algo que señala también la Décima Revelación. Ellos querían que Ruth comunicara la importancia que tiene desarrollar nuestras capacidades mediúmnicas mientras estamos en un cuerpo físico para mejorar nuestras vidas y enriquecer las almas de otros.

Hablando de la Otra Vida como de lo Desconocido, los Guías le dicen: "El primer paso [para la gente] consiste en tratar de hacer contacto con aquello que denominan lo Desconocido, para que ese poder pueda empezar a trabajar en favor de ellos. Ese poder es una de las fuerzas más consistentes del universo. Con las almas del lado invisible de esta barrera imaginaria unidas a aquellos que tratan verdaderamente de promover la causa de otros, los poderes son casi ilimitados".[6] Ése es exactamente el argumento de la unificación de las dimensiones que nos llega a través de la Décima Revelación.

Los Guías le explicaron que esta capacidad para comunicarnos entre dimensiones no sería posible si no fuera para el bien de la humanidad, y no utilizarla constituiría una pérdida enorme. "...Dios desea que se utilice y desarrolle al máximo para que al final —como se profetizó en las Escrituras— caiga el velo entre los dos mundos y todo sea uno. Si bien ese día algunos tal vez todavía vivan en la carne, podrán conversar a voluntad con los que ya pasaron al siguiente estadio. El tiempo puede llegar rápida o lentamente, según el ser humano sea capaz de ver el problema con una mente abierta o cerrada."[7]

Los Guías señalaron también que cada momento de toda nuestra vida es importante no sólo porque nos da la posibilidad de experimentar la riqueza de este plano, sino porque es nuestra oportunidad de amar. Es nuestra oportunidad de servir al Plan del Mundo, así como de sintonizarnos con una vibración más espiritual. Muchas veces advirtieron a Ruth que no perdiera el tiempo en búsquedas inútiles. "[La vida en la Tierra] es sólo una preparación para esta fase de la vida; y nosotros, desde luego, nos preparamos para nuestra próxima fase. Por eso estamos tan ansiosos por ayudar a otros a superar ese plano. Es parte de nuestro desarrollo espiritual aquí, y ustedes nos retrasan cuando se niegan a estar dispuestos."[8] Aunque las almas espirituales sostienen nuestra Visión del Nacimiento, la unificación de los planos no puede producirse sin nuestra intención consciente en el plano físico. A nosotros, los que estamos en la Tierra, nos corresponde cumplir con este propósito histórico. Es posible que este concepto arquetípico de unidad, este impulso hacia la espiritualización del mundo físico, pueda ser la fuerza propulsora que hay detrás de nuestras nuevas conciencia y preocupación por los sistemas de pensamiento y los conceptos de "holismo" y "holístico". Una vez que la cultura integre por entero esta comprensión de la unidad física/espiritual, quedará asegurada la realización de la Visión Global.

EXPERIENCIAS COMUNES DE LOS RECIÉN FALLECIDOS

El doctor Kenneth Ring es uno de los investigadores más renombrados de las experiencias cercanas a la muerte. En *Heading Toward Omega: In Search of the Meaning of the Near-Death Experience*, Ring presenta el testimonio de un hombre que sufrió un accidente casi fatal. Su descripción de la muerte tipifica la secuencia común de experiencias que muchos miles de personas han relatado.

"...lo primero que noté fue que estaba muerto... flotaba en el aire, sobre el cuerpo... esto no parecía causarme ningún asombro. En realidad, estaba totalmente muerto pero no me causaba problemas emocionales... me di cuenta de que podía flotar con toda facilidad... También podía volar a una velocidad fantástica... y eso me producía una sensación de alegría inmensa. Entonces vi que había una zona oscura adelante, y cuando me acerqué pensé que era una especie de túnel y, sin pensar demasiado, entré en él y volé con una sensación aún mayor de alegría. Vi una especie de luz circular a una gran distancia y supuse que era el final del túnel por el cual iba avanzando... era un lugar increíblemente iluminador, en todo el sentido de la palabra; no sólo tenía un brillo sobrecogedor sino que también parecía un lugar maravilloso para estar. Estuve en distintos entornos donde todo se hallaba igualmente iluminado por la misma luz y... ah, vi otras cosas también... una cantidad de gente... vi a mi padre, que había muerto veinticinco años antes... También sentí y vi, por supuesto, que todos se hallaban en un estado de armonía con todo lo demás... Parecía, también, que el amor era el axioma principal que todos automáticamente seguían. Esto me produjo una oleada fenomenal de emoción... porque me hizo sentir que... no había otra cosa más que amor."[9]

También se encuentran elementos comunes de la transición de la muerte en el *Libro tibetano de los muertos* y en los recuerdos de sujetos que experimentaron vidas pasadas bajo regresión hipnótica. Según el texto antiguo, las almas jóvenes en sus primeras encarnaciones todavía no son plenamente conscientes del proceso de reencarnación. Las almas maduras, con más experiencia de vida, empiezan a ser más conscientes de su pasaje a través de los mundos no físicos y tratan conscientemente de aprender y crecer. Las almas más viejas llegan a ser maestros que ayudan a las almas más jóvenes a ser más conscientes de su naturaleza espiritual.

NO DARNOS CUENTA DE QUE ESTAMOS MUERTOS

Muchas personas relatan que, inmediatamente después de morir, una persona puede no darse cuenta de que está muerta, en especial si la muerte es repentina. Es algo que ilustra en forma gráfica la película *Ghost* cuando Patrick Swayze está tan metido en la pelea en la que muere que no se da cuenta de que abandonó su cuerpo. Cuando morimos, al parecer todavía sentimos que estamos en una especie de cuerpo por la fuerza de nuestros hábitos de pensamiento.

DAR VUELTAS

Las personas también pueden dar vueltas por el plano terrenal en sus viejos "fantasmas" durante varios días o demorarse para observar a sus familiares y amigos en su funeral. Debido a una sensación exagerada de pérdida o apego, algunas almas no se separan del todo del plano físico. Se aferran y vagan, deambulan y dan vueltas, lo cual retarda y posterga el proceso de evaluar su última vida en la revisión de vidas pasadas. En las regresiones de vidas pasadas, algunos mencionan a veces escenas de caos, el mundo crepuscular de los que todavía siguen atados al mundo físico y no han avanzado.

¿QUÉ ASPECTO TENEMOS EN LA OTRA VIDA?

Según la mayoría de los relatos, al principio, en la Otra Vida, en general nuestro aspecto se parece al que teníamos justo antes de morir. Más adelante podemos adoptar la forma de nuestro cuerpo cuando era más fuerte y mejor. Nuestro cuerpo psíquico es plástico, maleable a nuestra experiencias, nuestros pensamientos y emociones.

FASES Y NIVELES

Después de un tiempo, el alma siente un tirón que la arrastra a empezar su viaje a través de los distintos planos de experiencia espiritual.

A partir de los muchos relatos que describen detalles asombrosamente similares, podemos establecer las etapas de progresión por las que pasa el alma en las dimensiones no físicas. Nuestro nivel de desarrollo del alma determina a qué planos vamos o dónde permanecemos por un tiempo.

En las dimensiones inferiores, se han descrito zonas de caos y oscuridad, acompañadas por ruidos terribles como truenos, zumbidos, silbidos y gritos y alaridos inhumanos. Otras personas mencionaron haberse asustado al encontrar seres deformados o de aspecto terrible, personas encerradas en luchas, dolor o pesar. A menudo, la persona avanzaba por esta zona ignorando a las almas atormentadas. Estas áreas son el lugar donde volvemos a representar nuestras obsesiones una y otra vez.

Otro plano que han encontrado es el de la dimensión conceptual de las ideas, que es tranquilo y agradable, incluso lleno de música y canciones celestiales. Algunas personas cuentan que al "subir" en los planos de la existencia su cuerpo cambia, volviéndose más liviano y luminoso.

Hay otras dimensiones aún más bellas que la dimensión de las ideas, llenas de un amplio espectro de luces etéreas de colores. En general, es en estas dimensiones más alevadas donde nos reciben nuestros seres queridos que ya hicieron su transición al espíritu. Se puede optar por descansar un tiempo en estos planos más serenos. Al parecer, al aumentar en frecuencia, surge una sensación de niveles interminables que se extienden más allá de lo imaginable. Cuando el cuerpo espiritual se vuelve más liviano y luminoso, los protagonistas hablan de haberse sentido invadidos por una alegría y un amor ilimitados, un júbilo desbordante por estar "en casa" y una enorme ansia de participar en un nuevo aprendizaje y una mayor expansión.

LA REVISIÓN DE VIDAS PASADAS ES ESENCIAL PARA ASIMILAR NUESTRA EXPERIENCIA DE VIDA RECIENTE

Según cientos de experiencias cercanas a la muerte, las personas ven pasar velozmente su vida ante sus ojos. Ven con suma claridad cada hecho significativo de la vida que están a punto de dejar. En lo que serían unos pocos segundos o minutos terrenales, repasan décadas de momentos significativos de su existencia. Esta proyección instantánea transmite una cosa: hasta qué punto la persona aprendió a amar y a adquirir conocimiento. En la mayoría de los casos, las personas relatan que anhelan quedarse en la dimensión espiritual, pero, en razón de un hijo por criar, el deseo de dar más amor o la toma de conciencia de que no concluyeron su propósito, deciden reanudar su vida en la Tierra.

"No fue exactamente en términos de imágenes, sino más bien en forma de pensamiento, creo. No puedo describírselo con exactitud, pero todo estaba ahí. Era como... todo en un instante. Pensé en mi madre, en cosas que había hecho mal. Después pude ver las cosas mezquinas que hice de chico... Deseé no haber hecho esas cosas y deseé regresar a repararlas." **Doctor Raymond Moody, *Life After Life***

LA REVISIÓN CAMBIA TODO AL VOLVER A LA TIERRA

En casi todos los relatos de experiencias cercanas a la muerte, la persona se transforma de manera considerable. En *Life After Life*, el doctor Raymond A. Moody, Jr., describe que una revisión de hechos significativos, por breve que sea, cambia los valores y el comportamiento de una persona para el resto de su vida. La revisión de la vida es en general, pero no siempre, acompañada por un "ser de luz". Moody afirma: "Es usual que, en las experiencias donde el ser aparentemente 'dirige' la revisión, ésta sea una experiencia aún más abrumadora. No obstante, en general se caracteriza por ser vívida, rápida y exacta, con independencia de que ocurra durante la 'muerte' real (en el caso de una regresión revivida de vidas pasadas) o en un roce estrecho con la muerte".[10]

Los individuos (llamados remigrantes) que experimentan una revisión de vidas pasadas bajo regresión hipnótica piensan que la lección de esa vida es muy clara. En uno de los trabajos más exhaustivos y completos sobre el tema, *Exploring Reincarnation*, el psicólogo holandés Hans TenDam analiza una cantidad de información tomada de distintos estudios clínicos. TenDam afirma que las personas señalan objetivos de vida "fantásticamente divergentes". Por ejemplo, un remigrante dijo que "el principal propósito de su vida fue aprender a reír, porque había sido muy serio en sus vidas anteriores. Otro remigrante había sido sumamente rico durante su vida pero murió pobre como una rata de iglesia... debía aprender que la riqueza o la pobreza no determina la humanidad".[11]

Conocimiento directo

En casi todos los casos de contacto con las dimensiones espirituales, es como si las tomas de conciencia de las personas fueran un conocimiento interior directo, como: "Sentí la presencia de mi madre. Supe que era ella"; "Aunque quería quedarme, sabía que todavía no era mi hora [de morir]"; "Tuve de inmediato la sensación de que era mi padre"; o: "Supe que debía aprender a querer más". Si bien la dimensión espiritual es un hogar lleno de amor para nosotros,

> A veces perdemos también la visión de nuestra alma, y quedamos atascados debido a un trauma o la negativa a avanzar, como hizo un empleado de una oficina anticuada que aparece en el libro de TenDam. Estuvo "atado a su escritorio durante más de 35 años y rechaza un ascenso porque prefiere seguir haciendo su trabajo actual.
>
> "En la retrospectiva sobre su vida, ve pasar la vida como un hilo delgado y brillante que se rompe en algún punto y se vuelve gris oscuro. Cuando el terapeuta le pregunta qué situación provocó esa ruptura, el remigrante ve inmediatamente el rechazo del ascenso. Renunció a una posibilidad de desarrollarse y por lo tanto renunció a sí mismo." **Hans TenDam,** *Exploring Reincarnation*

seguimos renaciendo para experimentar la incertidumbre salvaje de la vida en el plano físico. En la Otra Vida, la mayoría de las almas que progresaron a lo largo de numerosas vidas afirman que saben en forma intuitiva que son eternas. Tomaron conciencia de que poseen un alma y que su alma quiere que tengan experiencias específicas y alcancen distintos objetivos.

SIEMPRE HAY UNA COMPENSACIÓN

El doctor Brian Weiss cuenta el relato de Pedro, uno de sus pacientes, en su libro *Only Love is Real*. Pedro recurrió a él porque no podía ahuyentar un sentimiento de desesperación que se había acentuado desde la muerte del hermano. Las recordaciones de vidas pasadas de Pedro habían mostrado, en varias vidas, elecciones interesantes que habían derivado en un mayor aprendizaje. En una, se veía a sí mismo obligado al sacerdocio por su familia. Él no quería dejar a la mujer que amaba y pensaba que prefería morir, pero, resignado a lo inevitable, entró en un monasterio. En su regresión, descubre que el abad del monasterio era el hermano por cuya muerte sufría profundamente en su vida actual.

Cuando se le preguntó qué había aprendido de esta vida, Pedro dijo: "Aprendí que la ira es absurda. Carcome el alma. Mis padres [en esa vida] hicieron lo que creyeron mejor para mí y para ellos. No comprendieron la intensidad de mis pasiones o que yo tenía derecho a determinar el rumbo de mi vida... eran ignorantes... pero yo también he sido ignorante. Dirigí las vidas de otros. ¿Puedo entonces, juzgarlos o estar enojado con ellos, cuando yo hice lo mismo? ... Por eso el perdón es tan importante. Todos hemos hecho esas cosas por las que condenamos a los demás... No habría conocido al abad [su hermano] si hubiera hecho las cosas a mi modo —concluyó—. Siempre hay una compensación, una gracia, una bondad, si la buscamos. Si hubiera seguido enojado y amargado, si hubiera sido resentido, habría perdido el amor y la bondad que encontré en el monasterio." Después de ver a su hermano en la recordación de su vida pasada, se dio cuenta de que el alma es inmortal y que si había amado a su hermano y había estado con él antes de esta vida, entonces volvería a estar con él. El dolor empezó así a cicatrizar.

En otra vida recordada, Pedro se vio como una prostituta de hombres ricos y poderosos. En esa vida, disfrutaba manipulando a esos hombres y se volvió adicta a esa existencia. Había un joven al que amaba, pero lo abandonó por un "hombre más viejo, poderoso y rico"... "No escuché a mi corazón. Cometí un error gravísimo".[12] Al final, murió sola, bajo los ojos reprobadores de las enfermeras, en un hospital infame rodeada por la mayor de las pobrezas.

REVISAR NUESTRA VIDA ACTUAL ANTES
DE REGRESAR AL ESPÍRITU

El mensaje de la Décima Revelación es que cada vez seremos más los que empecemos a revisar el progreso de nuestra alma mientras estamos en nuestros cuerpos físicos, sin esperar a pasar al otro lado. Por medio de la meditación silenciosa, escribiendo un diario, con sueños numinosos o gracias a la iluminación espontánea, podemos empezar a vernos desde la perspectiva más amplia del desarrollo del alma. En el caso de cuestiones profundamente asentadas, nos conviene buscar a un terapeuta esclarecido que introduzca la dimensión espiritual en su trabajo psicológico.

Muchos de nosotros ya nos preguntamos: "¿Qué aprendí hasta ahora, cómo actualizo mi Visión original? ¿En qué sentido estoy creciendo?". Al desarrollarnos en forma individual desde el punto de vista de la conciencia, aumenta nuestra comprensión de lo que es en verdad posible y de quiénes somos en realidad. Nuestro ser es el fundamento a partir del cual surge nuestra acción.

Elegimos vivir el plano espiritual y adoptamos esta vida para poder experimentar la gama gloriosa de opciones que desarrollan nuestra alma para que alcance el nivel siguiente. Nuestra Visión del Nacimiento es una faceta, una nota, de la Visión Global. Sin el miedo a la muerte y el vacío del olvido, podemos vivir con más alegría y no obstante de manera más deliberada que nunca. Esa curiosidad y ese sentido de la aventura divertida, que era tan natural como respirar cuando éramos jóvenes, seguirá alentándonos a seguir imágenes intuitivas aún con más deleite o a entrar en las dimensiones del sufrimiento con una mayor perspectiva del todo. La Visión Global se manifiesta cada día de acuerdo con las vibraciones colectivas de nuestra existencia y nuestras acciones.

UNA MASA CRÍTICA RECONOCE LA OTRA VIDA

En Occidente, las culturas científicas, cuando las personas tratan de describir una experiencia cercana a la muerte o una comunicación *post-mortem* de un ser querido a familiares, amigos, enfermeras o médicos, las respuestas son muchas veces el desinterés, un descreimiento apenas velado o comentarios de que la persona simplemente se halla afectada por la pena. Por ejemplo: "Traté de decirles a mis enfermeras lo que había pasado cuando me desperté, pero me dijeron que no hablara, que estaba imaginando cosas". O: "No me gusta hablar del tema. La gente me mira como si estuviera loco".[13] Si bien la existencia del mundo espiritual es parte integrante de la visión del mundo de la mayoría de las otras culturas, nuestras mentes occidentales han confinado en gran medida el plano espiritual al plano de las supersticiones.

La Décima Revelación es clara cuando afirma que recordar la existencia de la dimensión espiritual mientras tenemos forma física es el objetivo último de la espiral evolutiva. Bill Guggenheim y Judy Guggenheim, autores de *Hello from Heaven*, estiman "que 50 millones de estadounidenses o el 20 por ciento de la población de los Estados Unidos tuvieron una o más comunicaciones posteriores a la muerte", cinco veces la cantidad de personas que han tenido experiencias cercanas a la muerte.[14] El doctor Raymond Moody señala que no es sorprendente que quienes murieron y regresaron piensen que son únicos y que nadie más tuvo una experiencia así. Por eso sienten alivio cuando se enteran de que no constituyen un fenómeno excepcional.

La Primera Revelación revelaba que debe llegarse a una masa crítica de individuos concientizados para que la transformación tenga lugar en todas las conciencias. Una cantidad suficiente de personas debe sentir la realidad y la existencia de la Otra Vida para que esta información pueda transmitirse. La realidad de la dimensión espiritual tiene que llegar a ser una idea familiar. Si observamos los sistemas de creencias de nuestra cultura, nos damos cuenta de que necesariamente deben surgir en forma conjunta algunos otros supuestos para que las nuevas ideas se vuelvan aceptables. El doctor Moody dice: "... el temperamento de nuestros tiempos se opone, en general, a la discusión de la posibilidad de supervivencia a la muerte corporal. Vivimos en una era en la que la ciencia y la tecnología han dado pasos gigantescos en la comprensión y la conquista de la naturaleza. Hablar de vida después de la muerte puede parecer algo atávico para muchos que quizás sienten que esa idea corresponde más a nuestro pasado 'supersticioso' que a nuestro presente 'científico'.

"Además, la oscuridad del tema de los encuentros cercanos a la muerte para el público en general deriva en parte de un fenómeno psicológico común que involucra la atención. Mucho de lo que oímos y vemos todos los días no queda registrado en nuestras mentes conscientes." Moody utiliza el ejemplo de lo que pasa cuando aprendemos una palabra nueva. De pronto oímos la palabra en todas partes. La palabra estuvo siempre, pero no tuvimos conciencia de su significado y la pasamos por alto sin ser conscientes de ella. Lo mismo ocurre cuando decidimos comprar un auto nuevo de determinado color; de pronto vemos los mismos autos por todas partes.

Un ejemplo de atención selectiva es el que da en una conferencia de Moody un médico que preguntó: "Llevo mucho tiempo en la medicina. Si estas experiencias son comunes, como usted dice, ¿por qué nunca oí hablar de ellas?" Al final, la esposa del médico relató al grupo la historia de un amigo de ellos; el marido no le había prestado atención, o bien la había olvidado, ya que desentonaba con sus creencias de aquel momento. En otro ejemplo sincrónico, un médico había leído una noticia, en un diario viejo, sobre el trabajo de Moody. Al día siguiente fue a verlo un paciente con su propio relato de una experiencia cercana a la muerte durante una operación. Según Moody: "Es muy posible que en los dos episodios, los médicos involucrados hubieran oído hablar de algunos casos con anterioridad, pero sin duda los habían tomado como caprichos individuales y no como un fenómeno difundido."[15]

El último punto que plantea Moody es que los médicos, que tendrían que haber oído hablar más sobre el fenómeno que el común de la gente, son formados para tomar en serio sólo los signos de enfermedad "objetivos". "A los futuros médicos se les inculca constantemente que estén atentos a lo que el paciente dice que siente."[16]

Todos conocemos el poder que tiene "una idea cuando le llega su tiempo". Marie-Louise Von Franz, una de las grandes analistas jungianas, utiliza el ejemplo de los científicos y los ganadores del Premio Nobel que con frecuencia intuyen las mismas soluciones e innovaciones en forma casi simultánea. La Décima Revelación sugiere que la Otra Vida nos proporcionará una gran cantidad de información cuando un número suficiente de individuos estén dispuestos a sentirla y alguien la escriba.

No obstante, si el coeficiente de Miedo en la Visión Global es demasiado alto, creará un obstáculo que impedirá sentir la sabiduría divina. Si al leer estas líneas siente con escepticismo que, teniendo en cuenta los conflictos mundiales, no estamos realizando ningún progreso espiritual, recuerde que el desarrollo de la conciencia tiene lugar en oleadas. Somos una partícula de las olas, y las olas en sí. En nuestros días aquí realizaremos lo que esté a nuestro alcance.

A PROPÓSITO DE LA REENCARNACIÓN

La reencarnación es la idea de que el alma, nuestra conciencia eterna, renace una y otra vez en muchas vidas para aprender, crecer y evolucionar. El conocimiento sobre la reencarnación nos llega por distintos caminos, como las doctrinas religiosas y esotéricas, los recuerdos espontáneos de vidas pasadas de adultos y niños, la regresión inducida de vidas pasadas y personas que tienen una gran sensibilidad a la información mediúmnica.

EL RECUERDO ESPONTÁNEO DE OTRAS VIDAS

En la recordación espontánea, la persona puede tener un recuerdo después de reconocer un lugar o una persona a primera vista. No obstante, los estudiosos de vidas pasadas, como Hans TenDam, consideran que las experiencias de *déjà-vu*, la sensación de que uno ya vivió ese momento, no constituyen prueba suficiente para suponer un recuerdo de vida pasada. Sin embargo, vínculos excepcionales inmediatos como el amor a primera vista, si es amor de verdad, probablemente sí indican una relación en una vida pasada.

La recordación también puede ser disparada por un objeto, imágenes, libros o una situación similar. Asimismo puede producirse bajo coacción, en circunstancias físicas o emocionales excepcionales. No hace falta una creencia previa en la reencarnación.

MARCAS FÍSICAS, HÁBITOS Y TENDENCIAS

Las pruebas revelan que las vidas pasadas pueden dejar su marca en la vida actual de muchas maneras. Una puede ser tener una marca significativa en el cuerpo, un hábito peculiar, habilidades o talentos excepcionales, y fijaciones respecto de la vida (supuestos) que no parecen provenir del sistema familiar actual. A veces una persona recuerda una herida fatal de una vida anterior que coincide con una marca de nacimiento actual. Las marcas físicas son, quizás, advertencias de una lección especial que todavía es necesario aprender en la vida actual.

Nuestras preferencias pueden darnos pistas en cuanto a nuestras vidas pasadas. Si usted tiene debilidad por los muebles de estilo estadounidense antiguo, colecciona porcelana china o mira con añoranza fotos de la cos-

"Un ejemplo encantador es el de una chiquilla que golpea su jarro de leche contra la mesa y se limpia la boca como si acabara de tomarse una cerveza con gran satisfacción. Cuando los padres la retan, se echa a llorar y dice que es un homenaje a sus compañeros que no quiere olvidar. Cuando la familia la interroga, hace observaciones sobre una vida anterior. La niña también parecía sumamente distinta del resto de su familia." **Hans TenDam**, *Exploring Reincarnation*

ta de Grecia, estas predilecciones podrían indicar una vida pasada real en esa zona o país. En *Exploring Reincarnation*, TenDam menciona que en los niños pequeños un comportamiento peculiar puede indicar directamente una vida pasada. Muchos recuerdos de vidas pasadas fueron verificados en registros históricos.

EL TIEMPO ENTRE VIDAS (INTERMISIÓN)

Los estudiosos señalan que la intermisión entre las vidas físicas puede variar de unos años a cientos o miles de años en tiempo terrenal. Es posible que, cuanto menor sea la experiencia de vida terrenal bajo nuestro cinturón de almas, mayor sea la frecuencia con que nacemos para aprender. Según estudios específicos citados por TenDam, las intermisiones medias son de alrededor de 60 a 80 años terrestres. Las almas más viejas pueden escoger con cuidado su reencarnación para llevar a cabo un propósito específico durante un tiempo específico del desarrollo en la Tierra.

Basándose en bibliografía sobre regresiones y su propia investigación con personas regresadas que están totalmente conscientes después de su transición de muerte, Hans TenDam sugiere tres esquemas de reencarnación y distintos niveles de razones por las cuales las personas renacen. Estos niveles pueden entremezclarse en una vida.

POBLACIÓN I: NATURAL - O: "¿CÓMO? ¿YA ESTOY DE VUELTA?"

Según los informes de regresados de vidas pasadas, las personas de este grupo de almas retornan a la vida acordándose muy poco de su intermisión en la dimensión espiritual. En apariencia, no tienen ninguna orientación respecto de cómo debe ser la nueva vida. Según relatos de regresión a vidas pasadas, estas vidas empiezan como si la persona fuera aspirada nuevamente a la vida ("una sensación de aspiradora al entrar en el feto") sin demasiada reflexión, en especial si la vida anterior fue breve. Ansiosos por vivir la vida, estos individuos emprenden el aprendizaje de las lecciones elementales sobre la vida en la Tierra, sin demasiada conciencia del propósito más profundo de su alma. Al no tener un plan de vida individual, su nueva existencia no es dirigida por motivaciones sólidas de cumplir con un propósito. Con intermisiones cortas (se piensa que un promedio de ocho años entre una y otra), cada vida se halla en general cerca de la vieja en el tiempo y la distancia.

POBLACIÓN II: VOLITIVA Y FORMATIVA - O: "VIDA 101 A 999"

Contrariamente al retorno involuntario y natural de la Población I, los del grupo II eligen voluntariamente su retorno a la vida en la Tierra, y piensan mucho en el tipo de padres y de situación que les brinden las mejores condiciones para aprender y crecer. A medida que el alma avanza en madurez, adquirimos el derecho a pensar un plan de vida durante la intermisión en la Otra Vida. Este plan o Visión Global fija objetivos para el desarrollo personal y la resolución de relaciones personales kármicas. Los casos de regresión de TenDam señalan que hay una retrospectiva de la vida anterior (revisión de vidas pasadas), consulta con los Guías y los grupos de almas, una visión previa de las experiencias de vida y las personas que vamos a encontrar (como la visión previa de Maya en la novela), así como una conciencia de la intermisión en sí. La intermisión para esta población es de un promedio de sesenta años terrestres aproximadamente.

POBLACIÓN III: MISIÓN - O: "LA GRANDE"

Como la Población I, la III es conscientemente deliberada en la intermisión. No obstante, en este nivel de desarrollo del alma es muy probable que la persona haya eliminado gran parte de su deuda kármica personal. Con más libertad para expresar una gran cantidad de tendencias y capacidades desarrolladas en cientos o miles de vidas, los que pertenecen a la Población III vuelven a la vida para hacer una contribución importante al desarrollo de la humanidad. Estos individuos tienen objetivos de trabajo en pro de un plan de mayor alcance. Impulsados por el conocimiento interior de que la vida en la Tierra tiene un propósito y que existe una conexión divina, atraen muchas oportunidades y desafíos. Condiciones extremas pueden obligarlos a un profundo recogimiento. A través del dolor, el sufrimiento, el éxtasis, así como el hastío de la perseverancia mundana, reciben una amplia orientación de su grupo de almas, de su yo superior y de Dios. Estas personas pueden ser comunes, activas y probas que mantienen un perfil bajo, o pueden llegar a ser maestros o líderes mundiales carismáticos. La filosofía budista señala que los *bodhisattvas*, los Señores de la Compasión, "aparecen como maestros del mundo de acuerdo con un programa determinado... el retorno periódico de los perfeccionados".[17] El tiempo promedio entre vidas para la Población III se estima en 230 años, aproximadamente.

LA INFLUENCIA DE LOS GRUPOS DE ALMAS

Los siete personajes de *La Décima Revelación* están involucrados en un proyecto para frenar los experimentos en el valle. Su necesidad de detener el experimento les sirve como catalizador para empezar a recordar sus conexiones pasadas y sus problemas no resueltos. Después de comprender la Novena Revelación, se sintonizan con una vibración más elevada para recibir la orientación de esas almas en la otra dimensión que sostienen sus Visiones del Nacimiento, con la esperanza de que los despierten. Wil dice, refiriéndose a estos grupos de almas desencarnadas: "Estamos conectados con ellas. Ellas nos conocen. Comparten nuestras Visiones del Nacimiento, nos siguen a lo largo de la vida y después permanecen con nosotros mientras revisamos lo que pasó. Actúan como un depósito para nuestros recuerdos, manteniendo el conocimiento de quiénes somos al evolucionar... cuando estamos en la Otra Vida y una de ellas nace a la dimensión física, actuamos con ellas del mismo modo. Pasamos a ser parte del grupo de almas que las apoya".[18]

La Revelación nos dice que, si bien nuestros grupos de almas no nos envían intuiciones —éstas proceden de una fuente divina—, nos envían energía adicional y nos elevan de una manera especial para que podamos recordar mejor lo que ya sabíamos. Siempre nos envían energía con la esperanza de que recordemos nuestra Visión del Nacimiento y nos abramos y seamos "más felices" al empezar a recordar. Guggenheim y Guggenheim escriben: "Los habitantes [de la dimensión espiritual] valoran mucho el conocimiento y son estimulados a investigar temas de su elección, Éstos cubren casi todas las materias, pero los favoritos son al parecer el arte, la música, la naturaleza, las ciencias, la medicina y todo tipo de estudios espirituales, que ellos a su vez tratan de transmitir en forma de inspiración a los que viven en la Tierra".[19] Según TenDam y otros estudiosos: "De las personas [que informaron haber recibido consejo de otros antes de nacer] más del 60 por ciento tuvieron más de un consejero, algunas incluso un *círculo de consejeros*" [la cursiva es de los autores].[20]

¿ALMAS PERDIDAS O ALMAS GEMELAS?

Algunos se preguntarán: "¿Cómo distingo entre las almas perdidas que deambulan por el plano terrenal y los grupos de almas?". La diferencia es que las almas perdidas no tienen suficiente energía para abandonar el plano terrenal ni pasar al plano espiritual. Están estancadas en un esquema de pensamiento de miedo e intentarán consumir la energía personal de otros.

En un momento de crisis o claridad, sus Guías o grupo de almas pueden darse a conocer con una intervención o inspiración. Su intuición le dirá si lo ayudan dándole energía o tratando de robársela y disminuir su confianza y su orden personal.

INTERVENCIÓN EN LAS CRISIS

En su libro *Reflections on Life After Life*, el doctor Raymond Moody cita algunos de los relatos que reunió acerca de personas que fueron rescatadas de la muerte inminente gracias a la intervención de algún agente o ser espiritual.

Moody menciona el ejemplo de un hombre que quedó atrapado en una cuba en la que estaban bombeando un chorro de ácido muy caliente. "Me puse lo más lejos que pude, en un rincón, con la cara contra la pared, pero estaba tan caliente que me quemaba a través de la ropa... Me di cuenta de que en cuestión de minutos me iba a escaldar... entonces pensé: 'Se acabó. Me voy'. ... todo el lugar pareció iluminarse con un resplandor.

"Y de un lugar que luego resultó ser la única salida posible, me llegó un versículo de la Escritura que había oído toda la vida y que no había significado gran cosa para mí: 'Siempre estoy contigo'. No podía abrir los ojos, pero aun así seguía viendo la luz, de modo que la seguí. Sé, de todos modos, que tenía los ojos cerrados. El médico ni siquiera me trató los ojos después. No les entró nada de ácido."[21] En este caso, el hombre interpretó que esa ayuda divina era Cristo. Moody afirma: "Las personas que la han vivido [esta intervención] informan que después su vida cambió, que empezaron a sentir que habían sido salvadas de la muerte con un propósito".[22]

Otro hombre informó que durante la Segunda Guerra Mundial vio que un avión enemigo se abalanzaba sobre el edificio en el cual estaba él. Lo bombardeaba y el reguero de balas avanzaba hacia él. "Pensé que nos matarían a todos... No veía nada, pero sentía una presencia maravillosa y reconfortante a mi lado, y una voz suave y agradable dijo: "Estoy aquí contigo, Reid. Tu hora todavía no ha llegado'."[23]

PRESUNCIONES, CONSEJOS EXTRAORDINARIOS Y SINCRONICIDAD

Kenneth Ring cuenta la historia de una mujer, Stella, que experimentó cambios internos significativos mientras seguía una visión. Stella, adoptada siendo muy pequeña, creció en un medio fundamentalista. Al llegar a la edad adulta, se describía a sí misma como tímida, huidiza y dócil. Se casó y asumió las responsabilidades familiares. "Poco antes de su experiencia cercana a la muerte, en junio de 1977, tuvo lo que se entiende por una visión en la vigilia... estaba en la cama, pero antes de dormirse... vio una serie de caracteres escritos... mucho más adelante, después de su experiencia cercana a la muerte, descubrió que los caracteres eran hebreos... y se traducían por 'Más allá del punto de fuga'."[24]

Durante la experiencia se encontró con un ser de luz: "Casi como dos caras en una. Una con la belleza, la paz y la luz del lugar, y no obstante contenía de alguna manera, en la misma cara, la forma que había sido golpeada. Daba la impresión de que un lado era deforme. Uno totalmente pacífico y uno con el dolor del otro. [Ring le pregunta si este ser le había comunicado algo] ... Sí... [que] el haberme enviado aquí tenía un propósito y el propósito tenía que ver con traer un conocimiento, un conocimiento especial... y que hay vida después de esto en un nivel mucho mayor... Somos muchos más. Que tenemos la habilidad y la capacidad de saber... [¿Tenía alguna idea de la identidad de este ser?] No trato de hacer ninguna identificación para nadie. [Interiormente, ¿qué piensa?] Siento con mucha convicción que él también tenía un propósito. Sea cual fuere, yo no lo veía con claridad, pero también tenía que ver con traer un conocimiento, una comprensión a la humanidad...".[25]

El ser le dijo luego que ella era judía y que había algo que era un bloqueo desconocido para ella. Fue una clave para comprender. Después de este episodio, Stella empezó a buscar a su familia biológica. En un momento, llegó a un callejón sin salida en su búsqueda de pistas. "Dije: Muy bien, trato de hacer lo que me dijiste, pero no hay papeles, de modo que si es esto lo que quieres que haga, tendrás que ayudarme. Y volví a la ciudad y esa noche me senté en el restaurante para tratar de imaginar otro tipo de acción, y dos policías pasaron junto a la mesa y pensé: 'Supongo que esto es una pista'." Uno de ellos volvió a la mesa donde había estado sentado, porque se había olvidado algo. Ella vio la posibilidad de decirle que buscaba a alguien.

El policía la puso en contacto con una pareja que dirigía un diario local desde hacía años. Ellos, a su vez, la enviaron a ver a un juez retirado que había vivido en la ciudad durante mucho tiempo. "Cuando Stella lo conoció [al juez] se quedó soprendida. "Cuando me vio, fue como si el reloj hubiera retrocedido... Me miró y después me puso en contacto con mi abuelo, que se había jubilado y se había mudado a Florida'."[26]

La vida de Stella cambió por completo después de conectarse con su herencia familiar. Se convirtió al judaísmo, se divorció del marido y llegó a ser una empresaria de éxito. Trabajó en el Consejo para la Niñez y la Juventud y asumió una postura activa en los problemas de los niños adoptados. En este caso, la ayuda que recibió de la Otra Vida —por ejemplo, la conciencia de su herencia perdida, con el consiguiente bloqueo que ésta le causaba, y la experiencia de la dimensión espiritual— le reveló lo restringida que había sido su existencia hasta ese momento. Como en una retrospectiva de la otra vida, Stella vio que no pensaba por sí misma. "...implantado de alguna manera en esa niña de nueve meses estaba el conocimiento de que mi madre biológica me había rechazado y que si no adhería a todas esas reglas, normas y exigencias, de alguna manera era culpa mía. Levanté una barrera y me impedí pasar más allá de lo que se me pedía, para no ser rechazada."[27] De hecho, como vimos al hablar de los estudios de TenDam, esta *presunción* —"Hice algo malo; por lo tanto, me conviene respetar las reglas para no ser rechazada"— podría ser el esquema kármico que espera ser reparado en la Visión del Nacimiento de Stella. De este modo, recibió una asistencia extraordinaria de su yo superior o su grupo de almas, que retenía el recuerdo de este objetivo.

LAS GRANDES ALMAS SIGUEN TRABAJANDO PARA LA HUMANIDAD

El libro de Ruth Montgomery *A World Beyond* está escrito como relato de un testigo ocular de la Otra Vida, en este caso el vidente internacional Arthur Ford. Montgomery y Ford habían sido socios hasta la muerte de este último, víctima de una enfermedad cardíaca. Después de su transición a la dimensión espiritual, empezó a contactarse con Montgomery a comienzos de la década de los 70 a través de la escritura automática.

Ella lo interrogó respecto de personas famosas que habían muerto y quería saber qué hacían en la Otra Vida, al parecer un lugar de abundantes proyectos y aprendizaje. Como se señaló anteriormente, el ex presidente Jack Kennedy hizo una transición excepcionalmente rápida a la dimensión espiritual. En una de sus comunicaciones con Montgomery, Ford indica: "Jack [Kennedy] está trabajando en cuestiones internacionales y su principal inquietud es tratar de llegar a alguna especie de arreglo entre los israelíes y los árabes. Bobby [Kennedy] dejó su corazón en el movimiento de derechos civiles [y trabaja en ese campo] ... Los hermanos tienen vínculos kármicos muy fuertes y han estado tan cerca uno del otro en tantas vidas anteriores que sin uno el otro parece menos que el todo. El grupo familiar muy apegado fue una elección prenatal, dado que cada uno quería compartir de nuevo su vida con el otro".[28] Luego mencionó que otros líderes mundiales, como Eleanor Roosevelt, Franklin Roosevelt, Winston Churchill y Dwight Eisenhower, siguen trabajando con grupos de almas en la Otra Vida e inspirando la conciencia de los seres humanos terrenales comprometidos en el trabajo por la paz. Según Ford: "El teléfono, la electricidad, el barco de vapor y muchas otras cosas de igual calibre... fueron esfuerzos conjuntos de almas talentosas de este lado y del lado físico, que trabajaron juntas para mejorar las condiciones en el plano físico. Einstein, que dormía varios minutos a distintas horas del día, se sintonizaba en realidad con las fuerzas que renovaban su objetivo y le sugerían el siguiente paso en sus experimentos. La moraleja para todos es que esas siestas [son importantes], cuando, como seres físicos, podemos entrar en comunión con los seres del espíritu de este lado para reabastecernos de energía, rumbo y objetivos".[29]

Otro aspecto que señala Ford es que a las almas que hicieron avances significativos para la humanidad con compasión, dignidad, espíritu de servicio y amor no siempre se les exige que vivan la invalidez de la vejez. Como dice Robert Monroe en *The Ultimate Journey*: "Una vez que hemos satisfecho nuestro propósito de aprendizaje, podemos irnos".

LLEGA INFORMACIÓN IMPORTANTE DESDE LA OTRA VIDA

En *La Décima Revelación* nuestro personaje se ve en otra vida como monje en Francia en el siglo XIII. Entiende que en esa vida tomó posesión de las Revelaciones y las copió para preservarlas. Había querido darlas a publicidad, pero sus hermanos ascetas se negaron a oponerse a la Iglesia.

El valor de toda información de vidas pasadas es que nos ayuda a liberarnos para vivir, amar y desarrollarnos de manera más plena en el presente. Las compulsiones, una pena abrumadora y el miedo debilitador bloquean la buena salud y el bienestar. La terapia de regresión puede ofrecer un camino para superarlos cuando otras exploraciones tradicionales no han dado resultado.

Brian Weiss escribe sobre una mujer que fue a uno de sus talleres de vidas pasadas en México. "Acababa de tener un recuerdo de vidas pasadas en el cual su actual marido era su hijo. En la Edad Media, ella había sido hombre y, ella, el padre, lo había abandonado. En su vida presente, el marido siempre temía que ella lo dejara. Este miedo no tenía ningún fundamento racional en la vida actual. Ella nunca había amenazado dejarlo. Lo tranquilizaba constantemente, pero la inseguridad abrumadora del marido le arruinaba la vida y estaba afectando la relación. Ahora ella comprendía el verdadero origen del miedo del marido. Corrió al teléfono para darle la respuesta y asegurarle que nunca podría volver a abandonarlo."[30]

Los traumas de vidas pasadas no reparados pueden manifestarse como hipersensibilidades en una vida actual. Según TenDam, "los traumas son como nichos ocultos, los postulados (presunciones permanentes hechas después de un hecho traumático) son como norias, espirales, nudos o círculos viciosos en los senderos de nuestro jardín psíquico. Están arraigados en nosotros como programas fijos: 'Si pierdo el control, estoy perdido', 'Si escapo, seré libre', 'No puedo pensar porque soy mujer'."[31] Si tuvimos una vida que fue solamente trabajo, es posible que hayamos salido de esa vida con un postulado: "La vida es agotadora". Si morimos en el trauma de caer de un tren o nos ahogamos, podemos tener un miedo irracional a los trenes o al agua profunda.

ESQUEMAS REPETIDOS EN DISTINTAS VIDAS

El personaje de La Décima Revelación repasa otra vida en el siglo XIX. En esta vida, comprende que el desenlace negativo de la vida del siglo XIII creó su miedo y su falta de disposición a apoyar la postura de Charlene a favor de la paz. Estas dos vidas originaron la tendencia del personaje a mantenerse al margen de la confrontación. Él empieza a ver que hizo la elección de madre y padre para elaborar este miedo a la confrontación.

También se da cuenta de que su exposición anterior a las verdades espirituales de las Revelaciones en el siglo XIII engendraron curiosidad y pasión en esta vida. Esta parte de la historia nos muestra que un individuo puede tener una Visión del Nacimiento que afecta directamente la Visión colectiva, o sea que está rastreando las Revelaciones como parte de su karma personal pero también está contribuyendo a la evolución de la conciencia. Obviamente, parte de su Visión del Nacimiento incluye su búsqueda de las Revelaciones tal como afloran a la conciencia masiva. La oportunidad lo es todo. El personaje de *La Décima Revelación* tiene ahora una posibilidad de resolver esta prueba de defender sus creencias, algo en lo que antes había fallado. Si no lo logra, es muy probable que deba enfrentar otra situación similar en la próxima vida.

CICATRICES PSÍQUICAS

Las experiencias permanecen sin resolver porque representan mucho dolor para enfrentar en el momento o porque la persona muere antes de tener la oportunidad de concluir su lección. Las muertes traumáticas pueden dejar un miedo permanente, por ejemplo, al agua, a la oscuridad, a las cuevas o la altura, según la asociación con el *dolor* en torno de la muerte. A veces, la reacción hiere tan profundamente a la persona que en forma inconsciente hace una declaración al respecto, como: "Nunca volveré a estar en esa posición", "No me humillarán públicamente nunca más", "Es imposible resistirse a la autoridad", "No hay nada que hacer".

Una mujer que tenía dificultades para equilibrar su compromiso con su amante con la atención dedicada a su trabajo describió la sensación de incomodidad que la embargaba: "Me siento como una especie de samurai. Me parece que debo estar muy atenta y ser ultrasensible a cualquier cambio en el aire para poder tomar medidas rápidas en caso de ser necesario". Ésta es sin duda una forma muy singular de establecer una analogía. Podría ser que fuera un postulado surgido de una situación así en otra vida. Estas afirmaciones se fijan en la naturaleza y se trasladan de una vida a otra. El personaje del libro, por ejemplo, debía aprender a confiar en su intuición, corregir su tendencia a ser distante y continuar su búsqueda de conocimiento espiritual a la sombra de sus traumas pasados referidos a cuestiones espirituales. Según TenDam, este tipo de remanente de una vida a otra es una de tres dinámicas que ayudan a conformar la calidad de vida: la retención, la repercusión y la fruición.

Retención de rasgos

La retención es la persistencia, a través de las vidas, de alguna característica de la personalidad o algún rasgo físico. Capacidades como el talento musical y la pericia intelectual pueden desarrollarse a lo largo de varias vidas y traerse a la existencia actual, como en el caso de los niños prodigio o los genios. TenDam considera que las capacidades paranormales son consecuencia de la formación en los templos en vidas pasadas. "La meditación... las experiencias extracorporales, la clarividencia... cualquier otro don paranormal, pueden rastrearse regresivamente a una o más vidas con un entrenamiento prolongado."[32] Las tendencias, los defectos y hasta las adicciones se remontan a vidas en las que estas ideas estaban profundamente arraigadas.

Repercusiones de hechos de vidas pasadas

Las repercusiones de hechos traumáticos, como el ejemplo mencionado con anterioridad, pueden seguir atormentando las vidas hasta que se identifican y liberan. Estas pesadas energías inconscientes pueden derivar en fobias, compulsiones y problemas físicos que desafían los diagnósticos actuales.

En *La Décima Revelación*, Maya experimenta cierta resistencia aunque siente que está haciendo lo que vino a hacer. Se resiste a la idea de que forma parte de un grupo que está destinado a reunirse y superar el Miedo para poder detener el experimento. Esto es resultado (repercusión) de las experiencias negativas que tuvo en la vida en que trató de impedir la guerra entre los indios y los blancos. Todavía no hizo una conexión con esa vida, y por eso tiene recuerdos *inconscientes* que generan miedo y resistencia.

Recoger los frutos

La fruición es la dinámica de cosechar los frutos de acciones, pasadas buenas o malas. Por ejemplo, si usted tuvo una vida fantástica en España en una vida anterior, es posible que tenga una preferencia por ese país en esta vida sin saber por qué. Por lo mismo, si había vivido una o más vidas en la desesperación como padre de una gran familia que no podía mantener, tal vez sea muy cauteloso con los compromisos familiares en esta vida. La fruición también implica que, desarrollando buenas cualidades o relaciones en esta vida, podemos prepararnos para una mayor armonía y una mayor conexión afectiva en la próxima.

EN LA CUEVA DEL CONEJO

Algunas aperturas dimensionales pueden literalmente arrastrarnos a un encuentro metanormal. En las culturas tradicionales, estos sucesos se aceptan ampliamente. Malidoma Somé, chamán africano y autor de *Of Water and the Spirit*, describe una experiencia que tuvo a los tres años. Había salido con la madre a juntar leña cuando se topó con un conejo. "Salió corriendo de su escondrijo y empezó una carrera salvaje." Se metió entre la maleza siguiendo al conejo, revisó una parte donde sabía que había un nido de animales. "Este nido era un agujero de tierra cavado en un pequeño montículo con la abertura cubierta de pasto y el interior lleno de paja suave. Quité el pasto y estaba a punto de saltar de cabeza sobre el miserable conejo, pero nunca concluí la acción. Todos mis movimientos quedaron suspendidos como por un *shock* eléctrico. Donde yo creía que había un conejo encontré en cambio a un hombrecito tan pequeño como el conejo mismo. Estaba sentado en una silla casi invisible y sostenía una caña minúscula en la mano derecha... A su alrededor había un resplandor, un anillo brillante como el arco iris, como una ventana o un portal redondo a otra realidad. Aunque su cuerpo cubría la mayor parte del portal, veía no obstante que había un mundo inmenso en su interior.

Pero lo que más me sorprendió es que en ese mundo las leyes de la naturaleza no funcionaban como yo había visto hasta ese momento. La silla del hombrecito estaba apoyada en una pendiente empinada y no obstante no se caía para atrás. Vi que algo parecido a una pared muy delgada lo sostenía." Petrificado, Somé oyó que el hombrecito decía: "Llevo mucho tiempo observándote, desde que tu madre empezó a traerte aquí. ¿Por qué quieres lastimar al conejo, tu hermanito? ¿Qué te hizo, pequeño?". Su boca diminuta apenas se movía al hablar y su voz era muy tenue... "De aquí en adelante, sé amigo de él. A él también le gusta la frescura de este lugar, él también tiene una madre que lo cuida..." "Mientras el hombrecito hablaba, vi al conejo, que había estado todo el tiempo semioculto detrás de él en el círculo mágico. Entretanto, oí un crujido, como si la tierra misma se abriera. Apenas lo oí, el anciano se puso de pie, cargó la silla sobre su hombro y entró en la abertura como si lo hubiera ordenado. La tierra se cerró detrás de él, dejando una ráfaga de brisa fresca en su lugar."

> La educación tradicional consiste en tres partes: la ampliación de nuestra capacidad para ver, la desestabilización del hábito del cuerpo de estar atado a un plano del ser y la capacidad para viajar transdimensionalmente y regresar. Ampliar nuestra visión y nuestras capacidades no tiene nada de sobrenatural, más bien es "natural" formar parte de la naturaleza y participar en una comprensión mayor de la realidad. **Malidoma Patrice Somé, *Of Water and the Spirit***

En ese momento oyó la voz de la madre que lo llamaba. Al parecer, llevaba horas buscándolo, aunque para él sólo había estado hablando con el hombre unos minutos. Cuando le contó la historia a su madre, ésta se alarmó porque sabía que había visto a Kontomble, un espíritu.

La gente de su tribu, los Dagara, creen que el contacto con el otro mundo siempre es profundamente transformador. Las madres temen que los niños se abran al otro mundo demasiado pronto, porque cuando esto ocurre, los pierden. "Un niño continuamente expuesto al otro mundo empieza a recordar su misión en la vida demasiado pronto. En esos casos, el niño debe ser iniciado en forma prematura. Una vez iniciado, es considerado adulto y debe cambiar su relación con los padres."[33]

OTRO TIPO DE APERTURA DIMENSIONAL

Parte de la atracción que sienten los occidentales por las prácticas chamánicas y neochamánicas está arraigada sin duda en el deseo de tener la experiencia personal de otras dimensiones, lo cual constituye la idea central de la Quinta Revelación, el Mensaje de los Místicos. La idea de esta Revelación es que un número cada vez mayor de personas podrán viajar a otras dimensiones aprendiendo a elevar su nivel vibratorio. El doctor Henry Wesselman, paleoambientalista de formación, escribió *Spirit Walker*, un libro que describe sus propias experiencias de viajes al futuro. Mientras hacía estudios de posgrado en la década de los 80, Wesselman empezó a tener experiencias extracorporales involuntarias. Después de pasar meses temiendo estar loco, empezó a entender lo que sucedía. Se vio a sí mismo unos cinco mil años en el futuro en la nueva costa del oeste de los Estados Unidos. Se dio cuenta de que estaba viendo el mundo a través de la presencia física de su ancestro futuro, un hombre llamado Nainoa, que originalmente era de las islas hawaianas luego de considerables cambios planetarios. Wesselman cree ahora que todos los seres humanos poseen la capacidad de entrar en estas otras dimensiones de tiempo y espacio. Considera que tenemos en nuestro campo energético un "programa" que permanece aletargado hasta que, de manera espontánea o mediante prácticas intencionales, aprendemos a activarlo.

ESTUDIO INDIVIDUAL

Notas de amor

Reflexione sobre su vida. Si tuviera que calificar su capacidad para amar *a todos* y su apertura a la adquisición de conocimiento, ¿qué puntaje se pondría en una escala en la que 100 fuera la nota más alta y 1 la más baja?

"Y la creación de este nuevo consenso puede, a su vez, tener derivaciones para la evolución. Pues si una necesidad se une a una dinámica grupal, si se solidifica un nuevo 'campo morfogenético' de intenciones, es posible que algunos de los hábitos o leyes de la naturaleza puedan 'quebrarse' o cambiarse, haciendo posibles nuevas formas de vida.

"Cada vida salvada, liberada, enriquecida contribuye a la construcción de la nueva tierra y el nuevo cielo. Es aquí, en la liberación y transformación de la existencia terrenal, donde se prueba la 'otra vida' pero, 'se prueba' en el sentido italiano de *'provare'*, experimentar." **Michael Grosso, What Survives? Contemporary Explorations of Life After Death.**

Revisión de la vida

Sabiendo que cada pensamiento y acción, por insignificante que parezca, va a aparecer en su revisión, ¿qué haría de distinto mañana?

Obstáculos

¿Con qué áreas ha luchado más? Elija la idea o las dos ideas más importantes de la lista que aparece a continuación, o seleccione algún otro problema que no figure en ella. Escriba durante cinco minutos cómo vivió este obstáculo en el pasado.

Física	Mental	Emocional	Espiritual
estatura	confianza en sí mismo	amor romántico	racismo
peso	incapacidad de aprendizaje	disfunción familiar	ostracismo
demasido dinero	traba con el lenguaje	depresión	traición
falta de dinero	enfermedad mental	miedo	alienación
falta de belleza		pérdida	desconfianza
demasiada belleza		pena	
adicciones			
sexualidad			

¿Cómo se benefició, llegado el caso, con estos aparentes obstáculos? ¿De qué manera los obstáculos aumentaron su capacidad de amar? Si un/a amigo/a tuviera el mismo problema, ¿qué consejo o sugerencia le daría?

Logros

Sin preocuparse por ser modesto, ¿de qué realizaciones se siente más orgulloso? Escriba durante cinco minutos cómo llegó adonde está, qué fue lo que más lo ayudó y qué le habría gustado saber retrospectivamente.

Lindos momentos

- En los próximos dos días, observe las oportunidades que se le presentan de ser silenciosamente útil o amable para con alguien, *sin decírselo a nadie...* nunca.
- En esta semana, observe lo amable que es la gente en los negocios, en la estación de servicio, en las esquinas, en su familia, en todos los lugares a los que su camino lo lleve. En silencio, observe su amabilidad y sienta la energía afectiva entre ustedes.
- Ejercítese imaginando a las personas como almas, usando la imagen que más le resulte. Nunca sabemos cuál es el destino de otra persona, de modo que evite analizar a los individuos para saber cuál es su Visión del Nacimiento, pero, envíeles energía afectiva (silenciosamente) para ayudarlos a recordarla.
- ¿Experimentó alguna intervención inexplicable en una crisis?
- Si hubiera algún amigo o familiar en esta vida buscándolo del otro lado, ¿quién sería?
- ¿Por qué tres o cuatro personas famosas de otras épocas se siente atraído/a? ¿Cómo influyeron sus vidas o filosofías en su vida?

ESTUDIO GRUPAL

- Estudien algunos de los libros mencionados aquí o traigan otros que conozcan sobre reencarnación, terapia de vidas pasadas, experiencias extracorporales, experiencias cercanas a la muerte o comunicación después de la muerte. Por turnos, vayan leyendo algunos pasajes que les hayan parecido interesantes y utilícenlos como base para la discusión grupal.
- Si a todos les resulta agradable, pueden compartir experiencias que hayan vivido en forma personal.
- Utilicen una de las sugerencias mencionadas en el Estudio Individual como base para escribir y comunicarse ideas. Recuerden: mantengan la energía despejada y no se demoren en energía Pobre de Mí. No obstante, tengan cuidado de no rotular a alguien como Pobre de Mí con demasiada rapidez si la persona está relatando un desafío o una pérdida realmente importante. Etiquetar no sirve de nada.
- Hablen de las personas o maestros famosos de otras épocas que más influyeron en su vida o en su filosofía personal.

CUARTA PARTE

En la oscuridad

CAPÍTULO 7

Recordar la Visión del Nacimiento

CABALLO
PODER

Cuando tenemos la intuición o el sueño de ir tras determinado rumbo en nuestra vida, seguimos esta guía y se producen algunos hechos que parecen coincidencias mágicas, nos sentimos más vivos, más estimulados... Cuando tenemos una intuición, una imagen mental de un futuro posible, lo que recibimos en realidad son chispazos de recuerdo de nuestra Visión del Nacimiento, lo que querríamos estar haciendo con nuestras vidas en ese momento particular de nuestro viaje. Puede no ser exacto, porque las personas tienen libre albedrío, pero cuando sucede algo que se acerca a nuestra visión original, nos sentimos inspirados porque reconocemos que nos hallamos en un camino de destino que queríamos recorrer.

LA DÉCIMA REVELACIÓN:
EN BUSCA DE LA LUZ INTERIOR[1]

DESPERTAR A NOSOTROS MISMOS

Las palabras escritas no reemplazan la experiencia personal de los misterios de la vida. Habiendo llegado hasta aquí en su viaje, usted conoce la excitación de vivir una parte de la verdad que está buscando. No hay ningún principio o teoría que abra las puertas que usted desea franquear hasta que no esté listo para hacerlo.

Su pregunta puede ser: "¿Quién soy? ¿Cuál es mi Visión del Nacimiento?" La única respuesta puede ser el "¡Sí!" interior que resuena desde la conexión que establece cuando una idea es correcta, cuando una relación prospera o cuando alguien lo ayuda sin ninguna fanfarria.

Thomas Moore escribe en *Soul Mates: Honoring the Mysteries of Love and Relationship*: "Estoy convencido de que en el cambio surten mayor impacto ligeras modificaciones en la imaginación que esfuerzos importantes... que los cambios profundos en la vida siguen a movimientos de la imaginación... [la cuestión] es liberarnos de las ideas e imágenes viejas y rígidas de lo que significa el amor, estar casado, ser amigo o vivir en una comunidad".[2]

La Décima Revelación sugiere que "por fin vamos tomando conciencia de un proceso que fue inconsciente desde que empezó la experiencia humana. Desde el comienzo, los seres humanos percibieron una Visión del Nacimiento, y después... se volvieron inconscientes, al tanto sólo de las intuiciones más vagas... Ahora estamos a punto de recordar todo".[3]

DESPERTAR AUMENTA LA ENERGÍA Y MULTIPLICA LAS REVELACIONES

La historia es el relato que nos contamos sobre lo que creemos que ocurrió. La historia es el relato de nuestras creencias, la espiral de nuestras elecciones, pero no la única base para el futuro. El personaje de *La Décima Revelación*, por ejemplo, llega a tomar conciencia de que "por fin, podíamos ver la historia no como una lucha sangrienta del animal humano, que egoístamente aprendió a dominar la naturaleza y a sobrevivir con un estilo mejor, apartándose de la vida en la selva para crear una civilización vasta y compleja; podíamos ver la historia humana más bien como un proceso espiritual, como un esfuerzo más profundo y sistemático de almas que, generación tras generación, vida tras vida, luchaban a través de los milenios en pos de un objetivo solitario: recordar lo que ya conocíamos en la Otra Vida, y llevar ese conocimiento a la conciencia en la Tierra".[4] Si bien es específico de la necesidad de cada alma desarrollar algunas características, las Visiones del Nacimiento también incluyen el objetivo colectivo de hacerse conscientes. *Las Visiones del Nacimiento son la fuerza evolutiva propulsora dentro de cada uno de nosotros.*

ELEGIR LOS PADRES Y EL ENTORNO DEL NACIMIENTO

De acuerdo con algunas enseñanzas espirituales, en cierto nivel de desarrollo del alma adquirimos el derecho a elegir los vehículos (padres) para nuestro regreso a la Tierra. En *La Décima Revelación* vemos a Maya, la médica y sanadora, que contempla, en la dimensión de la Otra Vida con su grupo de almas, a los padres que eligió para esta vida. Considera las ventajas de exponerse a tipos particulares de padres y las tendencias negativas o no desarrolladas que la siguieron vida tras vida. En esta visión también toma conciencia de que su propósito encaja con la Visión Global y que su grupo de almas la ayuda a retener el recuerdo de su plan de vida.

Durante su visión "previa a la vida" respecto de la forma en que su vida evolucionaría, Maya también ve a todas las personas que entrarán en su existencia para ayudarla a aprender sus lecciones y estimular su crecimiento. Ve, en un momento de su vida, que el descubrimiento de las Revelaciones la llevará a encontrarse con un grupo particular de gente. Desde la pers-

> Maya experimentó una revisión total de la Sexta Revelación y estaba a punto de recordar para qué había nacido. **James Redfield,** *La Décima Revelación: En busca de la luz interior*

pectiva de la Otra Vida, entiende perfectamente que su grupo y otros grupos independientes van a llegar a recordar "quiénes eran en un nivel superior y [servir] para superar la polarización"[5] del Miedo. Este conocimiento de su Visión original del Nacimiento acelera su entusiasmo por la vida y contribuye a convalidar las decisiones que tomó. Se da cuenta de que hasta el momento su vida, pese a no estar predeterminada, ha respondido a la concepción profunda de su intención original. En el libro, los personajes ven que Maya entra en el portal, la abertura entre las dimensiones, en el momento del estallido orgásmico de sus padres al hacer el amor.

COMPROMISOS, PLANES Y PROPÓSITOS

No todos pensamos para adelante en la vida. Nos sumergimos en las ideas nuevas sólo con una vaga idea de adónde puedan llevarnos. Y lo mismo nos pasa a algunos cuando elegimos una vida nueva. Como vimos en el último capítulo, existirían en apariencia tres poblaciones de almas bien diferenciadas: unas que nacieron sin plan o con un plan muy pobre; las que, como Maya, tienen un plan; y las que tienen una misión de poca. Los informes sobre regresiones realizadas en 1979 por Helen Wambach, una psicóloga estudiosa de vidas pasadas, revelaron algunas estadísticas interesantes respecto de las motivaciones para las distintas vidas. El 11 por ciento de las personas afirmaron que se resistían y más o menos temían emprender otra vida, y el 55 por ciento mostraban por lo menos cierta vacilación. El 8 por ciento de las personas regresadas dijeron que no sentían nada sobre su nacimiento en términos de un plan. El 23 por ciento dijeron que habían tenido un plan y que se veían haciendo consultas con sus Guías antes de bajar a la vida.

El 3 por ciento sentían que estaban "demasiado apurados" o que habían actuado en contra de los consejos (de sus Guías o grupos de almas).[6] Estas diferencias de actitudes reflejan sin duda cómo vemos muchos de nosotros nuestras vidas cuando estamos acá. De esta información puede inferirse que alrededor de un 20 por ciento del grupo entrevistado se había encarnado, aun cuando lo hubiera querido o planeado, o no. El resto por lo menos había aceptado volver a nacer.

Al parecer, los planes se hacen para realizar muchas cosas, grandes y pequeñas. Las almas que conocimos a lo largo de muchas vidas se ofrecen como voluntarias para actuar con nosotros en el nuevo drama de la vida que pedimos. Fijamos compromisos en la dimensión espiritual para encontrarnos más tarde y hacer cosas juntos. Piense un momento en las personas que fueron especiales en su vida. ¿Se imagina haciendo planes con ellas para encontrarse aquí? ¿Recuerda cómo conoció a su mejor amigo/a? ¿Su pareja? ¿Alguien que apareció en un momento crucial? ¿Sintió el "destino" o la sincronicidad en ese momento?

NI DEMASIADO AMBICIOSOS NI DEMASIADO HUMILDES

Sobre la base de relatos de personas que vieron sus vidas anteriores desde la perspectiva de la Otra Vida, TenDam hizo algunas observaciones que nos convendría tener en cuenta la próxima vez que proyectemos una vida en la dimensión espiritual. Como no podemos eludir las consecuencias de nuestras decisiones y acciones, sugiere: "Sea sumamente cuidadoso al fijar su voluntad o juicio en una noción particular. Al parecer, las intenciones firmes y los juicios rígidos pueden obrar a lo largo de las encarnaciones. No sea ni demasiado ambicioso ni demasiado humilde en su plan de vida. Al hacer un nuevo plan de vida, tenga en cuenta primero las actitudes y capacidades que desarrolló y los objetivos de desarrollo adicionales obvios. Luego sigue la herencia de los traumas y postulados. A menudo no encontramos una combinación de padres, sexo y condiciones de vida ideales en todo. Además de lo que queremos y podemos manejar, las condiciones de vida reales [de su vida en la Tierra] en general establecen límites al desarrollo de competencias y a la solución del karma. Trate de encontrar condiciones pre y posnatales que estimulen los traumas elegidos sin estimular los otros. Además, busque circunstancias adecuadas e instructivas. Sólo se puede trabajar en los problemas acumulados en nuestras vidas".[7]

¿PODEMOS HACER LO QUE QUEREMOS?

Nuestra opción de encarnaciones parece estar limitada por el nivel de desarrollo de nuestra alma. Tal vez las almas menos desarrolladas (almas más jóvenes) que todavía no se ganaron el derecho a hacer un plan de vida deban aceptar los padres que pueden conseguir. Según los informes de regresiones, las almas jóvenes pasan menos tiempo en el estado espiritual entre reencarnaciones, pues su deseo de experiencias físicas las envía con rapidez de vuelta a la Tierra. Las almas que causaron mucho daño y sufrimiento pueden pasar eternidades en dimensiones sin luz mientras vuelven a experimentar todo el sufrimiento que causaron y luchan por despertar a su naturaleza espiritual. Si bien no hay ningún Dios colérico, vengativo o enjuiciador que nos expulse o castigue, no podemos escapar a las repercusiones de nuestros actos. No obstante, una vez hecho un pedido de ayuda, la asistencia espiritual llega a través del servicio de las almas que se ofrecen como voluntarias para esta tarea.

El alma, aconsejada por su Guía o su grupo, hará su selección de padres y entorno para nacer, pero, según algunas filosofías, en ese caso hay que tener una "entrevista" con el Espíritu Santo para averiguar si las opciones consideradas están en armonía con el desarrollo del alma. El alma aparentemente hace una especie de reserva de la madre que eligió, y puede entrar en el feto en desarrollo en forma inmediata o en cualquier momento antes del nacimiento, o incluso varios días después del nacimiento.

EL LIBRE ALBEDRÍO SUBSISTE AUN TENIENDO UN PLAN

Estas visiones previas a la vida constituyen las situaciones ideales, o mejores, que se desarrollarían si todos siguiéramos nuestras intuiciones perfectamente. Aunque establezcamos el tipo de camino que queremos seguir, y aun cuando convengamos reunirnos con algunas otras almas en el transcurso de nuestra vida, no existen pruebas de que la vida esté por completo predeterminada. En definitiva, la vida tiene que ver con aprender, tomar decisiones y crecer ejerciendo el libre albedrío. La idea del *plan de vida con libre albedrío* es análogo a decidir salir a comer y elegir lo que vamos a comer. ¿Será una comida completa? ¿Algo liviano? ¿Un lugar formal o informal? ¿Chino? ¿Tradicional? ¿Francés? Analizamos nuestra decisión teniendo en cuenta varias razones, como la ubicación, el tipo de comida, el menú, el precio, pero una vez que estamos en el restaurante no tenemos un control total sobre nuestra experiencia. Escogemos de acuerdo con el momento. ¿Primer plato? ¿Carne o verduras? ¿Postre? ¿Café o té? Podemos entablar conversación con la persona que nos atiende, conocer a otras personas por casualidad o ver a un viejo amigo. Es posible que haya una demora, una mosca en la sopa o incluso que suframos una reacción alérgica. Si todo sale bien, nos divertimos mucho. El plan era salir a comer, pero cómo, dónde y qué comemos depende de las elecciones que hacemos libremente en el momento. Lo mismo pasa con la vida. Tenemos oportunidades, y algunas las aprovechamos y algunas no, y eso cambia el curso de nuestra vida. Aunque tengamos un objetivo general para elaborar, nos queda un amplio margen para vivir la vida. No siempre es predecible cómo aprendemos nuestras lecciones.

La Visión del Nacimiento

En *La Décima Revelación* los personajes se dan cuenta de que "en apariencia, antes de nacer cada uno de nosotros experimenta una visión de lo que puede ser nuestra vida, que se complementa con visiones sobre nuestros padres y nuestras tendencias a desarrollar dramas de control específicos, incluso cómo podremos superar esos dramas con esos padres y seguir adelante con nuestra preparación para lo que queremos realizar".[8]

> "Elegiste nacer en una familia particular porque eso te hacía más fácil cumplir tu propósito. Mientras estabas todavía en el seno de tu madre, les dijiste a los vivos algunas cosas para que recordaran. Pero, aun cuando te dijeran esas cosas, ¿las creerías? ¿Confiarías en ellas? No, porque cuando vienes aquí y adoptas la forma humana, cambias de opinión como el viento. Cuando no sabes quién eres, sigues el conocimiento del viento."
> **Malidoma Patrice Somé, *Of Water and the Spirit***

Una persona explica su deseo de no perder la conciencia de su propósito y su Visión del Nacimiento: "Sentía que despertaba de un largo sueño. Había descansado mucho tiempo. Pensaba que era tiempo... de volver al campo de la vida. Era consciente de que tenía muchísimas cosas para realizar en mi siguiente vida. No podía fallar como la vez anterior. Era muy importante que luchara por ser más consciente de todo después de renacer... Sabía que cuando volviera al mundo una amnesia temporaria se apoderaría de mí. Olvidaría mi propósito y mi misión. Lo había hecho en todas las oportunidades. Esta vez, sentía que recordaría antes. Ahí mismo decidí ser totalmente consciente en esa vida, vencer mis imperfecciones, luchar por algo superior, más profundo y puro que mi ronda usual de experiencias. Había vivido muchas veces. Había conocido el amor, el odio, el miedo, la muerte, la enfermedad, la penuria y la plenitud. Pero a través de todas esas experiencias en todas mis vidas en la Tierra, no había encontrado una alegría y una satisfacción duraderas... Quería estar en la Tierra como estaba aquí, por entero consciente de mi existencia. Para darme cuenta de que no era simplemente una persona, sino que era parte de Dios, una extensión de Él. En la Tierra lo olvidaba. *Pero estaba decidido a luchar por esa conciencia superior*" (la cursiva es nuestra).[9]

Otro hombre, empleado de un negocio de fotografía en una pequeña ciudad de Delaware, reflexiona sobre su visión de Dios poco antes de renacer: "Vi a Dios... Ninguna palabra, ninguna imagen, ningún lenguaje puede llegar a describirlo. Todas las formas emanaban de Él; vi todos los universos, todas las personas, todos los mundos contenidos en Él. Le expresé mis sentimientos, mi pena por haber fallado antes. Mis fracasos al parecer no lo perturbaban. Me alentó a intentarlo de nuevo. Con esta nueva inspiración regresé a la vida, decidido esta vez a ayudar a otros, a servir al mundo y a *ser plenamente consciente de mi existencia interna y externa*" (la cursiva es nuestra).[10] En los profundos movimientos de las almas de estos hombres vemos la idea oculta de la Visión Global, el deseo de traer conciencia espiritual al mundo material.

De manera interesante, el 60 por ciento de las personas con recuerdos prenatales bajo regresión pudieron responder la pregunta de Helen Wambach sobre su meta en la vida, la razón de su regreso. El otro 40 por ciento, que no señaló ningún plan especial, estaba formado por las personas que no habían elegido regresar (parte de la Población I, el retorno natural a lo físico). TenDam propone este resumen de la investigación sobre la recordación de un plan de vida.[11]

- El 27 por ciento vino a ayudar a otros y a crecer espiritualmente.
- El 26 por ciento vino a adquirir nueva experiencia como complemento o corrección.
- El 18 por ciento vino para ser más social.
- El 18 por ciento vino para elaborar relaciones personales kármicas.
- El 11 por ciento vino por razones varias.

De las personas que vieron sus vidas anteriores resulta interesante la claridad de la razón para la vida. El estudio de Wambach demostró razones tan específicas como: "Me había quedado muchísimo por hacer en la relación con mi madre"; "Tenía que atar todos los cabos y redondear algunos asuntos de mi vida inmediatamente anterior";

"Quería exponerme a una vida débil y complaciente y vencer esto"; "Regresé para poder sentir las cosas y tocarlas"; "Quería volver porque había muerto joven"; "Sabía que mis padres me necesitaban porque habían perdido una hija de 15 meses en un incendio".[12]

Elegir un camino difícil

Parecería que algunas almas deciden desafiarse a sí mismas naciendo en entornos abusivos, disfuncionales o constrictivos. Esas vidas ponen a prueba los límites de la tolerancia, la paciencia y el perdón. Curiosamente, es posible que estas almas hayan sido las más optimistas en cuanto a lo que querían enfrentar en la vida física. Antes de nacer estaban seguras de ser lo bastante fuertes como para despertar, superar la ira y el resentimiento suscitados por sus estados de privación y ayudar a sanar el sistema familiar, como preparación de su misión.

En el caso de hechos traumáticos que le suceden a una persona, ¿cuánto es dictado por el deseo de esa experiencia que tiene el alma? Si una mujer es violada, ¿significa que su alma eligió el hecho? Si un hombre pierde a su hijo, ¿quiere decir que lo estableció de antemano? Según los relatos de algunos remigrantes, quienes han tenido la posibilidad de evaluar su vida desde la perspectiva de la Otra Vida en las regresiones, la respuesta es que, en general, no se diagraman hechos específicos de antemano. Un alma puede muy bien planear exponerse a condiciones que la desafíen y pongan a prueba. El alma podría desear acelerar su desarrollo abriéndose al karma que espera ser experimentado y resuelto, pero no podría escoger un tiempo, circunstancia o trauma específicos.

Cuando se pierde un hijo, suele haber un acuerdo entre las dos almas de vivir la experiencia juntas para el mayor bien de ambas. Si un alma causó en forma intencional la muerte de alguien, las consecuencias de dicha acción deben equilibrarse. Un alma puede optar por autosacrificarse en una vida para pagar su deuda kármica. A veces, un alma que acaso no desee seguir estando en un cuerpo físico intercede de manera voluntaria

> "No existe ninguna poción mágica... que nos dé sabiduría. Sólo nuestras experiencias nos enseñarán y, eso, si estamos verdaderamente dispuestos a aprender. Podemos leer millones de libros cuyas palabras inspiradoras nos ayuden a orientarnos en determinada dirección. Pero sólo la experiencia puede conferirle verdadero sentido a la palabra escrita." **Rosemary Altea, *The Eagle and the Rose***

en una acción que está desarrollándose para darle la vida a otra. Algunos bebés mueren tempranamente porque su cuerpo físico no es fuerte como para alcanzar la madurez, o porque nunca tuvieron la intención de completar la vida, por la razón que fuere. Un niño puede vivir tiempo suficiente para traer alegría a los padres, pero una muerte temprana puede dar a los padres la posibilidad de experimentar un despertar espiritual más profundo del que de otro modo habrían tenido. Las pruebas indican que detrás de los hechos hay propósitos mucho más profundos de lo que estamos preparados para captar o entender.

LA REVISIÓN DE VIDA *AHORA*

Nadie cumple perfectamente sus Visiones del Nacimiento. Pero cuanto más conscientes seamos, más fácil nos resultará mantenernos abiertos y seguir nuestras intuiciones. Conectados con nuestra fuente, podemos dar más amor. Podemos superar nuestros dramas de control. Siendo más reflexivos, podríamos soltarnos y disfrutar del gran paseo de la vida. En la novela, Wil dice: "¿No lo ves? Esto debe de ser una parte clave de la Décima. No estamos descubriendo sólo que nuestras intuiciones y nuestro sentido del destino en nuestra vida son una remembranza de nuestras Visiones del Nacimiento. Al entender mejor la idea de aclarar el pasado de la Sexta Revelación, analizamos dónde nos apartamos del camino o no logramos aprovechar las oportunidades para poder retomar un camino que armonice más con la razón de nuestra presencia aquí. En otras palabras, traemos a la conciencia un poco más del proceso. Antiguamente, teníamos que morir para iniciar esta revisión de nuestras vidas, pero ahora podemos hacerla antes y en definitiva lograr que la muerte sea obsoleta, tal como lo predice la Novena Revelación".[13]

"Un relato reciente de una mujer de Texas pone en evidencia una combinación de observador oculto y recuerdo que, pese a ser obviamente muy rara, podría desempeñar un papel importantísimo en nuestras vidas si supiéramos abrirnos a ella. El día en que el marido abandonó a esta mujer, mientras ella estaba trabajando en su oficina, 'cruzaron' por su mente los detalles de los veinte años de su relación. La revisión es completa, en la secuencia adecuada y se centra exclusivamente en su relación, los malos entendidos y los errores de ambas partes que la arruinaron.

La experiencia duró horas; los recuerdos 'empezaban y terminaban como si una grabación hubiera empezado y acabado... Me parecía increíble, abrumador, asombroso... Era fascinante y espeluznante. Sin embargo, mientras lo experimentaba era consciente... del calor de mediodía, de caminar bajo el sol brillante'. Sin embargo, era sólo vagamente consciente de donde estaba mientras realizaba sus tareas. Nuevamente... dos realidades paralelas se presentaban a un solo testigo." **Joseph Chilton Pearce,** *Evolution's End*

En el libro de Ruth Montgomery *A Search for Truth*, los Guías le dicen: "Para cada uno, el momento de pensar en su futuro es mientras vive en lo que pasará a ser su pasado. Considera cada página como una página inmaculada en el libro de la vida. No dejes que esas páginas se manchen con tinta, barro o polvo. Llévalas contigo, sin manchas, a la etapa siguiente y llegarás mucho más allá de tus sueños más osados. Lo mejor para recordar es lo siguiente: *Saluda cada día como el futuro no empañado y manéjalo con el mismo cuidado que si ya tuviera una historia escrita de tu pasado*".[14]

El compromiso con el propósito de nuestra vida en términos de servir y ser

Paradójicamente, la mejor manera de atraer lo que queremos es concentrarnos en una intención fuerte para crear esa cosa y luego *olvidar la lucha por "tenerlo todo pensado" o controlar el resultado.* Cuanto menos luchamos, más empezará a desplegarse nuestro camino.

Muchísimas veces nos decimos que debemos "trabajar mucho" para encontrar nuestro propósito. Nos embarcamos en una actitud seria, más bien sombría, de "hacer las cosas bien" o sentimos que fracasamos en algún gran logro. Un regresado comentó, respecto de una vida pasada en Egipto llena de sufrimiento: "Muchas cosas proceden de esa clase de vida, muchas cosas... resistencia, paciencia, muchas cosas. Parece mundano, parece que no vale la pena, pero el alma aprende muchas cosas".[15] Cuando le preguntaron si todos, en el plano de las almas, tenemos conciencia de lo aprendido en una vida, respondió: "Sí, en el plano de las almas". Aun las personas que parecen indiferentes a la vida en su encarnación logran una toma de conciencia en el plano de las almas.[16]

LA PRÁCTICA ES LA PERFECCIÓN

Es útil crear las condiciones armoniosas para que la buena fortuna llegue a nosotros practicando todos los días ciertos estados vibracionales, como el reconocimiento, la gratitud, el perdón, el desapego (de la necesidad de satisfacer nuestros deseos), el humor, el amor, la apertura y la expectativa. Ser nosotros mismos y usar nuestros talentos con agradecimiento y generosidad es una garantía de que fluimos. Además, es importante que la riqueza circule y ver lo mejor en los demás para poder fluir con la ley del dar y recibir.

"¿Puede una persona cambiar su cosmovisión simplemente leyendo un libro que le hace modificar sus creencias sobre cómo son las cosas?

"En general no se puede convencer a la gente, en especial a los occidentales, del significado de la dimensión espiritual dándole sólo libros para leer. El factor crítico en una verdadera apertura espiritual es casi siempre una experiencia personal directa... puede empezar leyendo algunos libros y escuchando algunas conferencias, asistiendo a grupos espirituales y experimentando algunas formas sutiles de transformación en la meditación y otras prácticas espirituales." **Doctor Stan Grof, en** ***Towards a New World View*, de Russell E. DiCarlo.**

Una mujer luchaba por resolver un conflicto familiar que llevaba cincuenta y cinco años. Pensaba formas de obtener lo que consideraba que le correspondía de su herencia y tenía una fijación con el dinero que le debían. Lentamente, con mucho conflicto interno, vio que su verdadero deseo era la paz espiritual y la conexión. A los ochenta y seis años vio al fin que siempre había considerado como una creencia heroica que debía luchar por sus derechos y se había sentido sola y aislada durante años. Había olvidado que su fuente y su fuerza estaban en Dios.

Quédese en silencio y escuche la dirección interior *para usted*.

EL SERVICIO ES EL CAMINO

Como dijimos en el último capítulo, los mensajes que recibía Ruth Montgomery de los Guías de la Otra Vida insistían en la importancia del servicio como camino para cumplir nuestro destino. Afirmaban con claridad que las acciones más importantes que podemos emprender para desarrollarnos como almas consisten en ayudar a los demás cuando se cruzan en nuestro camino. En *A Search for Truth*, escribe: "Los Guías hicieron hincapié en el tema del servicio a los demás, 'que debemos realizar no sólo en un espíritu de caridad, sino como una necesidad candente de cumplir con nuestra misión'. Debe interesarnos más ayudar a los demás que a nosotros mismos. Al hacerlo, avanzamos automáticamente en nuestra propia causa. 'Ése fue el mensaje traído a su mundo hace eternidades por Cristo y otros líderes religiosos —escribieron—. El mensaje no cambió ni un ápice. Sigue siendo como entonces, cuando Cristo dijo: Amaos los unos a los otros. No es ésta una forma más de avanzar espiritualmente; es la única forma'".[17]

El misterio de la vida quiere revelarse. El misterio se devela mientras lee estas palabras.

"Sabe solamente que, cuando sea tu hora de dejar el plano terrenal y empezar tu vida de nuevo, la riqueza que traerás contigo será la riqueza del aprendizaje que ya ganaste y está dentro de tu corazón." **Grey Eagle, *The Eagle and the Rose*, de Rosemary Altea**

ESTUDIO INDIVIDUAL Y GRUPAL

Los siguientes ejercicios pueden hacerse en forma individual o trabajarse con amigos o en un grupo de estudio. La información puede completarse como tarea para la casa y luego debatirse en grupos de a dos o en el grupo general, si todos se sienten cómodos contando sus historias personales.

Pensar en los padres desde la perspectiva espiritual

Tómese un momento para reflexionar el significado más profundo que hay detrás de los padres (u otras personas que lo hayan cuidado) a los cuales eligió exponerse en esta vida.

Padre
- Si debajo de una foto de su padre hubiera un epígrafe describiendo su vida, ¿qué diría?
- ¿Qué faltó en la vida de su padre? ¿Hay algo que haya querido realizar pero no pudo? ¿Qué características estaban poco desarrolladas o faltaban en él?
- ¿Cuáles son las cosas más importantes que aprendió de él?
- ¿En qué se le parece?
- ¿Qué cosas desarrolló usted de manera distinta?
- ¿Qué influencia tuvo en su camino?

Madre

- Si debajo de una foto de su madre hubiera un epígrafe describiendo su vida, ¿qué diría?
- ¿Qué faltó en la vida de su madre? ¿Hay algo que haya querido realizar pero no pudo? ¿Qué características estaban poco desarrolladas o faltaban en ella?
- ¿Cuáles son las cosas más importantes que aprendió de ella?
- ¿En qué se le parece?
- ¿Qué cosas desarrolló usted de manera distinta?
- ¿Qué influencia tuvo en su camino?

Reflexión sobre su filosofía espiritual

Tómese un momento para preguntarse:

¿Qué pensaban mis padres sobre Dios?
Padre
Madre

¿Qué creencias tenían mis padres sobre la vida después de la muerte?
Padre
Madre

¿Cuáles eran los tres valores más importantes para mis padres?
Padre
Madre

¿Qué idea(s) de mis padres se fijaron más en mi mente?
Padre
Madre

¿Qué legado diría que dejaron mis padres al mundo?
Padre
Madre

¿Qué aprendí a hacer o no hacer mirando cómo vivían su vida mis padres?
Padre
Madre

¿Cuáles diría que fueron los elementos más importantes ausentes en las vidas de mis padres (buena salud, éxito, autoestima, afecto, sentido del humor, realización creativa)?
Padre
Madre

¿En qué soy como mis padres?
Padre
Madre

¿En qué cambié o evolucioné respecto de la forma en que mis padres vivieron sus vidas?

Padre

Madre

Suponiendo que por alguna razón fueran los padres perfectos para mí en esta vida, ¿cuál sería esa razón?

Padre

Madre

Declaración de Visión del Nacimiento

Cierre los ojos un momento y respire hondo un par de veces. Relaje el cuerpo. Imagine que está en lo alto de una colina mirando hacia un camino. En el camino se ve a usted mismo caminando. ¿Qué imágenes de su vida ve en determinados puntos de ese camino? ¿Qué tipo de imágenes o mensajes lo esperan al final del camino? Complete las frases que aparecen a continuación con las imágenes o intuiciones que recibió:

Al comienzo de mi camino veo...

En el medio de mi camino veo...

Cerca del final de mi camino veo...

Cómo se describiría a usted mismo/a ante otra persona, en términos de las siguientes áreas? Feche sus respuestas y léalas dentro de seis meses, un año, cinco años.

Mis puntos fuertes son...

Tengo talento para...

El tipo de ocupación o actividad más gratificante para mí es...

He colaborado con el mundo con...

Los tres desafíos mayores que tuve son...

Lo que hicieron por mí mis desafíos fue...

Veo la vida como...

Lo que más valoro en la vida es...

Lo que más me entusiasma es...

Mi mayor felicidad es...

Lo que más orgullo me da es...

Me dedico a...

Lo que nunca pueden quitarme es...
Lo único que me gustaría experimentar ahora es...
El legado que más probabilidades tengo de dejar es...
Tengo la sensación de que mi Visión del Nacimiento...
Mi Visión Global es...

Seguir la Visión

Sabemos que las aspiraciones y las imágenes referidas a una vida ideal nos llegan desde nuestra Visión del Nacimiento más profunda. Acepte sus ensueños como deseos reales que quiere ver realizados de alguna manera a través de usted. Claro, es posible que nunca sea una estrella de la ópera, pero puede intentarlo en tanto tenga el ánimo de hacerlo. O tal vez se divierta más (¿acaso no forma parte de lo que quiere?) organizando un grupo de canto en la escuela local o en un cargo en la comunidad. Persistentes antes que obsesivas, claras antes que fluctuantes, las visiones deben desembocar en acciones. Las acciones nos ponen en el camino de la realización. Los seres humanos no son sólo mecanismos de respuesta maniobrados para superar las condiciones dadas para sobrevivir. Los seres humanos son hacedores de sueños.

Juego de la Visión

- ¿Qué imagen le viene constantemente a la mente? ¿Qué quiere que no tenga?
- ¿Qué tiene que no le gustaría perder?
- Suponga que mañana se despierta con una vida y una situación laboral ideal en la que expresa sus mejores cualidades. Escriba algunas frases al respecto.
- ¿Qué palabra elegiría para describirse? ¿De qué manera es útil esa cualidad al mundo en general? ¿Cómo está usando esa cualidad en este momento? Escriba algunas frases al respecto. Deje que se revele cualquier cosa que surja.
- Empiece a leer los obituarios en su diario, los más largos sobre personas que alcanzaron algún tipo de prominencia. Estas "revisiones de vida", lejos de ser deprimentes, nos ofrecen una historia sobre los rasgos salientes y los desafíos ennoblecedores de una persona. Hasta los avisos breves pueden darnos el panorama general de una larga vida de responsabilidades cumplidas, de

invenciones realizadas, talento recompensado y, sobre todo, de amor dado sin medida. Algunas vidas dejan legados simples y callados de paciencia, generosidad o episodios graciosos reiterados que conforman la historia familiar por generaciones. Hay poesía en textos como los siguientes:

> Asistente social, oficial encargado de autorizar libertades bajo palabra, guitarrista de flamenco; su sabiduría, su amabilidad y su música bailarán en nuestros corazones y conmoverán siempre nuestras almas.[18]

> El señor R. fundó tres lecherías con entrega a domicilio y traía la leche directamente del campo...[y vendía] la leche más fresca que se podía comprar... volvió a las botellas de vidrio originales debido a su preocupación por el ambiente y los basurales.[19]

> Brownie McGhee, el guitarrista y cantante de blues, conservó y popularizó el estilo del blues de la zona de Piedmont en las Carolinas. El blues de Piedmont mezcla el rasgueo y el punteo desigual de la guitarra con la armónica rítmica y ululante; cantaba con profunda convicción.[20]

> Eleanor Clark, maestra estilista... escribió una serie de elevadas meditaciones sobre todo tipo de temas, desde historia antigua y poesía romana temprana hasta las condiciones sociales modernas.[21]

> Fue un miembro muy activo de Happy Belles y Telephone Pioneers.[22]

> E.P., indio maya que atrajo la atención del mundo entero por sus antiguos métodos de cura usando sólo hierbas y plegarias, murió a los 103 años... en su humilde choza en una colina de la pequeña localidad de San Antonio, en Belize occidental... era considerado por otros sanadores mayas tradicionales como el maestro de todos.[23]

Al parecer almas gemelas, ambos integrantes de una pareja murieron de cáncer a los setenta años con diferencia de horas:

> Graciosos y llenos de humor, ambos dejaron una impronta indeleble en sus profesiones elegidas [él, escritor, profesor, historiador; ella, artista

notable y defensora de la educación artística pública]. Él creía "profundamente en el poder de la enseñanza en el aula para estimular a los estudiantes a cuestionar las creencias sociales aceptadas". Fundó la Penny University, una serie semanal de debates académicos públicos gratuitos. Ella creó el Programa de Arte para la prisión de California, que lleva artistas de renombre a las prisiones para enseñar.[24]

Y el karma en la acción:

B.O. Inmigrante nacido en Manchuria que creció en medio de luchas clandestinas en Nueva York hasta convertirse en lo que los oficiales de aplicación de la ley calificaron como el grupo del crimen organizado más poderoso en el Barrio Chino de Nueva York... fue a la cárcel por 17 años... los especialistas afirman que se dejó atrapar y encarcelar para proteger a alguien más alto en la organización.[25]

Avances, problemas y búsquedas actuales

Tome una de estas preguntas por día o por semana para reflexionar sobre ella. *No trate de trabajar con todas a la vez.*

Escriba un par de frases o párrafos como respuesta a la *pregunta referida a la situación en que usted se halla en este momento.*

Estas preguntas también pueden usarse como base para un grupo de debate.

Control

• ¿Hay alguna situación o relación respecto de la cual se sienta indeciso o ansioso?
Sabemos que si le debemos una explicación, una disculpa o una llamada telefónica a alguien, esto nos consume pequeñas dosis de energía hasta que lo resolvemos. Lo mismo ocurre si tomamos la decisión de hacer algo pero no nos parece bien. Enterrar nuestros sentimientos o no enfrentarlos cuando corresponde no hace más que aumentar la presión de este drenaje de energía. Concientice estas circunstancias. Pida ayuda al universo para resolverlas. Haga caso a sus intuiciones. Observe si algo lo lleva a su siguiente nivel.

• ¿Hay algo, por mínimo que sea, que esté consumiendo su energía? Haga una lista de todo lo que le gustaría que cambiara (por ejemplo:

ojalá no tuviera que ir a la reunión de padres la semana que viene, ojalá supiera qué le pasa al perro, la computadora, el auto, etc.). Una vez que tomó conciencia de lo que produce ese drenaje de energía, y lo escribió, es posible que muy pronto reciba una respuesta o experimente un cambio.

- ¿Qué obstáculos ve en su camino en este momento?
Los obstáculos nos obligan a meternos más en el problema y más en la creatividad. ¿Cuáles son las compensaciones ocultas de estos obstáculos? ¿Qué nos impiden hacer estos obstáculos que podría resultar atemorizante? Por ejemplo, si usted piensa que la falta de dinero es un obstáculo para ampliar su actividad, ¿tiene miedo, inconscientemente, de avanzar a un nivel más alto?

- ¿Qué aspectos de su vida están funcionando bien?
Éstos forman parte de su Visión del Nacimiento. Retroceda al momento en que estas cosas buenas aparecieron en su vida. ¿Qué estado de ánimo tenía para atraer estas cosas? Reconozca todo lo que ha logrado. Perciba su éxito. Dé las gracias cada día por este éxito.

- En este momento, ¿en qué situaciones siente montones de energía? El hecho de estar energizados es un buen signo de que estamos conectándonos con una disposición interior que se halla en armonía con nuestra Visión del Nacimiento.

- ¿Qué objetivos nuevos parecen estar brotando?

- Si tuviera que hacer una predicción sobre lo que va a ocurrir en los próximos seis meses, ¿qué tres cosas anunciaría? Incluya la fecha de hoy.

- ¿Cuál es la pregunta que más le preocupa en este momento?

Después de escribir la pregunta, defina el desenlace implícito en la pregunta. Por ejemplo, si su pregunta es: "¿Debo casarme con Joe?", su deseo implícito es tener un matrimonio feliz con la pareja perfecta (sea o no Joe). Por lo tanto, reescriba la pregunta como una afirmación del resultado que desea: "Me siento feliz, casada con la persona más perfecta para mí".

CAPÍTULO 8

Un infierno interior

Todo es una reacción de Miedo. Las personas que están allí se paralizarían de miedo si no encontraran alguna forma de evitarlo, de reprimirlo por debajo de la conciencia. Lo que hacen es repetir los mismos dramas, los mismos mecanismos que utilizaban en la vida, y no pueden dejar de hacerlo.

BÚHO
OSCURIDAD

LA DÉCIMA REVELACIÓN:
EN BUSCA DE LA LUZ INTERIOR[1]

¿DIOS, O DIOS Y EL DIABLO?

La cuestión del bien y el mal ha ocupado durante miles de años la mente de la humanidad. La filosofía perenne y la Décima Revelación sostienen que existe sólo Una Fuerza, un campo de energía unificado, la fuerza de Dios, Todo lo que Es. No hay una segunda fuerza, no hay un Diablo, ninguna fuerza encarnada del mal con el poder de ejercer un castigo contra nosotros en vida o después de nuestra muerte.

Dios nos creó a nosotros, los seres humanos, dotándonos de libre albedrío, para que cada uno pueda conocerse a través de la infinita creatividad. Para seguir evolucionando y diversificando nuestra Divinidad, es necesario que ejercitemos nuestro libre albedrío sin separarnos de Dios. Nuestras opciones crean el bien, no el mal, cuando nos mantenemos en armonía con nuestras cualidades divinas de amor, piedad, alegría, juego, servicio y creatividad, que promueven el mayor bien. El mal que existe en el mundo es alimentado por nuestros miedos. Dotamos al mal de poder cuando creemos en la "pecaminosidad inherente" de la humanidad o cuando despreciamos la espiritualidad considerándola un soporífero sin sentido. El Diablo fue utilizado históricamente para explicar el mal de una manera simplista. Para comprender el mal, debemos explorar la naturaleza psicológica más compleja de los seres humanos.

Un infierno interior

¿No existe en el mundo una segunda fuerza maligna opuesta a Todo lo que es? ¿No hay un Infierno? En las imágenes del Infierno vemos una procesión de almas condenadas y desnudas, alejadas de toda posibilidad de salvación, marchando afligidas hacia los abismos en llamas o gritando de terror. Si bien en nuestra sofisticación podemos reírnos ante esta imagen literal, considerando que estamos exentos de este destino, todos hemos vivido por lo menos un día, una hora o una vida en nuestro propio infierno ardiente dentro de nuestras cabezas, atrapados, afligidos sin sentido por la ira, el horror, la culpa, la envidia, los celos o el terror. ¿Quién no ha sido capaz de alguna medida de infierno autocreado?

Algunos han vivido en el Infierno desde el primer hálito o incluso antes, no queridos o despreciados dentro del seno materno. El cielo interior comienza aquí en la Tierra. Desde la infancia, algunas almas reciben golpes y pellizcos, bofetadas y rasguños o son encerradas en armarios y viven temerosas de aquellos que supuestamente cuidan de ellas. Maltratadas o envilecidas, invadidas en sus partes sexuales, golpeadas, ignoradas o devoradas por las drogadicciones de los padres, estas almas, en los casos más graves, se hacen adultas con muy poco o ningún sentido de la unidad con Dios y su bondad. Pese a la increíble adversidad, sabemos que algunas almas logran eludir en forma milagrosa el mal que las rodea. En otros casos, los traumas son muy serios. Como si su humanidad se hubiera consumido, otras viven para infligir a los demás el infierno interior que llevan dentro, perpetrando actos despreciables. El ciclo continúa. El infierno interior es la certeza de que no hay amor y el poder sólo puede detentarse haciendo sufrir a otro.

Nuestro propio infierno interior puede ser la inseguridad o rigidez que nos mantiene aislados del amor. El infierno puede ser vivir con una lujuria ilimitada, con ambición, envidia, paranoia, enfermedad mental, miedo, ira, autodestrucción, obsesión u orgullo. Sabemos que este tipo de fijaciones nos separa del fluir de la vida, paraliza nuestra creatividad y nos hace caer en una insatisfacción derrotista y repetitiva. El Infierno es oscuro y pesado, frío, interminable, solitario y desesperanzado.

Nuestras creencias nos acompañan

Si completamos el mandato "Así como es arriba es abajo", reconociendo, al mismo tiempo, que "Así como es abajo es arriba", podemos empezar a ver que, sea cual fuere la conciencia que llevamos a nuestra transición de muerte, ésa es la conciencia con la que entramos en la existencia de la Otra Vida, *y es la conciencia con la que creamos nuestra realidad allí.* Podemos llevarla con nosotros. Llevamos nuestra capacidad para crear el mundo. Así como nacemos con ciertas habilidades y tendencias de experiencias de vidas anteriores, "nacemos" en la Otra Vida al morir con las capacidades y las actitudes mentales recién desarrolladas. Por lo tanto, así como no hay una fuerza personificada exterior del mal, o sea que no hay Diablo, tampoco existe más Infierno que el que llevamos con nosotros a la dimensión espiritual como energía negativa.

Además, si no nos damos cuenta ya mismo de que dejamos el plano material y que estamos "muertos" realmente, continuaremos recreando de manera interminable esas obsesiones mentales en la dimensión espiritual. Recuerde que en la dimensión espiritual el pensamiento crea todo en forma instantánea. Si usted piensa en tener sexo, de inmediato desarrolla esa actividad. Si quiere ver a alguien que conoce, instantáneamente es transportado a ese campo de energía (si la persona está abierta a que la visiten). O sea que el "infierno" se forma a partir de las construcciones mentales creadas por almas con escasa capacidad para la reflexión personal y que no pueden despertar a la dimensión espiritual después de su muerte física.

NO HAY UN LUGAR PARA OCULTAR EL MIEDO

Robert Monroe habla de sus encuentros con el Miedo mientras viajaba por la dimensión espiritual. A través de la experiencia directa descubre que cada pensamiento, incluido su miedo, se manifiesta inmediatamente en la dimensión espiritual. En ese lugar no podemos esconder nuestros juicios y sentimientos detrás de una pantalla social, como hacemos todos los días en la Tierra. Estamos todos desnudos. Monroe describe cómo aprendió a trabajar con las emociones que había logrado mantener reprimidas en la vida física durante sus viajes a lo que él llama Locale II en la Otra Vida. "Uno por uno, en forma dolorosa y laboriosa, debieron ser enjaezados los incon-

"Si elegimos vivir en la oscuridad mientras estamos en la Tierra o después de la 'muerte', si elegimos permitir que la luz disminuya, elegimos un lugar oscuro. Pero la elección es siempre nuestra. Lo que quiero decir es que no hay hogueras infernales a menos que elijamos que así sea."
Rosemary Altea, *The Eagle and the Rose*

les esquemas emocionales desatados... Si no ocurre en la vida
ca, [sospecho] que es el primer punto del orden del día al morir."
"[Las zonas de Locale II] están pobladas en su mayoría por seres
insanos o casi insanos, manejados por sus emociones... Éstos incluyen a los seres vivos, pero dormidos o drogados, y en su segundo
cuerpo [el 'cuerpo' que tenemos en la dimensión espiritual], y muy
probablemente los que están 'muertos' pero todavía inestables
emocionalmente."[2]

EL DÍA DEL AUTOJUICIO

Según los Guías de la Otra Vida y los informes referidos a
experiencias cercanas a la muerte, cualquier sufrimiento que causemos
a los demás en nuestra vida terrenal tendremos que sufrirlo con una
intensidad aún mayor cuando volvamos a la dimensión espiritual. Si
bien Dios no nos impone un "Día del Juicio", pagaremos con nuestro
propio sufrimiento en la Otra Vida por todo el daño que causamos.
Las almas orientadoras en la Otra Vida nos ayudan a ver lo que
aprendimos en la existencia que acabamos de concluir y hasta
qué punto fuimos capaces de amar para poder avanzar hacia nuestra
próxima vida.

Si hicimos aunque más no sea una buena cosa en nuestra vida,
esta acción puede cancelar muchas de las cosas negativas realizadas.
En vez de preocuparnos por las cosas negativas que pudimos haber
hecho en el pasado, es importante que nos concentremos ahora en
hacer sólo el bien.

En el nivel de conciencia de la Décima Revelación, ya estamos
sacando provecho de nuestras creencias y comportamientos y tratamos
de despertar. A través de la "patología" de nuestros dramas de control,
así como de nuestros logros, tenemos la posibilidad de ver nuestra
mitología interior, nuestra historia. Si no despertamos en la dimensión
física, es posible que nos cueste despertar también en la Otra Vida.

AQUÍ Y AHORA

En mayor o menor grado, en la *vida física* construimos nuestra
propia versión del Infierno al mantenernos aferrados a nuestras
tendencias de dramas de control o si no somos conscientes de ellos.
Cuando olvidamos nuestra conexión con nuestro origen divino,
debemos construir una serie muy estrecha de comportamientos para
reducir el mundo a un nivel manipulable. Al vivir en una zona protegida
y cercada por el miedo, no estamos abiertos al misterio acabado de la

vida. Nos volvemos contraídos, defendidos, temerosos y distantes. Nuestro lenguaje empieza a mostrar las barreras en afirmaciones como: "Soy una mala persona"."Nunca llegaré a nada", "Nadie me ama".

Cuando dejamos de recordar que somos nosotros los que fijamos esas limitaciones en nuestra mente, proyectamos la restricción no reconocida al mundo externo. Asegurémonos de comprender este punto, porque constituye la parte esencial del enigma de nuestros supuestos problemas en la vida diaria. Si tuvimos determinadas experiencias en la vida, vamos a ver/experimentar/sentir nuestros encuentros cotidianos a través de este filtro de la experiencia pasada. Querer lo que no tenemos está dentro de la naturaleza del deseo. Por ejemplo, Juanita era baja y gorda; pensaba que las chicas flacas y altas tenían una ventaja. Frank era estudioso y frágil; como tenía una vida interior rica, pero escapaba a las actividades competitivas, cultivaba una imagen de marginado. Shantara era la del medio de cinco hermanas y se sentía ignorada, perdida en la multitud. En algún nivel de conciencia, siempre nos preocupa perder el control, estar desorientados, perder nuestra vitalidad, ser perdedores sin amor, éxito o felicidad. Qué apropiado es que Cristo se haya presentado como el pastor, pues un miedo humano arquetípico es el de perdernos. Si nos definimos de determinada manera, nos atrincheramos en cierto camino. Podemos ser el artista incomprendido o el nulo falto de creatividad. Podemos ser el fracasado impotente o el experto eficiente. Nos acantonamos en un rincón y después le decimos a todo el mundo que fue Dios quien nos puso ahí.

LLENAR EL VACÍO CON DIOS

Una vez que estos juicios se arraigan en nuestra mente como realidad, el nivel de miedo es tan grande que no podemos soltarlo sin experimentar ansiedad. Ni todo el pensamiento positivo del mundo nos hará altos y delgados. Ni toda la racionalización del mundo nos convertirá en ases del fútbol. Ni todos los *curricula vitae* nos harán especiales. Si ha estado diciéndose a usted mismo que no vale nada, que es un gusano, no puede pasar de esa historia a ninguna otra cosa. No podemos quitarnos una gran cantidad de Miedo sin dejar un vacío que debe ser llenado con algo: confianza, una nueva sabiduría y la conexión con Dios.

EL SUELO DEL MIEDO

Las raíces del dogma y la ideología crecen en el suelo del miedo.

El Infierno queda cautivo en nuestro dogma, nuestras insuficiencias, una y otra vez sin el don del amor, la compasión y una mayor comprensión de quiénes somos en realidad. Con el tiempo, un nivel alto de miedo pasa a ser como una fiebre que se introduce en nuestro pensamiento, infecta nuestras percepciones y limita nuestras decisiones. Una mujer que revivió una vida pasada dijo: "Una [de mis vidas] fue de gran crecimiento espiritual, pero a través del aislamiento, y en esa vida la muerte fue por tortura. Fue cerca de Jerusalén. [Debido a mi fe religiosa] viví mucha ansiedad y omisión... De esto derivó un gran miedo a hablar, un gran miedo a opinar. Hay que quitar el miedo. Hay que quitarlo del camino para que el ser pueda aventurarse a nuevas experiencias de crecimiento. Podría haber ganado mucho más de las otras experiencias si el miedo no se hubiera interpuesto en el camino. Los bloqueos autoimpuestos no son más que pérdidas de tiempo. Ya hay suficientes, como para crear más".[3] Esta mujer vio que el miedo había creado pérdidas a través de varias vidas. Tal vez deberíamos pensar en cada vida como una pintura. ¿Con qué colores va a pintar esta vez?

TODO ES DIOS

En nuestra existencia espiritual entre vidas en la Tierra, vivimos en la verdadera vibración del universo, vivimos en energía afectiva. Pero si no podemos percibir esta energía afectiva debido a nuestra adicción a nuestras falsas percepciones, somos como el pez que, trasladado de la pecera al océano, sigue nadando en círculos pequeños del tamaño de su pecera. La verdadera liberación se produce cuando abandonamos nuestro sentido de separación, nuestra necesidad de controlar y nuestro miedo a la muerte física. La verdadera liberación consiste en usar toda la paleta, el rojo rubí, el carmesí,

"No existe otro mal que el que creamos, pues no he visto signos de un diablo alguno de este lado del velo. Somos nuestros propios diablos, con nuestros pensamientos y nuestros consiguientes actos... este mal junta fuerza a medida que cada generación que pasa deja su propia impronta de daño en la fuerza que consideramos un diablo... si se llega a destruir al miedo, será a través del despertar humano a la realidad de que hasta los pensamientos son hechos y que el 'diablo' se encoge cada vez que reemplazamos un pensamiento o acción feos con un gesto de bondad. De este modo nos acercaremos al así llamado milenio en que el bien reemplazará al mal en los corazones de quienes habitan la tierra, no sólo en la carne sino en el espíritu, como estamos haciéndolo nosotros aquí y ahora." **Arthur Ford a Ruth Montgomery,** *A World Beyond*

el naranja de cadmio, el ocre amarillo, el verde Tiziano, el violeta, el terracota, el negro de Marte, el violeta egipcio, el dorado, el plateado, el turquesa. La verdadera liberación consiste en oler vómito, azufre, dinero, madreselva, cuellos de bebés, ajo, tomates frescos, incienso, duraznos y semen, y saber que todo es Dios.

Ni muertos ni vivos

En una de sus muchas excursiones extracorporales a las dimensiones no físicas, Robert Monroe nos da un ejemplo de alguien que no se da cuenta de que está muerto y sigue cautivo en su programa obsesivo. Después de viajar muchos años por la dimensión física y recibir orientación de guías desencarnados, Monroe se dio cuenta de que empezaba a verse empujado hacia almas que tenían dificultades con su transición de muerte. En un caso se vio a sí mismo observando a un soldado alistado en una batalla en la que ambos bandos estaban armados con espadas y sables. El muchacho luchaba por levantarse, sin darse cuenta de que la espada lo había atravesado y que se hundía profundamente en la tierra debajo de él. Monroe señala: "Vi su cabeza, no su cabeza física, levantarse del cuerpo, y alargué el brazo, la tomé y empujé. Se deslizó con facilidad... Él se estiró hacia abajo y trató de tomar la espada, pero su mano la atravesó. Contrariado, volvió a intentarlo... Le dije que se tranquilizara... que estaba muerto". El joven, descreído, reanudó la batalla. "Enseguida, un hombre bajo, de barba, lo atacó de atrás y los dos cayeron al suelo golpeándose y retorciéndose. Tardé uno o dos segundos en darme cuenta de que los dos estaban muertos... ¡Podían seguir rodando por el suelo durante siglos, tratando de matarse!"[4] Más tarde se dio cuenta de que el joven soldado era él en una vida anterior, y este encuentro lo ayudó a percibir más a fondo su propia naturaleza.

En otro caso, encuentra a una mujer muerta físicamente. Incapaz de reconocer que dejó la dimensión física, se niega a abandonar la casa que construyó el marido. La casa era el símbolo de su amor por ella y, a esa altura, era todo lo que tenía. Él la ayuda a reconocer que está muerta y que el marido la está esperando. Liberada de su percepción errada, deja la zona de su ilusión y empieza su viaje de aprendizaje más profundo, su viaje de regreso al amor. En otra oportunidad, Monroe le ofrece ayuda a un hombre enfurecido que lucha por averiguar por qué no hay un Cielo y un Infierno como él esperaba. Con la beligerancia que era obviamente característica de la vida terrenal de este hombre ("¡Vamos, salga de acá! ¡Cada vez que alguien trató de ayudarme, no hubo más que problemas!"), rechaza la ayuda de Monroe.[5] Éste es un ejemplo perfecto de cómo un punto de vista constantemente iracundo puede solidificarse hasta constituir un postulado para la próxima vida. En este caso, el postulado es: "Cada vez que alguien trata de ayudarme, hay problemas".

De nuevo en la dimensión gris de una conciencia menor, Monroe ve a un grupo de almas cautivas en un ciclo de adicción repetitiva al sexo. Por último empieza a comprender de qué manera los sistemas de creencias fijos de una persona pasan de la transición de la muerte a la Otra Vida, creando construcciones mentales de "vida real" aparente. Los que no pueden aceptar que murieron tienen el impulso de crear las mismas construcciones mentales que usaban en la vida física. Sin una base espiritual, ¿qué otra cosa tienen para reprimir el misterio y la inseguridad de la vida en reacción a su miedo? Estas realidades ilusorias son formas graves de dramas de control, aún más intensos e irreflexivos que en la Tierra.

Al estar atrapada en uno o más dramas de control para conseguir energía, el alma sigue probando que el mundo es un lugar amenazador y que los demás quieren atraparla. A través de la ley de causa y efecto, nuestras creencias y expectativas deben atraer y crear exactamente esos tipos de situaciones y personas para poder satisfacer la visión mental. Sin la conciencia de tener más libertad y mayores posibilidades, reproducimos en la Otra Vida las mismas construcciones que hacemos aquí en la Tierra. Dentro de esas construcciones estamos seguros, o al menos eso creemos, de modo que sigamos haciendo lo que sabemos, aunque no nos dé lo que en verdad queremos.

Como la ley de causa y efecto construye el mundo para nosotros, no hace falta una segunda fuerza exteriorizada del Diablo para hacer una tarea que nosotros hacemos tan bien.

APARECIDOS

La Décima Revelación sugiere que si encontramos un fantasma conviene que comprendamos que son almas perdidas, en vez de asustarnos o sentirnos vulnerables. El mejor enfoque consiste en enviarles energía afectiva para ayudarlos a avanzar. Tratan de obtener energía de los que se hallan en el plano terrenal y necesitan seguir adelante para conectarse con su fuente espiritual de energía. Tampoco debemos deshumanizar a esas almas que están atascadas, pensando que son demonios o diablos. Son almas en proceso de crecimiento, igual que nosotros. Como bien muestra el ejemplo de Robert Monroe, algunos, en ciertos grupos de almas, podemos incluso trabajar en el tiempo de nuestros sueños para ayudar a despertar a esas almas que sin cesar repiten viejos comportamientos, esperando que alguien de la Tierra responda.

Según la Décima Revelación, las almas conectadas con lo divino en la Otra Vida nunca tratan de arrastrarnos a su campo de energía. Si usted tiene contacto con sus Guías en la meditación o espontáneamente en una comunicación con seres muertos, escúchelos sin entregarse a ellos como si tuvieran todas las respuestas.

SUICIDIO

Uno de los actos más graves que puede cometer un alma es el suicidio. Sea cual fuere el problema que desató el deseo de abandonar la Tierra antes de que la vida fuera vivida por completo, tampoco se resuelve en la Otra Vida. Toda la orientación de los maestros descarnados indica con claridad que el suicidio sin circunstancias atenuantes muy serias —como una enfermedad terminal o cierto cautiverio y tortura— trae consecuencias terribles en la dimensión espiritual. A partir del momento en que se desdeña el don de la vida antes de su tiempo, el suicidio parece implicar también largas demoras en cuanto a tener la oportunidad de otra vida terrenal.

Según algunos estudios de vidas pasadas, los suicidas deben pasar un período muy largo hasta que se reencarnan, mucho más largo que las personas muertas por causas naturales. Al retroceder a un estado menos evolucionado, es posible que la persona deba pasar por muchas otras vidas difíciles para alcanzar el nivel de desarrollo que había logrado en su existencia. Estas vidas suplementarias pueden incluso ser bastante horribles, pero no obstante permitirles superar lo que describen como su condena y empezar a llevar de nuevo vidas normales.

Sin embargo, la gracia divina es una energía misericordiosa si se expresa un verdadero remordimiento. En apariencia, si la persona que se suicidó hace un esfuerzo en la Otra Vida por pedir la ayuda de Dios, las viejas almas se reúnen a su alrededor para mostrarle su verdadera existencia y ayudarla a empezar el proceso de su formación espiritual. Además, las oraciones de quienes siguen en la Tierra atraviesan el umbral de la Otra Vida para ayudar al alma a conectarse con la energía afectiva en su hora de oscuridad.

Si alguien a quien usted conocía o amaba se suicidó, rece a diario por él/ella para despertarlo/a a la energía afectiva de la dimensión espiritual. Rece con fervor para que las almas cuya tarea consiste en sanar y guiar lo/la vean y escuchen. Nada es imposible en nuestra existencia espiritual cuando nos preocupamos unos por otros. La distancia entre usted y la persona amada es nula cuando hay una intención de amor.

LOS QUE CAUSAN DAÑO

Desde el punto de vista espiritual, la verdadera naturaleza de una persona es Dios, una chispa de luz divina, intrínsecamente buena. Entonces, ¿por qué la gente comete actos increíblemente espantosos? La afirmación de Wil en La Décima Revelación aborda este enigma eterno al decir: "...se enloquecen por el Miedo y cometen errores espantosos... estos actos horribles son causados, en parte, por nuestra propia tendencia a suponer que algunas personas son naturalmente malas. Ésa es la visión equivocada que fomenta la polarización. Ninguno de los dos lados puede creer que los seres humanos actúen de la forma en que lo hacen sin ser intrínsecamente malos, y por eso se deshumanizan y alienan cada vez más entre ellos. Como consecuencia esto aumenta el Miedo, y aflora lo peor de cada individuo. [...] No podemos traer la Visión Global ni resolver la polarización hasta no entender la verdadera naturaleza del mal y la auténtica realidad del Infierno".[6]

SIN CULPAR - TRABAJAR PARA EL BIEN

Si nuestro deseo colectivo es crear un mundo con más amor y más armonía que el que tenemos, parecería obvio que debemos trabajar para abandonar nuestra creencia asentada de que el mal existe en aquellos con los cuales disentimos. En lo cotidiano, podemos trabajar cambiando la respuesta automática de enjuiciamiento que etiqueta a las personas. Sabemos que enjuiciamos cuando queremos terminar rá-

"Cuánto más fácil te resultará la tarea de revisar tu vida anterior —señaló— si vives cada día como si fuera el único registro de toda tu vida. Mantén esa página limpia y prolija, llena de amor afectuoso, de manera que si tu vida terminara a medianoche la página esté intacta y sin manchas. Si emprendes la tarea de vivir sólo un día por vez, manteniendo la misma moral que tienes en la mente, avanzar es fácil, pues sin duda hasta los peores de nosotros somos capaces de vivir un día en una armonía casi intachable con todo lo que nos rodea." **Ruth Montgomery, A Search for Truth**

pido una discusión o una retribución de ojo por ojo, sin dar el paso que hace falta para ponernos en la piel del otro. En vez de ver conservadores, izquierdistas, fundamentalistas o seguidores de la Nueva Era, podemos tratar de ver el alma de la persona detrás de la acción.

Cuando lleguemos al punto de nuestra comprensión en el cual sepamos que la energía sigue al pensamiento, ni siquiera querremos imaginar esos malos pensamientos sobre otro. Sin proponernos cambiar el mundo, lo cambiamos eligiendo no hacer daño. Poner la otra mejilla puede entonces reinterpretarse pasando de la vieja idea de "golpéame otra vez" a "ver el otro lado de la cuestión". Cada vez que desconfiamos automáticamente, cada vez que nos apartamos automáticamente de otras personas que parecen distintas, perdemos un poquito de Dios. Dado que todos estamos comprometidos en la creación de un consenso de realidad, cada forma de pensamiento que tenemos aporta su cuota de especias. El Diablo se convierte así en la metáfora que es, un yo humano impulsado por el miedo y disociado de su conexión con el amor divino. El Infierno que tememos no es un lugar al que vamos a ser expulsados por un Diablo astuto e iracundo, sino un lugar que no necesitamos crear. Si la creación del Infierno es el resultado de nuestra propia conciencia, nos hallamos en condiciones de empezar ya mismo a quebrar nuestro proceso de pensamiento compulsivo y negativo.

ESTUDIO INDIVIDUAL

El día del antijuicio

Eliminar el juicio de los demás y de nosotros mismos es uno de los logros espirituales más elevados que podemos alcanzar. Cada vez que hacemos un juicio negativo, permanece en nuestra mente subconsciente y tiñe nuestra provisión de energía. En general, somos los peores jueces de nuestro carácter... ¿y por qué? Juzgarnos no hace nada por cambiar el comportamiento para bien, sino que agrega otro clavo a nuestro cajón de la baja autoestima. Durante todo un día, trate de no hacer ninguna observación enjuiciadora sobre otra persona o sobre usted mismo. Si se sorprende haciendo alguna, simplemente reconozca que está cada vez menos dispuesto a agregar un fertilizante negativo a su jardín interior. ¿Qué clase de observación o toma de conciencia podría hacer respecto de usted mismo o de otro para neutralizar su tendencia a juzgar?

Ponerse del mismo lado

Si hay alguien con quien está en desacuerdo, trate de escucharlo/a *con el corazón*. Escuche lo que el alma trata de decirle más allá de las palabras. Su objetivo es encontrar alguna manera de ponerse del mismo lado que la otra persona en algún aspecto, sin aceptar algo en lo que usted no cree. Descubra algo sobre la persona con lo que usted coincida realmente. Por ejemplo, si Freddy trata de convencerlo de que los ecologistas son poco realistas en cuanto a las necesidades de las empresas, tal vez podría preguntarle qué clase de problemas enfrenta su empresa en relación con el ambiente, con sincero interés. Es probable que él sienta un gran conflicto entre sus ideales y su capacidad para encontrar una solución, y en el fondo sin duda quiera hacer las mismas cosas que usted.

Imagine cómo sería vivir en el cuerpo de Freddy, con los miedos de Freddy y sus esperanzas y sueños. Cuando él trata de discutir algo que usted dijo, observe qué sensaciones surgen en su cuerpo. Propóngase decir que sus ideas lo hicieron sentir triste, enojado, estúpido o temeroso. Evite culparlo diciendo: "Me sacas de quicio". Es más apropiado decir: "Cuando discutimos así, me siento frustrado y furioso. Tal vez estos problemas nos superan a los dos. ¿Qué piensas?". Estar abierto a alguien no es lo mismo que darle permiso a que nos atropelle.

Permita que la persona se dé cuenta de que usted escucha cuál es su posición, diciendo algo como: "Ha de ser difícil hacer un trabajo tan estresante" o: "Debe de ser difícil no recibir mucho apoyo de tu familia". La expresión 'ha de ser difícil' de inmediato los pone del mismo lado. No tiene por qué estar de acuerdo con lo que la persona piensa. Ejercite el hábito de buscar similitudes más que diferencias; es un lugar más sano para tratar cualquier tema. Recuerde que ambos desean amor y aceptación. Si Dios apareciera frente a ambos, los dos estarían admirados y agradecidos.

Caminata con Dios

Imagine que camina con Dios, Cristo, Buda o Mahoma, y piense la respuesta amable que tendrían ellos para cualquier situación. Tómese un tiempo para pedirles que estén cerca de usted antes de entrar en una situación difícil.

Respirar el sufrimiento

Cuando lea o escuche noticias trágicas o negativas, inhale el sufrimiento introduciéndolo en su corazón y sienta cómo éste se limpia y restablece la energía pacificadora. Exhale la energía pacificadora y envíe luz a los que sufren o tienen pesares. Recuerde que Dios alcanza para todos.

Ayuda profesional o autoayuda

Muchas veces oímos que la gente dice: "¡Qué alivio! Pensé que yo era el único!". Si tiene algún comportamiento obsesivo que se siente incapaz de "controlar", hágaselo saber a alguien. No hay razón para que crea que está solo en su problema o que llegó demasiado lejos para repararlo. Son muchos los milagros ocurridos con personas que se prestan ayuda como para sufrir en su infierno autoinfligido. ¡No se lo lleve con usted! Fije su intención de ser guiado a alguien que pueda ayudarlo. Si al principio no se siente contenido por un psicólogo o un grupo en particular, busque uno que le caiga bien.

Sea sincero. ¿Qué hábito le gustaría cambiar?

Un día de silencio

¿Puede pasar un día (o una tarde) solo consigo mismo, preferentemente afuera? Cada dos meses, más o menos, trate de pasar un día con el teléfono desconectado, la televisión y la radio apagadas y sin leer. Si bien acaso prefiera no hablar siquiera, no olvide que puede comunicarse con sonrisas y movimientos de cabeza. ¿Qué pasa? Parece fácil, pero podría cambiar su vida.

ESTUDIO GRUPAL

En los grupos, los participantes tardan en confiar en los otros. Muchas veces hemos sugerido que el grupo funciona mejor cuando hay un facilitador rotativo en vez de un solo líder designado. Los grupos de la Octava Revelación funcionan en un nivel más alto cuando todos los miembros rescatan revelaciones a medida que la energía los moviliza.

Fadel Behmann, físico de Montreal, participó en un grupo semanal durante cuatro años. Si bien hay un grupo central que se ha mantenido durante la mayor parte del tiempo, también está abierto a nuevos miembros. Behmann nos dijo: "Una vez que el grupo se vincula, se da una entidad grupal que, en nuestros diálogos, funciona como el *Otro*. A todos nos preocupa esa entidad, y participamos en forma activa escuchando, hablando, pensando, intuyendo… todo lo que hacemos como individuos. Cuando estamos absorbidos en la entidad grupal, tenemos revelaciones, encontramos nuevos sentidos que no podrían habérsenos ocurrido". ¿Cómo es?, preguntamos. "Cuando nos despedimos para volver a casa, la gente siempre dice: 'Me siento mucho más lleno de energía que cuando llegué' o 'Me siento renovado'. Todos piensan que pueden tomar la vida de una manera más abierta. Pueden percibir mejor a los otros sin juicios ni críticas. Se sienten conectados con algo. De esa forma, la entidad grupal es fuerte."

Para los siguientes ejercicios, conviene que el grupo esté bastante afianzado.

Aplacar el infierno

En su grupo, traten de escribir unos minutos cómo describirían el infierno. ¿El infierno sería quedar encerrado dos semanas en un negocio de golosinas? ¿Sería quedar encerrado en un ascensor con diez de sus parientes más críticos? ¿Estar en una zona de guerra? ¿Vivir en la Tierra sin árboles? Que cada uno lea en voz alta o hable de lo que le parece espantoso, peligroso, impensable o imperdonable. *Nota:* Que cada uno hable sin debatir su contribución. Simplemente, reciban lo que dice, aspírenlo a su corazón y liberen los miedos en la luz del amor de Dios. Observen cada uno sus sentimientos al escuchar con el corazón. En este ejercicio, la energía puede volverse muy densa, o sea que después de compartir las descripciones sobre el infierno interior conviene cambiar la energía pasando una música inspiradora, bailando un poco de jazz o formando un círculo para hacerse masajes en el cuello unos a otros.

Semana infernal

Comenten por turnos todas las cosas infernales que les pasaron esta semana, o cosas que temían que ocurrieran, sin ningún debate grupal después de cada contribución. Escuche cada uno con el corazón, aspire los comentarios y el sufrimiento de los demás, envíe luz a lo que oye y déjelo ir a Dios. No ofrezca comprensión o consejo; envíe energía afectiva en silencio a la otra persona. Dése cada uno el lujo de abrirse sin tener que explicar, justificar o ser de alguna manera especial.

Una vez que todos compartieron las cosas infernales que ocurrieron, túrnense otra vez para comunicarse las cosas buenas, las bendiciones, la diversión, los gozos inesperados que también ocurrieron esta semana. De nuevo, sin comentarios ni discusión. Permitan que la energía pase a través de ustedes para sugerir la mejor forma de terminar la sesión con una nota de alegría. ¿Música? ¿Masitas? ¿Masajes en el cuello? ¿Abrazos?

Servicio a la comunidad

Vea si su grupo tiene energía para dedicar un tiempo a empezar una discusión grupal en una institución local como un centro juvenil, un hospicio, un geriátrico o una cárcel. ¿Qué tal si empiezan un grupo que se reúna con familiares de presos? No haga nada a menos que se sienta libre en su corazón para participar sin tener que "ajustarse" a nadie. Hágalo sólo si siente que necesita el contacto o una manifestación para su amor.

CAPÍTULO 9

Superar el miedo

¿Entonces por qué llevó tanto tiempo que alguien captara la Décima?... tiene que ver con el miedo que surge en una cultura que pasa de una realidad material a una visión del mundo espiritual transformada.

LA DÉCIMA REVELACIÓN:
EN BUSCA DE LA LUZ INTERIOR[1]

CONEJO
MIEDO

CÓMO GENERAMOS NUESTRO PROPIO MIEDO

En *La Décima Revelación*, un personaje llamado Joel, un periodista cínico, plantea algunas ideas que están causando Miedo en el planeta. Joel representa esa parte de todos nosotros que teme que el mundo ya está fuera de control y que no puede sino empeorar. Desde el punto de vista de Joel, el pensamiento positivo equivale al pensamiento utópico. Frente a las realidades que percibe, el pensamiento positivo es ingenuo e inútil. Este punto de vista sostiene que existen pruebas fácticas contundentes de que todos los sistemas socioeconómicos y culturales se encaminan hacia una explosión final.

¿Alguna vez notó que cuando tiene miedo tiende a sacar conclusiones apresuradas? Se siente atemorizado y lleva ese Miedo por un camino hacia un desenlace en apariencia lógico, porque en ese momento es presa del temor y se halla separado de Dios. Separado de toda esperanza, se siente paralizado para efectuar un cambio. Los pronósticos basados en el Miedo siempre sacan una conclusión apresurada. El lado oscuro de "un salto de fe" es el salto a una conclusión, dado en un intento de controlar. Joel, como los que caemos en este tipo de pensamiento, elabora un argumento pesimista sobre los siguientes puntos. Veamos algunas de las creencias y miedos implícitos que nos ciegan a otras posibilidades creativas.

- *Hay una explosión demográfica en la Tierra.* Miedo: "Nos absorberá la multitud sin rostro y todos los recursos serán destruidos".

Creencia: "El sexo y la reproducción se encuentran fuera de control".

- *La clase media se achica y estamos perdiendo la fe en el sistema que creamos.* Miedo: "Son ellos o nosotros". Creencia: "Lo único que nos protegerá es la posición socioeconómica y la acumulación de dinero".

- *La educación no responde a las exigencias.* Miedo: "Vamos a perder nuestra posición dominante". Creencia: "No tenemos suficiente dinero para invertir en un sistema educativo de calidad porque son muchísimas las personas que no pueden pagarlo. Los niños no aprenderán a menos que se los fuerce".

- *Tenemos que trabajar cada vez más sólo para sobrevivir.* Miedo: "La ética puritana tenía razón y somos culpables de no cumplirla". Creencia: "Aunque lo estamos haciendo, no funciona; sigamos haciéndolo con más empeño".

- *El crimen y el consumo de drogas aumentarán al fallar las normas sociales.* Miedo: "El hombre malo nos atrapará". Creencia: "El crimen es otra versión de nuestro viejo miedo a la oscuridad. El crimen es el lado oscuro de nuestra propia ambición representada por personas inhabilitadas. Las drogas son una adicción a querer desconectarse del abismo de una vida vivida sin un propósito. Todos nos desconectamos de una u otra manera".

- *Los fundamentalistas religiosos tendrán el poder de sancionar la muerte de aquellos a quienes consideran herejes.* Miedo: "Estoy indefenso". Creencia: "El fundamentalismo es un aspecto iracundo de Dios en su modo Intimidador. El miedo al fundamentalismo es, quizá, equiparable al miedo de no ser lo bastante fuertes para oponernos a papá y ser personas autosuficientes".

- *Hay una mentalidad de pandilla gobernada por la envidia y la venganza:* Miedo: "Soy pequeño, estoy aislado y solo". Creencia: "Mi hermano quiere mis juguetes. Todos mis juguetes. Nadie puede pararlo".

- A los políticos sólo les interesa ser reelectos. Miedo: "Socorro, papá no nos salvará". Creencia: "Esto es similar a la etapa del desarrollo en que vemos las debilidades humanas de nuestros padres y nos damos cuenta de que estamos solos".

- *El mundo cambia demasiado rápido; tenemos que buscar nuestro propio interés.* Miedo: "Igual a nuestro miedo primordial a caer, este miedo nos pone en modo supervivencia". Creencia: "No hay Dios. No hay Plan. Aguantemos. Adelante mientras puedas".

- *Estamos maximizando las ganancias a corto plazo en vez de planificar*

218 • EN LA OSCURIDAD

para el largo plazo, porque consciente o inconscientemente no creemos que nuestro éxito dure. Miedo: "Se acaba el tiempo". Creencia: "El único resultado es el financiero". Este punto de vista también demuestra el bajo nivel de nuestra capacidad colectiva para la gratificación postergada.

- *Todos los supuestos y acuerdos sutiles que mantienen unida a la civilización se subvertirán.* Miedo: "El caos me va a tragar". Creencia: "La civilización debe ser controlada por una fuente externa. No podemos confiar en que la sociedad se autoorganice, porque la gente es intrínsecamente mala".
- *La espiritualidad es sólo retórica.* Miedo: "Estamos solos, en definitiva. Después de la muerte desapareceremos". Creencia: "Somos nada más que animales; vamos a morir y no tiene sentido estar aquí".
- *Tal vez el plan divino consista en separar a los creyentes de los impíos.* Miedo: "Estoy afuera". Creencia: "El mal es otra fuerza igual a Dios".

Advertencias de las Escrituras
- *La Biblia afirma que éstos son los últimos días, preparados para el retorno de Cristo.* Miedo: "Nuestra destrucción ha sido predeterminada". Creencia: "La Biblia es un mensaje literal sobre nuestro futuro y nada de lo que hicimos hasta ahora ha sido capaz de cambiar la predicción".
- *Tenemos que padecer guerras, desastres naturales y otros hechos apocalípticos como calentamientos globales, disturbios y caos.* Miedo: "Estamos siendo castigados". Creencia: "Hemos pecado". Este miedo refleja la actitud colectiva Pobre de Mí/víctima, que frena la respuesta creativa.
- *Habrá guerra y luego los ángeles de Dios intervendrán e instalarán una utopía espiritual que durará mil años.* Miedo: "Nuestro lado oscuro prevalecerá y recibiremos lo que nos está destinado". Creencia: "No se puede tener lo bueno sin lo malo". Esta actitud considera que la oscuridad y el mal son inevitables y renuncia al aspecto cocreador de Dios y el hombre/la mujer, acordando todo el poder redentor a los ángeles de Dios.

Advertencias de conspiración
- *Aparecerá un político y adquirirá un poder supremo con una economía electrónica centralizada.* Miedo: "El autoritarismo del Hermano Mayor se impondrá sobre el individuo. El yo se perderá". Creen-

cia: "Nos contro-
larán mediante un
implante en la ma-
no". Ésta es una
especie de fantasía

"Lo que no traemos a la conciencia aparece en nuestras vidas como destino." **C. G. Jung**

de control global de un Interrogador, según la cual una autoridad centralizada tendrá un dominio total sobre nuestras acciones y nosotros perderemos toda nuestra libertad.

La sombra individual

Al comienzo del siglo xx, mientras la cultura occidental trataba de controlar las fuerzas de la naturaleza y construía a toda marcha un futuro heroico, el psicólogo de las profundidades Carl Jung se asomó al lugar más oscuro del inconsciente humano, un lugar al que llamó "la sombra". La sombra es el lugar donde ocultamos las cosas de nosotros mismos que nuestro yo rechazó. El amontonar sentimientos en la sombra es algo que empieza temprano. Tal vez su madre le haya dicho: "¡Chito, siempre estás gritando!", y así aprendió que una parte suya perturba a los demás. O si la abuela dice: "Ah, otra vez te hiciste pis en el pijama. ¡Eres un niño malo!", usted siente vergüenza por su pérdida de control. O su hermano dice: "Estás muy gorda para tomar clases de baile", y como es mayor y mucho más listo que usted, le cree y el baile se convierte en un lugar riesgoso para exponerse a los ojos del mundo. O su padre rugió: "Eh, estúpido, deja de hacerte ver", y usted pensó que su capacidad para recitar una poesía de memoria significaba un acercamiento, pero ahora ve que eso lo hace distinto de él.

A lo largo de toda nuestra crianza en el seno de nuestra familia y nuestro medio religioso y social nos vemos ridiculizados, sermoneados y retados por innumerables transgresiones: hacer mucho ruido o ser vagos, egoístas o sexuales, demasiado listos o demasiado tontos. También aprendemos que ciertos comportamientos pueden recibir burlas o no ser recompensados; por lo tanto reprimimos el deseo de escribir poesía, actuar o soñar despiertos, porque queremos agradar. Nos dicen que somos críticos, débiles, poco coordinados, demasiado altos, demasiado pesados, lentos o ilógicos y por supuesto nosotros tratamos de defendernos contra el dolor de la separación de su amor. O negamos nuestros rasgos inaceptables o aceptamos los juicios en nuestra contra, empujándolos a la sombra para no tener que enfrentar el dolor.

En la sombra se desliza nuestra codicia, nuestra rabia por la injusticia del mundo, nuestros orgullos y prejuicios. En este lugar están todas las cosas que no queremos ser: egoístas, insignificantes, estúpidos, lujuriosos, feos, mezquinos, miedosos. Allí adentro están las decisiones que tomamos sobre nosotros mismos y nuestras capacidades no poseídas: "Yo no soy creativo", "Nunca fui bueno en matemática", "No sirvo para hablar", "Crecí donde no debía", "Dios mío, si por lo menos no tuviera esta enorme (o pequeña, afilada, chata o respingada) nariz". En este depósito sepultado de la sombra están nuestros talentos no desarrollados, nuestros apegos infantiles y las raíces de nuestras obsesiones. Todos los pequeños miedos y juicios empiezan a agruparse en supuestos más generalizados y miedos más grandes respecto del mundo. En la sombra se instalan nuestros miedos a lo desconocido, los miedos y desconfianzas de los demás, cuyos comportamientos, ideas o puntos de vista difieren de los nuestros y podrían querer herirnos o controlarnos. A la sombra va nuestro miedo a la muerte y el miedo a desaparecer para siempre sin dejar rastros.

DEPÓSITO Y PROYECTOR

Entre las bambalinas de nuestra conciencia en la vigilia, la sombra funciona de dos maneras. La primera función es de depósito para nuestros elefantes blancos y nuestros desechos: un basurero de rasgos sobre nosotros mismos que no queremos tener. También es el lugar donde guardamos nuestras capacidades no desarrolladas o nuestros deseos, como por ejemplo: "Siempre quise ser fotógrafo, pero...", o: "Era de veras muy buena cuando hacía zapateo americano a los tres años, pero...". ¿Comprende a qué me refiero?

En segundo lugar, la sombra funciona como un proyector de películas que transfiere nuestros miedos e imperfecciones a las personas del mundo exterior. De modo que la sombra es un lugar dentro de nuestra psique que contiene energía que consideramos no utilizable o deseable. Puede ser que haya tanta amontonada en la sombra que empiece a hervir y brotar, filtrarse o hacer erupción. La mayoría sabemos que los fallidos y los arrebatos de sentimientos inesperados como rabia o pesar son filtraciones de esta energía almacenada. Cuando vaciamos parte de nuestra energía oscura del mundo interior —energía que puede estar teñida de culpa, pesar o autodesprecio— en el mundo exterior, muchas veces sentimos una descarga de tensión que produce alivio. Pero si no somos conscientes de esta transferencia de energía de nuestro mundo interior al exterior, somos inconscientes de que este proceso se produjo siquiera. Una vez externalizadas, nuestras imperfecciones internas son vistas como defectos, o incluso el mal, en otros. Ahora bien, estos sentimientos y juicios están en el mundo y parecen realidad, o al menos eso creemos. Inconscientes, todavía, de que estamos viendo el mundo a través de nuestro filtro interior, vemos en los demás el mal que no vemos en nosotros mismos, lo cual crea enemigos. Imposibilitados de superar esta amenaza ahora obvia a nuestra supervivencia o nuestra forma de vida, empezamos a combatir el mal y corregir las maldades que vemos por todas partes. Un ejemplo obvio de esta sombra proyectada es el del líder político o religioso que habla contra la maldad sexual pero que, en secreto, participa en sus propias fantasías sexuales. Todos conocemos a alguien que dice una cosa y hace otra, o que fue hallado haciendo justamente aquello contra lo cual había hecho campaña.

BANDERAS ROJAS

Si bien nunca vamos a llegar a conocer todo el contenido de nuestro inconsciente, es importante darse cuenta por lo menos de que nuestro mundo se construye con algunas creencias que podemos identificar y algunos juicios y creencias que damos por sentados sin demasiada conciencia. ¿Cuáles son las banderas rojas de la sombra? ¿Cómo empieza uno a notar las áreas en las que puede estar cerrado? ¿Cómo podemos empezar a observar creencias que ya no nos sirven? Teniendo en cuenta que nuestro propósito es experimentar en su sentido más pleno y profundo, es posible que trabajar con la sombra nos ayude a liberar algo de la poderosa creatividad que tenemos dentro de nosotros. Es posible que usted esté viendo su propia sombra cuando:

- Se enfada mucho por el comportamiento de alguien, como por ejemplo, "Es la persona más controladora que conozco". ¿Cuánta necesidad de control tiene *usted*?
- Le dicen cosas sobre usted que irritan a los demás, como por ejemplo, "Dejas que te atropellen. Tienes que defenderte más". ¿Hay algo de verdad en eso?
- Comete lapsos o toma decisiones obviamente malas. "¡Cómo pude contarle ese chiste estúpido sobre los gordos a mi suegra, que siempre está hablando de su régimen!" O tal vez hizo algo poco característico que no encaja con la imagen que tiene de usted mismo, como por ejemplo: "No tendría que haberme comprado ese vestido rojo con el tajo al costado". El comentario descuidado

sobre su suegra encubre quizás una hostilidad no reconocida. En la segunda frase, su parte vestido rojo está tratando de llamar su atención; tal vez necesite expresar de manera más plena su individualidad y su desenfado. Tal vez tenga necesidad de cambiar algunas reglas en su vida y dejar de lado partes que ya superó.

- Piensa: "Evelyn es muy creativa. Ojalá tuviera su talento". ¿Quién le dijo que usted no es creativa? ¿Por qué se cerró?
- Hace generalizaciones tajantes sobre una persona o todo un grupo, como por ejemplo: "Los petizos son arrogantes", o: "Los vagabundos no quieren trabajar para ganarse la vida".

EL DESTINO DE LAS PARTES "OSCURAS"

La sombra se forma a partir de la infancia temprana, cuando empezamos a ocultar todas las cosas que no nos gustan de nosotros mismos y todas las críticas que se nos hacen. En los primeros dos años aprendemos la *sombra familiar*, todos los sentimientos inconscientes y las acciones que no está bien expresar. Nacemos con el potencial de desarrollar y expresar una personalidad total. La energía se irradia desde todas las partes del cuerpo y nuestra psique. Pero no pasa mucho tiempo antes de que nuestros padres, hermanos y otras personas de nuestro entorno empiecen a hacer juicios sobre nosotros. Dicen cosas como: "¿No puedes quedarte quieto?", o: "No está bien tratar de matar al gato". O tal vez podamos oírles decir al pasar, inocentemente: "Es demasiado tranquila. Espero que no sea tonta". De repente, nuestra respuesta natural entusiasta y curiosa al mundo se apaga y queremos librarnos de la parte que a los demás no les gusta. Para asegurar nuestra posición en la familia, el barrio y círculo de influencia (nuestros amigos), tratamos de repudiar o negar las partes "inaceptables" de nuestra naturaleza. Los maestros también son fuertes modeladores de nuestra imagen. Pueden decir: "Los niños buenos no se enojan por esas pequeñeces". De modo que nos quitamos la rabia y la dejamos a un lado, junto con nuestra culpa y el resentimiento de ver invalidados nuestros sentimientos. ¿Cuántos mentimos en el colegio para tratar de ser más populares? ¿Cuántas veces nos quedamos despiertos de noche reviendo nuestras conversaciones para mostrar cuán listos, vivos, ingeniosos o indiferentes somos?

LOS CONFLICTOS EXTERNOS REFLEJAN NUESTRA ESCISIÓN INTERNA

En la medida en que vivamos sin examinar nuestra vida y no reconozcamos nuestras sombras individuales, mantendremos la misma conciencia en nuestra visión del mundo que crea la polarización entre un futuro "bueno" y un futuro "malo". La escisión interna entre lo que decidimos ver como bueno y no bueno en nosotros mismos se reflejará en el mundo. En general, la forma de nuestra cosmovisión depende de cómo experimentamos el mundo hasta ahora. Andrew Bard Schmooker escribe: "Nuestra escisión interna nos hace aferrar a la guerra del bien contra el mal. Pero si pensamos que el *modo guerrero es en sí mismo el mal*, tenemos el desafío de encontrar una nueva dinámica moral que incluya la paz por la cual luchamos. En tanto esa moralidad adopte la forma de guerra, nos veremos obligados a adoptar posiciones, identificándonos con una parte de nosotros y rechazando otra. Por este camino de la guerra, nos elevamos por encima de nosotros mismos y quedamos precariamente trepados sobre un vacío".[2] Cuando nos vemos amenazados, nos paralizamos, nos escabullimos, corremos a escondernos o golpeamos. Adoptamos una posición para tomar el control.

¿QUÉ VIVE A TRAVÉS DE MÍ?

La sombra es quizás una parte inevitable y necesaria de la psique humana, al menos en esta etapa del desarrollo humano, pues de otro modo nos veríamos abrumados tratando de manejar todas las cosas sin la madurez o la fuerza del yo indispensables para hacerlo. Así como necesitamos apagar las luces para dormir cada noche durante ocho horas, también necesitamos un lugar para guardar de manera segura lo que debemos poner en la hornalla de atrás. No obstante, a medida que nuestra comprensión madura, empezamos a desarrollar en forma natural

> "Pues el inconsciente siempre trata de producir una situación imposible para forzar al individuo a sacar lo mejor de sí. De otro modo, no llegamos a dar lo mejor, no estamos completos, no nos realizamos. Lo que hace falta es una situación imposible en la que debamos renunciar a nuestra voluntad y nuestro ingenio y no hacer otra cosa más que esperar y confiar en el poder impersonal del crecimiento y el desarrollo. Cuando se halle contra la pared, quédese quieto y eche raíces como un árbol hasta que llegue la claridad desde fuentes más profundas para ver por encima de la pared." **C. G. Jung**

nuevas facetas de nosotros mismos para poder avanzar en dirección a nuestra Visión original. Cuando más despertamos a la existencia sombría de nuestros miedos, menos propensos somos a que nos arrastren. Cuanto más abiertos estamos a reconocer nuestras capacidades subdesarrolladas, en general más ansiosos nos sentimos por jugar con ellas.

SÓLO PENSAR - NO PENSAR/SENTIR/INTUIR

El momento en que más esclavos somos de la sombra es cuando pensamos en cómo controlar algo. Cuando sólo usamos nuestra función de pensamiento, no vivimos la vida con la misma plenitud que cuando usamos todos nuestros sentidos y recibimos una retroalimentación desde todos estos ángulos. Pensar es sólo una de las cuatro funciones de la vida; las otras tres son sentir, intuir y experimentar sensaciones. Estos cuatro estados juntos nos muestran que estamos vivos y plenamente asociados a la vida, en oposición a estar disociados o en la sombra. Cuando adoptamos la actitud "Siento curiosidad por lo que vive a través de mí", nos asombra sin cesar lo que la vida nos aporta. Estamos así abiertos a la posibilidad de conectarnos con nuestra Visión del Nacimiento. Somos como una radio que puede sintonizar información de nuestros sentidos, nuestra intuición, nuestra mente racional y nuestros sentimientos.

Piense en su sombra como una fuerza que distorsiona sus percepciones o limita la captación de su potencial. Una sombra grande con mucha energía no examinada puede paralizar el flujo de energía de sincronicidades capaces de llevarnos a nuestra Visión del Nacimiento.

Como un pez sumergido en el agua, no tenemos motivos para cuestionar los elementos de nuestro entorno hasta que dejan de nutrirnos. Una vez que abrimos nuestros ojos sin brillo a la idea de que hay más cosas para nosotros de las que conocemos, nuestra perseverancia, nuestro razonamiento lógico, nuestro corazón y el poder del fuego de nuestro espíritu nos conducirán hacia donde necesitamos ir.

SENTIR LA SOMBRA Y SUS MIEDOS LIMITADORES
SIN CONCIENCIA

¿Qué pasa cuando decide emprender algún proyecto? Si es fuerte en capacidades de pensamiento, puede llegar a sentarse y escribir una lista de todas las cosas que debe hacer para que el proyecto avance. Eso parecería lo más lógico. Sin embargo, cada vez que nos adentramos en aguas desconocidas tenemos que ser capaces de superar nuestros miedos.

Marjorie, administradora de un colegio secundario, decidió que parte de su Visión del Nacimiento consistía en promover la información ecológica. Un amigo de ella conocía a un escritor y profesor de ecología bastante popular, y Marjorie le propuso hacer un seminario público en su ciudad. Él aceptó. Cuando el entusiasmo inicial de Marjorie se desvaneció, empezó a sentirse nerviosa por el compromiso que había asumido. Se arriesgó a algunas cosas más, pero postergaba constantemente otros pasos que había planeado dar. Un mes antes del hecho, llamó al escritor presa de pánico por la falta de inscriptos. ¿Qué pasaba? Marjorie estaba enfrentando a su sombra.

Cuando Marjorie era chica, la madre le recalcaba siempre la importancia de hacer lo correcto, pero que también resultara seguro. Solía decir: "¿Por qué quieres sacudir el bote? Quédate tranquila. Mira adonde te trajo tu boca tan lista. Es mejor estar a salvo que lamentarse". Hasta ese momento, Marjorie había salido adelante sin desarrollar una seguridad demasiado grande. Tampoco se había considerado una líder ni se había considerado creativa. Promocionar este encuentro empezó a exigirle que se viera bajo otra luz y utilizara rasgos no desarrollados para obtener éxito. La mente racional de Marjorie había armado su plan, pero los miedos y las imprecaciones de su sombra socavaban sus esfuerzos prácticos. Al aumentar sus miedos, su conciencia del yo se esforzaba por "pensar" una forma de que su iniciativa adquiriera publicidad, pero seguía empantanada. A esa altura, daba vueltas en círculos, enojada consigo misma por no hacer más y pensando que nadie mostraría interés. Estaba hundida en el pensamiento de su sombra, luchando, controlando y visualizando lo negativo.

¿Qué hacer? Trabajando con ella, le hicimos algunas sugerencias para que estuviera más presente e hiciera participar todos sus sentidos. ¿Qué sentimientos le generaba el suceso? ¿Qué era, para ella, lo peor que podía pasar? ¿Qué le parecía llamar a los diarios y las radios? ¿Qué intuiciones o imágenes recibía? Para que se pusiera en contacto con su cuerpo y se asentara, le sugerimos incluso que fuera a un lugar en la naturaleza que la nutriera y se reconectara con la tierra, los árboles, el agua y el aire. Según la práctica chamánica, a veces, frente a un gran miedo, basta con que "presionemos nuestra panza contra la tierra".

Luego le sugerimos que escribiera, siguiendo el fluir de la conciencia, todos sus sentimientos —miedos, esperanzas, cualquier sentimiento— respecto del hecho, durante veinte minutos diarios por cinco días. También le recordamos que anotara los sueños que tuviera durante ese período.

Y la última sugerencia que le hicimos fue que olvidara la necesidad de hacer que el encuentro se produjera o no. Este paso apuntaba a que dejara de tratar de controlar los resultados.

¿El desenlace? Después de realizar parte del trabajo que le sugerimos, Marjorie al fin tuvo que admitir que estaba demasiado alejada de su área de comodidad y canceló su plan.

RECUPERAR LA SOMBRA

El paso de "recuperar la sombra", por potente que sea, no siempre se halla libre de desafíos. Las características o actitudes a las que debemos prestar atención en nuestro camino hacia el desarrollo de nuestra Visión del Nacimiento pueden generar conflictos. En vez de enojarnos con el universo, debemos recordar que nuestras actitudes crean una gran porción de nuestro mundo. Con mucha frecuencia, alguien dice, por ejemplo: "Quiero iniciar un campamento de verano para chicos desfavorecidos". Pero de alguna manera el proyecto nunca se pone en marcha porque, de repente, el auto se rompe, o nuestro hijo termina en la cárcel, nos rompemos cuatro dedos de los pies o nunca llegamos a la primera llamada telefónica al Departamento de Parques y Recreos para averiguar sobre los permisos. Cada vez que se sienta movilizado a hacer algo nuevo, analice qué se interpone en su camino. Es lo "ideal para usted", y quizá sea algo largamente sepultado que usted olvidó o nunca enfrentó. No se preocupe. Es sólo el siguiente paso y no significa que usted fue un estúpido al soñar con el campamento de verano para los chicos. Cada obstáculo es parte del proceso. ¡Tal vez pudiera empezar a pensar que los obstáculos lo "ponen a tono"!

"ME SIENTO EGOÍSTA CUANDO PIDO ALGO PARA MÍ"

Las partes negadas pueden llegarnos a través de otra persona a la que consideramos hostil o inmadura, porque nos da rabia que nos quiten partes de nosotros mismos para agradar a otros. Supongamos que, para usted, su cónyuge pasa demasiado tiempo jugando al golf o cazando o asistiendo a talleres. ¿Su resentimiento ante la forma en que su cónyuge emplea su tiempo es un sentimiento desplazado de una parte suya que quiere más tiempo personal? Un hombre dijo: "Estoy tramitando el divorcio; me da rabia que mi mujer pase tanto tiempo tomando clases y yo tenga que cuidar a los chicos los fines de semana. Es muy egoísta. No aguanto más". Nosotros comentamos: "Debe de resultar difícil ser padre con tan poco tiempo para su persona. ¿Desearía tener más tiempo para tomar clases o jugar al tenis?". Por un momento se quedó callado y luego agregó, despacio: "Eso es exactamente lo que necesito ahora. Supongo que me siento egoísta por pedir algo para mí". Pese a lo simple de este diálogo, sirvió para hacer ver a este hombre que estaba proyectando sus propias necesidades en su mujer y juzgángola mal por cuidarse cuando él ni siquiera había reconocido sus necesidades personales.

La parte que aplastamos, sea cual fuere, no crece; nuestro artista, músico o bailarín original queda pequeño y atrofiado por falta de ejercicio. Las partes desposeídas quedaron sin desarrollar como

"Cada minoría y cada grupo de disenso carga con la sombra de la proyección de la mayoría, ya sean negros, blancos, gentiles, judíos, italianos, irlandeses, chinos o franceses.

"Además, como la sombra es el arquetipo del enemigo, es muy probable que su proyección nos involucre en la más sangrienta de las guerras precisamente en los tiempos de mayor complacencia respecto de la paz y nuestra propia rectitud.

"El enemigo y el conflicto con el enemigo son factores arquetípicos, proyecciones de nuestra propia escisión, y no pueden ser legislados o ahuyentados a voluntad. Pueden manejarse -en todo caso- sólo en términos de confrontación de sombras y de reparación de nuestra escisión individual.

"Las épocas más peligrosas, tanto colectiva como individualmente, son aquellas en las que creemos haberla eliminado." **Edward C. Whitmont en** *Meeting the Shadow*, **compilado por Connie Zweig y Jeremiah Abrams**

niños encerrados en un armario. Tal vez parte de nuestra Visión del Nacimiento sea algo que dejamos de lado cuando empezamos a adaptarnos a nuestro entorno físico y emocional para agradar a los demás.

LA SOMBRA COLECTIVA

La sombra existe no sólo en nuestra psique personal sino en la psique colectiva de la humanidad. Hay una energía colectiva en la ciudad, el pueblo, la ciudad o el país. Piense en la comunidad donde vive. ¿Tiene una actitud mental particular? ¿Cómo se describe a sí misma la comunidad? ¿Los habitantes se consideran "temerosos de Dios"? ¿"Granjeros trabajadores"? ¿"Intelectuales sofisticados"? El poeta Robert Bly señala, por ejemplo: "Viví durante años cerca de una localidad rural de Minnesota. Se suponía que en el pueblo todos debían tener los mismos objetos en la bolsa [sombra]; una pequeña ciudad griega obviamente tendría otros objetos en la bolsa. Es como si el pueblo, por una decisión psíquica colectiva, pusiera ciertas energías en la bolsa y tratara de evitar que alguien saliera... También existe una bolsa nacional... si un ciudadano estadounidense siente curiosidad por saber qué hay en la bolsa nacional en este momento, puede escuchar con atención cuando un funcionario del Departamento de Estado critica a Rusia. Otras naciones... tratan brutalmente a las minorías, le lavan el cerebro a su juventud y violan tratados".[3]

Cuando miramos el drama nacional del caso O. J. Simpson, vemos parte de lo que hay en la bolsa. Nuestra fascinación con ese caso, así como con toda la violencia que pagamos como entretenimiento, nos muestra la profundidad de nuestros sentimientos colectivos de impotencia y rabia. En algún nivel, todos nos sentimos víctimas de algo. En algún nivel, todos sabemos que contribuimos a los problemas con muchos de nuestros actos cotidianos, como conducir nuestros autos, arrojar cosas, usar ropa o cosméticos que explotan a seres humanos y animales, y así sucesivamente. Una mentalidad colectiva de víctima se ve alimentada por un régimen continuo de noticias sobre tragedias locales y mundiales, guerras y colapsos ecológicos y económicos. Si pensamos como víctimas, reafirmamos la idea de que alguien es el Intimidador, que somos impotentes y que hemos creado un "modelo de nosotros y ellos" que mantiene la lucha de poder. Racionalmente, podemos tender a negar los sentimientos de impotencia y obligarnos a ser duros, como si sentirse impotente no estuviera bien, como si presenciar el sufrimiento no estuviera bien. Pero para permanecer en nuestra humanidad y poder trabajar desde el corazón, no podemos permitirnos poner la desesperanza en la bolsa de nuestra sombra. Esa desesperación nos mantendrá conectados con lo que nos importa. Nos mantendrá vivos y conectados a nuestra preocupación. Recién entonces podremos sumarnos al flujo de la creatividad y la intuición necesarios para resolver los problemas.

> "Como señaló el inspirado maestro metafísico Rudolph Steiner, los chauvinistas nacionalistas que odian a otros países en realidad tienen premoniciones de que, en su próxima vida, nacerán con esa nacionalidad. El Yo Superior sabe, pero la personalidad se resiste." **Corinne McLaughlin y Gordon Davidson,** *Spiritual Politics*

PULSIONES CONFLICTIVAS EN NUESTRO INTERIOR

Podemos elegir que el Miedo nos bloquee y nos paralice, creando enemigos y situaciones imposibles, o podemos optar por abrirnos a nuestro sufrimiento, confiando en que nuestra Visión del Nacimiento nos mostrará adónde necesitamos ir. Todos deseamos alcanzar el éxito. Tener miedos respecto de algo o de nosotros mismos no significa que estemos condenados. Sentir los tentáculos helados del miedo alrededor del cuello o el pecho o sentir que tenemos el estómago hecho un nudo no significa que no seamos espirituales. Significa que, en ese momento, nos sentimos separados y solos e inseguros respecto de nuestra capacidad para salir adelante. Si decidimos que sólo podemos tener éxito poniendo nuestra cara heroica, nuestra cara perfecta, sin duda nos apartaremos de nuestra cara humana: la que tiene granos, cicatrices, el entrecejo fruncido y sonrisas. Somos más propensos al fracaso cuando:

a. Nos concentramos en "protegernos" de todo lo distinto o desconocido
b. Perdemos de vista nuestro propósito
c. Tomamos decisiones con ánimo ansioso
d. Nos sentimos apartados de los demás y de Dios
e. Luchamos por el poder
f. Robamos energía a los demás
g. Nos resistimos al cambio
h. Nos cegamos automáticamente a cualquier información nueva porque no responde a nuestro esquema de creencias

La Décima Revelación nos recuerda que podemos superar el Miedo cuando:

a. Nos sintonizamos con Dios pidiéndole orientación
b. Confiamos en la determinación de nuestras intuiciones
c. Mantenemos imágenes mentales firmes del ideal que queremos tener
d. Nos alineamos con individuos valientes y sabios que nos inspiran
e. Recordamos otros momentos en que nos hemos sentido conectados e inspirados
f. Recordamos que, aunque nos sintamos inseguros, no estamos solos
g. Recordamos que existe un propósito espiritual implícito en el misterio de la existencia

Nuestra mayor amenaza es la polarización de puntos de vista

¿Qué piensa del futuro? ¿Es optimista? ¿Por qué? ¿Es pesimista? ¿Por qué? La polarización divisoria de opiniones respecto del destino del mundo, si va para arriba o para abajo, tiene, más que ningún otro elemento, el potencial de crear el futuro mismo que queremos evitar. En *La Décima Revelación* Wil dice: "Durante una transición en la cultura, las viejas certezas y opiniones empiezan a quebrarse y evolucionan hasta convertirse en nuevas tradiciones, lo cual genera ansiedad a corto plazo. A la vez, esas mismas personas despiertan y mantienen una conexión interna de amor que los sostiene y les permite evolucionar más rápido; otras, empero, sienten que todo cambia demasiado rápido y que pierden su rumbo. Se vuelven más temerosas y más controladoras para tratar de aumentar su energía. Esta polarización del miedo puede resultar muy peligrosa, ya que los individuos temerosos pueden adoptar medidas extremas.

> "La mejor esperanza que tenemos de sobrevivir es cambiar nuestra forma de pensar acerca de los enemigos y la guerra. En vez de sentirnos hipnotizados por el enemigo, debemos empezar a mirar los ojos con los cuales vemos al enemigo... Es poco probable que logremos controlar con éxito la guerra a menos que entendamos la lógica de la paranoia política y el proceso de crear propaganda que justifica nuestra hostilidad." **Sam Keen en *Meeting the Shadow*, compilado por Connie Zweig y Jeremiah Abrams**

"Cualquier tipo de violencia lo único que hace es empeorar las cosas... si los combatimos con ira y odio, sólo ven a un enemigo. Eso los afianza más. Se vuelven más temerosos... Debemos recordar en su totalidad nuestras Visiones del Nacimiento... y luego podemos recordar algo más, una *Visión del Mundo*."[4]

Recordar nuestro propósito nos da Energía para superar el miedo

¿Se acuerda de la expectativa que sintió cuando se mudó a una casa nueva? ¿Cuando iba a empezar la universidad? ¿Cuando se recibió? Cada vez que estuvo en contacto con su propósito, estaba energizado y tal vez no dejó que sus miedos le impidieran avanzar. Este mismo aumento de energía (experimentado como optimismo) se producirá si colectivamente recordamos nuestra Visión Global.

Recuerde que todos estamos interconectados y un aumento del campo en cualquier parte afecta el nivel de energía aun de los que están sumergidos en el miedo. Como dice nuestro personaje en la novela: "...[podemos] recordar más allá de nuestras intenciones individuales al nacer abarcando un conocimiento mayor del propósito humano y cómo podemos consumar ese propósito. En apariencia, recordar ese conocimiento aporta una energía ampliada que puede ponerle fin al Miedo...".[5]

> Debemos reconocer que lo que pensamos no sólo afecta al mundo; es el mundo. **Fred Alan Wolf en *Towards a New World View*, de Russell E. DiCarlo**

Las almas sabias, aquí y en la Otra Vida, siempre han sabido que adoptar posiciones es un camino simplista, poco creativo y destructivo. El Miedo es un poderoso fragmentador de energía y lo contrario de la unificación. Al correr asustados, quedamos atrapados en la lucha por tener razón *y olvidamos que todos queremos libertades y alegrías similares, que pueden ser alcanzadas si trabajamos juntos.* Si sucumbimos a esta seducción de estar del lado ganador, y a la vez nos sentimos secretamente incapaces de hacer algo para llevar a cabo una transformación, es probable que también renunciemos a nuestra responsabilidad. Podemos pensar: "Mejor olvidarlo. Que otro se encargue. No vale la pena. Nada de lo que yo haga cambiará algo".

En su libro *Violence and Compassion: Conversations with the Dalai Lama*, el guionista y escritor Jean-Claude Carrière le pregunta al gran líder espiritual tibetano qué visión del mundo elegiría: la pesimista o la optimista. "Sin ninguna duda, la segunda. Digo esto por tres razones como mínimo. Primero, me parece que el concepto de guerra cambió en los últimos tiempos. En el siglo XX, hasta las décadas de los 60 y 70, todavía pensábamos que la decisión final e indiscutible pro-

> "La [creencia] más importante es la idea de que, más allá de lo que pase, en algún nivel todo está bien. Yo esencialmente respondo con un 'sí' a lo que Einstein dijo en una oportunidad que era la incógnita más importante del mundo: '¿El universo es favorable?'
>
> "Creo que hay un esquema, un proceso y un plan en el universo. Creo que en el universo hay un lugar para la conciencia humana resistente... Esta creencia contribuyó de manera inconmensurable a mi paz espiritual y a mi serenidad. Para mí, la idea de que no importa lo que pase está bien, me lleva a una actividad mayor, no menor. **Doctor Larry Dossey en *Towards a New World View*, de Russell E. DiCarlo**

vendría de una guerra. Se relacionaba con una ley muy antigua: los ganadores tienen razón. La victoria es señal de que Dios, o los dioses, están de su parte. Por consiguiente, los triunfadores imponen su ley a los vencidos, la mayoría de las veces mediante un tratado, que nunca es otra cosa que un pretexto para la venganza. De ahí la importancia de las armas y sobre todo de las armas nucleares. La carrera armamentista impuso en la Tierra un peligro real de aniquilación. [Estoy convencido de que] el peligro disminuye.

"En cuanto a la segunda razón de mi optimismo, creo que, pese a ciertas apariencias, la noción de *ahimsa*, o no violencia, está ganando algunos puntos. En la época de Mahatma Gandhi, un hombre al que venero, la no violencia se tomaba sobre todo como debilidad, una negativa a actuar, casi cobardía. Esto ya no ocurre. La elección de la no violencia es en nuestros días un acto positivo, que evoca una fuerza verdadera... Creo que como consecuencia de la prensa, de todas las cosas que llamamos comunicaciones, los grupos religiosos se reúnen más seguido y están llegando a conocerse mejor que antes."[6]

Cuando Carrière le menciona la tendencia de algunos países musulmanes a cerrarse y mantener alejadas las influencias extranjeras, responde: "El aislamiento nunca es bueno para un país, y se ha vuelto imposible. En cuanto a los países musulmanes, si bien algunos mantienen y refuerzan sus puertas cerradas, en líneas generales, si miramos todo el mundo, el aislamiento va perdiendo terreno. Llevo ya veinte años visitando muchos países. En todos los lugares a los que voy, la gente me dice: 'Estamos conociéndonos mejor'... Por mi parte, me reúno con otros líderes religiosos con la mayor frecuencia posible. Caminamos juntos, visitamos algún lugar religioso, más allá de la tradición a la cual pertenezca. Y allí meditamos juntos, compartimos un momento de silencio. Eso me da una gran sensación de bienestar. Sigo creyendo que en el dominio de la religión estamos avanzando en comparación con el comienzo del siglo".

Y la tercera razón de su optimismo es: "Cuando me reúno con los jóvenes, en especial en Europa, siento que el concepto de la humanidad como un todo es mucho más fuerte ahora que antes. Es un sentimiento que rara vez existía en el pasado. El 'otro' era el bárbaro, el que era diferente".[7]

Notemos que el Dalai Lama no sólo es optimista respecto del futuro de la humanidad, sino que elige buscar pruebas de cambios positivos en la vida real. Relea las palabras anteriores y observe qué sensaciones generan en su cuerpo.

Éste es un gran líder espiritual mundial, un ejemplo vivo de cómo sostener la Visión Global. Él no exhorta ni amenaza a los demás con la condena si no despiertan. Observe que hace cosas simples como caminar, visitar distintos lugares sagrados con respeto, escuchando y meditando con independencia de que se reúna con otros líderes del mundo o gente común. Observe que responde a la pregunta sobre los países que adhieren a una postura cerrada diciendo que el aislamiento es imposible, en vez de juzgar o denunciar la política. La paz llega a través de sus palabras y sus acciones en todo momento. El Dalai Lama nos muestra cómo mantener el ideal de lo que más queremos y dejar que el ideal se torne manifiesto.

¿NOS CONCENTRAMOS EN EL MIEDO O EN EL IDEAL?

Sostener una Visión Global positiva es dar energía a un ideal. Muchos de los mensajes de las lecturas de Edgar Cayce nos recuerdan que fijemos un ideal de lo que queremos en nuestra mente, y éste nos impedirá distraernos. En la vida diaria existen muchísimas oportunidades para ofrecer amor, compasión y paciencia. Un ideal no es una perfección inalcanzable, sino una energía de navegación que nos atrae y nos guía. Piense en el ideal como un querido amigo sabio que va unos pasos más adelante que usted. Se da vuelta para mirar por sobre el hombro si usted sigue en camino, sonríe y le hace señas con el pulgar en alto.

"Creemos que necesitamos un enemigo. Los gobiernos se encargan de que tengamos miedo y odiemos para que nos aliemos a ellos. Si no tenemos un enemigo real, inventan uno para movilizarnos.

"No está bien pensar que la situación del mundo está en manos del gobierno y que si el Presidente tuviera las políticas correctas habría paz.

"Nuestras vidas diarias tienen mucho que ver con la situación del mundo. Si podemos cambiar nuestras vidas diarias, podemos cambiar a nuestros gobiernos y podemos cambiar el mundo.

"Nuestros presidentes y nuestros gobiernos son nosotros. Ellos reflejan nuestro estilo de vida y nuestra forma de pensar. La forma en que sostenemos la taza de té, tomamos el diario y hasta usamos el papel higiénico tiene que ver con la paz." **Thich Nhat Hanh,** *Love in Action: Writings on Nonviolent Social Change*

BUSCAR LO POSITIVO

Como el Dalai Lama, que ve un cambio positivo en los jóvenes, gran parte de la tarea de sostener la Visión Global consiste en reconocer expresamente hasta los cambios pequeños. Por ejemplo, usted puede empezar a aumentar su conciencia de hechos positivos que lea en los medios. ¿Es posible? Claro que sí. Una noticia publicada hace poco en el *San Francisco Chronicle* señalaba que, según un informe federal, se espera que en el año 2050 la población de los Estados Unidos sea mitad "minorías" y mitad blanca. El artículo citaba a Cheryl Russell, una demógrafa que escribió extensamente sobre los *baby boomers* y algunos de los cambios que esto generará en distintas industrias. Pero lo más interesante es que dijo: "El efecto de los cambios a largo plazo en la composición racial del país no debe medirse en base a los conflictos experimentados en la actualidad... Es evidente que estamos en una época de transición y cuando vemos batallas sobre cosas como la acción afirmativa, algunos creen que se avecinan conflictos. Pero la realidad de la vida estadounidense es que el nivel de tolerancia mutua es mucho más elevado que antes. La historia nunca llega a contarse, pero todas las encuestas asi lo muestran. Los jóvenes ya están acostumbrados a vivir en una sociedad pluralista y sus hijos estarán más habituados todavía".[8] Al momento de escribir esto, los científicos están notando que el agujero en la capa de ozono empieza a achicarse y, si todo va bien, puede cerrarse en diez o doce años. En África se informó que la gente de algunos países está limitando su familia a dos hijos porque se da cuenta de que no puede criar más. Mientras escribimos esto, hay una marcha en Washington de personas preocupadas por el nivel de pobreza de los niños en los Estados Unidos. Nuestra cultura, nuestro planeta, puede mejorar si fijamos nuestro ideal y seguimos nuestra guía intuitiva para prestar servicio allí donde estemos "apostados".

LAS ANTENAS DE LA ENERGÍA AFECTIVA

En la Octava Revelación aprendimos a elevar la energía de los otros enviando energía divina y afectiva a otra persona para hacer surgir sus cualidades más altas. Con la Décima Revelación, enviamos la misma energía afectiva mientras *visualizamos que el individuo recuerda lo que quiere hacer en esta vida*. Es un hecho empírico que pensar ideas positivas sobre alguien fortalece a esa persona. Si pensamos que podemos hacer algo, es probable así sea.

Fran Peavey, profesora, activista y actriz, cuenta cómo en 1970 ella y un grupo se organizaron contra una fábrica de napalm en Long Beach, California. Empieza: "En vez de concentrarme en el 52 por ciento de 'mal' en mi adversario, yo opto por mirar el otro 48 por ciento, para partir de la premisa de que dentro de cada adversario tengo un aliado. Ese aliado puede ser silencioso, vacilante, o puede estar oculto a mi vista. Puede ser sólo el sentido de ambivalencia de la persona en cuanto a partes moralmente cuestionables de su trabajo. Esas dudas rara vez tienen la posibilidad de aflorar, debido al poder abrumador del contexto social del que depende la persona. Mi capacidad para ser su aliado también sufre esas presiones".[9]

Peavey habla de sus estrategias para lograr apoyo mediante la proyección de diapositivas en la comunidad, la organizacion de piquetes en la fábrica y el conocimiento de todos los detalles posibles sobre el presidente de la empresa. Con su grupo, pasó tres semanas preparándose para un encuentro con él, investigando los bienes de la empresa. Antes de la reunión, también hablaron mucho entre ellos acerca de cuán enojados estaban con el presidente de la empresa por el papel que desempeñaba en la matanza y utilización de niños en Vietnam. Decidieron que mostrarle ese enojo no haría más que ponerlo a la defensiva y disminuir las posibilidades de ser escuchados. "Por sobre todo, queríamos que nos viera como personas reales, no distintas de él. Si le hubiéramos parecido izquierdistas enardecidos, lo más probable era que rechazara nuestras preocupaciones".[10]

"De modo que los del Tercer Mundo deben recibir educación. Y esto debe hacerse de manera enérgica, sin ninguna reticencia sentimental. Se trata de una necesidad inmediata, de una emergencia. Es necesario decirles, pese a todos los malos entendidos que pueda implicar: están en el camino equivocado, su crecimiento demográfico es demasiado grande, los está llevando a una pobreza aún más terrible...

"Otros países... no tienen nada y mañana tendrán menos que nada. Debemos combatir esta brecha cada vez más grande... Ése debería ser nuestro objetivo. Acercar los dos mundos hasta hacerlos comparables y, si es posible, iguales.

"Todos los problemas —hambre, desempleo, delincuencia, inseguridad, desviaciones psicológicas, epidemias varias, drogas, locura, desesperación, terrorismo—, todo está atado a la brecha cada vez más grande entre las personas que, de más está decir, también puede encontrarse dentro de los países ricos... Todo está relacionado, todo es inseparable. Por consiguiente, hay que achicar la brecha." **El Dalai Lama en *Violence and Compassion*, de Jean-Claude Carrière**

El grupo también averiguó "todo lo posible sobre su vida personal: su familia, su iglesia, su *country*, sus *hobbies*. Estudiamos su fotografía, pensando en los seres que lo amaban y los seres que él amaba, tratando de imaginar su cosmovisión y el contexto al cual respondía. Cuando los tres nos reunimos con él, no nos resultó un extraño. Supusimos que él ya albergaba dudas en su interior, y consideramos que nuestro papel era prestarles voz a esas dudas. Nuestro objetivo era introducirnos a nosotros mismos y nuestra perspectiva en su contexto para que, en el momento de adoptar decisiones, nos recordara y considerara nuestra posición".

"Sin culparlo personalmente ni atacar su empresa, le pedimos que cerrara la planta, que no se presentaran a licitación cuando renovaran el contrato ese año, y que pensara en las consecuencias de las operaciones de su empresa."[11] Peavey describe cómo el grupo comunicó su compromiso con toda tranquilidad para tratar el tema de la dependencia económica de las municiones y la guerra. "Cuando llegó el momento de renovar el contrato, dos meses más tarde, su empresa no se presentó a la licitación."[12]

EL CAMINO ENTRE EL CINISMO Y LA INGENUIDAD

Peavey es consciente de que "hacerse amigo del enemigo" no es una solución simple que funcione en todos los casos. Plantea interrogantes respecto de la manera de manejar nuestra rabia contra nuestros enemigos. ¿Podemos diferenciar entre acciones de odio y las personas que hay detrás de ellas? Si empatizamos con nuestros enemigos, ¿menoscabamos nuestra determinación de crear un cambio? Obviamente, "tratar a nuestros adversarios como aliados potenciales no trae aparejada la aceptación impensada de sus acciones. Nuestro desafío consiste en recurrir a la humanidad dentro de cada adversario preparándonos para toda la gama de posibles respuestas. Nuestro desafío es encontrar un camino entre el cinismo y la ingenuidad".[13] Enfoques para el cambio social como el que describe Peavey contribuyen a allanar el camino para que todos intentemos algo nuevo.

LIBERAR MIEDOS EN LA DIMENSIÓN ESPIRITUAL

Antes de poder volar en avión, teníamos el deseo de volar. Antes de poder hablar por teléfono, teníamos la capacidad de comunicarnos telepáticamente. Quién sabe qué clase de magia surgirá de las evoluciones gemelas de la tecnología y las capacidades humanas innatas todavía por desarrollar. Mientras aprendemos a viajar a la dimensión espiritual, tal vez lo que ahora tememos no sea un problema cuando intuyamos nuevos métodos de manifestar y sanar o de acceder a la sabiduría almacenada en la inteligencia universal.

Después de años de contacto con la dimensión espiritual, Robert Monroe empezó a darse cuenta de que podía trabajar liberando miedos, miedos que ignoraba poseer. "Descubrí que en realidad tenía muchos temores. Tal vez no haya sido consciente de esos miedos, pero allí estaban, explosiones grandes y espantosas de energía en bruto... Eran viejos miedos y un flujo constante de miedos nuevos. Iban de cosas pequeñas, como por ejemplo ansiedad por el efecto de un día lluvioso en nuestro proyecto de construcción, a grandes preocupaciones sobre los cambios que se desarrollaban en el mundo."[14] Al cabo de los años, notó, no obstante, que los miedos se disipaban. "Se disolvían muchos más miedos que los nuevos que generaba mi actividad en ese momento. Con esta conciencia surgió una revelación importante: [cuando estaba en la dimensión espiritual] había creado este proceso y mantuve la operación de disolución de miedos funcionando de acuerdo con las necesidades. Ninguna fuente externa me prestaba ayuda como yo había supuesto erróneamente. ¡Yo me ayudaba a mí mismo!"[15]

Sentirse triste, desalentado, enojado o preocupado por el planeta implica derramar una energía real considerable. Los seres humanos tienden a resistirse al cambio. Salvo que las cosas se tornen dolorosas, a menudo no tomamos las medidas requeridas. Nuestros sentimientos son el camino a la totalidad. Cuando perdemos nuestra humanidad en el miedo, quedamos atrapados en una lucha que puede no llevarnos al resultado que queremos en realidad. Cuando no sentimos, cuando nos deshumanizamos, cuando despreciamos a alguien, perdemos la conexión con lo que de veras importa, como pasar una tarde al sol con nuestros hijos, navegar por el mar o tomarnos de la mano con nuestra abuela al atardecer.

ESTUDIO INDIVIDUAL

Ejercicio de la sombra

El objetivo de este ejercicio es ayudarlo a ponerse en los zapatos de otro. Desarrollar empatía y compasión forma parte del trabajo espiritual más elevado que podemos hacer para sostener la Visión Global.

Paso A

Tómese un momento para escribir los nombres de tres o cuatro personas que no le agraden o con las que no esté de acuerdo. Además de los nombres, escriba las cosas con las que no coincide o que no le gustan. Por ejemplo, Carl, padre solo y empresario, escribió que no quiere:

1. A mi cuñado, George. Porque siempre hace notar que le va muy bien en su negocio debido a todas las nuevas tecnologías que está usando. Piensa que yo debería actualizarme.
2. A los políticos. Porque son falsos. No se puede confiar en ellos. No hacen nada.
3. Los izquierdistas recalcitrantes. Porque no son realistas.

Paso B

Ahora vuelva atrás y describa a cada una de las personas como si pudiera ver su propósito más elevado. Use la imaginación para conjeturar qué propósito positivo, más profundo, se halla detrás de las características externas que usted ve y juzga. Carl escribió:

1. George parece interesarse mucho en el efecto de la tecnología en el siglo XX. Es un tipo que quiere llegar. Tal vez en otra vida no tuvo muchas oportunidades de usar sus capacidades. A George le gusta decir a los demás lo que sabe. Es un maestro nato.
2. Los políticos son personas que tienen un ideal que, al principio, creen poder alcanzar. Son perseverantes. Corren el riesgo de ser demolidos por la crítica de todos. Están aprendiendo a adaptarse a condiciones que cambian constantemente, para descubrir el uso correcto del poder y el servicio.
3. Los izquierdistas recalcitrantes son gente que quiere ayudar a los demás. Tienen principios muy sólidos sobre lo bueno y lo malo. Pasan tiempo de sus vidas tratando de modificar cosas en las áreas que les interesan especialmente. Tal vez sufrieron en otras vidas, y están condenados a tratar de hacer algún bien a los demás en esta vida.

En el paso B usted se aparta de la forma normal en que percibe a los demás y hace conjeturas respecto de la intención original de lo que estas personas querían realizar. Tomando otra posición, buscando una razón positiva por la cual las personas son como son, tiene la oportunidad de ser una persona más grande. Contar con más de una percepción de alguien nos permite tener una interacción más creativa con esa persona.

Paso C

Ahora volvamos a lo que escribió en el Paso A. Tache el nombre de una de las personas que no le gustan e inserte su propio nombre. Ahora describa algo que usted hace que sea similar a lo que no le gusta en esa persona. Observe cómo se siente al leer la frase en voz alta. Carl leyó en voz alta: "[Como hace George], a veces hago notar cosas a los demás. Como cuando le dije a mi ex mujer: 'Te dije que tendrías que haberte ocupado de la prima del seguro, y ahora venció'". Dijo que sintió una pequeña "serenidad" en la zona del corazón al darse cuenta de que a veces podía ser como George.

¿Qué pasó con los sentimientos de Carl sobre los políticos? En el primer paso, escribió que no le gustaban porque eran falsos, que no se podía confiar en ellos y que nunca hacían nada. Mirándose a sí mismo, ahora escribió: "A veces, siento que yo también soy un poco falso. Como el otro día, cuando vino Bill y le dije cuánto me alegraba verlo. En realidad, ese tipo no me gusta y sin embargo es cliente mío, así que no quiero ofenderlo. Yo tampoco he mantenido siempre mis promesas. Como aquella vez que le dije a Barbara que había pedido los materiales nuevos, porque no quería que supiera que me había olvidado". Carl empezó a recordar incluso que su padre siempre criticaba a los políticos de la misma manera. Cuando Carl era adolescente, había querido postularse para presidente del centro de estudiantes, pero su padre pensó que le quitaría mucho tiempo de su trabajo extraescolar. Igual que los políticos a los que detestaba porque no cumplían sus objetivos, Carl sintió: "Ojalá hubiera hecho más en mi actividad hasta ahora".

Al examinar sus sentimientos sobre los izquierdistas, escribió: "Yo, Carl, no siempre he sido realista. Y nadie ayudó a nuestra familia cuando éramos pobres, de modo que, ¿por qué habría de preocuparme por quienes no quieren trabajar, cuando yo apenas puedo mantener mi empresa en funcionamiento?". Carl estaba dispuesto a establecer algunas conexiones entre él y las proyecciones que ponía en la gente que no le gustaba o con la que no coincidía. Todavía le costaba aceptar que tenía una gran necesidad de salir (como los "izquierdistas recalcitrantes") a ayudar a los que eran menos afortunados que él. Seguía convencido de que los izquierdistas se engañaban respecto del mundo real.

En este ejercicio, vemos que el desagrado que Carl siente por

George, los políticos y los izquierdistas reflejaba alguna parte de su propia sombra negada. Cuando empezamos a "recuperar" o reconocernos en las cosas que juzgamos malas, empezamos a abrirnos a la totalidad de nuestra alma. Cuanta más energía enviamos para mantener nuestras cualidades negativas en la sombra, menos energía tenemos para crear a partir de nuestro yo integral.

Por ejemplo, a Carl empezarán a ocurrirle milagros cuando: 1) libere los resentimientos que guarda respecto de su pobreza inicial; 2) reconozca que su deseo de realizar algo más en su actividad es la voz de su Visión del Nacimiento; y 3) se permita servir a una causa humanitaria que sea más grande que él. No sólo contribuirá en gran medida a sostener la Visión Global, sino que podría sentirse más vivo y gozar de más diversión, aventura y gratificaciones.

ESTUDIO GRUPAL

Dialogar con el Miedo

Si su grupo es unido y han creado un entorno protegido para que los integrantes compartan cuestiones más bien profundas, conviene que exploren los sentimientos de cada uno sobre algunos de los miedos y creencias enumerados al comienzo del capítulo. Que cada persona hable a medida que la energía vaya moviéndose a través del grupo. Es una buena idea dejar que todos hablen sin interrupción, consejos o respuestas hasta que estén listos para una discusión general de los sentimientos.

Meditación

Conviene que el grupo termine la reunión con una meditación grupal concentrada en uno de los miedos y creencias más fuertes en sus integrantes. Por ejemplo, si la gente tiene un gran miedo y creencia en la superpoblación, intenten una meditación en la que visualicen a jóvenes en edad de tener hijos recordando su Visión de vivir en la Tierra de una manera equilibrada.

Si desean trabajar con el miedo a una mentalidad de pandilla, creen una imagen visual de personas abrazadas, tomadas de la mano, ayudándose a cruzar un puente, bailando en sus patios o votando juntas por un cambio social positivo. Sean creativos, pero tomen conciencia de que tienen un gran poder en su meditación.

Un estudio sobre meditaciones masivas de largo plazo, realizado por meditadores experimentados, reveló efectos positivos significativos desde el punto de vista estadístico en las ciudades donde se realizaron las meditaciones. Apodado "efecto Maharishi", la meditación grupal ha producido una disminución del índice de crímenes y muertes hospitalarias correspondientes a los períodos de meditación.

Proyectos

Si fueran a emprender un proyecto y tuvieran todas las razones para creer que será un éxito, ¿qué desearían todos como grupo? Si deciden emprender algo, empiecen todos a pensar miedos respecto de las razones por las cuales el proyecto podría fallar, y escríbanlos en un papel. ¿Hasta qué punto son realistas esos miedos? ¿Qué podrían hacer para que ese miedo les enseñara algo o para convertirlo en una fuerza positiva?

La acción indicada

QUINTA PARTE

La acción indicada

CAPÍTULO 10

Una transformación
en el trabajo y la empresa

DELFÍN
VÍNCULO

[Hay una nueva ética que avanza] hacia un capitalismo ilustrado, un capitalismo orientado no sólo a los beneficios, sino a satisfacer las necesidades evolutivas de los seres espirituales y a hacer que los productos se hallaran disponibles a los precios más bajos posible; y en última instancia hacia una automatización final plena …[y a liberar] a los humanos para embarcarse en la economía espiritual "del diezmo" que mencionaba en la Novena Revelación.

LA NOVENA REVELACIÓN:
EN BUSCA DE LA LUZ INTERIOR[1]

LA EMPRESA COMO CAMINO ESPIRITUAL

"Los empresarios pueden anhelar esta nueva forma de hacer negocios, esta nueva tendencia hacia el espíritu en los negocios —dijo el empresario californiano Mark Bryant—, "pero es posible que no tengan la capacidad para implementarla debido a la naturaleza de lo que ocurre en la actualidad. También hay una presión enorme por los resultados a corto plazo. Si una empresa tuvo dos semestres malos, lo más probable es que el directorio cambie al presidente. O sea que el verdadero poder de la empresa lo tienen los accionistas."

Mark, que inició cinco empresas de éxito, es un buen ejemplo de alguien que logró equilibrar activamente sus descubrimientos espirituales con el hogar, la familia y (ahora) tres empresas que le exigen mucho. Su planteo fue: "¿Cómo actuar en los negocios y, al mismo tiempo, crecer espiritual y psicológicamente, así como en el aspecto financiero?". Se dio unos dieciocho meses para investigar todo tipo de libros sobre cambios de paradigmas, modelos y técnicas de innovación, sistemas y profesionales metafísicos, y cómo podían utilizarse para aumentar la intuición en los negocios. "Hace veinte años, trabajaba con una gran empresa, y usé todas las herramientas psicológicas disponibles, o perfiles de personalidad, en el departamento de recursos humanos para entenderme mejor. Pero me di cuenta de

245

que necesitaba otra clase de sistemas que me dieran una idea más acabada de mí mismo. La intuición me llevó a la metafísica. Sé que suena un poco extraño para alguien que es cristiano y que tiene antecedentes empresarios, pero en la metafísica encontré muchas ideas que ahondaban más que el modelo psicológico. Aunque lo que a mí me interesaba era una mirada hacia adentro, me pareció útil trabajar con otras personas para evaluarme a mí mismo. Esto inició mi investigación sobre la metafísica. Creo que la gente debería saber que estamos solos en este camino."

¿Cuál fue el resultado de la investigación de Mark? "Por un lado —respondió—, mi idea de propósito y de estar vivo es muchísimo más fuerte. Ahora me conozco mejor y por lo tanto puedo ver con mucho mayor lucidez si una oportunidad de negocios va a darme resultado o no a largo plazo. Ahora dejo de lado algo que en el pasado podría haber hecho y lamentado. Confío mucho más en mi intuición, y eso me ha vuelto más eficiente. También hay algo más, que me cuesta decir con palabras, pero tengo una sensación de mucho mayor soltura en lo que hago."

¿Qué consejo les daría Mark a otras personas del mundo empresario? "Bueno, muchas personas que trabajan en grandes empresas empiezan a sentirse atrapadas. Con el achicamiento feroz que hay, da la sensación de que no tenemos más control sobre nuestro destino, aunque nos desempeñemos fantásticamente. Las personas están desencantadas del mundo empresario y es posible que se vuelquen al *franchising* o a ser consultores o propietarios. Pero creo que cambiar sólo la situación externa no es la única respuesta y tal vez no aporte ningún sentimiento de gratificación si no se cambia la forma en que uno se ve. Me parece que si uno no trabaja sobre sí mismo, creando seguridad a partir del conocimiento propio, puede volver a decepcionarse en cualquier actividad que emprenda. Toda empresa puede tener su rigidez, su jerarquía y sus condiciones poco saludables. Es posible que un individuo quiera ser su propio jefe, pero también sentir el deseo conflictivo de que alguien se haga cargo de él." Mark enfatizó los siguientes puntos que a él le dieron resultado: "Primero, hay que reconocer los propios dones y cómo trabajar con ellos en vez de desear ser otro. He observado que muchas personas tienden a verse a sí mismas y sus capacidades dos o tres niveles por debajo de lo que son en realidad. Tienden a observar sus *deficiencias externas*, como: 'No puedo iniciar una actividad porque no tengo título universitario', en vez de preguntarse: ¿qué quiero realmente? Dejan que sus juicios sobre sí mismas, su sombra, las definan. No buscan su verdadero yo, sino su imagen externa.

"En segundo lugar, he descubierto que trabajar con los dones personales constituye un proceso evolutivo. Por ejemplo, sé que soy más un visionario/realizador que un buen productor. Por lo tanto, me asocié con un excelente productor. Tenemos un matrimonio de negocios que funciona porque los dos somos conscientes de nuestros puntos fuertes. La manera más eficiente de trabajar consiste en conocer nuestras fuerzas y nuestras debilidades, y buscar a alguien complementario, para redondear el panorama.

"En tercer lugar, y sé que puede sonar extraño, descubrí que lo que me ayudaba a salir de mi sensación de estar atrapado en la cultura empresaria predominante era pensar en mí como un alma. Pienso que es necesario que reanimemos el alma que teníamos cuando éramos jóvenes. En la juventud somos mucho más libres respecto de cómo nos vemos. Todo es posible. Los chicos no tienen limitaciones, porque todavía se miran a sí mismos en el nivel del alma, sin todo el dogma de las instituciones y la cultura.

"Considero que las ideas metafísicas y espirituales están cambiando sin duda la forma en que trabajamos y la forma en que vemos nuestra subsistencia. Pero es un

"Yo distingo entre empleo y trabajo. Un empleo es algo que hacemos para vivir y para pagar nuestras cuentas, pero el trabajo es la razón por la cual estamos aquí. Tiene que ver con nuestro corazón y nuestra alegría y toda la mística. Oriente y Occidente escriben al respecto. El *Tao Te Ching*, las Escrituras chinas, dice: 'En el trabajo, haz lo que te gusta'. La idea de que hay una conexión entre la alegría y el trabajo es nueva para mucha gente, porque en el universo de la máquina de la era industrial, la alegría no era uno de los grandes valores...

"Hemos definido el trabajo de una manera tan estrecha durante la era industrial del trabajo en fábricas que dejamos de lado los demás aspectos que intervienen, como el trabajo con el corazón, el arte, el bienestar y la celebración y el ritual, los cuales son trabajos en las comunidades sanas. Los nativos pasan por lo menos la mitad de su tiempo celebrando y haciendo rituales. Nosotros no, y hay una gran difusión de la violencia en nuestra cultura.

"En este momento, estoy trabajando a fondo con jóvenes... usando música *rap*, música funcional, *techno music* y baile, algunas de las formas que tenemos hoy a nuestra disposición al borde de la cultura de nuestros jóvenes y la cultura urbana para redescubrir la celebración. Es un trabajo muy bueno, muy necesario. La celebración constituye una modalidad de sanación para la gente; es la forma más divertida, y también la más barata". **Matthew Fox en *Towards a New World View*, de Russell E. DiCarlo**

lenguaje nuevo para mucha gente de empresas. En los últimos años hemos recibido mucha información tendiente a formar buenos administradores (controladores) y a hacer hincapié en el valor de la descentralización, y todo es muy práctico. No obstante, el cambio importante tiene que ver con los cambios interiores, no con usar los métodos espirituales externamente para ganar más dinero. El verdadero cambio reside en cómo experimentamos la vida en el trabajo y cómo trabajamos con la vida."

La espiritualidad en el trabajo y la empresa significa hacer un examen interior cada vez que debemos tomar una decisión. En vez de mirar sólo nuestro balance, miramos el sentimiento de nuestro equilibrio interior para ver si lo que hacemos está en armonía con nuestro propósito y lo que representamos como alma. Sólo usted puede preguntarse: "¿Es correcto? ¿Cuál es la implicación profunda de esta acción?". Nadie más que usted puede saberlo. La espiritualidad en la empresa tiene que ver con prestar atención a nuestro espíritu interior, con un deseo de actuar por el mayor bien.

Obviamente, en la actualidad la empresa no está armada de manera democrática para dar autonomía creativa y responsabilidad personal a cada trabajador. La empresa, con la mirada puesta sólo en los criterios externos y la fe en la santidad del control y la predecibilidad, es la antítesis de dar a la gente la libertad de producir bienes y servicios sobre la base de su fluir intuitivo y la orientación espiritual en cuanto a lo que es bueno en cada situación. La mayoría de nosotros servimos a un objetivo externo, un propósito extrínseco. En este momento, quienes no han efectuado un cambio perceptual piensan que la idea de alentar la reflexión personal en la empresa es una inconciencia absurda para nada alejada de una peligrosa anarquía. Aun los que consideramos que estas nuevas ideas son estimulantes intelectualmente tenemos nuestras secretas dudas de que "los otros" sean confiables y vayan a actuar más allá de la ambición o la pereza comunes, cuando no la mala intención. La mayoría somos conscientes del débil estado en que se halla en este momento la integridad pesonal y el autodominio en la conciencia humana. Sin embargo, nunca nos faltaron modelos que nos mostraran que Dios obra de misteriosas maneras. Nunca estuvimos sin Dios. La transformación penetrante de la conciencia en este momento no se limita al domingo a la mañana o a los bancos de la iglesia. Lo que puede no estar en su lugar en términos de la estructura del lugar de trabajo sí está vivo en términos de anhelo. Nuestros únicos enemigos son el miedo y la inercia.

LA IMPOTENCIA APRENDIDA -
LIBERAR LA MENTALIDAD DEL LUGAR DE TRABAJO

En una conferencia reciente ofrecida en Montreal, patrocinada por el Instituto Internacional de Ciencias Humanas Integrales, el doctor Miron Borysenko habló del concepto de "impotencia aprendida". El doctor Borysenko, científico médico y biólogo celular, que estudia la conexión mente/cuerpo y el efecto del estrés sobre el sistema inmunológico, analizó algunos descubrimientos biológicos fascinantes que nos ayudan a asentar nuestro pensamiento en todos los campos, incluido el empresario. En un ejemplo divertido, mostró la diapositiva de un pajarito posado en su jaula aunque la puerta se hallaba abierta. "Si crian pájaros en una jaula y les abren la puerta —dijo—, permanecen en la jaula. Lo mismo ocurre con los seres humanos que pueden anhelar hacer un cambio pero no confían en poder generar lo que el cambio requiera de ellos. El lugar en que están puede ser miserable, pero por lo menos es seguro."

Borysenko demostró el principio de impotencia aprendida con un experimento en el que se expuso a dos ratas a *shocks* eléctricos al azar, en tanto que una tercera rata de control no recibió ninguno. La rata 1 fue capaz de hacer girar una rueda que apagó los *shocks* para ella y la rata 2. Si bien las ratas 1 y 2 recibieron la misma cantidad de presión durante el mismo período, la rata 2 (que recibió un *shock* ineludible) tuvo una úlcera hemorrágica, y la rata 1 (con *shock* eludible por tener el control de la rueda) resultó más saludable que la rata 3, que no recibió ningún *shock*. Borysenko explicó que cuando las ratas fueron colocadas en un laberinto, la rata 1 fue la primera en encontrar agua. Ya había aprendido a enfrentar las situaciones. La rata 2 fue la que más tardó, porque había aprendido su impotencia y la había generalizado a una nueva situación. Revelaciones de estudios similares y otros realizados con sujetos humanos indican que el estrés en sí no es perjudicial siempre y cuando el individuo piense que puede cambiar algo en su mundo, o sea, tener algún control sobre su ambiente. De hecho, el desafío, con un sentido positivo de control, alimenta la autoestima y la creatividad.

Las imágenes de Borysenko se relacionan con lo que aprendimos sobre nuestras respuestas de control condicionadas desde la infancia. El pájaro libre para volar pero posado en la jaula es una buena imagen del drama del Distante, que en efecto piensa: "No necesito hacer que la gente sepa qué me pasa. Mejor me quedo tranquilo acurrucado acá. No hagamos olas". Las ratas que aprendieron a pensar que eran impotentes nos muestran un ejemplo gráfico del drama de control Pobre de Mí: "No tengo nada que decir sobre lo que pasa en el trabajo. Soy uno de los peones. No puedo hacer cambios porque no me dejan".

Consideremos también las implicaciones del estudio con ratas en términos de la pregunta: "¿Cómo sé que estoy en armonía interior conmigo mismo?". La rata 2 (para usar al desafortunado roedor como análogo del trabajador condicionado) parece haber tomado alguna decisión acerca de sí misma sobre la base de una fuente exterior (el *shock* ineludible), que creó un mensaje global como "Soy débil y no puedo dominar lo que me pasa", que fue transmitido a sus células. Las células, que ahora se definen con el mensaje "Soy débil y no puedo dominar lo que me pasa", pierden, en gran medida, su capacidad de mantener la salud. Nuestros sentimientos de depresión deprimen nuestro sistema inmunológico. Los sentimientos negativos de frustración, rabia, culpa, resentimiento e impotencia surgen cuando estamos separados de Dios. Si usted siente frustración y rabia a diario, si pasa mucho tiempo señalando mentalmente con el dedo a los supervisores, compañeros de trabajo o clientes como si fueran desgracias en su día, no está en armonía con usted mismo. Borysenko da el ejemplo de un hombre al que había visto, detenido con su auto en el semáforo, golpeando el volante. "Ver a ese hombre tan alterado me demostró que lo importante no es lo que pasa afuera sino lo que pasa aquí adentro."

El test práctico que hago hacer a la gente es el siguiente: "¿Qué alegría obtiene de su trabajo?" y "¿Qué alegría obtienen los demás como consecuencia de su trabajo?"... Necesitamos empleos, pero creo que la clave está en: ¿pueden los demás obtener beneficios de nuestro trabajo? Porque eso es en definitiva el trabajo; para los seres humanos: es una devolución de beneficio por beneficio.

Es nuestro agradecimiento a la comunidad por estar aquí y por eso el desempleo es tan desastroso para el alma humana. El desempleo crea desesperación, y cuando hay desesperación hay crimen, porque hay odio personal y hay violencia.

Tenemos todas las cosas por las cuales estamos construyendo cárceles en el país. Creo que una solución mucho más barata y simple sería realizar un gran debate sobre qué trabajo nos pide Gaia o la Tierra en este momento. Existen todo tipo de trabajos —nuevos tipos de trabajos— que necesitamos hacer en el corazón humano para crear justicia ecológica y social en nuestra época. **Matthew Fox en *Towards a World View*, de Russell E. DiCarlo**

NOSOTROS FIJAMOS EL CRITERIO

La empresa, ganar para vivir, trabajar con la intensidad indicada, como cualquier otro aspecto de nuestra vida, representa la posibilidad de experimentar a Dios, el espíritu, la inteligencia universal, cualquiera sea la forma en que llame a su fuente espiritual. Para sostener la Visión Global, fijamos un criterio a través de nuestras acciones, nuestros objetivos y el proceso sinérgico con los demás.

Larry Leigon, cofundador de la empresa Ariel, que fabrica vino sin alcohol, y socio actual de Revelaciones Globales, de Novato, California, también se especializa en programación neurolingüística con énfasis en la sanación. Leigon ejemplifica el nuevo tipo de empresario que hizo un cambio de paradigma de los valores externos a los valores internos. En una entrevista habló de su vida, desde sus primeros años en un gran rancho de Texas hasta su carrera de asesor y conferencista sobre espiritualidad en la empresa. "La mayoría de la gente todavía no se ha dado cuenta de lo que es la espiritualidad en la empresa, porque trata de ajustarse a las viejas categorías perceptuales, como por ejemplo: '¿Cómo podemos usar la espiritualidad para ser mejores en la empresa?' O iguala la espiritualidad a la ética empresaria, lo cual constituye igualmente un foco externo. O trata de hacer la empresa más ecológica. Estos valores son buenos, afirma, pero están centrados en lo *externo.*

"El verdadero problema del cambio de paradigma —insiste Leigon— consiste en dejar de poner toda nuestra atención en factores externos controlados, mensurables y predecibles, para funcionar desde una sintonización interior con un propósito más elevado o profundo. Yo he descubierto que explorar y respetar lo que realmente me importa provoca una serie de comportamientos externos por completo distintos. Los budistas lo llaman subsistencia correcta o *dharma*, o camino. Yo me pregunto: ¿Es esto lo que Dios quiere que haga? ¿Armoniza con mis valores? Cuando verifico mi armonía interior con

> "¿Cuál es el propósito de la empresa? La mayoría de la gente responderá: "ganar". Si seguimos mirando fuera de nosotros mismos, la única conclusión a la que podemos llegar es que la respuesta tiene que estar en algún conjunto de criterios externos —el resultado financiero, el impacto ambiental, la discriminación, la gestión de la diversidad, los derechos de la mujer—, todos efectos valiosos de una preocupación espiritual. Pero no son las causas del espíritu en la empresa. Si sus criterios son internos, las ganancias internas son la realización individual de la experiencia directa de Dios."
> **Larry Leigon**

mis valores, decido con qué cliente trabajar, qué producto desarrollar, qué acción emprender. Eso es exactamente lo opuesto al procedimiento empresario tradicional de verificar el mercado y la competencia y tratar de pensar una estrategia para hallar una debilidad y explotarla.

"Antes, lo único que me preocupaba era encontrar una posición defendible en el mercado y mantenerla frente a la competencia aplastante. Esto me colocaba en la posición de un animalito en una laguna africana a la espera de que un animal más grande viniera a comerme."

Cazadores, recolectores, granjeros, constructores, auxiliares

A la manera en que las lombrices que remueven la tierra mejoran el suelo permitiendo que el agua y el aire lleguen más abajo, nuestros anhelos espirituales crean respuestas más profundas a nuestro entorno, incluido nuestro medio empresario y financiero. La inquietud generalizada que describe la Primera Revelación constituye un síntoma tanto de la transición que está produciéndose como de la fuerza que está uniéndonos, personal y profesionalmente, para trabajar por la unidad mundial. La empresa es a la vez la auxiliar del cambio y su efecto. La lucha por el desarrollo tecnológico y por responder a nuestras creaciones todavía constituye una mezcla poderosa y volátil porque seguimos tratando de "controlarlo" desde un punto de vista externo. Es indudable que tenemos a un tigre por la cola. No nos hemos preguntado: "¿Por qué quiero seguir teniéndolo por la cola?". La pregunta del porqué es el punto de vista interno.

SÓLO POR DIVERSIÓN

Imagínese que se levanta a la mañana y dice: "Eh, soy un ser espiritual". ¿Eso lo haría reír o llorar? Imagínese entrando en su oficina, portafolio en mano, el teléfono celular sonando y saludando a sus compañeros de trabajo con un: "Hola, gente espiritual". Imagínese que después de cortar enojado una llamada telefónica de pronto recuerda que acaba de hablar con un ser espiritual, y que usted también lo es.

Esto sin duda le sonará divertido, pero la Décima Revelación es un nivel de conciencia en las situaciones cotidianas que podría cambiar la calidad de su vida en este preciso instante. Sin esperar. No tiene que hacer nada manifiesto, como ponerse en ridículo "siendo todo espiritual". Escuche y actúe a partir de una intención centrada en el corazón. Empiece a observar las almas con las cuales vibra y fortalezca sus vínculos con ellas. Recuerde que su tiempo en la Tierra fue elegido con todo cuidado para que usted pudiera trabajar serenamente en concierto con otros grupos de almas que participan en los proyectos planetarios. Observe cómo trabajan los demás. ¿El énfasis está en construir un imperio personal, o el trabajo se realiza con un espíritu de inclusión y generosidad? No juzgue a nadie y deje que sigan en su camino. Únase a aquellos con los que tiene una chispa de reconocimiento o un sentido profundo de resonancia. Su receptividad para encontrar a otros en un camino espiritual los atraerá a usted, y su cuota de conciencia ayuda telepáticamente a alcanzar objetivos humanitarios en el nivel global aunque usted pueda sentirse frustrado en su oficina.

TAL COMO PIENSES SERÁ EL FRUTO DE TU TRABAJO

El comercio, el trueque, la industria, los negocios —la piedra angular de las comunidades civilizadas— evolucionaron de acuerdo con nuestros valores y creencias. Los valores capitalistas occidentales tales como la independencia y el trabajo intenso se han convertido en absorciones feroces, una competencia despiadada y adicción al trabajo. Otros países hacen esfuerzos por sumarse a la disfunción. La eficiencia, la autoeficiencia y la hazaña tecnológica han ido convirtiéndose gradualmente en obsesiones autodestructivas, como la obsolescencia planeada, "cuanto más grande mejor", "buscar al número uno" y calmar a los accionistas. No obstante, todas estas tendencias en apariencia "negativas" sirven para despertarnos de la complacencia, y para estimular el conocimiento superior de la humanidad. El materialismo intenso no es más que una etapa en un *continuum* de perspectivas y fue un paso necesario en la evolución hacia la unificación de las dos esferas.

> "James Rouse, llamado por la revista *Time* 'el constructor de los Estados Unidos', es uno de los muchos individuos que trabajan por devolver a las comunidades locales el control sobre los recursos... 'La ganancia no es el propósito legítimo de la empresa —afirma—. Su propósito es brindar un servicio que la sociedad necesita. Haciéndolo bien y de manera eficiente, se obtiene una ganancia.' **Corinne McLaughlin y Gordon Davidson,** *Spiritual Politics*

EL MODELO DE ESPIRAL INTERCONECTADA DE LA EMPRESA

Es cierto que tal vez muchos todavía no podamos ver satisfechas estas ideas en nuestro lugar de trabajo inmediato. No obstante, los cambios ocurren tan rápido que tal vez en pocos años el cuadro de la página 261 parezca desactualizado. Una respuesta para cambiar parte de la energía jerárquica en la empresa consiste en utilizar un fuerte modelo ecológico. Esto significa que cada decisión y acción que emprendemos afecta todo lo demás. Si bien este modelo es más esclarecido para la empresa que el modelo predador/presa, porque su objetivo es trabajar por un crecimiento sostenible en vez de saquear nuestros recursos, sigue centrado en las condiciones exteriores. El modelo de la ecología es consecuencia del enfoque interno en la sintonización espiritual, no la causa del espíritu en la empresa. Si seguimos nuestra intuición, si escuchamos nuestros corazones, haremos determinadas elecciones. La energía creada por esas elecciones fluirá a través de la red desarrollándose con la cooperación de otros sistemas. Al adaptarnos de manera intuitiva a la retroalimentación, se producirán cambios. La retroalimentación a su vez generará nuevos interrogantes y nos conectaremos de nuevo con nuestro conocimiento espiritual para sintonizar las necesidades de largo alcance de todo el organismo de la humanidad.

Tal como sugería la Novena Revelación, estamos en un momento crítico de la historia, en el que exigiremos que la empresa desarrolle objetivos más amplios que superen el simple hecho de producir dinero para unos pocos individuos. Uno de los propósitos más elevados de la empresa es sintetizar, para influir sobre todo el ancho de la familia humana. Los empresarios se expanden, generan redes, conciertan alianzas que generan sinérgicamente nuevas formas.

Cuando cambiemos nuestra imagen visual de la empresa de una máquina de hacer dinero a un sistema de vida cuyo propósito es acercarnos más a Dios, la empresa adoptará nuevas formas. Existe, por ejemplo, un enorme movimiento tendiente a la formación de empresas caseras, ya que la gente se siente cada vez más insatisfecha con la calidad de vida de las organizaciones grandes, impersonales y jerárquicas que tratan a los empleados como fuentes para agotar. Cada vez más personas comienzan a procurar actividades independientes, ya sea por necesidad, por haber sido despedidos, o porque confían en sus instintos y corazonadas que los llevan a una subsistencia gracias a la cual levantarse a la mañana resulta más placentero. Esta tendencia promueve los elementos arquetípicos de adaptabilidad y diversificación (tan importantes en el modelo ecológico de mantenimiento). Al diseminarse en unidades conectadas, los individuos instituyen, siguiendo su propia intuición, la unificación no jerárquica y la democratización de la humanidad. Podemos ver que las personas que deciden por su cuenta lo que les parece correcto sirven a un

"El dinero... es sólo energía o vitalidad cristalizada... Es una concreción de fuerza etérica. Por lo tanto es energía vital externalizada y esta forma de energía está bajo la dirección del grupo financiero. Son el último grupo [de almas] en cuanto a fecha, y su trabajo (debe tenerse presente) es proyectado absolutamente por la Jerarquía [espiritual]. [Los grupos financieros de almas] están produciendo efectos de larguísimo alcance en la tierra."
Alice A. Bailey, *A Treatise on White Magic or The Way of the Disciple*

propósito más elevado y lo que parece una decisión empresaria puede ser una respuesta telepática a un movimiento universal. No estamos sugiriendo con esto que todos deberían abandonar su empleo o cambiar su ocupación, porque cada individuo sirve a una necesidad en cada situación hasta que es llamado a efectuar un cambio. Pero ¿será acaso una coincidencia que tecnologías como los teléfonos, las computadoras personales, los faxes, las fotocopiadoras y los servicios de entrega hayan aparecido en un momento en que muchos deseamos la autonomía, dentro de una red solidaria?

LOS "RÉDITOS" ESPIRITUALES: CONFIANZA, SERVICIO, AUTOESTIMA, ENTUSIASMO, SOLTURA, PROSPERIDAD Y ALEGRÍA

Karen Burns Thiessen, consultora de *marketing* de Sausalito, California, fue despedida cuando redujeron su departamento en una gran empresa. Nos dijo: "Hasta el año pasado, siempre había trabajado para otro. Cuando me despidieron, después de diez años, decidí que quería salir adelante sola. El día que inicié mi empresa [Kalena Associates, Marketing Creative Minds], una gran empresa me llamó para ofrecerme un empleo con todo lo que podía querer: dinero, auto, vacaciones, todo. Me di cuenta de que debía de ser una prueba". En vez de volver a la vieja vida, Karen siguió adelante pese a no estar segura de lo que ocurriría. "Me di un año para establecerme y empecé a experimentar. Comencé a meditar y a leer de todo. Mi intuición me guiaba a los libros correctos. La gente me daba consejos o me decía que algo no iba a funcionar, pero yo seguía confiando en que mi creatividad me llevara a alguna parte. Algo cambió a comienzos de 1996, cuando escribí una 'lista de deseos' de seis meses. En un mes logré todo lo que figuraba en la lista, incluido el nivel de ingresos que quería y el tipo de clientes con los que deseo trabajar."

Karen insta a sus clientes a confiar en su intuición y correr riesgos, y trabaja para ayudarlos a encontrar el equilibrio en su vida personal y profesional. Como explicó: "Cuando eres una pequeña empresaria, tu negocio es tu vida. Debes reconocer las actividades que te dan placer, ya sea navegar, estar afuera, lo que te guste, e integrar el placer a tu trabajo".

Karen también recuerda a los empresarios que los bloqueos emocionales drenan la energía y puede inhibir el fluir de las finanzas. "Si el dinero no circula —afirma, pregúntese: '¿Qué cuestiones personales no resueltas están consumiendo mi energía?'. También le digo a la gente que está bien dejar ir a los clientes infernales. Si sus energías no están sincronizadas, hay que dejarlos ir. Así dejan el espacio libre para la gente con la que usted realmente quiere hacer negocios."

Estos comentarios de Mark Bryant, Larry Leigon y Karen Burns Thiessen ejemplifican una nueva actitud que está surgiendo desde el interior del viejo modelo empresario jerárquico, orientado a la lucha que con mucha frecuencia produce personas desencantadas y agotadas.

FALLAS DEL CORAZÓN

En la conferencia de Montreal ya mencionada, el doctor Borysenko pidió a los asistentes que levantaran la mano si conocían a alguien que hubiera sufrido un ataque al corazón en los últimos meses. De las alrededor de setecientas personas presentes, unas cien levantaron la mano.

Según las estadísticas, la mayoría de los ataques al corazón se producen el lunes a la mañana. ¿Por qué? El doctor Larry Dossey, uno de los pensadores más brillantes sobre el nuevo paradigma, resumió lo peor de la melancolía del lunes a la mañana cuando acuñó la expresión "lucha sin alegría". ¿Cuán endémica es esta actitud en nuestra cultura: trabajar sin prestar atención a un propósito superior a nosotros?

Al definir criterios para la salud en las cuatro áreas de la vida, el doctor Borysenko ubica "la flexibilidad para responder a los desafíos" como lo máximo para el plano físico. En los estudios con ratas que mencionamos antes, las ratas que tenían algún control sobre su tensión de *shock* mejoraron o rindieron más que las que no habían recibido ninguna tensión. La tensión puede en realidad estimular una mayor creatividad en la medida en que sintamos que tenemos cierto grado de control sobre lo que nos pasa. Lo cual no significa decir que "debemos tener el control". Borysenko menciona estudios realizados por la investigadora Suzanne Kobasa. Mientras asesoraba a una empresa que se desmantelaba, vio a personas que sufrían una presión muy alta. Los que se derrumbaban decían que se sentían impotentes y consideraban el cambio como una crisis. Tenían problemas con sus familias, no podían dormir, consumían alcohol y drogas, y en general se sentían fuera de control. En apariencia, se ubicaban en el modelo de la lucha sin alegría.

EL CAMBIO COMO OPORTUNIDAD

Ahora bien, otros que se encontraban en la misma situación veían los cambios como un desafío y sentían como si les estuvieran dando una gran oportunidad. Las personas que ven el cambio como una oportunidad son lo que Kobasa denomina "psicológicamente audaces". Tienen una buena idea de control pese a lo que sucede. Entienden que controlar a veces significa *dejar de controlar*. También tienen una idea de compromiso —compromiso con un ideal, con su comunidad, con su familia, con un propósito mayor—, que es lo opuesto a la lucha sin alegría.

Borysenko cree que, junto con la flexibilidad en el comportamiento físico, para una salud óptima también hace falta una madurez emocional. ¿Qué es la madurez emocional? Borysenko considera que todos debemos hacer una cura en los subyoes inmaduros que creamos de chicos para mantener la conexión de amor con nuestros padres. Su descripción de los distintos subyoes es un eco muy cercano de los cuatro dramas de control de las Revelaciones, que también se desarrollan como una respuesta de supervivencia.

La salud intelectual deriva, según Borysenko, de la curiosidad acerca del mundo, una curiosidad que muchas veces es sofocada en la vida institucional. El cuarto criterio para la salud espiritual es, en su opinión, el optimismo espiritual, exactamente lo que proclama la Décima Revelación para sostener una visión del mundo positiva.

El misterio de nuestra vida quiere revelarse, y se revela cuando escuchamos nuestra intuición y permitimos que el orden florezca pese al caos aparente, incluso en la empresa. De nuevo, tenemos la opción de ver el mundo como una obra en marcha —llena de contradicciones, incertidumbres y oportunidades increíbles— o como una falla planetaria descontrolada que se desmorona.

La empresa es un empleo de adentro hacia afuera, que desmantela las paredes de la sala del directorio

La empresa es famosa por su naturaleza cíclica. En la vieja perspectiva mecanicista, hablábamos de enchufarnos, de implementar, de medir, de control de calidad, redimensionamiento, calibración, fijación de políticas (pero "no en concreto") y reformulación (incluso de la gente). El único resultado que contaba era el aumento de los ingresos. No se hacían mediciones de costos para el espíritu humano, el daño al ambiente y la herencia a nuestros hijos. Cuando la empresa se enfoca desde un punto de vista espiritual, las personas empiezan a considerar las amplias derivaciones de sus decisiones. Comienzan con el compromiso de hacer lo que les importa, de estar en armonía con la integridad, y de tratar —lo mejor posible— de servir a los demás como les gustaría que las sirvieran.

Margaret Wheatley habla con elocuencia de aprender de la "creatividad emergente" de la naturaleza. Habla de vivir en el mundo con el propósito de "explorar lo que es posible, encontrar nuevas combinaciones… no luchar para sobrevivir, sino jugar, probar, para descubrir qué es posible". Cuando cambiamos la forma de ver "el problema", cambiamos la forma de trabajar con esa situación. Si nos damos permiso para ser "desordenados", lo cual constituye la preferencia del alma, experimentamos la riqueza de la vida, y desde allí surgirá el orden. Escribe: "Los científicos afirman que descubrir qué funciona requiere un montón de confusiones. Pero en ello está implícita la toma de conciencia de que todas esas confusiones tienden al descubrimiento de una forma de organización que funcionará para múltiples especies. La vida usa confusiones, pero la dirección es siempre hacia la organización; siempre hacia el orden".[2] Éste no es el modo lineal y de objetivos fijos que más valoramos (aunque la mayoría nunca hayamos tenido un plan quinquenal). Sintonizándonos con nuestros valores y armonizándonos con una fuerza positiva, tendremos más energía y estaremos más atentos a las "oportunidades" que la vida nos manda. Las reuniones de directorio, con la conciencia en el nivel de la Décima Revelación, se convierten en lugares donde pueden analizarse los objetivos, intenciones e intuiciones comunes para encontrar el orden superior o para expresar los valores más profundos de la situación. La metáfora de la sala de directorio será el círculo, no la escalera; la cuna y el crisol, no la prisión o la corte del emperador.

EL CICLO DE RENACIMIENTO

El investigador social Paul H. Ray conjetura que estamos viviendo un cambio en el esquema cultural dominante, una revitalización que se produce quizá sólo una o dos veces en un milenio. Nuestra inquietud interior es un signo de que ni el elemento conservador nostálgico ni las visiones tecnomodernas (cuyo lema es "las reglas de la tecnología") de la vida proporcionan un alimento físico o espiritual adecuado. Su estudio revela la oportunidad del surgimiento de lo que él denomina la Cultura Integral. Esta nueva cultura, no subproducto de un sistema, sino más bien demanda de integridad personal centrada en el corazón, está cambiando las viejas formas de los empleos urbanos, los lugares de trabajo, los mercados, las empresas, las universidades y los gobiernos. Impulsados por su necesidad interior de ser coherentes con sus creencias, los individuos leen las letras pequeñas en las etiquetas, hacen preguntas sobre el origen de los productos, se reúnen con personas de igual mentalidad para hablar de salud, sanación, ecología, derechos humanos, temas infantiles y todo tipo de cuestiones. "La respuesta a la revitalización cultural es inventar una nueva manera de vernos a nosotros mismos y de usar de nuevas maneras las viejas ideas y tecnologías —escribe Ray—. Es un período esperanzado y creativo en la vida de una cultura que surge en general después de un período de derrota y desesperación."[3] Ray también advierte con cautela que esta transformación emergente de la cultura no cambiará el paradigma dominante a menos que mantengamos una fuerte intención de lograr un cambio positivo y una visión optimista.

Puede parecernos que nos hallamos entre una historia y otra, y en el nivel personal acaso no sepamos cómo van a ser las cosas. No obstante, en el nivel planetario las preparaciones para este tiempo de la historia llevan cientos de años en marcha gracias al trabajo de muchas personas sintonizadas espiritualmente que sirven en silencio y con generosidad sin ambiciones mundanas.

INHALAR Y EXHALAR

¿Mencionar la respiración cuando estamos hablando de la empresa? Las ideas más simples son en general las que pasamos por alto en nuestra precipitación por controlar nuestras vidas y hablar de nuestra "pericia." Preguntémonos cómo podemos relacionarnos con nuestro trabajo y ocupación con una actitud más iluminada.

Si la empresa a veces nos condena a morir de estrés (como ocurre en países adictos al trabajo, como los Estados Unidos y Japón) y a luchar sin alegría, ¿qué podemos hacer para recuperar nuestra vida? Si el optimismo y el propósito espiritual son el nuevo paradigma para la salud, ¿qué podemos hacer en términos prácticos para trabajar dentro del nuevo paradigma? El doctor Borysenko y otros especialistas en estrés nos recuerdan nuestra "respuesta innata de relajación", la reacción opuesta a la respuesta de huida o lucha. Borysenko afirma: "Si usted quiere tener algún control sobre su vida, aprenda a respirar desde el diafragma. Esto lo pondrá de manera automática en la respuesta de relajación. Al inducir la respuesta de relajación, el pulso cardíaco y la presión sanguínea disminuyen, así como el serocolesterol y el lactato sanguíneo. Disminuyen el dolor, las reacciones alérgicas y la posibilidad de infección. Aumenta literalmente el flujo de sangre al cerebro y la periferia [el análogo biológico de "fluir"]. Se sentirá más animado, más atento y más alerta de un modo sereno. Éste es el estado perfecto para el autoanálisis. A través de esta respuesta, facilita la superación de las situaciones porque disminuye la ansiedad, la anticipación, la depresión y genera una autoafirmación positiva que prepara la plataforma para llevar a cabo el cambio. Usted puede así desacondicionarse y reacondicionarse. Eso es lo que significa el cambio de paradigma".

UNA NUEVA LUZ SOBRE "EL TRABAJO EN EQUIPO" - LOS GRUPOS DE ALMAS EN LA DIMENSIÓN ESPIRITUAL

En *La Décima Revelación* los personajes alcanzan un nivel superior de energía que les permite tomar conciencia de su Visión original del Nacimiento. En esta vibración más elevada, notan la presencia de grupos de almas en la Otra Vida que les envían energía. Uno por uno, se dan cuenta de que todos tienen su grupo, un grupo que lleva quizá siglos con ellos. Estos grupos mantienen los recuerdos de la Visión del Nacimiento y ayudan a la persona en la Tierra enviándole energía cuando es necesario. Los personajes empiezan a reconocer que eligieron distintas categorías ocupacionales a través de las cuales manifiestan sus Visiones originales.

Supongamos que a la gente de negocios pueda parecerle una fantasía la idea de que un grupo de almas del otro mundo esté ayudándola en su actividad cotidiana en la oficina. ¿Y entonces? ¿Qué pasaría si tuviéramos que tomar lo que sabemos sobre las enseñanzas espirituales y aplicarlas realmente a nuestra vida, sabiendo que cada

LAS CREENCIAS EMPRESARIAS CREAN LA REALIDAD

Las viejas creencias sobre la empresa	Derivan en:	Las nuevas formas de pensar	Derivan en:
La empresa es una máquina	Rigidez	La empresa es otra manera de experimentar a Dios	Flexibilidad, alegría, confianza, optimismo, creatividad
Crecimiento ilimitado	Ambición, fracaso final	Acción con propósito, crecimiento sostenible	Armonía, prosperidad física
Jerárquica	Miedo, rigidez, mucho movimiento	Autoorganizarse en torno de una misión	Obtener lo mejor para todos
La competencia es saludable, necesaria y deseable	Miedo, escasez, uso ineficiente de los recursos	Subsistencia correcta y acción correcta	Beneficio mutuo, confianza, creatividad, eficiencia
Individualismo árido	Ambición, reducción rampante	Asociaciones de liderazgo democrático	Soluciones sinérgicas
El éxito sólo como resultado financiero	Ganancias a corto plazo, visión limitada	Crecer financiera, emocional, física y espiritualmente	Comunidad estable, aunamiento
Todo para la empresa - dejar de lado al personal	La fragmentación genera deslealtad, visión poco realista	Trabajo coherente, sentido de conexión auténtica, todo el yo en acción	Hermandad actualizada de los seres humanos
La gestión de objetivos	Rigidez, ausencia de sincronicidad, menor adaptabilidad	Fijar intenciones, seguir la intuición, responsabilidad, confianza en que todo sucede por un propósito	Acción indicada, mayor creatividad, solidaridad universal, milagros

acción, cada ámbito de la vida, es una oportunidad para experimentar a Dios? Si, en nuestra comprensión, nos hallamos en el nivel de la Décima Revelación, ya estaríamos sintonizados con nuestra intuición, siguiendo nuestras corazonadas y reconociendo que las sincronicidades que se producen "no son accidentales". Ése es el efecto de la inteligencia del campo universal, a menudo no observado o no reconocido. Al meditar acercamos nuestra vibración al nivel del grupo de almas, pero la mayoría somos incapaces de reconocer la conexión telepática que podemos tener. Es posible que no relacionemos las inspiraciones y la creatividad con una conexión superior, o que notemos otra dimensión mundana cuando experimentamos la magia del trabajo en equipo inspirado. Sin embargo, de acuerdo con las enseñanzas esotéricas, si trabajamos en armonía con el propósito planetario y nuestra propia Visión del Nacimiento, recibimos ayuda de seres que se hallan en una dimensión más elevada. Si no estamos en armonía con un propósito más elevado, no se hace ningún juicio en contra de nosotros, ya que la ley de causa y efecto crea sus propias consecuencias.

ELIMINAR LOS SENTIMIENTOS NEGATIVOS ANTES DE TRABAJAR JUNTOS

El grupo de siete personas de *La Décima Revelación* supo que se hallaba próximo a descubrir el secreto de por qué todos habían sido arrastrados al valle. Pero ciertas reacciones interpersonales entre ellos parecían hacer que la energía fluctuara, haciendo también que su contacto con la Otra Vida fuera esporádico. Empezaron a vislumbrar que habían estado juntos en otras vidas con otros propósitos para alcanzar como grupo, y fracasaron.

"La sonrisa de Charlene me reveló que recordaba.

"—Hemos recordado la mayor parte de lo que pasó —comenté—. Pero hasta ahora no hemos podido recordar cómo planeamos hacerlo de otra manera esta vez. ¿Te acuerdas?

"Charlene meneó la cabeza.

"—Sólo algunas partes. Sé que debemos identificar nuestros sentimientos inconscientes recíprocos para poder seguir adelante. —Me miró a los ojos e hizo una pausa. —Todo esto forma parte de la Décima Revelación... sólo que todavía no se ha escrito en ninguna parte. Va surgiendo de manera intuitiva. [...]

"—Parte de la Décima es una ampliación de la Octava. Sólo un grupo que actúe siguiendo plenamente la Octava Revelación puede lograr este tipo de lucidez superior."[4]

En La Novena Revelación, la Octava Revelación hace hincapié en que tenemos el poder de elevar a los demás viéndolos con amor, creando la vibración afectiva que libera su sabiduría superior. Muchos hemos descubierto que podemos hacerlo bien con algunas personas. No obstante, en otras situaciones no somos capaces de sostener,

"Todos —incluidos los empresarios— necesitan tiempo para hacer una pausa, para detenerse. Los empresarios podrían tal vez hacer meditación telefónica. Cada vez que suena el teléfono, podrían inhalar y exhalar para establecer la paz en su interior, usando la campanilla del teléfono como una señal para volver a ellos mismos.

"Si la persona que llamó tiene algo muy importante para decirle, no colgará después de las dos o tres primeras llamadas. Cuando suene por tercera vez, puede levantar el teléfono. Y ahora está mucho más tranquilo, lo cual no sólo es bueno para usted sino también para la persona que llama. Ésa no es más que una forma de practicar la paz." **Thich Nhat Hanh,** *Inquiring Mind*

y tal vez ni alcanzar siquiera, energía afectiva con alguien. Esto ocurre muchas veces precisamente en las situaciones que son más importantes, como trabajar con gente en un proyecto, ya sea para lanzar un nuevo producto, construir una ruta o reescribir un manual. ¿Por qué?

Las pruebas que surgen de muchos estudios sobre el tema de la reencarnación parecen demostrar que tendemos a reencarnarnos con las mismas almas una y otra vez. Puede ser que usted esté trabajando con una o más personas que ya conoció en una vida anterior. ¿Suena raro? Piense en algún contrato o proyecto comercial especialmente memorable. ¿Recuerda algún hecho extraño? ¿Se conocieron de una manera sincrónica? ¿Surgió de inmediato un sentimiento de placer o animosidad? ¿Aprendió una gran lección de la experiencia?

Todos elegimos distintas cosas para realizar en nuestra vida, "por ejemplo, aumentar nuestra capacidad para ser pacientes, independientes o confiados. Los que tienen interés en desarrollar algunos campos ocupacionales en otro nivel se encarnan y gravitan entre ellos para profundizar en su campo elegido. No obstante, es posible que también las almas elijan pagar una deuda con alguien de vidas anteriores. En un grupo relacionado con el trabajo, puede haber personas con las que coincidimos en un propósito común y algunas con las que tenemos cuestiones inconscientes. Hemos sido atraídos a una situación particular para superar esas cuestiones. Las cuestiones se manifiestan como conflictos, atracciones fuertes o fuertes rechazos. Por lo tanto, enviar energía afectiva a estas personas puede resultar más difícil y es posible que nos sintamos atascados. Aunque estemos enojados o frustrados con nuestra situación, las exigencias financieras mismas que nos mantienen ahí pueden obligarnos a tratar con alguien a quien preferiríamos ignorar.

El grupo de los siete personajes de *La Décima Revelación* llega, a través de Maya, a la conclusión de que, para funcionar en el nivel más alto de resonancia necesario para cumplir con su objetivo, deben traer las emociones negativas a la conciencia y

"Independientemente de lo que estén haciendo, hablen de la forma en que han estado haciéndolo. Es decir, dejen de lado por un tiempo la conversación sobre las soluciones y hablen en cambio de cómo han tratado de llegar a una solución. Si las reuniones para tratar el problema no llegan a nada, hablen de las reuniones. Si no han logrado ser creativos, hablen de lo que les está pasando con la creatividad. Si no se comunican bien, hablen de cómo se comunican normalmente entre ustedes. Los delfines hablan mucho entre ellos sobre el proceso, y como recompensa muchas veces descubren la solución en el proceso, donde estuvo todo el tiempo."
Dudley Lynch y Paul L. Kordis, *Strategy of the Dolphin*

estar dispuestos a hablar de ellas, sin importar el tiempo que pueda llevar. Maya dice: "La clave reside en reconocer la emoción, tomar plena conciencia del sentimiento y luego comunicarlo con honestidad, por torpes que puedan resultar nuestros intentos. Esto trae toda la emoción a la conciencia presente y a la larga permite relegarla al pasado, que es el lugar al cual pertenece. Por eso, pasar por el a veces largo proceso de decirlo, discutirlo, ponerlo sobre el tapete, nos ilumina, de modo que podemos retornar a un estado de amor, que es la emoción más elevada".[5]

ESCUCHA ACTIVA

A esta altura de la novela, todos los personajes expresan qué sienten por los demás verificando sus sentimientos viscerales para ver si subsiste algún resentimiento. Uno por uno, enuncian sus sentimientos como mejor pueden en el momento, sin culpa. En un caso, nuestro intrépido aventurero se pone a la defensiva cuando Charlene comenta que él era "tan práctico e indiferente", cosa que, desde luego, evoca la indiferencia recurrente que lo vimos usar como drama de control a lo largo de *La Novena Revelación*. Maya comenta que, cada vez que respondemos a alguien con una afirmación defensiva, el otro tiene la impresión de no haber sido escuchado. "La emoción que alberga queda en su mente porque sigue pensando maneras de hacerlo entender, de convencerlo. O pasa a ser inconsciente y entonces lo que ensombrece la energía entre los dos es un malestar. Sea como fuere, la emoción sigue siendo un problema que se interpone en el camino."[6] Entonces el personaje admite que el hecho de ser excesivamente práctico e indiferente le impidió tratar de ayudarla. Ser honesto sobre su respuesta menos que adecuada lo ayuda a asumir la responsabilidad por estas viejas heridas y despeja el aire entre ellos. Desde el momento en que Charlene siente que su mensaje fue recibido con honestidad, ya no necesita cargar con el deseo de transmitírselo.

TODOS SOMOS ALMAS EN CRECIMIENTO

Podemos juzgar a otra persona en el trabajo como "difícil", "egoísta", "obstinada" o peor. ¿Qué hacemos? Quizá sea poco realista esperar que usted le diga a su obstinado jefe: "¿Sabes, Frank? Tengo un verdadero problema con tu obstinación, pero creo que es porque en una vida anterior fuiste mi padre y nunca me permitiste abandonar a mi familia y casarme con la hija del vendedor de burros de la tribu en Egipto". Aunque sea verdad.

Sólo usted, en este preciso momento, puede saber qué está murmurándole el corazón, incluso en su lugar de trabajo. Sólo usted puede encontrar o intuir la acción indicada que la situación parece requerir. Si no da resultado, vuelva a escuchar. La confianza y el aprender a absorber una lección a partir de una experiencia o error es la manera como aprendimos a caminar, correr y bailar de chicos. Con mucha frecuencia, tratamos de mantener una posición frente a un conflicto abrumador. Por miedo o impotencia, cuando estamos atascados recreamos más de lo que no queremos. Bajo presión usamos nuestros viejos métodos: intimidamos a los otros, tratamos de hacerlos sentir mal (estilo Interrogador), somos indiferentes o Pobre de Mí.

ALCANZAR EL POTENCIAL DEL GRUPO

Por favor, recuerde que estamos hablando de un proceso evolutivo. Si sale corriendo a despejar todos los conflictos cuando su corazón y su mente no están del todo listos, acaso se sienta frustrado o piense en darse por vencido. Sea bueno con usted mismo. Si, cuando aborda a algunas personas, choca contra una pared, olvídese de tratar de que algo ocurra, pero mantenga su ideal en mente. Relájese. Recuerde los principales puntos en los que está trabajando y expanda su conciencia: 1) tome conciencia de que existe un nivel más profundo para todas las interacciones; 2) en vez de culparse a usted mismo o a otros, trate de ver qué razones o propósito superior lo llevaron a esa situación; 3) escuche los mensajes que la situación le trae; 4) pida ayuda a la inteligencia universal para elaborar las diferencias; 5) visualícese en comunicación telepática con su grupo de almas; 6) observe las sincronicidades que le revelen un rumbo inesperado; 7) mantenga su energía estabilizada; y 8) visualícese a usted mismo y la otra persona recordando sus Visiones del Nacimiento.

En la novela, la energía luminosa de los grupos de almas empezó a parpadear alrededor del grupo de los siete y aumentó su energía. Las almas humanas empezaron a recibir el flujo de información intuitiva. Es entonces cuando el grupo trabaja realmente en un nivel inspirado. Muchos equipos o colaboradores de trabajo han sentido esta sincronización, aunque tal vez no la hayan relacionado con un apoyo divino.

Maya explica que las relaciones no florecen en forma plena hasta que no hallamos conscientemente la expresión de un yo superior en cada persona que encontramos. Es un proceso en marcha y que puede no ser apto en todo momento, pero el crecimiento para cada uno de nosotros está en el compromiso de seguir sosteniendo nuestro ideal. Aunque no siempre sintamos que avanzamos, no obstante contribuimos a la masa crítica necesaria para cambiar la conciencia en todos los aspectos de la cultura. Maya nos recuerda: "Todos los grandes maestros enviaron siempre este tipo de energía hacia sus estudiantes... Pero el efecto es aún mayor con grupos que interactúan de esta manera con cada integrante, porque cada persona envía energía a las demás, todos los miembros acceden a otro nivel de sabiduría que tiene más energía a su disposición, y esta energía más elevada es luego enviada de vuelta a todos los demás en lo que pasa a ser un 'efecto invernadero' ".[7]

La Visión del Nacimiento

En la novela, Curtis se da cuenta de que su Visión original del Nacimiento tenía que ver con trabajar para transformar el modo como se hacen negocios. Había elegido nacer en momentos en que el campo tecnológico avanza a toda máquina hacia su propósito planetario destinado, cuyo primer paso es unificar la conciencia de la humanidad para reconocer su hermandad y su unidad con la Fuerza Única de Dios. Curtis era parte de un grupo de almas que quería cambiar la visión del túnel del crecimiento comercial que explota los recursos naturales para obtener ganancias a corto plazo. Su Visión incluía formar parte de una ciudadanía más consciente y preocupada que asumiera la responsabilidad de proteger la vida silvestre y los recursos antes que luchar en pro o en contra del papel de los gobiernos. Piense en los dirigentes y los empresarios comunes que ya han podido realizar cambios importantes en las políticas comerciales. El verdadero proceso democrático, la fundación de la espiritualidad, nos da a todos la oportunidad de hacer oír nuestras voces, cualquiera sea el lugar en que la vida nos haya colocado.

OTRA FORMA DE POLARIZACIÓN

De manera interesante, el científico político Benjamin R. Barber, profesor de la Rutgers University, escribe sobre la amenaza que ve para el proceso democrático en la actual polarización entre la posición religiosa y el colonialismo comercial. En su libro *Jihad vs. McWorld*, Barber describe las fuerzas del provincialismo tribal, fundamentalista y retrógrado *(jihad),* cruzadas con "las fuerzas

> "La verdadera democracia todavía es desconocida; espera el momento en que una opinión pública formada e ilustrada la lleve al poder; hacia ese hecho espiritual se dirige a toda prisa la humanidad." **Alice A. Bailey,** *The Rays and the Initiation*

económicas, tecnológicas y ecológicas avasalladoras que exigen la integración y la uniformidad que hechizan a los pueblos de todas partes con música rápida, computadoras rápidas y comidas rápidas; compactando a los países en un parque global homogéneo, unido por las comunicaciones, la información, el entretenimiento y el comercio". Barber plantea la preocupación de que en ambos extremos de la polarización encontramos indiferencia a la libertad civil y su suspensión. La carrera para erosionar las fronteras nacionales con el fin de crear mercados genera una nueva cultura global de bancos transnacionales, asociaciones comerciales, servicios de noticias y grupos de intereses, y soslaya a las personas reales cuyas vidas se ven afectadas por estas decisiones que eliminaron el proceso democrático.

"Los mercados no están pensados para hacer las cosas que las comunidades democráticas pueden hacer. Nos permiten que, como consumidores, digamos a los productores qué queremos, pero nos impiden hablar de las consecuencias sociales de nuestras elecciones. Como consumidor, puedo querer un auto que dé 200 km/h, pero como ciudadano puedo votar por un límite de velocidad razonable que ahorre combustible y garantice calles seguras. Como consumidor puedo ver los *thrillers* de Hollywood saturados de violencia y escuchar letras de canciones de *rap* misóginas y llenas de odio por las mujeres, pero como ciudadano puedo exigir etiquetas de advertencia que nos ayuden a nosotros y a nuestros hijos a hacer juicios morales prudentes. La cuestión es que los mercados obstruyen el pensamiento 'nosotros' y la acción 'nosotros'. Los

"Aunque la historia esté del lado de los cínicos, y sus heridas sean reales, pueden optar por tener fe frente a esta experiencia. Ésta es una invitación que les hacemos. Necesitamos confirmar su versión de la historia y respaldarlos en sus dudas. Reemplazamos la coerción y la persuasión por una invitación.

"Al mismo tiempo, necesitamos confirmar la elección que hicimos. Frente a nuestras heridas cubiertas con nuestras propias dudas, elegimos el auxilio y luchamos por la reforma política. A los cínicos les decimos: 'Entiendo lo que dice. Las dudas y quizá la amargura que usted expresa, yo, en algunos sentidos, también las comparto. De todos modos, yo decidí tener fe en que esta vez podemos hacer algo significativo y espero que usted haga la misma elección y se una al esfuerzo'. Esto no resultará convincente, no cambiará su posición. Lo que hace es neutralizar el poder que tienen en la comunidad. Tienen derecho a su propia postura; no tienden derecho a impedir que otros apuesten." **Peter Block,** *Stewardship: Choosing Service Over Self-Interest*

mercados son asimismo contractuales antes que comunitarios. Ofrecen bienes duraderos y sueños fugaces pero no una identidad común o una pertenencia colectiva, y por lo tanto pueden dar paso a las formas más salvajes y poco democráticas de identidad, como el tribalismo [*jihad* en todas sus formas]. Si no podemos garantizar que las comunidades democráticas expresen nuestra necesidad de pertenencia, muy pronto se nos presentarán las comunidades antidemocráticas."[8]

Vemos, pues, que estos dos polos existen en tensión dinámica, creando cada uno en cierto sentido la necesidad del otro. La mentalidad conservadora del *jihad* trata de preservar la identidad tribal a toda costa en una época en que la globalización comercial está poniendo identidades empresarias como Nike en los pies de todo el mundo, por ejemplo. Ni una ni otra posición deja espacio para lo que Barber denomina una "voz civilizada", la voz del proceso democrático. Fuera de nuestros deberes nacionales de votar y pagar impuestos, y más allá de nuestra vida laboral, también vamos a la iglesia o la sinagoga, realizamos servicios comunitarios, participamos en reuniones de padres y en otros movimientos sociales que son necesarios para dar expresión a nuestro espíritu. Cuando, recostados, contemplamos nuestro futuro preguntándonos hacia dónde puede ir el mundo, debemos recordar que siguen siendo nuestro corazón, nuestra mente y nuestra alma —nuestra voz civilizada— los que más posibilidades tienen de expresar nuestra Visión del Nacimiento individual y crean la Visión Global. La empresa tradicional nos pide que controlemos esa voz en la puerta de nuestra oficina, para separar los valores que son "personales", que nos hacen ser como somos, y abrocharnos el cinturón de la sumisión.

TRANSFERIR LA ERA DE LA INFORMACIÓN

En *La Décima Revelación*, Maya hace una pregunta que muchos podemos plantearnos: "¿Qué pasa con todos los trabajadores desalojados que pierden sus trabajos debido a que la economía se automatiza más? ¿Cómo pueden sobrevivir?" [9] Curtis, que trabaja con la energía del grupo, aporta al respecto algunas ideas procedentes de su grupo de almas. Nos recuerda que vivimos en una era de información. Si nos sintonizamos con nuestra intuición y vivimos de manera más sincrónica, recibiremos la información que necesitamos en el momento indicado. Por eso será muy importante haber aprendido a superar nuestro Miedo, a aferrarnos a la Visión Global

Lista de control de pasos naturales

"El doctor Robèrt señala que ninguno de nosotros, al tomar las decisiones diarias en cuestiones cotidianas, tiene la capacidad de medir sus consecuencias para todo el sistema viviente. Por lo tanto, necesitamos una lista que él denomina 'cuatro condiciones no negociables del sistema' necesarias para mantener la vida.

1. La naturaleza no puede 'soportar' que se socave de manera sistemática una base de materia dispersa de la corteza de la Tierra (por ejemplo, minerales, petróleo, etc.).

2. La naturaleza no pude soportar una base sistemática de compuestos persistentes hechos por el hombre (por ejemplo, PCB, etc.).

3. La naturaleza no puede soportar un deterioro sistemático de su capacidad de renovación (por ejemplo, recolectar peces a mayor velocidad que la de su reproducción, convertir tierras fértiles en desiertos o asfalto, etc.).

4. Por lo tanto, si queremos que la vida continúe, debemos: a) ser eficientes en cuanto a la utilización de los recursos, y b) justos —en el sentido de promover la justicia— porque ignorar la pobreza llevará a los pobres, para la supervivencia a corto plazo, a destruir recursos que todos necesitamos para la supervivencia a largo plazo (por ejemplo, las selvas tropicales)." **Walt Hays, *"The Natural Step: What One Person Can Do"*, en *Timeline*, Fundación para la Comunidad Global**

positiva para poder vivir con la inevitable incertidumbre de estos tiempos cambiantes. Nos informa que debemos aprender a autoeducarnos en un nicho que se ajuste a nuestros talentos e intereses, para que podamos estar en el lugar correcto en el momento indicado para prestar servicio o dar consejo. Elegir un campo que nos interesa naturalmente aumenta nuestra vibración y, por supuesto, pone el flujo de energía a nuestra puerta. La meditación es nuestro vínculo con la mente superior y la sabiduría.

La Décima Revelación nos recuerda también que cuanto más rápido cambia el mundo, más información necesitamos de la persona indicada que llega a nuestras vidas en el momento justo.

Para crear la Visión Global que queríamos originalmente, los propósitos de la empresa cambiarán a medida que los individuos cambien, uno por uno, en su avance hacia la masa crítica (¿15 por ciento?). En vez de preguntarnos: ¿Qué puedo hacer para ganar más dinero?, nuestras nuevas preguntas serán del tenor de: ¿Lo que estoy haciendo mejorará mi vida y el mundo? Con esta nueva elección, ¿voy a sanar o lastimar? ¿Existe alguna forma mejor de hacer esto que esté en armonía con el uso correcto de los recursos, la ganancia honesta y el bien de la totalidad?

LA GESTIÓN NATURAL

Las preguntas anteriores seguramente inspiraron al doctor Karl-Henrik Robèrt, de Suecia. Walt Hays menciona un nuevo proyecto muy interesante en *Timeline*, el boletín de la Fundación para la Comunidad Global. En un artículo titulado "La gestión natural: lo que cada uno puede hacer", la Fundación copatrocinó un "acontecimiento público interactivo" con el doctor Robèrt, fundador de Det *Naturlinga Steget* (La gestión natural) en Suecia. En 1988, el doctor Robèrt presidía el instituto de investigación sobre cáncer más importante de Suecia. "Trabajando todos los días con células humanas, incorporó dos hechos básicos a nivel visceral: que las condiciones para la vida en las células son 'no negociables', y que en virtualmente todos los sentidos las células de plantas, animales y humanos son idénticas."[10] Pensando con mucha frustración en que los científicos tendían a eludir las cuestiones periféricas sobre la forma en que está destruyéndose el ambiente, el doctor Robèrt empezó a observar cómo las grandes cuestiones de la vida se reflejaban en las condiciones de una célula. Durante varios meses "fantaseó" con eludir los muros de la complejidad y encontrar áreas fundamentales de coincidencia. "Al final, decidido a emprender alguna acción aunque significara 'golpearse la cabeza contra una pared', escribió un trabajo sobre las condiciones básicas para una sociedad humana sostenible." Después de solicitar comentarios a sus colegas (con veintiún borradores), su sueño era enviar su estudio a todos los hogares y escuelas de Suecia.

Después de una larga serie de encuentros con grupos educativos, políticos y dirigentes de medios de comunicación y de empresas, confeccionó una lista de control, una serie de pautas simples, que denominó "las cuatro condiciones del sistema". En las presentaciones explica que éstas son "no negociables" para sustentar la vida.

Su iniciativa estableció hasta el momento diecisiete redes de diversos profesionales para el ambiente que comprenden a 8.000 personas, y patrocinó un programa de televisión interactivo para 150.000 jóvenes. Industrias líderes han comenzado a implementar sus cuatro condiciones de sustentabilidad y están formando a sus empleados. Obviamente, éste es un hombre que "fantaseó" su Visión, que fue al meollo con la nueva información que atraviesa "lo imposible".

¿Cómo lo hizo? Primero tuvo una visión, y la siguió con la búsqueda de las condiciones negociables. Pidió apoyo a personas con ideas similares y continuó manteniendo su ideal de difundir la información al grupo más numeroso posible. Atrajo a otros con su entusiasmo y su claridad. Usó el lenguaje de los negocios para ayudar a las empresas a comprender el beneficio que obtendrían si realizaban cambios que en definitiva afectan su impacto ambiental. En vez de una promesa de salvar el ambiente, les pidió que observaran cuestiones como la eficiencia, el uso de los recursos, la productividad y la ganancia a largo plazo. Los consultores del proceso Gestión Natural hablan de "invertir para el fu-

Preguntas para hacer

1. ¿Su organización reduce sistemáticamente su dependencia económica de metales, combustibles y otros minerales subterráneos?

2. ¿Su organización reduce sistemáticamente su dependencia económica de sustancias no naturales persistentes?

3. ¿Su organización reduce sistemáticamente su dependencia económica de actividades que invaden partes productivas de la naturaleza, por ejemplo, la pesca excesiva?

4. ¿Su organización reduce sistemáticamente su dependencia económica del uso de una cantidad innecesariamente grande de recursos en relación con el valor humano agregado?

natstep@2nature.org

turo". En vez de indicar a la gente cómo manejar su empresa con estas nuevas pautas, afirman que "los dirigentes empresarios saben muy bien cómo aplicarlas a sus empresas."[11] Confían en que la intuición y la creatividad necesarias para la situación específica surgirán gracias a la sabiduría superior de los interesados. El modelo se centra en las principales condiciones de sustentabilidad sin las cuales la empresa con el tiempo sin duda peligrará, de modo que el modelo usa como motivador un interés personal lúcido en vez de la culpa, la reglamentación o la penalización.

En segundo lugar, frente a la fuerte oposición, los consultores de Gestión Natural no luchan. Lo que hacen, en cambio, es pedir asesoramiento para que su afirmación sea más clara y más concreta. "Según el doctor Robèrt, ese pedido casi siempre trae aparejada una contribución constructiva y un mejor producto, porque el borrador propuesto estaba mal y necesitaba corrección, o bien era correcto pero poco claro y por lo tanto se interpretaba mal, o... en algunos casos, era objetado porque no se había buscado el apoyo de una persona en particular." En alrededor de un 10 por ciento de los casos, el opositor sigue oponiéndose, y en esos casos, el doctor Robèrt aconseja seguir adelante, ya que los científicos coinciden en que, para lograr un cambio de paradigma, sólo es necesario convencer al 15 por ciento de una población" (el énfasis es nuestro).

Una rama de Gestión Natural acaba de abrir en Sausalito, California. Hablamos con el director de educación Steve Goldfinger, quien nos dijo que las solicitudes de empresas que desean capacitación ya superan su capacidad. Según Goldfinger: "La empresa responde porque ve que este programa en definitiva ayuda a disminuir el riesgo para ella en ciertas áreas que a la larga son buenas para el ambiente. No tratamos de decirles cómo dirigir sus empresas, pero es sorprendente cómo el grado de creatividad supera lo que podíamos esperar. Da la sensación de que Gestión Natural tocó una cuerda sensible".

El impacto del doctor Robèrt en las empresas nos muestra de qué manera un nuevo código de ética puede contribuir a un resultado más saludable, así como a hacer lo correcto. En definitiva, con información suficiente sobre cuáles son las consecuencias de sus elecciones actuales, las empresas serían necias si no anticiparan el futuro. Aunque la decisión de introducir cambios puede no deberse a puro altruismo, es posible que surja un nueva visión. El doctor Robèrt es un especialista en cáncer, no un empresario, y sin embargo se le ocurrió esta visión crucial y práctica para ayudar a las empresas a autosupervisar el daño ambiental. Esta nueva ética empresaria se hace eco del mensaje de la Décima Revelación en el sentido de que "tenemos que despertar, estemos donde estemos, y preguntarnos: '¿Qué estamos creando? ¿Responde en forma consciente al objetivo general para el cual fue inventada la tecnología, en primer lugar, el de facilitar la subsistencia día a día, para que la orientación dominante de la vida pase de la mera supervivencia y la comodidad al intercambio de información espiritual pura?'". [12]

PRECIOS EN BAJA

Según la Décima Revelación, otra parte de la nueva ética empresarial se basará en bajar los precios un porcentaje específico como afirmación consciente de la dirección que queremos imprimirle a la economía. Esto sería el equivalente empresario de sumarse a la fuerza del diezmo de la Novena Revelación.

Si estas ideas parecen fantasiosas, recuerde que, para mucha gente de negocios, esta nueva ética puede no resultar lógica en el nivel de conciencia actual. El diezmo no surge de una mentalidad ambiciosa. Es necesario que un número suficiente de personas capten la Novena y la Décima Revelaciones y que entiendan que la vida es una evolución espiritual, con responsabilidades espirituales. En el modo actual de aumentar las ganancias mediante todas las medidas posibles para reducir costos, disminuir los precios voluntariamente para que todos puedan beneficiarse es todo un desafío. Pero si el doctor Robèrt puede convencer a las empresas de que les conviene dejar de usar sustancias químicas tóxicas, ¿quién sabe cómo aparecerá la nueva ética? Sin duda algún soñador inspirado la hará conocer.

"Si hacemos funcionar nuestra vida económica en el flujo del plan general, encontramos de manera sincrónica a todas las demás personas que hagan lo mismo, y de pronto se abrirá para nosotros la prosperidad." Si nos abrimos y seguimos nuestras intuiciones y coincidencias, "recordaremos más acerca de nuestras Visiones del Nacimiento y se tornará evidente la intención que teníamos de hacer determinada contribución al mundo". Si no lo hacemos, sentimos menos magia, nos sentimos menos vivos y finalmente "tal vez debamos observar nuestras acciones en una Revisión de la Otra Vida".[13]

CREAR DESDE NUESTRO YO INTEGRAL

En la nueva cosmovisión valoraremos las cualidades únicas de cada persona y estaremos más abiertos a ver a los seres humanos como almas en crecimiento igual que nosotros mismos. Por ello, debemos estar dispuestos a aceptarnos de esa manera, a aportar nuestra autenticidad, nuestras habilidades intuitivas y racionales y nuestros valores sinceros en el lugar de trabajo. Debemos estar dispuestos a dejar de preguntar: ¿Cómo puedo vivir mis valores espirituales en el lugar de trabajo? Preguntar "cómo" nos hace buscar respuestas externas, cuando la verdadera respuesta está esperando adentro, la promesa serena que vinimos a cumplir.

"Para nosotros como individuos, nuestro propósito se desvía de lo que importa a lo que funciona. La intensidad de la pregunta '¿Cómo?' [implementar la habilitación y la participación] es una expresión del haber cedido alguna parte de nosotros mismos, nuestra lucha con propósito y destino, arrodillándonos constantemente ante el altar de la conveniencia.

"Si nos hiciéramos responsables de nuestra libertad, si nos comprometiéramos a servir y tuviéramos fe en que nuestra seguridad está adentro... podríamos dejar de preguntarnos '¿Cómo?'. Veríamos que tenemos la respuesta. En cada caso la respuesta a la pregunta '¿Cómo?' es 'Sí'. Fija la ubicación de la solución en el lugar correcto. Con el interrogador." **Peter Block,** *Stewardship*

EL NUEVO BENEFICIO ES UN PROPÓSITO MÁS ELEVADO

Vivir nuestro propósito es más que identificarnos por ocupación, formación educativa o logros mundanos. Para la mayoría de nosotros, vivir nuestro propósito significa vivir en armonía con nuestra cabeza y nuestro corazón, de manera que la vida sea más feliz expresando nuestros talentos y capacidades para ayudar al bien común. Nos sentimos recompensados por el valor intrínseco de lo que estamos haciendo. Cuando adoptamos esta actitud respecto del lugar de trabajo, tenemos mayores posibilidades de sentirnos más centrados, más creativos y más gratificados.

ESTUDIO INDIVIDUAL

Visualizar el éxito

¿Cuándo fue la última vez que se sintió realmente "sincronizado" con un grupo de amigos o colegas? ¿Alguna vez participó en un proyecto humanitario que, simplemente, surgió? ¿Cómo explicaría por qué su proyecto resultó exitoso o satisfactorio? Cierre los ojos y recree la sensación que tuvo cuando se sintió muy bien con algo que logró. Sumérjase en los sonidos, olores, el gusto o el tacto de ese momento revitalizador.

Que se encargue el inconsciente

¿En este momento está trabajando en algo que quiere que dé frutos? Piense en su objetivo o escriba el mejor resultado posible. Cierre los ojos e introdúzcase en una escena muy específica en la que pueda saborear, oler, ver y sentir el éxito, el reconocimiento, la autoestima y la abundancia que desea. Observe todos los detalles que pueda y recree esta escena una o dos veces por día, con preferencia antes de irse a dormir o al despertarse. Concéntrese en ella sólo cinco minutos como máximo y después olvídela con la afirmación silenciosa "Esto o algo mejor". Recuerde que su mundo interior está creando sus circunstancias externas y usted es un ser autoorganizador conectado con la inteligencia universal.

Control

¿Le gusta su ocupación? Si el dinero no fuera su objeto, ¿qué clase de trabajo correría a hacer a la mañana al salir de la cama?

Pájaro en la jaula

Escriba algunas preguntas imaginando en qué aspectos se ve como un pájaro en una jaula con la puerta abierta. ¿Qué lo retiene en la jaula? ¿Por qué? ¿Adónde volaría si abandonara la jaula? ¿La jaula le viene bien por el momento? ¿De qué manera intentó ya agrandar su jaula? ¿Necesita repensar la idea total de su jaula?

Impotencia aprendida

En los próximos días, preste atención a su lenguaje y a su diálogo interior. ¿Qué expresiones usa que, de manera sutil, ceden su poder, disminuyen sus cualidades o indican la percepción de una falta de libertad? ("No sirvo para administrar"; "Lo único que quiero es conservar este empleo hasta jubilarme"; "Me iría en un segundo, pero tengo mucha antigüedad"; "Para los que tienen título es fácil hablar de libertad. Yo tengo que tomar el trabajo que hay.")

Escribir

Observe cuándo se siente ansioso y frustrado en el trabajo. Escriba sus sentimientos sobre la situación antes o después del trabajo durante veinte minutos cinco días seguidos. Responda para usted mismo la pregunta: "¿Qué quiero?" y escríbala. Después olvídela.

ESTUDIO GRUPAL

Temas para discusión

Se puede escribir unos minutos sobre cualquiera de los siguientes temas y realizar luego un diálogo grupal.

- "Pájaro en la jaula" (véase ejercicio anterior) - discutan cómo ven a su pájaro.
- Limitaciones autoimpuestas.
- "Si pudiera hacer las cosas a mi modo en el trabajo o en mi empresa."
- Escriba una situación excelente de la vida perfecta: qué hace para vivir, dónde vive, con quien trabaja, cuánto gana y qué servicio o producto brinda. Luego retroceda en el tiempo al momento presente y escriba qué estaría haciendo justo antes del objetivo final, y después qué estaría haciendo antes de eso y antes de eso. Por ejemplo, digamos que su objetivo es cultivar verduras y frutas

orgánicas en Florida y ganar premios por su producción. Justo antes de ganar el premio, lo que habría estado haciendo es cosechar unos tomates extraordinarios cultivados en su huerta. Justo antes de eso, habría plantado los tomates; justo antes, seleccionado las semillas; justo antes habría construido la huerta y justo antes, la habría diseñado; justo antes habría estado comprando la propiedad; justo antes habría firmado los papeles de la propiedad, justo antes habría buscado la propiedad con un agente inmobiliario; justo antes habría recorrido Florida buscando un lugar que le gustara; justo antes habría habría aterrizado en el aeropuerto de Florida, justo antes habría comprado los pasajes en su ciudad natal; justo antes habría tomado la decisión de hacer un viaje de inspección; justo antes habría hablado de estas ideas con sus amigos; y justo antes de eso habría estado escribiendo su vida perfecta en su grupo, donde está ahora. Ahora, la vida puede no ser lineal, pero cada vez que empezamos un proceso nos ponemos en el camino de la oportunidad. Intente este ejercicio con el apoyo del grupo y diviértase contando sus sueños y oyendo los de los demás. (Para más información sobre el proceso de planificación revertida, consulte *Wishcraft*, de Barbara Sher.)

- Escriba una lista de todos los trabajos que ha hecho hasta el presente. ¿Qué servicios, intenciones y productos trajo al mundo? ¿Cuál ha sido su actividad más importante en la vida, incluido el trabajo voluntario? ¡No sea modesto! ¿Qué ha sido lo más divertido que hizo por dinero? ¿Qué fue lo peor? Permita que sus amigos sepan en qué ha andado hasta ahora. Tal vez ésto funcione mejor en grupos de tres o cuatro que en grupos más grandes, pero vean qué resulta. El propósito de este punto es simplemente escuchar y dar energía a los demás, dejando que su inconsciente absorba lo importante. Algo de lo que se dice puede disparar en usted un sentimiento, una idea o una posibilidad que espera salir.

- ¿Qué tres factores son absolutamente fundamentales para su felicidad en el trabajo? ¿Por qué? ¿Qué tres valores son los más importantes para usted en el trabajo? ¿Por qué?

CAPÍTULO 11

La acción grupal para la Décima Revelación

LOBO
PIONERO

—¿Ven lo que está pasando? —preguntó Charlene—. Estamos viéndonos como somos en realidad, en nuestro nivel máximo, sin las proyecciones emocionales de los viejos miedos.

LA DÉCIMA REVELACIÓN:
EN BUSCA DE LA LUZ INTERIOR[1]

LAS MENTES SEMEJANTES CREAN ENERGÍA

¿Recuerda cuando Cristo dijo: "Allí donde haya dos o más reunidos, yo estaré"? Cuando nos encontramos con aunque más no sea una o dos o tres personas con la misma mentalidad, sentimos una conexión misteriosa. Esa corriente de energía es el espíritu divino. Tal como lo predijeron las Revelaciones, las personas independientes y orientadas hacia lo espiritual están encontrándose, quizá por una tarde o unos días, y se reúnen de manera espontánea e informal en todo el planeta. Nos reunimos en conferencias, talleres, recreos y livings. Nos juntamos y nos dispersamos manteniendo una conexión telepática a través de nuestro propósito común. Leemos nuestros boletines, artículos y libros. Somos muchos.

SERVIDORES DEL MUNDO

A lo largo de toda la historia hemos sentido el impacto de las grandes mentes, personas de genio y grupos como los fundadores de los Estados Unidos, brillantes, muy espirituales y formados esotéricamente, que cambiaron el curso del destino de millones de seres humanos. Trabajando en el anonimato, además de estas figuras conocidas ha habido otros trabajadores planetarios que integran, guían y mantienen la Visión Global. Uno de los requisitos para las almas que eligen trabajar para la elevación de la humanidad es que cada uno sea capaz de encontrar su propia misión espiritual en forma *independiente*, que sea capaz de seguir la sabiduría interna y el vínculo personal interno con el espíritu sin necesidad de una autoridad u organización exterior que marque el rumbo. Estas personas a veces buscan maestros, leen libros, se capacitan en distintos métodos y habilidades, pero mantienen la concentración en la unidad del mundo y en las verdades simples antes que en el separatismo y el dogma. Los seres espirituales de la Otra Vida son conscientes de los esfuerzos y la contribución de estos servidores del mundo, aun cuando ellos no busquen el reconocimiento exterior. Usted también los conoce aunque tal vez no de manera consciente, y también se ha sentido atraído hacia ese camino, o no estaría leyendo un libro como éste.

Con referencia a la evolución planetaria, Alice A. Bailey escribió en la década de los 40: "[Los servidores del mundo] se reúnen en cada país, pero son reunidos y elegidos, no por la Jerarquía observadora o por un Maestro, *sino por el poder de su respuesta a la oportunidad espiritual* [el énfasis es nuestro]... están surgiendo de cada grupo, iglesia y partido y por lo tanto serán verdaderamente representativos. Esto no lo hacen impulsados por su ambición y sus esquemas llenos de orgullo, sino debido a la generosidad misma de su servicio. Están encontrando su camino hacia la cima en todas las disciplinas del conocimiento humano, no por la algarabía que crean respecto de sus ideas, descubrimientos y teorías, sino porque son tan abarcadores en su visión y tan amplios en su interpretación de la verdad que ven la mano de Dios en todos los sucesos... Sus características son la síntesis, la amplitud, la intelectualidad y el desarrollo mental refinado. No pertenecen a ningún credo, excepto el credo de la Fraternidad,

---

"Al sintonizarnos con nuestro Yo Superior, también tomamos conciencia de las dimensiones en que existe ese Yo Superior. Podemos unirnos conscientemente a la comunidad superior de seres de las que nuestro Yo Superior ya forma parte.

"Parte del propósito más elevado de la comunidad de seres superiores es trabajar con la Mente Universal y la Voluntad Superior para ayudar a la vida a evolucionar. Trabajan constantemente asistiendo a personas para que despierten... Todos los pedidos de ayuda son siempre escuchados... Cada recurso es puesto a disposición y nada se escatima cuando alguien pide ayuda.

"En las dimensiones más elevadas no hay ningún sentimiento de separación. Todos los seres colaboran allí donde puedan crear el mayor bien, del mismo modo que ustedes trabajan juntos para crear las cosas de su realidad." **Sanaya Roman,** *Spiritual Growth*

basado en la Vida. No reconocen autoridad alguna, excepto la de sus propias almas, y ningún Maestro, excepto el grupo al que buscan servir, y la humanidad a la que aman profundamente. No levantan barreras a su alrededor; se rigen en cambio por una gran tolerancia, una mentalidad sana y una idea de proporción. Reconocen a sus pares e iguales, y se conocen entre sí cuando se reúnen y están hombro a hombro con sus compañeros trabajadores en la tarea de salvar a la humanidad... Ven a los miembros de su grupo en todos los campos —político, científico, religioso y económico— y les dan la señal de reconocimiento y la mano de un hermano".[2]

"Jung describió el marco ideal del trabajo del alma como un vaso alquímico, un recipiente de vidrio en el cual podía contenerse todo el material del alma. La amistad es un recipiente así, que mantiene unido el material del alma donde pueda experimentar sus operaciones y procesos.

"En épocas de lucha emocional, nuestro primer recurso podría ser hablar con amigos, pues sabemos que nuestro material más difícil está a salvo con un amigo, y que la amistad puede contener nuestros pensamientos y sentimientos, por dolorosos o excepcionales que sean, al examinarlos y ver cómo se desarrollan." **Thomas Moore, Soul Mates: Honoring the Mysteries of Love and Relationship**

En cuanto captamos que no estamos solos, y que en realidad parece que avanzamos hacia el propósito de nuestro nacimiento, nos unimos a la inteligencia universal. ¿Qué queremos decir con inteligencia universal? El concepto de una mente universal parece abstracto hasta que comprendemos que es la corriente implícita de nuestras vidas. Experimentamos la mente divina directamente a través de las intuiciones internas, las coincidencias y en general a través de los mensajes de otras personas. En ese momento, afirma la Séptima Revelación, fluimos. Saber que hay ciclos de "progreso" y ciclos de integración (mesetas) nos da apoyo cuando las cosas se tornan difíciles o lentas. Todo es parte del fluir.

INSPIRADOS POR EL PROPÓSITO

Imagine que de pronto supiera con exactitud cuál fue la intención original por la cual nació. ¿Cómo se sentiría? Es probable que considerara con excitación adónde lo llevaría ese propósito, a quién conocería, qué clases de ayuda necesitaría para llenar algunos de los espacios en blanco. La percepción, en el nivel de la Décima Revelación, se ve agudizada por el filtro de nuestra idea de propósito. Inspirados, empezamos a "seguir [nuestra] senda sincrónica exactamente en la posición correcta dentro de [nuestra] cultura".[3] Sabemos que estamos en la senda correcta. Nadie tiene que decírnoslo.

¿Alguna vez fue a ver a una adivina que le anunció: "Va a conocer a un extraño misterioso"? Dejando de lado el escepticismo, desde luego, ¿no se sintió secretamente un poco intrigado, esperando que de veras existiera un extraño misterioso, alguien que le abriera las puertas a su destino? Por más que nos riamos de la predicción de la adivina, en realidad conocemos extraños, en la calle, sentados en un café, en el banco, en un banco de la plaza, en un concierto de rock, en un barco que va rumbo a las Seychelles o en la zapatería. A veces vemos a estos misteriosos servidores del mundo, incluso hablamos con ellos, y luego desaparecen.

CONECTADOS POR UN PROPÓSITO COMÚN

Conectados por el propósito común y la comunicación telepática, no siempre estamos en grupos formales con nuestros compañeros. Por ejemplo, en uno de los talleres del monte Shasta que Carol Adrienne dirigió junto con la terapeuta Donna Hale, una mujer de mediana edad a la que llamaremos Janice relató una experiencia. Había subido por la montaña en auto con una amiga y se detuvo en uno de los estacionamiento para admirar la vista panorámica. El lugar estaba desierto en esa época del año, pero cuando se volvió para mirar por la ventanilla de su auto, un hombre se acercaba. Sin sentir miedo ni vacilar en hablar con un extraño en esa zona aislada, Janice se puso a escuchar lo que el extraño le decía. "Empezó a decirme que yo estaba allí con un propósito, y que pronto iría en una dirección distinta. Me dijo cosas como lo importante que era no tener miedo, mantener mi corazón abierto y que cierta gente entraría en mi vida. Por alguna razón, todo me pareció muy natural, aunque me sorprendió que pareciera saber tanto sobre mí."

> El alma requiere muchas variedades de recipientes y muchas clases de espacios para poder trabajar día a día con la materia prima que la vida maneja. La amistad es uno de esos recipientes más eficaces y valiosos. **Thomas Moore, *Soul Mates: Honoring the Mysteries of Love and Relationship***

Fascinándonos con su historia, Janice continuó: "Bueno, durante la conversación lo único que hizo mi amiga fue quedarse sentada al volante, en silencio. Yo era vagamente consciente de que miraba el panorama, pero no dijo nada hasta que volví a mirar por mi ventanilla, y el hombre se había esfumado. No había arbustos ni refugio como para que se escondiera; simplemente se había desvanecido. Me corrían lágrimas por la cara al recordar la forma afectuosa en que me había hablado". Nunca sabemos cuándo o cómo se producirán milagros en nuestras vidas, pero en general llegan a través de otros.

¿Qué es un Grupo de la Décima Revelación?

Cuando hablamos de grupos de la Décima Revelación, hablamos más de un proceso que de una forma. Mucha gente, después de leer *La Novena Revelación*, inició grupos de estudio. No obstante, la idea del grupo de la Décima Revelación no apunta a estudiar los principios de las Revelaciones, aunque haya quienes quieran hacerlo. Como ya dijimos, los grupos de almas nacen en el mismo período para trabajar juntos. Ese trabajo puede ser algo en gran escala como cons-

> "... la verdadera grandeza no se expresa a través de actividades como las de Alejandro Magno, Julio César, Napoleón o Hitler, sino mediante las de quienes ven la vida, la humanidad y el mundo como un todo unido, interrelacionado, cooperativo y armónico. Los que luchan por esta unidad del mundo, y educan la raza en los Principios de Armonía y de las relaciones humanas correctas, algún día serán reconocidos como los verdaderos héroes." **Alice A. Bailey, *The Rays and the Initiations***

truir un centro de salud, conservar el ambiente, promover una nueva visión dentro de la política o un campo ocupacional. O puede formarse un grupo con un propósito expreso como reunirse para estudiar libros, apoyar esfuerzos de autoayuda o pensar nuevas soluciones.

El segundo concepto que hay detrás de los grupos de la Décima Revelación es que, para cumplir su misión, estas personas deberán que tener la voluntad y la capacidad de funcionar en forma más consciente cuando están juntas y de manera más telepática cuando están separadas. Deben estar dispuestas a formarse y decir la verdad tal como la experimentan, confiadas en que cada contribución habrá de integrarse más a la Visión Global. Cada persona empezará a ansiar una mayor reflexión, tiempo de silencio y meditación (el vínculo con la inteligencia universal), pues recibir revelaciones resultará más divertido que algunos de los hábitos que solíamos tener.

REDES INSPIRADORAS

Creemos que gran parte del cambio que se producirá en las próximas décadas será consecuencia del trabajo conjunto antes que de individuos aislados que avancen solos. ¿Siente el deseo de iniciar un centro de cura? ¿De aprender japonés? ¿De trabajar con niños? ¿Se muere por hacer algo útil, pero no sabe qué o por dónde empezar?

Si desea métodos prácticos que lo/la ayuden a descubrir el propósito de su vida o empezar un grupo de apoyo, le conviene leer el libro de Julia Cameron y Mark Bryan *The Artist's Way: A Spiritual Path to Higher Creativity* (que también se menciona en *La Novena Revelación: Guía vivencial*) o uno o más libros de Barbara Sher. Los dos primeros libros de Sher, en colaboración con Annie Gottlieb, *Wishcraft: How to Get What You Really Want* y *Teamworks! Building Support Groups That Guarantee Success,* así como su libro más reciente, *Live the Life You Love in Ten Easy Step-by-Step Lessons,* detallan cómo formar grupos que lo ayuden a descubrir y concretar el deseo de su corazón. Sus métodos, pensados para formar un sistema de intercambio honesto e intenso de energía y talento, derriban las barreras entre extraños. El proceso del grupo nos ayuda a ser precisos para pedir lo que queremos de la vida y brinda ayuda energética para avanzar en proyectos específicos. Un grupo actúa como factor de devolución y responsabilidad, que alienta a cada uno a llevar adelante lo que trata de realizar.

> "Cada vez que haga una llamada telefónica, se encuentre con un amigo o comparta un café con un colega, cuéntele su sueño. Pida ideas". **Barbara Sher y Annie Gottlieb,** *Teamworks!*

Estos libros abundan en historias de éxito de personas comunes que cumplen sus sueños, publican libros, descubren talentos latentes, viajan a países extranjeros, empiezan empresas nuevas y construyen una comunidad de amigos. Los métodos de Cameron, Bryan y Sher elevan la energía, estimulan los jugos creativos (algunas de las mejores soluciones surgen de las sugerencias menos probables) y hacen fluir a las personas en la sincronicidad.

Un ejemplo que se menciona en *Teamworks!* muestra el poder de la intención y la forma en que atrae soluciones sincrónicas. "La directora de publicidad de una editorial universitaria iba a pasar sus vacaciones en Yugoslavia. Quería llevarse un léxico serbo-croata para poder saludar a la gente en su idioma. Buscó en varias librerias y en la biblioteca local, sin ningún éxito. Como último intento, mencionó el problema a sus colegas en la oficina, convencida de que nadie sabría dónde podía encontrar el libro. A los pocos días aparecieron en su escritorio no uno sino dos léxicos serbo-croatas.

"Tal vez piense que no conoce a nadie con la información especial que usted necesita, pero se sorprenderá al ver que pueden llegar a dársela las personas más improbables, de modo que pregúntele a todo el mundo. No pregunte sólo a quienes cree que saben. Recuerde que los especialistas a veces son especialistas en lo que no puede hacerse."[4]

Una mujer llamada Andrea dio otro ejemplo de cómo un proyecto nunca habría prosperado sin la formación de una red: "Lo más importante que descubrí fue hablar: hablar sin parar sobre el proyecto, siempre que tenía la oportunidad; la gente me oía y decía: 'Ah, sí'... y las personas más inesperadas saben cosas... traté de hacer nuestro primer folleto... y no pude... y apareció de pronto ese amigo que me ayudó con el logo... alguien de mi trabajo sugirió una guía de geriátricos, [alguien de contaduría] me dio una lista de geriátricos de Florida... Fui al Centro de la Fundación donde se piden becas y me pareció muy intimidante. Estaba sentada con la cabeza entre las manos y los libros apilados a mi alrededor, y llegó alguien a quien no veía desde hacía cinco años y que ahora trabaja como especialista en conseguir becas para artes plásticas. Ese tipo de cosas extrañas... me pasaban todo el tiempo. Y descubrí que a la gente le encanta que le pidan consejos. En muchos casos, nunca antes se los pidieron. Se sienten muy halagados".[5]

SERVICIO Y APOYO

Si la idea de trabajar con otros para un propósito común le resulta atractiva pero se siente confundido en cuanto a la actividad indicada para usted, exprese una intención de emprender un camino de descubrimiento. Pida que le lleguen inspiraciones y ejemplos a través de artículos de diarios, informes de boletines, la radio u otras fuentes. Miles de personas han visto una necesidad y se movieron para atenderla. Con muchísima frecuencia, el cambio se inicia gracias a la preocupación expresada por la comunidad, no por un decreto legislativo.

"Los delfines conversan justo debajo de la superficie antes de emprender una acción grupal. Investigadores del mundo submarino afirman que cada miembro del rebaño lanza algún chirrido." **L. M. Boyd, The Grab Bag**

Cuando una cuestión afecta nuestra vida cotidiana, tenemos más posibilidades de actuar. La doctora Beverly Rubik, entrevistada en *Towards a New World View*, llama la atención sobre un ejemplo de que cuando la opinión pública general está informada puede influir en las autoridades gubernamentales y científicas. Cita el ejemplo de la investigación de Robert Becker, en la década de los 70, que demostró los profundos efectos biológicos de los campos electromagnéticos débiles. Becker se interesaba en los riesgos que implica vivir cerca de cables de alta tensión, pero no logró conseguir financiación estatal y gran parte de sus estudios fueron silenciados por los militares. Rubik dice: "Entonces escribió sobre el tema varios libros populares que activaron y despertaron al público en general. La gente empezó a expresar abiertamente a los parlamentarios sus preocupaciones sobre el mayor riesgo de cáncer, y al poco tiempo surgieron fondos para solventar los estudios. Cuando los grupos de consumidores empiezan a protestar y armar escándalo, se produce un cambio. Creo que ésa es una buena estrategia para efectuar el cambio de paradigma en este momento, ya sea en medicina o en la nueva tecnología energética".[6]

> "Hay una comunidad espiritual de muchos seres elevados que trabajan juntos en los planos interiores.
>
> "Si alguien trabaja en un proyecto, es preocupación de todos. No hay ningún sentimiento de que uno deba hacer todo solo." **Sanaya Roman, *Spiritual Growth***

Otro ejemplo reciente de preocupación movilizada por los consumidores lo da el cambio drástico en el río Rhin, que durante décadas fue considerado "la cloaca de Europa" y que se daba por muerto en 1970. En 1986, una catástrofe mató toneladas de vida marina y generó un alerta acerca del agua potable para 50 millones de personas. Sólo entonces el ambiente pasó a ser un tema político. "Las empresas se dieron cuenta de que debían cambiar su comportamiento o enfrentar el boycot de los consumidores, que arruinaría las ganancias. ... Al reconocer que proteger el ambiente mejora su relación con los consumidores, las empresas químicas asentadas a lo largo del Rhin... donaron cientos de millones de dólares a centros de investigación universitaria que desarrollan nuevos métodos para proteger el río. 'Ahora todos quieren que los consideren buenos —afirma Gobillon [director de la Dirección de Aguas de Rhin-Meuse]—. Es todo un cambio desde la época en que las empresas trataban de reducir los costos arruinando el ambiente'."[7] Estos cambios se produjeron gracias a la conciencia grupal, pero no necesariamente de una estructura grupal formalizada.

SALTOS Y LÍMITES

La actividad de grupos informales está creciendo. Según un artículo aparecido hace poco en el *Noetic Sciences Review*, existe una enorme red de personas en torno de preocupaciones personales, locales y mundiales. El Institute of Noetic Sciences enumera unos 275 grupos, el triple de los que había hace dos años. "Robert Wuthnow, de la Universidad de Princeton, indica que cuatro de cada diez estadounidenses adultos participan en pequeños grupos de voluntarios. Esto representa cerca de 75 millones de personas y 3 millones de grupos pequeños, incluidos grupos de estudio de la Biblia, programas de 12 pasos, grupos de autoayuda y otros. Como otros comentaristas de la necesidad de la voz cívica, Wuthnow señala: 'La gran cantidad de gente que participa en grupos pequeños, la profundidad de su compromiso, el alcance de su atención a otros y el grado en que llegan a los demás en la comunidad más amplia... constituyen una característica importante de lo que mantiene unida a nuestra sociedad'."[8]

Llamamos a Carrie Timberlake, enfermera que trabaja en la actividad privada en Jin Shin Jyutsu, Mill Valley, California. Timberlake modera desde hace cuatro años un grupo informal que analiza temas tan diversos como Feng Shui, técnicas orientales de curación, principios espirituales, cambios en la Tierra, sitios paganos y trabajo con sueños. Dijo: "Uno de mis fenómenos favoritos que se producen en un grupo es que puede surgir la fuerza de cada individuo. Cuando tienes un grupo, tienes casi una entidad distinta. Aunque recibamos con agrado el desafío que

> "Las revelaciones nos dan información sobre la realidad más grande de la cual formamos parte, del plan superior para la humanidad y de nuestro propósito más elevado. A través de una serie de percepciones, aprendemos en forma gradual algo más sobre nuestro camino, nuestra misión y los pasos que debemos dar.
>
> "Las revelaciones nos muestran por qué ocurren las cosas desde una perspectiva más elevada y sabia... Poco a poco, descubrimos el sentido de la vida, el propósito del universo y el 'por qué' detrás del 'qué'. Cada revelación levanta los velos entre nuestra dimensión y las más elevadas, y nos da más elementos del cuadro más grande." **Sanaya Roman**, *Spiritual Growth*

presentan distintos puntos de vista, en general tendemos más a estar de acuerdo que en desacuerdo. Estar en un grupo me ayuda a confirmar mi propio progreso y aprendo mucho más que si estuviera sola".

El grupo de Timberlake aparece publicitado con otros grupos comunitarios en el boletín del Institute of Noetic Sciences, una organización sin fines de lucro fundada en 1973 por el astronauta Edgar Mitchell para expandir el conocimiento de la naturaleza y los potenciales de la mente y el espíritu y para aplicar dicho conocimiento al avance de la salud y el bienestar de la humanidad y el planeta. La palabra *"noetic"* deriva de la palabra griega nous y tiene que ver con las formas de conocimiento. Los miembros de esta organización pasaron de 2.000 personas en 1984 a 50.000 en todo el mundo. Si le interesa unirse con almas afines, vea nuestra referencia al final del libro. El solo hecho de leer las anotaciones personales de los miembros en la guía es de por sí energizante. Timberlake manifestó: "La sincronicidad de los que asisten a las distintas reuniones es sorprendente. Podría ser que alguien viniera sólo a una reunión para ver qué pasa, pero en general vienen cuando tienen un orador o un tema que responde exactamente a lo que necesitaban, o los mismos asistentes agregan algo especial a ese encuentro".

AUTOORGANIZACIÓN

El núcleo de los grupos que funcionan en el nivel de la Octava y la Décima Revelaciones es el principio de la autoorganización. Cuando los individuos se reúnen por un interés personal legítimo, dispuestos a compartir sus fuezas y crear una visión compartida, se genera una magia. Abundan las sincronicidades y se abren puertas. La vida evoluciona con naturalidad a partir del caos y el desorden hacia un nivel más alto de organización. No hace falta ningún líder cuando los individuos siguen su propia visión y se unen en torno de inte-

"Cada vez que ensayamos en la mente qué le vamos a decir a una persona, le estamos enviando energía a nuestra futura interacción con ella. A menudo ensayamos para poder actuar desde un nivel más profundo y compasivo en la comunicación real. Si logramos hacer que ése sea el objetivo del ensayo mental veremos que las relaciones se aclaran.

"Si ensayamos para protegernos o justificarnos o para obtener algo del otro, nos sentiremos incómodos cuando hablemos con él o ella. Tendremos una comunicación incompleta que traerá aparejado un gasto mayor de energía y quizá más lucha." **Sanaya Roman,** *Personal Power Through Awareness*

reses comunes. La visión, la intención, lleva a cada uno adonde necesita ir. Es posible que los grupos nos atraigan justo en el momento en que necesitamos hacer germinar las semillas de una nueva intención.

Según Dee Hock, fundador de Visa International, la forma más poderosa y creativa de organización social en el mundo actual es lo que él denomina el sistema "caordenado" que tiene elementos del caos y del orden. Estos tipos de grupos, como los grupos de la Octava Revelación, son flexibles y no jerárquicos. Margaret Wheatley, autora de *Leadership and the New Science*, afirma: "Gran parte de la organización de la comunidad comienza en grupos informales. En un mundo autoorganizado, necesitamos pensar mucho más en conexiones localizadas entre personas y en dejarlas crear soluciones que les den resultado. Lo único que hace falta es que creemos las condiciones para que puedan conectarse, para que puedan formar una idea de individualidad y una idea de propósito. Luego hacen el trabajo que es el indicado para ellas".[9]

Peter Senge, autor de *The Fifth Discipline: The Art and Practice of the Learning Organization*, habla de los aspectos del liderazgo más allá de lo que normalmente entendemos por visión, convicción profunda y compromiso: "... el verdadero liderazgo que cuenta en la actualidad es el liderazgo de grupos. Estoy totalmente convencido. El tiempo del héroe-líder 'individual' pertenece al pasado, es un objeto de determinado tiempo y lugar. Ya no necesitamos héroes. Necesitamos grupos de personas que puedan conducir, grupos de personas que puedan ir adelante. Siendo así, hay otro aspecto del liderazgo, y es la capacidad de aprovechar y equipar la inteligencia colectiva, donde no sólo cuentan mi percepción

> "La cuestión es cómo puede abordar los problemas un Equipo para el Éxito sin quedar atascado en confesiones y obsesiones, o detenido en áreas riesgosas que requieren idoneidad profesional... la empatía en este caso se expresa como estrategia. De modo que, después de escuchar unos minutos, se formulan tres preguntas: '¿Qué quieres hacer?', '¿Qué te detiene?' y '¿Cómo podemos ayudarte?'."
> **Barbara Sher y Annie Gottlieb,** *Teamworks! Building Support Groups That Guarantee Success*

y mi visión, sino nuestra percepción y nuestra visión. Lo que cuenta no es sólo mi convicción sino nuestra convicción".[10]

Círculos de estudio

"Hasta hace dos años teníamos círculos de estudio en cuatro ciudades, —cuenta Molly Barrett, coordinadora de proyectos y editora asistente del Centro de Recursos de Círculos de estudio—. En este momento hay Círculos en ochenta ciudades." Establecidos por Paul Aicher, ingeniero y empresario ("Lo llamamos visionario filántropo", dijo Barrett), los Círculos de estudio son grupos de discusión amplios, dentro de la comunidad, que promueven lo que describen como una "democracia deliberativa". "Estamos observando que, si bien los Círculos de Estudio no requieren un consenso, en general éste se logra en forma voluntaria. Todos encuentran un territorio común, aun en cuestiones que dividen, como las relaciones entre razas. Están construyendo una comunidad."

Barrett señala que, hace unos dos años, el intendente de Lima, Ohio, constató que tenía un problema racial. Ni siquiera los representantes de los distintos credos se hablaban. Utilizando el formato de los Círculos de Estudio, la ciudad pudo reunir a las congregaciones y hacer participar a unas mil quinientas personas en el diálogo. Los cambios derivados de los grupos fueron tan esencialmente positivos que la ciudad siguió ampliando su coalición para incluir a la policía. Los Círculos de Estudio tienen su origen en el primitivo movimiento Chautauqua, cuando el país trataba de informar y educar a una población en gran medida rural y muchas veces analfabeta. "En los Círculos de Estudio todas las voces son iguales —afirma Barrett— y la discusión empieza a partir de la situación en que se encuentra cada persona respecto de ese problema en particular. Por ejemplo, si el tema es la reforma educativa, sugerimos que las personas hablen de su educación y que digan qué les gustó o qué cambiarían. Los grupos son muy diversos, con personas de todas las edades y profesiones.

> "También tomamos mayor conciencia del efecto que los demás tienen en nosotros observando nuestros pensamientos. Observe qué empieza a pensar cuando está rodeado de distintas personas.
>
> "Estando con una persona, tal vez compruebe que piensa en el amor, la transformación y la belleza del universo. Cuando está con otra, tal vez descubra que piensa qué duro es todo, qué difícil es su vida, cuánto trabajo tiene por delante.
>
> "Verifique su pensamiento cuando está con gente y cuando se halla solo. A menos que sepa cómo piensa cuando está solo, nunca podrá reconocer el efecto que tienen los demás sobre sus pensamientos." **Sanaya Roman,** *Personal Power Through Awareness*

Esto da la posibilidad de escuchar los valores y las opiniones de otros." De manera interesante, como la gente se acerca a los círculos en forma voluntaria, en general no parece haber una gran polarización respecto de los problemas. En Los Ángeles se organizaron alrededor de 150 Círculos de Estudio después del juicio de O. J. Simpson para aliviar la tensión. La gente reconoció que las sesiones de una hora y media no bastaban para abordar los problemas de la comunidad y en este momento se está proyectando otro programa. Según Barrett, todo el Departamento de Servicios Humanos de Ohio está haciendo Círculos de Estudio y tiene un proyecto de dos años para incluir a todos en sesiones a la hora del almuerzo. "Cada uno lo hace de una manera un poquito diferente —comenta Barrett—. Crear confianza lleva un tiempo, pero han ocurrido cosas sorprendentes. Por ejemplo, la gente de Utica, Nueva York, hizo una ronda de círculos sobre relaciones interraciales, y ni siquiera eran plenamente conscientes de lo que estaban haciendo. Pero un día nos llamaron para darnos las gracias por los Círculos de Estudio. Ya habían reunido a cientos de personas por el tema de las relaciones entre razas, y cuando se producía un incidente racial realmente difícil, sabían qué hacer. Habían hablado entre ellos, se reunieron con el intendente y unas quinientas personas, y en vez de una confrontación consiguieron una cura."

¿QUÉ NECESITA UN GRUPO CONSCIENTE PARA FUNCIONAR?

¿Pasó alguna vez por la experiencia de estar en un grupo con un proyecto que a la larga abandonó porque, por una u otra razón, se sintió frustrado? Tal vez el problema fue alguna persona que agotaba al resto del grupo hablando mucho, o que exigía demasiado o ponía obstáculos. Tal vez al grupo le faltaba dirección o concentración y cada tema se debatía a muerte y no pasaba nunca nada. Es muy razonable que se pregunte: Si vivimos nuestros principios espirituales, ¿cómo podemos crear un grupo que funcione de manera efectiva y armoniosa? ¿Qué debemos hacer o buscar?

UN INTERÉS PERSONAL CONTUNDENTE

Estar en un grupo "espiritual" significa dejar que nuestro espíritu se halle presente. La clave para sentirse comprometido con un grupo es la necesidad interior de estar en él. Si no tiene un interés lo bastante fuerte, su mente consciente empezará a buscar otras maneras de pasar el tiempo. Hacemos lo que nos sentimos impelidos a hacer, o ser. Por ejemplo, Francine, representante editorial, cuya hermana melliza tiene una hija con dificultades para el aprendizaje, creó un grupo de tutoría después de las horas de clase con otros niños y sus padres. Francine cuenta: "Ver las caras de

> "...Creo que hay una forma de imaginar la propiedad común como una forma de nutrir el alma. Si los dirigentes de nuestra ciudad, por ejemplo, vivieran con esta consigna, harían todo lo posible por preservar los lugares públicos como parques, puentes y bordes de lagos. Sabrían que no basta con asegurar la supervivencia de la gente, sino que esos placeres simples de la vida comunal también son esenciales." **Thomas Moore,** *Soul Mates: Honoring the Mysteries of Love and Relationship*

esos chicos cuando leen o se divierten con las historias compensa con creces cada minuto que dedico a ese grupo. Saber que puedo ayudar a esos padres, que muchas veces están cansados y desbordados, me hace sentir bien conmigo misma". Si bien sus actos son obviamente altruistas, Francine comenta: "Siempre me encantaron los libros y las ideas, y no quería que mi sobrina se perdiera nada de todo eso. Me encanta dedicarme a resolver problemas". Más que ninguna otra cosa, lo que creó su compromiso con el grupo fue el impulso innato de Francine a trabajar con el lenguaje, la lectura y la enseñanza, combinado con el amor por su hermana y su sobrinita.

Nuestro impulsos natos nos muestran "en qué andamos", o cuál es la actividad para nosotros. Observe qué se siente impelido a hacer, ya sea cuidar el jardín, remodelar, organizar, reciclar, pasear, actuar, hacer bromas, jugar, hablar de sus ideas espirituales, cantar en la iglesia o comprar cosas en oferta. Dentro de su interés está su Visión del Nacimiento... y el servicio que espera ser compartido.

ACTITUD ABIERTA, DAR ENERGÍA
Y DISPOSICIÓN A ESCUCHAR, APRENDER O CONDUCIR

En *La Décima Revelación* los personajes tratan de alcanzar una actitud de apertura y honestidad totales. Se esfuerzan por recordar su intención de servir al mundo —sus Visiones del Nacimiento— y se concentran en cuál es la Visión del Nacimiento para cada uno. Se concentran en ver a Maya en su gloria —sabiendo quién es realmente— e imaginarla concretando lo que vino a hacer. Llena de energía universal, Maya sugiere que sus amigos "sientan si los átomos en su cuerpo vibran en un nivel más elevado". Con la ayuda de la energía grupal positiva que recibe, su misión se vuelve aún más clara. Ahora bien, es obvio que este ejemplo pertenece a una novela, pero la idea es

"Éramos un grupo extraño que avanzaba por esa manzana hasta un parque pequeño: tres mujeres blancas, dos hombres blancos, una mujer negra y 15 niños negros. '¿Qué hacen con la violencia?', me preguntó el psicólogo mientras caminábamos delante de los 15 chicos, no mayores de 18 años, que iban por la calle gritando, golpeándose y dándose patadas unos a otros...

"Cuando entramos en el parque, vi... un irrigador que regaba un sector de césped. De pronto, atravesé el chorro del regador hacia una zona con césped. Me caí a propósito; [los chicos] se abalanzaron sobre mí. Nos arrojábamos unos contra otros como acróbatas en un número de circo. En medio de nuestro juego ruidoso, hubo momentos de silencio en que nuestros cuerpos se entrecruzaban como fideos.

"Para mi gran deleite, la encargada de su casa se reía de buena gana y me arrolló igual que los chicos. Estábamos encantados con su risa y su energía. Luego, salí de la pila de varones y fui hasta donde estaban Marian y Liz, para que se nos unieran. Se acercaron gateando. A los chicos les encantó. Lo físico prevalecía por sobre todo, y sin embargo no hubo puñetazos ni patadas. Y supieron cómo unir su juego con el de los adultos."
Doctor O. Fred Donaldson, *Playing by Heart: The Vision & Practice of Belonging*

aplicable a cualquier grupo en el que trabajemos con otros. Apreciar el progreso que hacen las personas, arraigarnos a ellas sin sentir la necesidad de atarnos, enviarles energía afectiva con la intención de que la utilicen para su mayor bien constituyen formas prácticas de "ser espiritual".

Los grupos de la Décima Revelación no hacen alarde de ningún sentido de exclusividad o de ambición grupal. Están sintonizados con la belleza, la solidaridad democrática, la amistad y la cooperación. No tienen deseo alguno de impresionarse unos a otros ni de reclutar grandes cantidades de miembros. Se reúnen para aumentar su comprensión e investigar nuevos métodos e ideas. Se familiarizan con los campos de acción y modos de conocer de cada uno. Responden a las necesidades de la comunidad y buscan formas de beneficiar a los demás sin entrometerse ni ser anti-esto o aquello. Tratan de encontrar una base común, sabiendo que cada persona aprende a su propio ritmo.

Michael Chamberlain, ministro de una iglesia presbiteriana en Vincennes, Indiana, modera un grupo comunitario que se concentra en la sanación. "Sé que algunos preferirían abandonar un grupo antes que expresar sus sentimientos si sintieran que otro los avasallaría —dijo—, pero en la sanación de actitudes, una de las cosas más importantes que podemos hacer es aprender a expresar nuestros sentimientos a los demás, y poder hacer eso en el grupo es realmente un don." Chamberlain considera que la gente se acerca a su grupo porque "quieren sentirse conectados con personas que piensen igual. Muchos dicen que se sentían alejados de los suyos pero que en el grupo encontraron su verdadera familia".

INTERACCIÓN GRUPAL CONSCIENTE

Estar en un grupo consciente no es "pasar el tiempo". O queremos estar o no. En general, esperamos reunirnos con el grupo, hacemos todos los esfuerzos posibles para llegar a tiempo y nos sentimos energizados y conectados al irnos. Aparte del hecho de estar presentes, no se hacen esfuerzos para el grupo "funcione" o fluya sin obstáculos.

Si tenemos un propósito —o sea, hacer algo que alimenta nuestra alma— es muy probable que estemos en contacto con nuestros grupos de almas. Esta fusión de todos genera una suerte de "arrastre" o conexión con la energía universal. Cuando esto ocurre en *La Décima Revelación*, nuestro personaje grita: "¡Allí está!... Estamos alcanzando el siguiente paso; tenemos una visión más completa de la historia humana". En ese momento, empieza a ver nada menos que la historia del universo. Sentirnos parte de un cuadro mucho más grande nos energiza y nos permite ser brillantes, generosos e innovadores, como en las historias que oímos de personas en circunstancias extraordinarias.

Michael Murphy y Rhea A. White mencionan en su libro *In the Zone: Transcendent Experiences in Sports* muchos ejemplos de estados en apariencia místicos alcanzados en deportes individuales y de equipo. Por ejemplo, en 1951, los New York Giants "ascendieron desde atrás en las últimas semanas de la temporada hasta ganar el campeonato nacional... Durante ese período, el equipo hizo muchas jugadas extraordinarias que alcanzaron su climax en una famosa jugada de Bobby Thompson... Thomas Kiernan escribió un libro al respecto llamado *The Miracle at Coogan's Bluff*... y a lo largo de todo su trabajo, Kiernan interroga a los integrantes del equipo, tratando de resolver la 'Cuestión', o sea, saber si alguna 'especie de energía extraterrestre'... se apoderó del club y le hizo llevar a cabo proezas que estaban muy por encima de las capacidades humanas comunes".[11]

En otro ejemplo de intención y concentración, Murphy y White mencionan a John Brodie, de los San Francisco 49ers, quien dijo que: "Hay veces que todo un equipo alcanza un nivel más alto. Entonces se siente esa enorme avalancha de energía en el campo... Cuando hay once hombres que se conocen muy bien y tienen cada gramo de su atención —e intención— concentrados en un objetivo común y toda su energía circula en la misma dirección, eso crea una concentración de poder muy especial. Todos lo sienten. La gente de las tribunas lo siente y responde, sepa o no cómo llamarlo".[12]

En ningún lugar se siente tanto esta presencia de energía como en los encuentros en que participan personas que empeñaron sus vidas en la excelencia. Murphy y White citan el ejemplo de Joan Benoit, quien marcó un nuevo récord estadounidense cuando corrió un maratón en 2:26:11. "Sintió que no lo hacía sola. 'Sentí que los hinchas me pasaban energía...Tuve que responder cuando sentí aumentar su emoción colectiva'."[13] Y "John Gill llegó a la conclusión de que la amistad que se desarrolla en un equipo 'puede generar así como transmitir energía psíquica'".[14]

LA FUSIÓN CON EL PODER DE LOS GRUPOS DE ALMAS EN LA OTRA VIDA

Cuando somos capaces de entender la vida en el nivel de la Décima Revelación, "[recordamos] nuestras Visiones del Nacimiento y [las integramos] como grupo, [y] fusionamos el poder de nuestros grupos relativos en la otra dimensión, y eso nos ayuda a recordar aún más, hasta que al final obtenemos la Visión general del Mundo".[15]

¿Podemos hacerlo ahora? Nos acercamos a ese nivel si somos conscientes de ser más que un cuerpo físico. Si ha tenido una comunión extática, está empezando a interactuar más allá del nivel físico de la realidad. Es posible que esté fusionándose con su grupo de almas en el estado onírico, aunque no sea consciente de sus aventuras en la vida de vigilia. Según los científicos que investigan en los campos metafísico

Los mensajes telepáticos se reciben instantáneamente... No puedo decirte cómo darte cuenta de tu recepción telepática de una orientación superior pues se produce fuera de la conciencia.

De pronto, tienes una nueva forma de manejar un problema o hay un cambio en tu conciencia, primer indicio que tienen la mayoría de las personas de haber recibido la emisión... pronto descubres que viejas situaciones ya no desatan la misma respuesta emocional que antes... Empiezas a transmitir ideas a los demás de maneras nuevas y distintas.
Sanaya Roman, *Personal Power Through Awareness*

y paranormal, muchos abandonamos nuestros cuerpos cuando dormimos y trabajamos, y prestamos servicio en otras dimensiones.

Ruth Montgomery, quien tanto hizo por revelar las comunicaciones de las almas en la Otra Vida, parece haber sido elegida precisamente por ser periodista. En su libro *A Search for Truth*, escribe: "Una mañana, en tanto que el tecleo misterioso [escritura automática] continuaba sus prédicas, me atreví de nuevo a preguntarles a los Guías quiénes eran. En un tono de fuerte reproche, respondieron: 'Esa pregunta que tanto te interesa no es en verdad importante. Lo máximo que queremos de ti es colaboración para ayudar a otros. Somos escritores, y por eso queremos trabajar a través de ti, que tienes nuestra vocación. El interés entre nosotros es tal que podemos trabajar bien a través de ti si nos brindas cada día este tiempo para la empresa conjunta... Como escritores, tuvimos un éxito fantástico en el sentido mundano, pero no pudimos ayudar a otra gente. Estábamos demasiado ocupados vertiendo nuestros torrentes de palabras y disfrutando del favor del público. No tendría que habernos preocupado tanto huir de la fama mundana, sino la supervivencia de las almas de todos nosotros... Permítenos explicarte que todos somos parte de una progresión. Somos como serás tú, y tú eres como fuimos nosotros, y no hace tanto tiempo, además. No hay nada que nos separe ahora, excepto la delgada barrera de la mente. Te vemos como eres, pero no posees todavía la capacidad de vernos como somos ahora... Nos encanta que puedas aprender de nuestros errores en esa vida, pues ayudándote a ti podemos progresar, como tú progresarás ayudando a otros en tu propia vida. Lo más importante que habrás de aprender es lo siguiente: *Vivir sólo para sí mismo es destruirse a sí mismo*'".[16]

Según la Décima Revelación, nuestras intenciones y acciones positivas aquí y ahora ayudan no sólo a la sociedad humana sino también a la cultura en la Otra Vida. Trabajando juntos, todos nuestros grupos de almas alcanzan una vibración más estrecha con los que estamos en la Tierra y nosotros con ellos. Tenemos la ventaja de ser capaces de crear en la dimensión física a través del tiempo, el espacio y la masa, y los trabajadores espirituales tienen la ventaja de una sabiduría mayor, de la presciencia y la eternidad.

Con la conciencia de la Décima Revelación,

"Éste es el espíritu de aventura... abandonar el mundo limitado donde crecimos... ir más allá de lo que todos conocen... a dominios de trascendencia... y entonces adquirir lo que nos falta y regresar con la dicha."
Joseph Campbell

intuimos que la humanidad está llegando al punto de ser capaz de trascender las barreras entre la vida física y la Otra Vida, lo cual se denomina esotéricamente "levantar el velo". Si la conciencia está evolucionando hacia una frecuencia más elevada, es posible que estemos creando un acceso a toda la dimensión de fuerzas y entidades no físicas. La comunicación ya está aumentando al abrirse las dos dimensiones. Hemos recibido una enorme cantidad de informes directos de fenómenos inexplicables, como la aparición e intervención de presencias angelicales, informes de experiencias cercanas a la muerte, abducciones o visiones de OVNI, y comunicación después de la muerte. Con el tiempo, tal vez podamos desarrollar nuestra capacidad interior de ser más conscientes de nuestros grupos de almas en el mundo no físico, y captar su conocimiento y sus recuerdos.

Muchos ya sabemos que los chamanes, los sanadores y las personas con poderes de médium captan realidades metanormales o conversan con la dimensión espiritual. Si unos pocos pueden hacerlo ahora, es lógico suponer que, cuando un número suficiente de personas acepte estas posibilidades como realidades, el campo unificado cambiará. En pocas décadas o decenas de décadas, estas capacidades pueden llegar a ser tan aceptadas como nuestra capacidad para viajar al espacio. La Décima Revelación señala, pues, que cuando nos conectamos con los grupos de almas, en la Otra Vida "los grupos mismos se aproximan entre sí en resonancia. Por eso la Tierra es el foco primordial de las almas en el Cielo. No pueden unirse solas. Allí, los grupos de almas se hallan fragmentados y fuera de resonancia entre sí, porque viven en un mundo imaginario de ideas que se manifiesta en forma instantánea y desaparecen con igual rapidez, de modo que la realidad siempre es arbitraria. No hay un mundo natural, una estructura atómica, tal como tenemos aquí, que sirva como plataforma estable, un escenario de fondo, común a todos. Producimos alteraciones en lo que pasa en este escenario, pero las ideas se manifiestan con mucho más lentitud...". Nuestro mundo se funda en el consenso y la humanidad debe alcanzar cierto acuerdo respecto de lo que queremos que suceda en el futuro. "Este acuerdo, este consenso, esta unidad de visión respecto de la Tierra... también reúne a los grupos de almas en la dimensión de la Otra Vida. Por eso se considera tan importante la dimensión terrenal. Es la dimensión donde tiene lugar la verdadera unificación de las almas."[17] La Primera Revelación nos dice que una masa crítica de gente avanza hacia su destino espiritual. La Décima Revelación afirma que no sólo estamos despertando a ese destino, sino que seguimos conectados con la dimensión espiritual donde esos destinos nacieron por primera vez.

ESTUDIO INDIVIDUAL

Siga a su energía

Ya está en su camino y tiene la conciencia y el interés que lo llevarán exactamente hacia la información, la experiencia o la ayuda que necesita en este momento. Confíe en que su entusiasmo en un campo de interés atraerá personas con igual mentalidad, libros y maestros que abrirán su conciencia. Su tarea consiste en pasar cada día tiempo con usted mismo, y seguir la energía adonde esté.

Su grupo de almas gemelas

Por diversión, dibuje un círculo grande en una hoja. Alrededor del círculo, o encima, escriba los nombres de las personas con las que se siente más conectado. Describa con un par de palabras lo que siente por ellas o qué aportan a su vida. Le conviene incluso escribir el año en que las conoció. ¿Ve algún esquema?

ESTUDIO GRUPAL

Saber a conciencia a qué apuntan

Cada tanto, en un grupo, puede surgir el deseo de hablar de lo que los reunió. Conviene empezar comentando las razones para estar en él.

• ¿Cuál es el mejor resultado absoluto que podría desear que ocurriera en este grupo? (Sea audaz.)

• Si tuviera una varita mágica, ¿qué me gustaría realizar con este grupo?

• ¿Qué talento, interés, habilidad o sentimiento exclusivamente mío puedo darle a este grupo?

- ¿Cuál es el sentimiento más importante que me hace seguir viniendo a este grupo?

Cada uno debe tener presente que hay razones inconscientes para estar en el grupo, que pueden serles reveladas con el tiempo. No siempre conocemos las razones que nos unen.

Definir su propósito en forma consensual

Resuman los propósitos individuales en una oración que exprese los propósitos exclusivos de esta dinámica particular de grupo. Puede parecer difícil hacerlo en una sola frase, pero trabajen sobre el consenso del grupo con *cada palabra* hasta que sientan que hay un cambio de energía: más risas, más acuerdo, y una sensación de entusiasmo respecto de las palabras elegidas para expresar el propósito. Traten de evitar lenguajes y jergas técnicos que suenen burocráticos, como: "La misión de nuestro grupo es participar en la evolución espiritual de nuestras almas y manifestar la abundancia y el equilibrio total en cada área de la vida". Es posible que sea eso lo que quieran hacer, pero el enunciado es largo y pretencioso.

Lo ideal es algo breve y lleno de sentimiento. Algunos grupos que se reunieron para estudiar las nueve Revelaciones de *La Novena Revelación* lograron enunciados como: "Queremos vivir el Misterio", "Queremos fluir y avanzar", "Queremos experimentar la magia de un rumbo con propósito".

Todos tienen la palabra

- Al comienzo del encuentro, cada uno expresará por turno sus ideas y opiniones sin ninguna respuesta del resto del grupo. Los que tienden a ser tímidos valorarán saber que tendrán la posibilidad de hablar sin necesidad de competir con personalidades más dominantes.
- Hablen siempre con simplicidad y desde el corazón: desde sus sentimientos. Si hay alguien acostumbrado a citar hechos y cifras y discutir argumentos, que trate de evitar la utilización de conceptos abstractos sobre lo que otros hacen, y se atenga a la forma en que los problemas lo afectan personalmente.

- Presten todos mucha atención a cada orador y traten de manera consciente de ver la belleza del alma que hay detrás de la persona.
- Busque cada uno la verdad, o el mérito de cada idea que se le ocurra o que los demás sugieran. Construyan a partir del germen positivo que puedan encontrar, en vez de tratar de demoler las ideas ajenas. Por ejemplo, si Jack dice: "Me parece que tenemos que derribar todos los edificios viejos de la propiedad y empezar de cero", otro podría responder: "Me gusta la idea de librarnos de lo que no necesitamos más, y podríamos salvar una o dos estructuras si vale la pena renovarlas". Esto permite que Jack sienta que su idea fue escuchada, sin tener que estar de acuerdo en echar todo abajo antes de considerar otras opciones. La cuestión es usar la Séptima Revelación, que se refiere a dar energía energía a los otros para que pueda surgir la sabiduría de su yo superior.

En sintonía con la circulación de energía

Permitan que la energía de su grupo guíe las decisiones grandes o pequeñas. Por ejemplo, no vacilen en hablar si sienten que la energía del grupo está baja y necesita una breve pausa. En temas más importantes, observen si la energía "se atasca" cuando una persona domina el grupo hablando en exceso, culpando o reclamando mucho. No vacilen en expresar sus percepciones; el siguiente paso es preguntar qué piensa el grupo.

Ejercicio con la Visión del Nacimiento

Es posible que algunos se hayan sentido impulsados a formar un grupo para estudiar las nueve Revelaciones. Conviene entonces que introduzcan en su estudio la siguiente meditación sobre las Visiones del Nacimiento. Pueden dedicarle toda la reunión a este ejercicio de meditación, o tratar el caso de uno o dos individuos por reunión. El objetivo de este ejercicio es reunirse, elevar la vibración como grupo y sintonizarse con una persona por vez para ver qué información puede surgir sobre la Visión del Nacimiento de dicho individuo.

Este ejercicio puede hacerse para cada persona una o varias veces en un período de semanas o meses. Si bien algunos integrantes del grupo pueden ser relativamente desconocidos para otros, de todos modos podrán captar las imágenes e intuiciones que indiquen talentos, intereses o rumbos futuros.

Antes de realizar la meditación por primera vez, es bueno que el grupo escriba una breve declaración de propósito para leer al comienzo de la "búsqueda" de la Visión de cada persona. Por ejemplo, la declaración de propósito podría ser algo así como: "Estamos reunidos en este círculo para amar y honrar a Julie. Pedimos que nuestros yoes superiores estén aquí con el yo superior de Julie, que podamos llegar a conocer y entender el propósito mayor y la Visión del Nacimiento para esta vida. Pedimos que sólo surja energía positiva útil para su crecimiento. Empecemos la meditación".

Tengan en cuenta, también, que tal vez resulte imposible conocer el plan completo para una vida.

Meditación sobre la Visión del Nacimiento

- Todos deben tener lápiz y papel.
- Siéntense formando un círculo. Los círculos son el símbolo tradicional de la energía compartida y la totalidad.
- Creen un sentimiento sagrado bajando las luces, con incienso y con objetos naturales que representen la tierra, el aire, el fuego y el agua en el centro del círculo.
- Utilicen un sonido especial para marcar el comienzo de la meditación, como un tambor, campanas tibetanas o unos minutos de música para meditación. El ritual sirve para indicarle al inconsciente que debe abrirse.
- Uno de los integrantes del grupo leerá la declaración de propósito para este meditación (véase más arriba).
- Decidan cuántos minutos de silencio quieren concentrar en la persona y designen a alguien para que controle el tiempo y alerte con discreción al grupo cuando el tiempo se cumpla.
- Una persona se ofrece como voluntaria para ser "ello", y se sienta con los ojos cerrados o abiertos (lo que le resulte más cómodo), las plantas de los pies sobre el piso y las manos apoyadas en las rodillas o el regazo (pero no cruzadas).
- Cada uno se concentra en la persona en silencio. Sienta la energía afectiva que lo invade y llena el espacio entre usted y la persona.
- Imagine que eleva la vibración de sus células a un nivel más alto. Estabilice ese sentimiento afectivo durante unos segundos.

- Observe todas las imágenes que surgen en su mente. Empiece a escribir todo lo que surja en su mente sobre la persona. Concéntrese todo lo posible en las cualidades positivas que ve en la persona, en escenas que vea, y escríbalas sin juzgar la "exactitud" de lo que reciba. Si no recibe imágenes visuales, escriba qué clase de sensaciones recibe de la persona. Son válidas palabras solas o frases.
- Una vez cumplido el tiempo, todos se turnan en el círculo y leen o hablan acerca de la información que recibieron.
- (Optativo) Después de la meditación silenciosa, conviene dedicar dos o tres minutos en los que cada uno diga de manera espontánea todas las cualidades positivas que ve en la persona y alguien escriba todo lo que se dice. Luego, pueden ir turnándose todos para leer o hablar de lo que también recibieron en la concentración silenciosa.
- Una vez que todos han tenido la oportunidad de participar, la persona que es "ello" hace su devolución sobre lo que recibió y agradece al grupo.
- Continúen con el resto del grupo hasta que la energía indique que es tiempo de parar.
- Decidan cómo les gustaría terminar el ejercicio: con un breve lapso de silencio, una oración de agradecimiento por lo recibido y el sonido de cierre de un tambor, una campana o un aplauso del grupo.

Fiesta de reflexión para poner en marcha objetivos o resolver problemas

Este ejercicio fue adaptado de *Teamworks! Building Support Groups That Guarantee Success*, de Barbara Sher. Les sugerimos que consigan el libro para aprovechar al máximo este trabajo.

Invite a todas las personas imaginativas y con recursos que quepan en su living y pídales que traigan a sus amigos. Sher sugiere no invitar a expertos en el campo de sus objetivos o problemas, porque son propensos a proponer sugerencias basadas en su propia experiencia, y tal vez no sean capaces de ofrecer la reflexión ilimitada de quienes no tienen opiniones fijas en cuanto a las posibilidades de que algo dé resultado o no. Las noches de viernes y sábado o los domingos a la tarde son buenos momentos para reunirse.

Pídale a la gente que traiga comida para compartir; de ese modo todos se sienten iguales y participan sin presiones. Entregue lápices y papel a todos y averigüe quién quiere plantear un objetivo o problema para reflexionar. Decidan el límite de tiempo para cada persona y empiecen. Uno del grupo (no el que plantea el tema) se encargará de escribir todas las ideas que surjan, por "tontas" o "locas" que parezcan. Revean todas las ideas y encuentren algo útil en cada una de ellas, sin importar lo desubicada que parezca a primera vista. En general, si alguien se sintió impulsado a dar una idea, algo de verdad en ella hay. Si las personas asistentes quieren seguir encontrándose para apoyarse e informar sobre los progresos, pueden formar un grupo para reunirse una o dos veces por semana.

Sher sugiere que las fiestas pasen a formar una parte regular de su vida social. Al conocer gente nueva y tener un círculo mayor de conocidos, podrá formarse una fuente de contactos útil para todos los integrantes.

GRUPOS DE ALMAS

- La Visión Global es la unificación de las dimensiones física y espiritual. Esta Visión ha sido el impulso constante durante el largo viaje histórico de la humanidad en la Tierra.
- Los grupos de almas de la Otra Vida preservan la Visión Global, a través de los milenios de la evolución terrestre, en resonancia con los que están en la Tierra dedicados a orar sin cesar.
- La unificación sólo puede lograrse si los individuos, de a uno, recuerdan que están aquí para construir una masa crítica de conciencia en armonía con la frecuencia de la dimensión espiritual. Si no tenemos apego a la ambición egoísta, recibimos energía e inspiración de nuestros grupos de almas.
- En la Tierra tuvieron que producirse algunos hechos, como el desarrollo del pensamiento crítico junto a la confianza intuitiva en el misterio de la vida.
- Pese a las apariencias, en este momento está produciéndose un despertar espiritual en todo el planeta.
- Cada uno de nosotros es una pieza de la Visión completa.
- Cuando compartimos lo que sabemos y unificamos nuestros grupos de almas, estamos listos para traer la imagen total a la conciencia.
- Éste es un momento fundamental para completar el trabajo.

ESCLARECIMIENTO

Si el comportamiento de uno de los integrantes del grupo está causando problemas, tal vez sea la oportunidad de aprender algo sobre usted mismo. El esclarecimiento debe partir de un profundo sentido de compromiso con el bienestar de todos, y no ser una excusa para expulsar a una persona. Si alguien tuvo valor para plantear abiertamente el comportamiento, convendría pedir que cada uno escriba en forma individual sobre las preguntas que aparecen a continuación. Decidan cuál es el mejor modo, y el más compasivo, de llevar adelante el diálogo o la discusión. Pregúntense: ¿Cómo manejaría esta situación un consejo de seres sabios?

- ¿Qué quiero para mí mismo en esta situación?
- ¿Qué rasgos o comportamientos de esta persona reconozco en mí mismo?
- ¿Qué imágenes o intuiciones recibo sobre mi relación con esta persona?
- ¿Qué sensaciones experimento en mi cuerpo respecto de esta persona?
- ¿Cómo podrían mejorar las cosas para mí en este grupo?
- ¿Estoy dispuesto a decir lo que pienso cuando la otra persona me "moleste" o moleste al grupo?
- ¿Cuál podría ser el propósito más elevado que esta persona está tratando de expresar en su vida?
- ¿Cuál podría ser la lección que esta persona está enseñándole a todo el grupo?
- ¿Puedo sentir el amor detrás del miedo o la rabia en esta situación?

Como en toda empresa, hay que mostrarse, estar presente, decir la verdad desde el corazón y olvidarse de tratar de controlar lo que pueda pasar después.

CAPÍTULO 12

Nuevas visiones para grupos ocupacionales

El resultado de la visión proyectada era una ola sin precedente de concientización y recuerdo, de cooperación y compromiso personal, y una virtual explosión de individuos inspirados, cada uno de los cuales empezaba a recordar por entero su Visión del Nacimiento y a seguir su senda sincrónica exactamente en la posición ocupacional correcta dentro de su cultura.

CASTOR
COMUNIDAD

LA DÉCIMA REVELACIÓN:
EN BUSCA DE LA LUZ INTERIOR[1]

AVANZAR HACIA LA EXPRESIÓN Y EL DESTINO IDEALES

Uno por uno, todos van despertando al hecho de que la inquietud o el conflicto que pueden estar experimentando es la discrepancia entre lo que les importa y lo que viven externamente. Mientras estábamos escribiendo este capítulo, una amiga, A.T., llamó una mañana. "Tuve que dejar lo que estaba haciendo en la computadora y llamarlos", dijo. Esa misma semana, unos días antes, había estado hablando de cómo ampliar su práctica de consulta. De pronto, A.T. tenía algunas "inspiraciones" que no podían esperar. "Había estado castigándome porque el teléfono no sonó mucho este mes. Me va bárbaro con X, pero de Y no sale nada. Me he sentido muy frustrada, y no puedo dejar de pensar que estoy haciendo algo mal. Esta empresa que se supone que me reserva clientes no me manda a nadie. La otra trabaja con suma rapidez." Hablamos un momento y después dijo: "Esto es una cuestión de visión, no tiene que ver conmigo. En la empresa Y, son muy limitados en la forma de pensar. No entienden lo mío y por eso no promocionan el servicio. La gente de X, en cambio, me da mucho espacio en su folleto".

Durante este tiempo de transición, la gente que actúa a partir de la nueva visión del mundo inevitablemente tiene que ser creativa y flexible al iniciar nuevos proyectos frente a las viejas formas de pensar. En estos últimos años, A.T., como muchos de ustedes, ha luchado, en el nivel externo, por establecer su nueva empresa y al mismo tiempo forma gente respecto de este valor. En el nivel interno, medita más, analiza ideas espirituales con amigos y hace ejercitación para lograr un equilibrio y dedica tiempo a sí misma. También optó por quedarse en una comunidad pequeña por el bien de sus hijos, en vez de vivir en una gran ciudad que podría haberle dado acceso a más pacientes. Considera que es importante pasar todo el tiempo posible afuera, en la plaza con los chicos o llevándolos al mar.

A.T., una persona llena de energía, con ideas creativas que se le ocurren a las tres de la mañana, dice: "¡Recibo tanta información! Son tantas las cosas que me parecen fuera de control, que a veces lo único que salva mi cordura es saber que en todo esto hay un propósito en alguna parte y yo trato de encontrarlo. Cuando me aflojo, veo los mensajes. Todo lo que me llega es información. Son simplemente los mensajes". A.T. terminó la conversación dándose cuenta de que tendría que dejar de lado su asociación con la empresa Y, porque resulta infructífero seguir si no estaban en la misma longitud de onda en términos de servicio. "Esperé, pensando que necesitaba lo poquito que me daban. Pero siempre he sabido que cuando dejamos algo que no funciona, hacemos espacio para lo que viene."

A.T. no sabía que su "interrupción" de esa mañana en nuestro programa de trabajo sería un buen ejemplo para los temas de este capítulo. Ella representa un sentimiento que muchos hemos manifestado y que es importante reconocer cuando participamos en las formas cambiantes de distintos campos ocupacionales.

Tanto la Novena como la Décima Revelaciones indican que cuando las personas despiertan a sus destinos espirituales no pueden evitar cambiar la forma en que se hacen las cosas en el mundo. Podríamos imaginar que todos los campos ocupacionales son un mar de energía, siendo cada campo una matriz particular de intención humana. La evolución de los grupos ocupacionales se produce en tres niveles: personal, profesional y cósmico.

EL NIVEL PERSONAL

La búsqueda de una mejor manera de trabajar constituye un impulso innato para quienes son líderes, inventores y pioneros naturales. Automotivados y entusiastas, son revolucionarios y reformadores natos. En definitiva, cada cambio proviene de una persona que sigue su corazonada intuitiva y se arriesga a ser distinta.

La búsqueda de significado está volviéndose tan predominante en nuestra cultura que hasta los investigadores de mercado la señalan como "la" tendencia de la década de los 90. La conexión con lo que nos importa —ya sea una nueva forma de tratar la drogadicción, mejorar la vacunación de los niños, preservar las culturas indígenas y las prácticas espirituales, reducir los herbicidas en los parques públicos, un índice cero de aumento de la población, o cualquier otra causa que beneficie a toda la humanidad— está revitalizando todos los ámbitos. Es algo personal. Nadie nos obliga. Por cierto, hay más reglamentaciones que nunca sobre cuestiones públicas, pero el impulso primario para el cambio sale de un ser humano preocupado y dedicado.

> La facultad de la imaginación está muy estrechamente ligada a la intuición... nuestro poder de formar imágenes mentales en las que nos movemos... formar un núcleo que, en su propio plano, pone en acción la Ley Universal de la Atracción, dando así origen al principio del Crecimiento.
>
> La relación de la intuición con la imaginación consiste en que la intuición capta una idea de la Gran Mente Universal, en la cual todas las cosas subsisten como potenciales, y se la presenta a la imaginación en su esencia antes que en forma definida, y luego nuestra facultad de construir imágenes le da una forma clara y definida que presenta ante la visión mental y que luego vivificamos dejando que nuestro pensamiento se instale allí, infundiéndole nuestra personalidad y proporcionándole el elemento personal a través del cual siempre tiene lugar la acción específica de la ley universal relativa al individuo particular. **T. Troward**, *The Edinburgh Lectures on Mental Science*

¿Qué pasaría si su hijo fuera a un colegio donde aprendiera a cultivar y experimentar los ciclos de la vida desde la semilla hasta la mesa? ¿Y si aprendiera matemática y ciencia participando en la restauración de daños ambientales? Si viniera de la escuela sintiendo que es una parte importante de su familia y su comunidad, que de veras lo escucharon, sentiría que hoy hizo algo que cuenta. Se levantaría cada día lleno de energía, entusiasmado con la idea de aprender y saber que pertenece al mundo y que tiene un papel importante para llevar a cabo. Que tiene un futuro. A los veintiún años, su hijo sería una persona distinta que si hubiera sido criado a base de comidas sintéticas y televisión, encerrado de ocho a tres de la tarde en un edificio de cemento rodeado de asfalto, cinco días a la semana, o peor aún, encajonado en calles urbanas con otros amigos haraganes durante sus años importantes de individuación.

Ya están empezando a surgir nuevas formas de educación, por no citar más que un campo ocupacional, para responder a los desafíos que implica proporcionar este tipo de experiencias de crecimiento a mentes sanas, activas y abiertas. La parte verdaderamente excitante de la Décima Revelación reside en que estas ideas están haciéndose realidad gracias a los que tienen una visión, no de utopía, sino de lo que es posible. Pero, en cada caso, las ideas van de adentro hacia afuera.

EL NIVEL PROFESIONAL

¿Qué pasaría si cada grupo ocupacional empezara a cambiar en forma consciente su práctica habitual por una que considerara también conscientemente su relación con el resto de la vida y su impacto en los recursos futuros y fomentara el mutuo aprendizaje entre profesionales y clientes?

¿Qué pasaría si su abogado fuera capaz de representarlo en su divorcio o en una disputa y lo ayudara a catalizar una comprensión más profunda de las circunstancias que trajeron aparejado el divorcio o la disputa y lo ayudara a repararlo?

¿Qué pasaría si el enfoque de su médico incluyera un examen de las condiciones mentales, emocionales y económicas que rodean su estado de mal-estar, y fuera lo bastante flexible como para brindar la atención adecuada de una gama de profesionales alopáticos y complementarios, desde acupunturistas a videntes y sanadores espirituales?

Tal vez usted haga una mueca de descreimiento o se ría pensando que es absurdo que alguna de estas ideas se torne realidad, pero ya existen, gracias a los esfuerzos de pequeños grupos de gente, en muchos lugares, demasiado numerosos para nombrarlos aquí.

En cada caso, el profesional u organizador es una persona que cree profundamente en la ayuda a los demás y aporta un punto de vista más amplio para el tratamiento de los problemas. Esta persona persevera no porque esté de moda o resulte fácil o incluso porque implique una recompensa financiera, sino porque le parece bien. Para ella es importante expresar sus principios en la vida. La motivación personal para servir constituye una parte de la visión del mundo, es la transformación de la conciencia. Nuestra visión del mundo es modificada por personas que quieren cambiar algo y obtienen una satisfacción *intrínseca* de lo que hacen, aunque se cansen, se frustren y a veces se desalienten mucho. La transición al reconocimiento y el recuerdo del fundamento espiritual de la vida nunca se realizará sancionando un nuevo código de ética.

EL PLANO CÓSMICO

Los grupos ocupacionales no son casuales. De acuerdo con las enseñanzas esotéricas, existen siete grupos cuya misión es desarrollar estados específicos de conciencia en la humanidad. En los últimos cuatrocientos años, la humanidad ha tenido que desarrollar una cualidad mental fuerte para equilibrar las cualidades de percepción anteriores, más apoyadas en el instinto y los sentimientos. La investigación científica aportó método, estructura e integración y fortaleció los canales de indagación. Nos dio una mayor comprensión del mundo de la forma, la parte de la tarea de la humanidad en la unificación de ambas dimensiones.

Además de nueva información sobre la estructura de la vida, "identificamos" (¿o creamos?) una serie de enemigos y peligros. En forma indirecta, a través de la radio, la televisión, las revistas y los diarios, compartimos psíquicamente las realidades de las calamidades de otra gente y casi participamos en ellas de manera física. En respuesta a todos estos "hechos", hemos desarrollado industrias enteras para manejar el miedo: armas, empresas de drogas, empresas de megaespectáculos, compañías de seguros, empresas de seguridad y publicidad. Dividimos el mundo y decidimos qué nos gustaba y qué no.

INTEGRACIÓN Y SÍNTESIS

Hasta ahora, los pensadores de avanzada han ido dando forma, de modo casi inadvertido, a la Visión Global emergente en todos los grupos que eligieron. Muchos de nosotros hemos elaborado sin darnos cuenta el mayor propósito para nuestro trabajo. Sólo en el último par de décadas pudimos ver la red que nos conecta a los servidores de otros mundos. El próximo paso ahora es tomar conciencia de nuestra interrelación y dialogar conscientemente para unir parte de nuestro trabajo.

Estamos poniéndonos en nuestro lugar para

"... debemos recordar que el desarrollo se produce siempre por un crecimiento perfectamente natural y no forzando en forma indebida la parte que fuere del sistema.

"... la intuición funciona con mayor libertad en el sentido hacia el cual concentramos en general nuestro pensamiento; y en la práctica, se verá que la mejor manera de cultivar la intuición... es meditar sobre los principios abstractos de esa clase particular de sujetos en vez de considerar sólo casos particulares.

"...verá que la captación clara de los principios abstractos en cualquier sentido tiene un efcto maravillosamente acelerador sobre la intuición en ese sentido particular."
T. Troward, *The Edinburgh Lectures on Mental Science*

que nuestra evolución se vuelva más consciente. Ya empezamos a comprender el poder que tenemos al usar la intuición y la intención concentrada. Estas ideas fluyen sin esfuerzo en todo el mundo a través del cuerpo/la mente colectivos. Es interesante ver que nuestro lenguaje refleja en este momento esa idea de tejido en palabras como flujo, red, holismo, sinergía, alianzas, asociaciones, círculos y centros y la World Wide Web.

¿A qué grupo de almas cree que pertenece? ¿Qué clase de actividad ha desarrollado hasta ahora?

Cultural *Desarrollar* relaciones
Socializar y civilizar
Brindar alivio humanitario
Inspirar a la humanidad a través del arte, la música, la
danza, la poesía y la literatura
Expandir a través de la educación, la fotografía, el cine
Diseminar a través de los medios de comunicación, los
viajes y la comunicación
Regular mediante leyes y defensa legal

Filosófica *Teorizar* sobre la naturaleza de la realidad
Separar y *comparar* ideas, culturas, historia y el futuro

Política *Revolucionar* y *reformar* países
Construir y *estabilizar*
Diferenciar y *defender* culturas y fronteras
Expandir las intercomunicaciones
Movilizar recursos
Dar a conocer a la opinión pública problemas (pros y
contras) de derechos humanos

Religiosa *Preservar* el misterio
Estructurar el misterio
Convertir y *protestar*
Proveer a la comunidad
Diferenciar a la comunidad
Arraigar el espíritu
Brindar apoyo y cohesión en tiempos de perturbación
Crear tiempos de perturbación
Rezar sin cesar

Científica   *Desarrollar* pericia externa
Promover la comunicación y la interrelación masiva
Crear análisis y criterios
Correlacionar y *sintetizar*
Explorar los límites de todo, incluida la objetividad
Imponer programas militares

Psicológica *Desarrollar* pericia interna
Completar cuestiones pasadas
Liberar bloqueos
Realzar la calidad de vida
Promover la comunicación y la sensibilidad
Comprender y *modificar* el comportamiento

Financiera   *Controlar* y *ordenar* las relaciones comerciales
Expandir e *implementar*
Construir y *conectar*
Consumir recursos y *proveer* bienes y servicios
Crear alianzas y puentes internacionales

COMO UNA SINFONÍA

Obviamente, cada grupo es capaz de producir a partir de los extremos positivos o negativos de su área de influencia. ¿Cómo se ha visto usted afectado en forma negativa por alguno de los siete grupos de almas? ¿De qué manera usted o la cultura en general recibieron hasta ahora el impacto de dos o más de estos grupos que combinan información, talentos e influencia?

En el viejo orden de pensamiento, estos grupos tendían a trabajar de un modo individualista, separatista y aislado. En la nueva forma de pensar, cada grupo debe ahora unirse en una suerte de metáfora de "disciplinas unidas" para integrar sus avances en beneficio de toda la humanidad. Cada grupo tiene una porción de verdad. Sin desdeñar ninguna parte, ningún país, cultura, idioma, especie o religión, el trabajo de estos grupos será apoyar a cada parte para que aporte su necesaria influencia al todo. El objetivo ahora es cosechar los valores inherentes a cada parte para alimentar el todo. ¿Cómo armonizamos nuestras franjas de influencia y disminuimos la ambición de mayor separación y la creación de más estructuras? ¿Qué nos impulsa o nos obliga a hacerlo?

Bueno, ¿qué le parece la preocupación por el ambiente, el miedo al holocausto nuclear, el hambre en todo el mundo, la superpoblación, la enfermedad, la preocupación por los derechos humanos, los desastres naturales y el interés personal? Al empezar a cerrar la brecha creada por la ambición y el miedo, estas fuerzas

---

"El verdadero problema del Tercer Mundo es la ignorancia... hay que educar... al pueblo. Y debe hacerse de manera enérgica, sin reticencia sentimental. Es una necesidad inmediata, es una emergencia. Hay que decirle que, pese a todos los malos entendidos que pueda implicar: van por el camino equivocado, su crecimiento demográfico es demasiado grande, los está llevando a una pobreza aún más terrible... Debemos luchar contra esta brecha cada vez más grande. Ése debería ser nuestro objetivo. Acercar los dos mundos para hacerlos comparables y, si es posible, iguales. Sí, ése debería ser nuestro objetivo." **El Dalai Lama en *Violence and Compassion*, de Jean-Claude Carrière**

---

poderosas del mundo, cuyo impacto se considera horrible, impensable, desagradable, molesto y ligado al tiempo, puede polarizarnos o unirnos. Tal vez estemos en el nivel de cosmovisión de un puesto de limonada: si lo único que tenemos son limones, hagamos limonada. Si lo que enfrentamos parece estar fuera de control, trabajemos sobre la base de que esta vez todos tenemos que empujar juntos. Unificar las esferas del mundo —material y espiritual— es lo mismo que unificar nuestro mundo a través de la compasión, el amor, la amistad, la tolerancia y dar una mano a quien necesita nuestra ayuda. Si individuos como el Doctor Robèrt, que trabaja en el área de investigación sobre cáncer en su laboratorio de Suecia, pueden idear un plan que ayuda a los empresarios de todo el mundo a revertir su impacto en el ambiente, ¿qué nuevas cosas puede idear la humanidad?

REQUERIMIENTOS PARA LOS ENCARGADOS DE SOSTENER LA VISIÓN

¿Qué hace falta para ser un servidor del mundo, un sostenedor de la Visión? Lo primero de la lista sería la capacidad para amar, así como compasión, tolerancia y un fuerte deseo de servir. Recuerde que estas cualidades no son abstracciones que puede sacar del ropero y colgarse encima para ser "espiritualmente correcto". Son dones en el nivel de conciencia de la Décima Revelación. Usted ya posee esas cualidades; lo único que necesita es dejar a las personas mejor que cuando las encontró y disfrutar del flujo que retorna a usted.

Algunos de los otros requisitos son:

- Deseo de trabajar intuitivamente
- Capacidad para evaluar la verdad y los mensajes en sincronicidades y corazonadas, sin egoísmo
- Capacidad para pensar en el impacto sobre el todo al tomar decisiones importantes y pequeñas
- Una mentalidad altamente sintonizada, emocionalmente sensible y madura, espiritualmente desarrollada
- Sentido del humor y capacidad de reírse de sí mismo
- Saber que la oración da resultado
- Rezar y meditar
- Reconocer los dones en otros y la capacidad de elevar e inspirar a todos los que conoce
- Desapego de las ambiciones de la personalidad del yo
- Un individuo acabado con una serie de experiencias, intereses y talentos
- Flexibilidad física y mental
- Buena comprensión del sentido común financiero
- Capacidad para transformar los obstáculos en oportunidades
- Capacidad de escuchar más que con los oídos
- Abarcador, curioso y generoso para compartir conocimientos
- Evitar las posturas partidarias y las afiliaciones formales
- Capacidad para decir la verdad sin un deseo de controlar, convertir o "arreglar" a los demás
- Capacidad para ser espontáneo y trabajar durante mucho tiempo sin resultados inmediatos
- Capacidad para salir del cuerpo o sintonizar información mediúmnica y discriminar la calidad de la información recibida
- Tomar decisiones sobre la base de lo que le parece coherente y lo que "más importa"

DEBERES Y RESPONSABILIDADES DE LOS ENCARGADOS DE SOSTENER LA VISIÓN

¿Cómo interactúa con otros el encargado de sostener la Visión para mantener el propósito? Sin duda, sería útil que observara quién empieza a aparecer en su vida ahora. En cuanto usted pasa a la acción generosa, el deseo de servir y el trabajo en pro de la Visión Global, se produce una conexión con los grupos de almas que supervisan el plano terrenal. Su energía pasa a una vibración más alta para que usted pueda empezar a atraer a quienes trabajan siguiendo las mismas pautas de intención, o se sienta atraído por ellos. Pase más tiempo con personas que lo energizan con sus ideas y permita que las relaciones evolucionen sin tratar de forzar o aferrarse a nadie. Trabaje por aquello en lo que usted cree, pero no pierda tiempo en atacar a otros ni en formas vistosas de retórica y discusión. Debemos tener cuidado de no imponer nuestras ideas a nadie. Juzgar el "nivel de desarrollo" en otros indica una falta de comprensión en cuanto a la amplia gama de lecciones para las almas humanas. Es importante evitar la crítica a los demás, aunque pensemos que sus ideas actúan en contra de las nuestras. Es más importante trabajar por encontrar el territorio común con los demás y ser la clase de persona que desearíamos conocer.

Parte del trabajo ahora consiste en empezar a reunir a las personas con las que usted congenia, presentárselas a otros, fomentar el apoyo a la comunidad e intercambiar ideas. Disminuya el ritmo acelerado para poder dedicar más tiempo a la reflexión fuera de su ocupación. Empiece a pedir que se le ocurran ideas nuevas para hacer en su trabajo algo distinto, que signifique un mejoramiento en términos de eficiencia; conexiones humanas positivas; diversión; estudiar ideas nuevas; ver un viejo problema desde un punto de vista distinto (¡pregúntele a un niño cómo se hace!).

Si no le gusta el trabajo que tiene

Si no le gusta el trabajo que tiene actualmente, vaya modificando por etapas su intención de comprender el propósito de estar aquí. Ponga más amor y atención en el trabajo y las personas con las cuales lo comparte, mientras esté allí. Tal vez descubra que deja el trabajo de una manera muy natural justo cuando empieza a entusiasmarse otra vez. Esto le ha pasado a mucha gente que conozco.

Ampliar los contactos

Si quiere ampliar sus contactos con la gente, o si está iniciando una nueva actividad, no se vuelva solitario. Organice un grupo de reflexión que le resulte atractivo. Todas las semanas, consulte a tres amigos para pedirles sugerencias sobre nuevas organizaciones, libros, conferencias y talleres. En las nuevas áreas de conocimiento se dictan todo tipo de cursos.

Pídale sin cesar al universo que le muestre el mejor rumbo a seguir. Tenga claro cómo quiere servir a los demás en su trabajo. Dé algo. Busque siempre la manera de ayudar a los demás y escuche sus necesidades y preocupaciones en el nivel del corazón. Tal vez digan que quieren algo a un precio más bajo, por ejemplo, pero lo que es posible que deseen en

---

Aplicación de la ley del menor esfuerzo

"Hoy aceptaré a las personas, situaciones, circunstancias, posturas y hechos tal como se den. Sabré que el momento es como debe ser.

"Habiendo aceptado las cosas como son, asumiré la *Responsabilidad* de mi situación y de todos los hechos que veo como problemas.

"Renunciaré a la necesidad de defender mi punto de vista. Me mantendré abierto a todos los puntos de vista y no me aferraré rígidamente a ninguno de ellos." **Doctor Deepak Chopra,** *The Seven Spiritual Laws of Success*

---

realidad es tener contacto con una persona real que se preocupe por sus necesidades. Hábleles del propósito que tienen en la vida, de sus sueños.

No tiene por qué sentir que debe reclutar gente o colegas para que piensen como usted. Quienes están en los grupos ocupacionales para servir la Visión Global ya lo hacen. Saben qué vinieron a hacer. Si usted siente que conoce a alguien que de veras quiere trabajar en un nivel más elevado o profundo, comunique el entusiasmo que siente por su trabajo de una manera abierta y amistosa. No es cuestión de impresionar o cambiar a nadie. Como dijimos antes, mantenga su atención en el estado ideal hacia el cual desea avanzar.

MODELOS DE PENSAMIENTO QUE NOS AYUDAN A VER LA SITUACIÓN GLOBAL

A continuación vamos a cubrir cuatro categorías ocupacionales. Coincida o no con la descripción, le aconsejamos que la utilice como resorte para reflexionar acerca de la progresión que ve en su propio campo desde 1965 o 1985.

En la sección Salud, presentamos cuatro paradigmas que muestran la progresión del pensamiento en ese campo.

En la sección Derecho, describimos un proceso que favorece la inclusión, la formación de redes y el sondeo por debajo de las condiciones obvias de la superficie, que podría aplicarse de alguna manera a su propia área. ¿Cómo? Eso depende de usted.

En la sección Educación, describimos algunos nuevos formatos para la educación que requieren más creatividad y eliminación de límites que la asignación de millones de dólares.

En la sección Arte, queremos recordarnos a nosotros mismos las cualidades generosas de la percepción estética que nos hace únicos entre todas las especies. (Salvo que los delfines tengan galerías de arte en el Triángulo de las Bermudas.)

SALUD

El dolor y la enfermedad atrapan nuestra atención como ninguna otra cosa. Cuando no nos sentimos bien, no tenemos adónde escapar.

Los pacientes y los profesionales de la salud se encaminan hacia el nuevo campo de la cura psicoespiritual/bioenergética. Cada vez más, una opinión pública formada exige orientación y apoyo para mantener una buena salud. Los profesionales dirigen y al mismo tiempo obedecen la demanda.

Antes, los occidentales tendían a interesarse en el cuerpo sólo cuando se "venía abajo". Con nuestra dependencia del esquema científico, parecía lógico que nuestros cuerpos tuvieran que "trabajar" como máquinas, con partes que necesitaban reparación cada tanto. Con nuestra ingenuidad característica, llegamos a ser muy buenos arreglando las partes y sobresalimos en la medicina técnica, que es absolutamente esencial para muchos de los traumas y los excesos a los que nos sometemos.

No obstante, otros corazones y mentes formularon preguntas distintas y encontraron respuestas distintas, y ahora tenemos una visión más completa de los estados de energía visible e invisible que crean y mantienen lo que denominamos nuestro cuerpo, pero para los cuales no contamos con un nombre adecuado. Ahora hablamos de nuestro cuerpo/mente/matriz de energía espiritual; con todo, resulta demasiado técnico para el gran ser espiritual que somos.

El enfoque "holístico" consiste en preguntar: ¿Qué pasa en su vida? ¿Come alimentos frescos? ¿Cuánto ejercicio hace por semana? ¿Qué antecedentes familiares tiene? ¿Está feliz con su trabajo? ¿Está

Las personas que más éxito tienen en cualquier acción siguen en general el esquema de manejar sus deseos sin una lucha indebida con su entorno, fluyen... permiten que la solución se presente sola, confiando en sus propias capacidades para enfrentar desafíos difíciles. **Doctor Deepak Chopra,** *Ageless Body, Timeless Mind*

---

solo? ¿Enojado? ¿Qué siente por sus padres? ¿Qué le pasó cuando tenía tres años? ¿Perdió en estos últimos tiempos a un ser querido? ¿Qué clase de planes está haciendo para los próximos años? ¿Qué piensa de la vida? ¿Medita o reza? ¿Cree en algo superior a usted? ¿Pinta? ¿Baila? ¿Qué clase de trabajos comunitarios hace? ¿Tiene suficientes vacaciones todos los años? ¿Se divierte en este momento?

Gracias al trabajo de millones de individuos inspirados y arriesgados, tenemos más habilidad para curarnos —física, emocional, financiera y espiritualmente— que en cualquier otro momento de la historia. ¿Cómo llegamos hasta aquí? Porque somos curiosos. No pudimos evitarlo. Cuanto más aprendemos y escuchamos de personas con todo tipo de experiencias, necesidades e ideas, empezamos a darnos cuenta de que nuestro cuerpo físico es la imagen exterior de nuestra esencia espiritual y nuestro propósito kármico. La vieja visión mecánica del cuerpo no llegó lo bastante lejos. No fue establecida para incluir la matriz espiritual generadora, invisible pero vital, sobre la cual crece nuestro cuerpo. Los defensores de la curación mente/cuerpo, como Deepak Chopra, Larry Dossey, Christine Northrup, Bernie Siegel, Leonard Laskow y Richard Gerber, por no mencionar más que a algunos famosos, forman parte del grupo pionero que está haciendo nacer la nueva medicina y los nuevos métodos de curación para el siglo XXI. Al reconocer y utilizar los dones de la tecnología y de la curación psicoespiritual, contamos con posibilidades muy estimulantes en el campo del bienestar y

> "Una intención es una señal enviada desde nosotros hacia el campo, y el resultado que recibimos del campo, es la plenitud máxima que puede ser enviada a nuestro sistema nervioso particular." **Doctor Deepak Chopra, *Ageless Body, Timeless Mind***

el envejecimiento. Parece incluso que en un futuro no muy distante podremos ir más allá de la prevención y el manejo de la enfermedad, y llegar a la exploración proactiva para el desarrollo de una supersalud o de capacidades metanormales.

Resulta interesante, ¿verdad?, que el advenimiento de la atención administrada, con sus estrecheces financieras respecto de qué y cómo pueden brindar servicios médicos, enfermeras y técnicos, haya surgido justo ahora. Podríamos muy bien preguntarnos: ¿cuál podría ser el propósito superior que hay detrás de la introducción de esta fuerza de contracción de las limitaciones financieras? Nos hallamos en una etapa de transición que explora nuestros límites de lo que es y no es posible y/o deseable. Muchas personas se sentirán atraídas al trabajo por nuevas respuestas en estos campos complejos.

La psicología y la psiquiatría también cambiarán profundamente su orientación para incluir el conocimiento de posibles alteraciones energéticas en la matriz psicoespiritual/bioenergética del cuerpo etéreo. Robert Monroe, el difunto empresario, escritor y astralnauta que hizo viajes extracorporales durante treinta años, enunció que tal vez lo que en la actualidad denominamos psicosis pueda ser una filtración en la barrera entre las dimensiones espiritual y física. Conjeturó que ciertos estados congelados de energía, como la catatonia y el autismo, pueden ser una forma de disociación entre el cuerpo físico y el segundo cuerpo.

En un nivel macro, analizar la intersección de nuestros estados físico y no físico puede crear nuevos campos totales de indagación científica. En un nivel micro, gracias al trabajo de investigadores científicos como Candace Pert, ex directora de la división de bioquímica cerebral del Instituto Nacional de Salud Mental, puede existir un paralelo biológico del "campo unificado" de la conciencia. En un estudio muy difundido, la doctora Pert descubrió que en el cuerpo hay una molécula llamada neuropéptida, tan pequeña que puede viajar a cualquier parte del cuerpo y llegar a cada célula. La pregunta de Pert fue: "¿Qué hacen estas moléculas?". Lo que descubrió es que cada célula del cuerpo tiene receptores para estos pequeños visitantes neuropéptidos. Antiguamente se pensaba que estas moléculas se limitaban al sistema nervioso central. No obstante, sus estudios muestran no sólo que todas las células del cuerpo reciben a los mensajeros, sino que también pueden hacerlos. La capacidad de las células para comunicarse entre sí parece indicar que la mente existe en el cuerpo en su totalidad, no sólo en el cerebro. Como cada emoción tiene cierto tipo de perfil neuropéptido, cuando nos enojamos o nos enamoramos se refleja en las secreciones corporales internas. ¿Se acuerda de la rata 2, el señor Impotencia Aprendida, del Capítulo 10? ¡Es probable que los neuropéptidos hayan hecho correr el rumor de que esta rata era Pobre de Mí!

No obstante, los grandes interrogantes siguen siendo cómo recibe el cuerpo la información de su cuerpo de energía etérea *fuera* del cuerpo físico. ¿Cómo captamos las influencias psíquicas de otras personas del planeta? Cuando caminamos por el bosque, ¿qué nos hace sentir que estamos en un espacio sagrado? Tal vez los científicos del futuro descubran que los neuropéptidos o moléculas similares son el eslabón entre los campos energéticos y la fisiología del cuerpo. De todos modos, los pensadores de avanzada están llegando a la conclusión de que el cuerpo es más una red de información que una cuestión de carne y sangre.

La forma sigue al pensamiento

Richard B. Miles, coordinador ejecutivo de la Red de Profesionales para la Salud Integral, analiza desde comienzos de la década de los 70 las fronteras del campo de la atención médica promoviendo a nuevos pensadores y concibiendo programas "integrales" de atención. Miles inició una nueva carrera en el campo médico justo en el momento en que los grupos de almas culturales (*hippies*, hijos de las flores, pacificadores, como se los llamaba de manera no muy cariñosa) instigaban el cambio social. "Ya en 1967, Peter Drucker escribió *Managing in the Age of Discontinuity*." Miles nos dijo: "Ya veía que los principales pensadores de todas las disciplinas importantes cuestionaban los supuestos en los que se basaban las disciplinas. Yo acababa de dejar un empleo en el área de *marketing* y después de más o menos un año de investigación con mi socio, Jack Drack, llegamos a la conclusión de que Drucker tenía razón. Todo el campo de juego se estaba adaptando.

"El libro más importante de ese momento fue *The Phenomenon of Man*, de Teilhard de Chardin. Su opinión era que lo que hacía avanzar la vida en forma biológica no era la supervivencia de los más aptos. Su teoría era que cada forma exterior tiene una forma interior y el principio organizador es la conciencia. Al avanzar la vida, la vida biológica avanzó y se volvió más compleja. Al volverse más compleja, se volvió más consciente de sí misma, probando que la conciencia estaba allí todo el tiempo. Cuanto más complejo se volvía un organismo, más capaz se volvía. Según su teoría, las formas biológicas cambiaban por la conciencia y por lo tanto la conciencia concibe su propio futuro. En el paradigma científico —dijo Miles—, esta idea es sumamente radical.

"Mi socio y yo nos dimos cuenta, a través de las ideas de Chardin, de que a nuestro alrededor la conciencia cultural se organizaba en un orden diferente. Todas las disciplinas estaban reinventándose." ¿Cuál ha sido la evolución del pensamiento en el campo de la atención de la salud?, preguntamos.

"Hay cuatro paradigmas en cuanto a la forma de ver la salud y la enfermedad —afirmó Miles, que enseña estas ideas en la JFK University y en el Instituto de Estudios Integrales California, en San Francisco—. El primero funcionó hasta hace sólo unos cien años. Éste es el *paradigma de autoridad,* que tiene dos subconjuntos: 1) 'Dios me castiga' [con esta enfermedad]; y 2) 'Estoy poseído por espíritus malos y demonios'. Podemos ver todavía parte de este pensamiento en la respuesta actual a la epidemia de SIDA.

Aun con el más leve cambio de conciencia, la energía y la información se mueven siguiendo nuevos esquemas. La razón por la cual los viejos hábitos son tan destructivos es que los nuevos esquemas no pueden aflorar a la existencia, la conciencia condicionada es por lo tanto sinónimo de una lenta agonía. **Doctor Deepak Chopra,** *Ageless Body, Timeless Mind*

"El segundo modelo es el paradigma de guerra o conflicto. Éste surgió a partir de la creencia en cosas que no podíamos ver. La gente solía hablar de estas fuerzas invisibles como de 'miasmas'. Luego, con los microscopios, pudimos ver los miasmas como organismos específicos. Fue entonces cuando la enfermedad se convirtió en el enemigo, y la ciencia, en el héroe. Nuestro objetivo era encontrar al enemigo, matarlo y resolver el problema. Ésa ha sido nuestra perspectiva en los últimos ochenta años más o menos. En realidad, este modelo dejó de ser eficaz en 1922 porque el gran efecto positivo sobre la salud pública consistió en depurar el agua, matar los mosquitos, poner los alimentos en la heladera y reemplazar las lámparas de kerosene por luces eléctricas. En 1944, cuando empezamos a desarrollar tratamientos eficaces con antibióticos, las enfermedades infecciosas ya habían declinado.

"El tercer paradigma para pensar la salud y la enfermedad es el *reconocimiento del esquema.* Ésta es la idea de observar todo el esquema del estilo de vida de la persona y cómo afecta su salud. No se trata de buscar al enemigo, sino el proceso que genera el problema, como el consumo de sustancias tóxicas o un sistema familiar estresante. Uno de los principales avances en el área de las enfermedades cardíacas se produjo formando a la gente para que mejorara su alimentación e hiciera ejercicio en vez de atacar algo. Esa idea se instaló en la conciencia porque dejamos de concentrarnos en las enfermedades infecciosas para concentrarnos en los trastornos degenerativos crónicos. En la enfermedad crónica no hay que matar a ningún enemigo, aunque todavía oímos hablar de la 'guerra contra el cáncer' o 'la batalla contra la diabetes' o 'la guerra contra el SIDA'. Además del bienestar físico y emocional, en el 'esquema' para una buena salud es crucial la percepción de que tenemos un propósito para estar vivos, una voluntad de vivir y la percepción de cierto grado de control sobre las propias decisiones.

"El cuarto paradigma todavía está emergiendo, pero es la idea del *universo como metáfora*. Por lo tanto, empezamos a preguntarnos: ¿Qué mensaje hay para mí en esta enfermedad o afección? ¿A qué debo prestar atención?" Miles advierte, junto con otros autores médicos como Larry Dossey y Bernie Siegel, que no es útil decirle a una persona que la enfermedad es "culpa suya", o simplemente que tiene una carencia en espiritualidad porque se enfermó. Si bien la enfermedad puede provenir de procesos inconscientes profundamente arraigados, o karma, según la filosofía oriental, dar a entender que alguien causó adrede su enfermedad es contraproducente y poco afectuoso.

La enfermedad y el dolor concitan nuestra atención. Es posible que no estemos demasiado atentos a nuestros mensajes internos, pero los cambios en nuestra salud nos detienen en nuestro camino. ¿Por qué a mí? ¿Por qué ahora?, nos preguntamos. Muchas personas experimentaron importantes transformaciones en su Visión Global y sus valores en el transcurso o después de una enfermedad. "En el universo metafórico, si ponemos en claro nuestras preguntas el universo nos responderá", afirma Miles.

Las creencias emergentes sobre la salud forman parte de una energía organizadora en la evolución del Gran Plan. ¿Ve algún paralelo entre el modelo de guerra y su campo? ¿Ve cambios en la forma de pensar de la gente en su campo? ¿El esquema de su campo ocupacional está cambiando para ser más abarcador o aislacionista (o sea: ¿hay guerras de bandos?)?

FILTROS DE LA VISIÓN GLOBAL

Modelo de salud y enfermedad	Visión Global
Paradigma de autoridad: Espíritus malos/ demonios	El universo es hostil
Paradigma de guerra, conflicto	El universo es aleatorio. Lo único que podemos hacer es ganar la guerra.
Reconocimiento de esquema	El universo es amistoso. Si podemos ver el esquema, podemos aprender algo.
La enfermedad como metáfora. Hay un propósito para todo.	El universo es integral. No sólo es amistoso, sino que evoluciona con un propósito.

LA NUEVA VISIÓN GLOBAL EN LA PROFESIÓN LEGAL

"Todas las profesiones están evolucionando," afirma Bill Van Zyverden, el abogado de Vermont fundador de la Alianza Internacional de Abogados Holísticos, con más de quinientos miembros en cuarenta y tres estados de los Estados Unidos y siete países. "Si pudiéramos tomarle el pulso a la insatisfacción de la sociedad con la profesión legal y la insatisfacción de la profesión consigo misma, veríamos que está hirviendo. La frecuencia de su vibración está hirviendo —afirmó Van Zyverden, director del Centro de Justicia Holística de Middlebury, Vermont—. A medida que aumenta la frecuencia, aumenta también el esclarecimiento. Por eso me parece que el Derecho está evolucionando hacia su propio esclarecimiento. No hace falta saber cómo es, pero la existencia de la Alianza Internacional de Abogados Holísticos constituye un mojón que habla con claridad del camino en que estamos."

"Entré en la cúpula y les dije a los técnicos... que quería ver a Saturno y una serie de galaxias. Fue un gran placer observar con mis propios ojos y con una claridad máxima todos los detalles que hasta el momento sólo había visto en fotografías.

"Mientras miraba todo eso, me di cuenta de que la sala había empezado a llenarse de gente y uno por uno todos miraban furtivamente por el telescopio. Me dijeron que eran astrónomos vinculados con el observatorio, pero que nunca habían tenido la oportunidad de mirar directamente los objetos de sus investigaciones." **Victor Weisskopf, *The Joy of Insight***

En el campo médico holístico, se cree que la verdadera cura se produce sólo cuando observamos las raíces y la causa de una enfermedad a la luz de toda la vida de la persona. Para los abogados holísticos, ejercer el Derecho desde un punto de vista holístico similar tiene el mismo sentido. "Ya no basta abordar sólo los aspectos legales de la querella —afirma Van Zyverden—. Creo que debemos ayudar a nuestros clientes a buscar los conflictos internos que se exteriorizaron en sus disputas." Las nuevas perspectivas en la abogacía holística fomentan la reparación por cualquier dificultad que se haya presentado de una manera muy parecida al proceso de la enfermedad.

Orígenes del conflicto y responsabilidad personal

Los abogados holísticos tratan de ayudar a sus clientes a concentrarse en lo que realmente es importante para ellos, mientras enfrentan todo el dolor y las frustraciones de su situación. La filosofía de que no nos pasó nada que no hayamos provocado para nuestro propio aprendizaje superior es, por así decirlo, revolucionaria en la profesión legal. Por ejemplo, si arrestan a una persona por conducir bajo la influencia del alcohol, el abogado holístico no sólo analiza las consecuencias legales sino que también puede ayudar a esa persona a enfrentar la causa del abuso del alcohol y el efecto que tiene en ella y su trabajo, sus amigos y su familia. Según este abogado, de criterios muy amplios, se honra más la justicia cuando la persona no trata de eludir los cargos mediante excusas o eliminación de pruebas. En el caso de conducir ebrio, lo que más le conviene a la persona, a la larga, es asumir la responsabilidad, aceptar las consecuencias y recibir atención psicológica para ayudarla a desarrollar un nuevo comportamiento. El enfoque holístico ayuda a la persona a elaborar las causas y resoluciones del conflicto en todos los niveles: espiritual, mental, emocional y económico. La justicia holística es la conciencia del comportamiento pasado, la aceptación responsable de las consecuencias y el compromiso personal de cambiar.

Empatía y civilidad con los adversarios

Un enfoque holístico también reconoce la humanidad de la otra persona. Van Zyverden cuenta: "Uno de mis colegas tradicionales me preguntó una vez: '¿Qué ejerces, un Derecho cobarde?', y obviamente planteó la pregunta en un tono de enfrentamiento. Le dije: 'No, ejerzo el Derecho desde el corazón'. No quise dar a entender que otros abogados no lo hicieran, pero la práctica tradicional del Derecho parece no incluir empatía emocional. En una querella, ninguna de las dos partes se siente bien, y demonizar al 'oponente' no hace más que crear más sufrimiento para todos." El abogado holístico ayuda al cliente a procurar una reparación mayor, por su propio bienestar más que por alimentar el deseo de venganza. "Puedo apasionarme con el caso de alguien, pero no lo llevo adelante con ira", explica Van Zyverden.

Participación y asociación del cliente

Otro cambio de actitud en el Derecho holístico consiste en que el abogado es un guía y asesor, y no una figura autoritaria y sabelotodo a la que cedemos nuestro poder. Una persona tiene muchas más posibilidades de usar su poder cuando participa en el proceso legal. Es mucho más probable que la persona adquiera una mayor conciencia y tenga oportunidad de ver por qué, en primer lugar, está metida en ese conflicto, si, por ejemplo, lleva adelante la investigación y reúne los datos, entrevista a los testigos y analiza las opciones del caso. Van Zyverden considera que la idea de asociación con el cliente también ayuda al abogado. "Si los abogados dejan de verse como voceros, vengadores y *alter egos*, pueden librarse del doloroso sistema de enemigos que incluye el estrés, el alcoholismo, el consumo de drogas y los suicidios." El enfoque holístico achica la brecha entre las personas. Fomenta consecuencias más verdaderas y pone la responsabilidad donde tiene que estar: en el individuo.

Referencia a disciplinas afines

En las cuestiones legales analizar toda la situación es más importante que en ninguna otra actividad. Ya no podemos recurrir al sistema de justicia criminal y las penitenciarías como única respuesta a los delitos graves. En todos los niveles, desde el divorcio hasta el asesinato, pasando por el terrorismo, la nueva Visión Global requiere que tengamos enfoques integradores respecto de los problemas que

> "En un museo vi una exhibición de varias conchillas de mar que muy bien podían haber sido sucesivos hogares del mismo animal a lo largo de su vida. Cuando estas criaturas exceden el tamaño de una conchilla, salen y forman otra.
>
> "Nosotros también formamos conchillas. Se llaman 'sistemas de creencias'. Cuando tenía diez años, creía que el propósito de la vida era tener una gran colección de tarjetas de béisbol... años más tarde el rock'n'roll pasó a ser el propósito de la vida en el universo...después, cuando se estrenó la película The Doors, me sorprendí al no ir a verla siquiera. Me había mudado a una conchilla más grande." **Alan Cohen,** *I Had It All the Time*

afectan no sólo a las personas inmediatamente involucradas, sino a todos nosotros. Una nueva visión del Derecho alentará a una persona a obtener ayuda de profesionales de otros campos que resulten necesarios, por ejemplo, mediadores, psiquiatras y psicólogos, asistentes sociales, servicios médicos integrados o contadores y educadores. La situación ideal incluirá una familia solidaria y servicios comunitarios de apoyo que brinden asesoramiento y formación para ayudar a la persona a ser otra vez independiente y productiva.

Las personas que están en grupos ocupacionales políticos, culturales o financieros serán llevadas a crear recursos y soluciones de rehabilitación y prevención en vez de destinar fondos exclusivamente para medidas punitorias.

Una adecuada resolución de querellas

En el viejo modelo de pensamiento competitivo para ganar o perder, los resultados lo eran todo. En el nivel del alma, los resultados no son necesariamente tan importantes como la lección o el propósito que hay detrás de la experiencia en su conjunto.

Van Zyverden afirma: "Estoy a favor de usar cualquier método que haga falta para resolver un conflicto, y a veces es un tribunal y otras veces no". Él prefiere hablar de resolución "adecuada" de querellas antes que de resolución "alternativa" de querellas, porque esta última da la impresión de que el tribunal es el único lugar para resolver disputas. "Creo que los problemas tienen su método exclusivo de resolución y sólo la persona involucrada sabe cuál es ese método. A veces, lo único que hace falta es una disculpa de la otra parte. Nuestro sistema actual pone una expectativa injusta en los tribunales como lugar de la resolución última. Los tribunales son sólo un lugar que impone un final a la querella porque las partes no están dispuestas a reconocer su propia responsabilidad."[2]

Mariza Vazquez, fundadora del capítulo de Florida para la Alianza Internacional de Abogados Holísticos, afirma: "Una de las cosas más importantes que la gente quiere es sentir que alguien los escuchó. Una clienta de Bill Van Zyverden estaba segura de que quería ir a juicio; no tenía un argumento demasiado fuerte, de modo que Bill montó un juicio falso para que ella pudiera hacer un ensayo de su presentación. El jurado falso escuchó su relato pero falló en su contra. Los integrantes del jurado explicaron la debilidad de su postura y ella decidió no ir a juicio. Pero salió de esa experiencia sintiéndose muy satisfecha porque lo que le gustaba era que la habían escuchado".

Derecho solidario

Si bien el 98 por ciento de los casos civiles se resuelven antes del juicio, ¿la disputa o la relación de las partes se compone realmente, o las partes sólo "arreglan" algo que deja un rencor? En los casos en que la interpretación técnica de la ley resuelve una cuestión que conlleva poco vínculo emocional, el juicio de un tercero en general cierra el asunto para ambas partes. Pero en la mayoría de los casos, en las cuestiones se mueven vínculos emocionales muy fuertes que los dictámenes legales no abordan.

Van Zyverden considera que ni el sistema judicial ni los abogados tradicionales que canalizan a sus clientes por el sistema logran una resolución tan efectiva como las mismas partes. En ese caso, el abogado holístico necesita guiar a su o sus clientes hacia la autointrospección: examinar sus creencias y expectativas. "He descubierto —señala Van Zyverden— que la raíz del problema en general radica menos en la acción de otras personas o en hechos externos que en los clientes mismos. Por ejemplo, en el caso del acuerdo prenupcial, hablamos

"Éste es el camino de trabajo donde te encuentras, con lo que encuentres aquí y ahora. Esto es, entonces, realmente... este lugar, esta relación, este dilema, este empleo.

"El desafío de la sensatez es trabajar en las circunstancias mismas en las que te encuentras, sin importar cuán desagradables, desalentadoras, limitadas, interminables e inamovibles puedan parecer, y asegurarte de que hiciste todo lo que estaba a tu alcance para usar sus energías y transformarte antes de decidirte a recoger tus cosas e irte. Es justo aquí donde necesita producirse el verdadero trabajo." **Jon Kabat-Zinn,** *Wherever You Go There You Are*

de los factores en pro y en contra del documento... pero sólo cuando salieron a relucir las historias de sus respectivas infancias, cada uno descubrió que la disputa entre ellos era consecuencia de un conflicto personal interno provocado por los miedos materiales de sus padres. De ese modo se resolvió la disputa, en parte, poniendo en perspectiva las visiones de los padres y no entre ellos."[3] La mayoría de las veces, cuando tenemos un conflicto interno, nos apresuramos a echar culpas a personas o hechos externos.

El enfoque de Van Zyverden consistió en indicar que el hombre y la mujer hablaran de lo que cada uno aportaba al matrimonio. En vez de partir de la idea negativa de "qué pasaría en el caso de un divorcio", hizo que esta pareja considerara qué quería "guardar para siempre" cada uno y por qué era tan importante. "Lo consideré como una oportunidad para que cada uno se pusiera en contacto con sus miedos y hasta qué punto esos miedos crean un sentimiento de posesividad."[4]

Si bien la mediación es un método cada vez más popular y menos costoso, funciona no obstante desde un punto de vista polarizado de las partes litigantes y no trata de apuntar, en tanto grupo, a la raíz del conflicto. El Derecho solidario, en cambio, representa un nuevo enfoque integrador que constituye un esfuerzo cooperativo al enfrentar a las partes y sus asesores para que exploren libre y abiertamente la naturaleza de su disputa. Sin insultos ni culpas, el grupo investiga por qué y cómo evolucionó la relación de esa manera. Este tipo de grupo, que intenta alcanzar un mayor entendimiento y una mayor resolución, es un buen ejemplo del punto de vista de la Décima Revelación. Según

Van Zyverden: "Este enfoque sustenta criterios de integridad y... no saca ventaja de las inconsistencias y los errores, sino que más bien trata de corregirlos. El método se centra en el futuro antes que en el pasado, y en resolver problemas antes que en asignar culpas".[5]

Una oportunidad para crecer a conciencia

Le preguntamos a Van Zyverdan cómo manejaría a dos socios enojados que discuten por sus bienes. "En primer lugar, debo dejar de lado la idea de que yo tengo la respuesta. En general me parece obvio que el dolor entre ellos tiene que ver más con la relación que con las cosas por las cuales discuten, pero normalmente uno no puede decirles eso a las partes. Cuando están enojadas no escuchan.

"Empiezo llevándolas por un proceso vivencial. Hablamos de lo que quieren, por qué están enojadas, etcétera, pero no les permito que me den una respuesta y se queden ahí. Sigo profundizando. ¿Cómo es? ¿De qué color es? ¿Es como ripio o agua? Estas preguntas resultan muy importantes cuando las personas empiezan a *experimentar* el tema que sea. Cuando no tenemos una palabra para algo, no tenemos una respuesta. Yo no trato de analizar sus respuestas, porque el intelecto no es la única forma de entender algo."

Vazquez agrega: "Cuando llega un cliente, una parte de su vida no funciona y yo quiero verlo como un ser humano integral en vez de ocuparme del papelerío. La persona enfrenta una alteración en su vida y quiere recuperar la paz. La barrera a esa paz por lo general es la ira. Hablo con las personas y les digo que en general procesar a alguien no conduce al objetivo de la paz. También hablo del dolor y el desgaste de este camino y aclaro que es muy probable que la expectativa de una venganza total no se dé como esperan. Sé que, en el caso de muchas personas, tienen que aprender a defenderse y entonces el litigio tal vez sea la respuesta indicada".

Sostener la Visión

¿Es fácil ser un abogado holístico? Bill responde: "Muchos de nuestros miembros se sintieron muy atraídos por la palabra 'holístico', pero tuvimos bastante controversia entre nosotros por la idea de usar quizás otra palabra, como 'cooperativo', para suavizar el mensaje. Al fin, llegamos a la conclusión de que no podíamos preocuparnos por lo que otros llegaran a pensar de nuestro nombre o nuestros métodos".

"Muchos luchamos por ejercer el Derecho sin competir cuando nos enfrentamos con otro abogado que adopta un enfoque por completo opuesto —dice Vazquez—. Cuando hablo con abogados que combaten las ideas de la práctica holística, les digo que vuelvan a remitirse a la monografía que escribieron al inicio de la carrera. Más del 50 por ciento de las monografías muestran que empezaron abogacía por razones humanitarias. En algún punto del camino, muchos se perdieron. Estamos despertando de nuevo a la idea de por qué elegimos esta profesión."

"Seguir a nuestro espíritu requiere confianza en Dios. Debemos tener fe en que hay un plan más grande que el que ve nuestra mirada, principios más profundos que las normas dictadas por la sociedad dirigiendo el universo y un destino más grandioso que nuestro condicionamiento anterior.

"Esto significa que la mente pensante no es el árbitro exclusivo o final de lo que servirá al mejor bien.

"Significa liberar nuestro comportamiento de las expectativas de los demás y transferir la autoridad de las exigencias exteriores al conocimiento interior.

"Significa lanzarnos como pioneros de la libertad en un mundo donde el cautiverio es norma... Significa ser nosotros mismos y vivir como lo que somos sin disculpas ni explicaciones." **Alan Cohen, *I Had It All the Time***

Mariza Vazquez comentó que, cuando empezó a llamar a los abogados de su zona interesados en ejercer la profesión en forma holística… "Yo luchaba por seguir un camino espiritual y no obstante mantener el ejercicio del Derecho. Ocho de nosotros vivíamos cerca y habíamos encontrado la organización nacional por casualidad. La palabra 'holístico' nos unió, pero también tuvimos que enfrentar los desafíos de qué significaba para el Derecho, y empezamos a reunirnos mensualmente para hablar de estas cuestiones. En las áreas de medicina y curación, vemos que el cuerpo funciona como un todo, y creo que eso se aplica a todas las otras profesiones".

Trabajar por una sociedad mejor de manera holística es más que altruismo. En el proceso, nos transformamos y encontramos muchas más bendiciones para nosotros mismos que para aquellos a quienes llegamos. Van Zyverden afirma: "Me di cuenta de que elegí ser abogado para poder aprender ciertas cosas que ninguna otra profesión podría haberme enseñado. Por eso me atrajo. El Derecho me atrajo para que pudiera prestarle un servicio... No hay un solo cliente que haya venido a mi estudio que no me haya mostrado un problema similar o alguna cuestión dentro de mí mismo". En Bill Van Zyverden y Mariza Vazquez vemos el tipo de servidores del mundo cuyo deseo de una mayor satisfacción personal los llevó a reunirse con otros que compartían su

328 • LA ACCIÓN INDICADA

visión. El trabajo se produce gracias a la ley de la atracción antes que por la promoción.

Vazquez nos relató un encuentro especialmente revelador en un viaje reciente a Medio Oriente. Tenía una idea del enfoque espiritual distinto de esta cultura respecto de los accidentes y las tragedias. El guía de su excursión la convenció para que actuara como intérprete con un turista italiano muy joven y muy asustado. Una nena de tres años se había cruzado frente a su auto y ahora estaba en el hospital en tanto que a él lo interrogaba la policía local. "Presentí que era una especie de coincidencia —cuenta Vazquez—, de modo que me esforcé al máximo por usar un poco de español y de inglés para hablar con la policía y el italiano. Era evidente que había sido un accidente poco afortunado, y después de explicar lo mejor que pude su postura al policía, pedí que me dijeran cuáles serian los próximos procedimientos para el muchacho.

"Me dijeron que, de acuerdo con la ley, los padres o una familia representativa debían ir a la policía y decidir si querían o no presentar cargos o perdonarlo. Ésa fue la palabra que usaron: perdonar. Si lo perdonaban, la historia terminaba ahí. Mientras estaba explicándole esto al muchacho, entró un hombre mayor, evidentemente el abuelo de la pequeña. Después de una breve conversación con el anciano, el policía alzó las manos. Le pregunté qué pasaba. Me dijo que, sin oír los hechos siquiera, el abuelo le decía que perdonaba al turista. El muchacho se sintió obviamente aliviado.

"El punto sobresaliente de esta historia me lo dio mi guía de turismo, cuando le explicó a nuestro grupo que en su cultura se entiende que atraemos a nuestras vidas ciertas experiencias y lecciones. El abuelo se había dado cuenta sin duda de que la nena había creado ese drama en su vida con un propósito más profundo. Era consciente del papel limitado que desempeñaba el turista en el drama. Alá decidiría el destino de la pequeña y la familia no cambiaría la energía ni creía otra situación. Me impresionó mucho esta filosofía. Realmente cambia la idea de la victimización."

Ejercer holísticamente es ir más allá de lo que la ley permite en la ética. Es responder a un llamado superior, algo

Los reformadores y los que producen cambios importantes en la sociedad muchas veces han tenido un problema personal similar o relacionado con uno en la sociedad más amplia. Al elaborar sus problemas, descubrieron una resolución útil para el problema social. **Corinne McLaughlin y Gordon Davidson, *Spiritual Politics: Changing the World from the Inside Out***

que nos dice qué está bien y qué está mal. Vazquez dice: "A todos les gusta criticar a los abogados. Pero tenemos ese tipo de abogados porque todos creamos el sistema legal actual a partir de nuestra necesidad de obtener algo de los otros a cualquier costo. ¿Qué responsabilidad está cada uno de nosotros dispuesto a asumir por la forma en que se ejerce el derecho?".

EDUCACIÓN

Laurette Rogers, maestra de cuarto grado, y su clase estuvieron hablando del problema de las especies en vías de extinción. Un chico levantó la mano. "Pero, señorita Rogers, ¿qué podemos hacer *nosotros* para ayudar a las especies en vías de extinción?" De esa pregunta surgió una experiencia sorprendente que cambió para siempre las vidas de los alumnos, los maestros y el destino de una especie casi extinta de camarón de agua fresca y su deteriorado hábitat.

Productores, camarones y sauces

Impulsados por un deseo sincero de cambiar algo en su ambiente, estos chicos, sus increíbles maestros y un director decidido a correr riesgos empezaron un viaje de descubrimiento que finalmente involucró a padres, productores, empresarios, biólogos, periodistas y representantes del condado y del estado. En seis meses, el Proyecto del Camarón de Agua Fresca de California, en la escuela Bookside de San Anselmo, California, había ganado reconocimiento local y nacional, incluido el gran premio de $ 32.500 del programa Anheuser-Busch de Premios para el Ambiente en el Área de Parques. Sin embargo, las recompensas intangibles resultaron aún más importantes.

> "La crisis ambiental planetaria parece no tener esperanzas cuando se la considera sólo desde el nivel físico o de la forma. Pero observándola desde el lado interno, las cosas se ven muy distintas. La naturaleza no es una fuerza ciega, sino consciente, que trabaja mediante esencias internas y campos de energía. Las fuerzas internas de la naturaleza desempeñan un papel clave y pueden ser de una gran ayuda si logramos aprender a cooperar con ellas en forma consciente."
> **Corinne McLaughlin y Gordon Davidson**, *Spiritual Politics: Changing the World from the Inside Out*

Aprender en la corriente

En una reciente publicación donde describe el proyecto, Laurette

Rogers da al lector un panorama emocionante de la nueva visión para la educación. Escribe: "La motivación y el entusiasmo de los niños fueron fenomenales. Les brillaban los ojos. Hablaban rápido. Tomaban en serio la gravedad de sus tareas... Alexander dijo: 'Me da la impresión de que no vengo más al colegio sino que vengo a trabajar'".[6] Rogers describe una clase que no ve la hora de llegar al colegio, que dedica tiempo los fines de semana a su "trabajo con los camarones". "De repente —cuenta—, el trabajo del colegio sobrepasó las fronteras del aula y desbordó los límites del día escolar. Todos aprendían."[7]

Los métodos de enseñanza en base a proyectos son respaldados por investigaciones sobre teoría del cerebro según las cuales el cerebro es un buscador de esquemas. El aprendizaje de memoria (o sea, tablas de multiplicación, deletreo, fechas históricas) requiere memoria y repetición, pero el cerebro tiene una capacidad más pequeña para ese tipo de actividad. Por otra parte, el cerebro parece tener una capacidad infinita para recordar esquemas, porque acomodamos las ideas nuevas en lo que ya aprendimos, las acomodamos a nuestra vida. Los ecosistemas nos enseñan que las redes aprenden más rápido que las jerarquías. Por lo tanto, un niño aprende mejor cuando participa en el descubrimiento, la integración y el uso de la información. En vez de quedarse sentado y escuchar al maestro al frente de la clase (jerarquía), aprenderá más rápido cuando pueda compartir sus propias ideas en un entorno seguro, amistoso, de dar y recibir.

El Centro para la Ecoalfabetización, fundado por el físico y escritor Fritjof Capra en Berkeley, California, empezó a desarrollar un programa revolucionario para la educación elemental sobre la base de los conceptos hallados en los ecosistemas vivos: interdependencia, ciclos, asociaciones, flujo de energía, flexibilidad, diversidad, coevolución y sustentabilidad.

Dejemos que lo hagan los chicos

Usando estos principios, Rogers y su colega Ruth Hicks crearon un entorno democrático que permitió que los chicos dirigieran su propio aprendizaje. En el proceso, experimentaron y comprendieron la interconexión de todas las cosas en la Tierra y echaron los cimientos de lo que pueden tener la esperanza de realizar en el futuro. Adam, de

> Trabaja como Dios. Ninguna tarea demasiado humilde. Ningún plan demasiado grandioso. **Roy Doughty, poeta y evaluador de proyectos del Centro para la Ecoalfabetización**

nueve años, dice: "Pienso que este proyecto cambió mi punto de vista, porque siempre creí que los maestros hacían el camino y los alumnos lo seguían, pero en este caso los alumnos hacen el camino y los maestros lo siguen".[8]

Este proyecto es un ejemplo de:

1. Todos los elementos —productores, maestros, niños, camarones, árboles, cercos, dinero, apoyo de la comunidad— se organizaron sin esfuerzo (si bien exigió mucho trabajo, no fue un esfuerzo) una vez que cada uno siguió sus sentimientos respecto de la forma en que quería participar. Los maestros no tuvieron que luchar con problemas de disciplina porque nadie tenía tiempo para pelearse y crear confusión. Estaban muy ocupados divirtiéndose y sirviendo a algo superior a ellos mismos.
2. La alegría que produce estar en la naturaleza y ser parte de ella
3. Recuperar una sensación de control (en vez de desesperación) sobre el ambiente, cuyo estudio demostró ser una de las claves para la buena salud. Esto no fue un aprendizaje simulado entre las cuatro paredes del aula. Todos, no sólo los chicos, vivieron la satisfacción directa de cambiar algo que importa: nuestro hogar y el hogar de organismos diminutos que mantienen sano el lecho de los ríos.

Estos chicos de cuarto grado lograron resultados significativos, no sólo para sí mismos sino para su comunidad y otras especies. Por ejemplo, tuvieron que ponerse en contacto con los productores que desconfiaban de los "urbanizados" que venían a culparlos por el daño de los ríos. Pero una de las reglas del proyecto, y una lección en tolerancia, fue que los buenos modales y la diplomacia debían utilizarse en todo momento. Los maestros les pidieron a los chicos que pensaran cómo se sentirían si alguien entrara en su cuarto y empezara a decirles qué hacer y qué no tocar. La sinceridad de los niños en cuanto a la seriedad de su trabajo y su disposición a estar abiertos y receptivos a todos les permitió ganar el apoyo de los productores, periodistas, funcionarios estatales y organismos de financiación.

Una experiencia primaria del misterio de la vida

Dentro de este contexto de aprendizaje, los niños escribieron informes y gacetillas de prensa, analizaron datos científicos, estudiaron otras especies en vías de extinción, llamaron a periodistas, diseñaron y vendieron remeras, hicieron la coreografía de un Baile del Camarón, plantaron semillas de sauce, diseñaron y construyeron cercos y visitaron otros lugares. En todos los aspectos, tuvieron una *experiencia primaria* de aprendizaje, no el conocimiento habitual de segunda mano de aprender con libros sin las consecuencias o sin retroalimentación.

"El principio clave aquí es que la nueva forma no tiene nada que ver con la vieja. No hay una conexión lineal; la física cuántica no evolucionó como una ampliación de los principios newtonianos.

"Tal como lo da a entender el nuevo título, hubo un cambio cuántico entre lo que era y lo que es. Debíamos mirar el juego desde un ángulo totalmente diferente para ver más de lo que sucedía. Estamos jugando en un nuevo terreno con un conjunto de reglas totalmente nuevo."
Alan Cohen, *I Had It All the Time*

La cooperación, la tolerancia y la responsabilidad se desarrollan orgánicamente, sin la dureza autoritaria que desperdicia tanta energía en las clases tradicionales que apuntan a mantener al niño en su asiento. Rogers cree que: "Si los alumnos mismos toman el control del 'qué', 'cuándo' y 'cómo' de la enseñanza, serán ciudadanos capaces de tomar decisiones, de cuestionar y de dar respuestas, además de maestros buenos y eficientes".[9]

Reflexión y respuesta

El ingrediente esencial para los cambios positivos en cualquier área de ocupación lo constituyen las conversaciones entre individuos con pensamientos de avanzada y un objetivo común de llevar su trabajo a un nivel más profundo. Zenobia Barlow, directora ejecutiva del Centro de Ecoalfabetización, nos explicó: "Los maestros tienen tantas presiones de tiempo que en muchos casos ni siquiera se conocen. La fragmentación de los programas los convierte casi en contratistas independientes que subalquilan cuartos en el edificio de la escuela. Rara vez han hecho un retiro juntos, por ejemplo, para reflexionar sobre lo que están haciendo o concebir proyectos en colaboración.

"Fue interesante observar el Proyecto Camarón, porque de pronto el aula se expandió para incluir el distrito, la cuenca y las propiedades rurales. Si queremos ver más de esta enseñanza integrada, debemos dar tiempo a los maestros para que se conozcan entre ellos y analicen la evolución de su campo o que fantaseen con él."

El proyecto Patio Comestible

Otro ejemplo de una respuesta de los ciudadanos al entorno

inmediato que cambió y fortaleció a una escuela de Berkeley, California, es el proyecto de Patio Comestible. Alice Waters, la *chef* innovadora y propietaria de Chez Panisse (y patrocinadora de otros programas, como Comparta Nuestra Salud), veía todos los días los terrenos sin vida de la Secundaria Martin Luther King cuando volvía a su casa desde su restaurante. También observaba que la hora del almuerzo para los alumnos consistía en las pizzas, hamburguesas, papas fritas y gaseosas que podían conseguir en un bar. Cuando expresó su preocupación al director, éste la desafió a sugerir alguna alternativa. Así nació el proyecto Patio Comestible, cuya visión incluye un *campus* revitalizado, una huerta orgánica, un horno para pan al aire libre, una panadería comercial, olivos, higueras y limoneros, hierbas y canteros con verduras.

Alimentos y comunidad

La visión consiste en ver el colegio dentro del jardín. Waters ve la comida como el ingrediente civilizador central en nuestras vidas, no sólo como alimento para nuestros cuerpos. En una carta al presidente Clinton y al vicepresidente Gore, dice: "... ¿cómo podemos esperar que la gente sepa cómo empezar [a construir la comunidad] cuando son tantas las personas que creen que nada de lo que hagan importa?... Nuestro proyecto, llamado Patio Comestible, planea crear y sostener una huerta orgánica y un paisaje totalmente integrados al pograma escolar y al programa de almuerzos. Los alumnos participarán en todos los aspectos relacionados con el cuidado de la huerta, así como en preparar, servir y comer los alimentos que cultivan. El propósito de todo esto es despertar sus sentidos y enseñar los valores de la responsabilidad comunitaria, la buena alimentación y el buen cuidado de la tierra. Estoy encantada de que Delaine Eastin, supervisora estatal de Educación de California, haya decidido incluir una huerta escolar como parte integrante de todas las escuelas piloto que participan en el programa de Nutrición

> "¿Qué otra cosa podría estar haciendo, fuera de cosechar tomates, echarles agua sobre la piel, quitarles la parte superior y cortarlos en rodajas en un bol gigante sobre la hornalla para cocinarlos y así molerlos en la procesadora para hacer puré? Lo que abunda en mi vida en este momento son los tomates, y mi acto creativo es hacer salsa de tomates." **Arlene Bernstein,** *Growing Season: A Healing Journey into the Heart of Nature*

del Ministerio de Agricultura de Estados Unidos para mejorar los almuerzos escolares".[10]

La verdadera propiedad significa cuidar la tierra

Simultáneamente, cuando estábamos escribiendo este capítulo salió un artículo en el diario sobre otra escuela del norte de California que había adoptado el último pantano salino que quedaba en el condado de Marin. Estos niños de la escuela elemental empezaron a sentirse protectores del pantano estancado al cual se arrojaba basura que cubría casi la mitad de la superficie desarrollada. La idea es que los niños del vecindario participen en la restauración de la zona de tierra pantanosa en los próximos diez años. "Los niños lo hicieron suyo casi de inmediato", dijo Maureen Parton, asistente de Annette Rose, supervisora del condado de Marin y creadora del proyecto de restauración. [11]

Cada cosa a su tiempo

Si el objetivo de la educación para niños es conectarlos con su amor natural por el aprendizaje, los métodos deben armonizarse con sus capacidades naturales de desarrollo. Si bien las prioridades actuales en la reforma educativa tienden a centrarse en comprar computadoras, tendencia que complace a la industria informática, algunos investigadores advierten que el uso demasiado temprano de las computadoras en realidad reduce el aprendizaje contextual que es esencial en los primeros años de la infancia. En un artículo reciente, Fritjof Capra afirma: "Estudios recientes indican que el uso de las computadoras es inadecuado en las primeras edades y debe ser supervisado con atención en todas las edades para evitar que interfiera en forma perjudicial con el desarrollo cognitivo y neurológico del niño".[12] La tecnología libera sin duda a las personas y les permite desarrollar sus intereses creativos

> "Las vides crecen en su lugar, envían sus raíces a lo profundo de la tierra y sacan su alimento, que las mantiene durante décadas, a veces hasta un siglo.
>
> "Cada una tiene que crecer de su propia conexión con la fuente, sola, y sólo cuando su crecimiento está firmemente establecido los nuevos brotes llenos de gracia llegan lo bastante lejos como para entrelazarse con los de otra."
> **Arlene Bernstein, *Growing Season: A Healing Journey into the Heart of Nature***

y espirituales, pero no reemplaza las condiciones naturales que producen la creatividad.

Cava y serás rico

¿Ideas nuevas o viejas? Alice Waters menciona al educador James Ralph Jewel, quien en 1909 escribió un librito titulado *Sugerencias para trabajar en la huerta en las escuelas de California*, donde decía: "Las huertas escolares enseñan, entre otras cosas, el cuidado privado de la propiedad pública, economía, honestidad, aplicación, concentración, justicia, la dignidad del trabajo y el amor por las bellezas de la naturaleza". ¿No son éstos precisamente los valores que tanto los conservadores como los izquierdistas consideran valiosos? Cada aspecto de lo que intentamos imponer infructuosamente mediante la exhortación y la ley —el respeto por la propiedad, la honestidad, la justicia, el empleo con sentido y la conservación de nuestro ambiente— puede fomentarse y lograrse educando a nuestro mayor recurso vivo: la conciencia de nuestros hijos.

Un nuevo esquema mundial

Una nueva cosmovisión es un nuevo esquema mundial de energía creativa. Dentro de nuestros problemas se encuentra la respuesta. Si nuestros hijos mueren en la calle, en el hogar, por su propia desesperación y falta de esperanza en el futuro, dejémoslos tomar de nuevo las riendas. Nacieron con una visión, y a los adultos les corresponde darles lugar para que esa visión —la visión que será el futuro— prospere. Debemos hacer todo lo que está a nuestro alcance para nutrir a los niños y alentarlos, desde muy pequeños, a sondear su creatividad y su intuición. Con ojos nuevos y corazones entusiastas, tal vez puedan darnos las claves que buscamos con tanta desesperación en el viejo paradigma que creó los problemas. En el gran plan de la vida, la alimentación de nuestra especie comienza con la leche materna y continúa con una educación sensata que dé vía libre a los nuevos corazones y las nuevas mentes, ansiosos por realizar las tareas que tienen por delante.

ARTE Y BELLEZA

El arte y la música son los sueños y las profundidades del espíritu humano. La belleza nos inspira, nos energiza y nos sana. El arte nos mantiene en contacto con lo que significa ser humano, tener imaginación y ser civilizado. La pintura y la escultura nos obligan a

———————————————— ■ ————————————————

"Llena de colores cautivantes y superficies complacientes, [la obra de Georgia O'Keeffe] proporciona una sensación de descubrimiento asombroso: el centro de la flor es un núcleo oscuro y misterioso en el centro cargado de estas pinturas. Si bien la obra es explícitamente femenina, también es convincente y victoriosamente fuerte, una combinación que antes no se había dado.

"Las grandes flores recuerdan la fascinación infantil de O'Keeffe por el mundo en miniatura de la casa de muñecas. Fue allí donde supo de la transformación mágica que se producía con un cambio de foco.

"Cuando tomas una flor en la mano y la miras de verdad, por el momento es tu mundo. Yo quería darle ese mundo a alguien más." **Roxana Robinson, *Georgia O'Keeffe: A Life***

———————————————— ■ ————————————————

hacernos preguntas sobre la vida que muchas veces se pierden en medio de las preocupaciones cotidianas.

El pintor neoyorkino Robert Zakanitch está convencido del propósito superior de la pintura y la escultura. En una entrevista nos dijo: "El papel del arte hasta ahora fue ser reflejo de la sociedad. Creo que la tecnología modificó esto. La televisión lo hace mucho mejor, y lo hace en instantes. Creo que ahora el papel del artista consiste en ser director de la sociedad, en dirigir nuestra atención hacia las energías reparadoras en vez de enviarnos más imágenes destructivas. El arte planta las semillas en profundidad. Hace enunciados que lentamente entran en la psique de la sociedad. El arte le habla al alma. No sabemos qué alma es, pero sin él no existimos". Según Zakanitch, cuyas telas enormes laten y desbordan de formas orgánicas vívidas y objetos misteriosamente ambiguos que podríamos encontrar en una tienda cósmica, cada sociedad tiene un aspecto, un carácter y una actitud específicos, y todo eso se traduce en su arte. Somos esa parte de la expresión pero apenas nos damos cuenta. "El arte es casi mágico —dice—. Las imágenes son tan fuertes que nos quedamos sin palabras para describirlas. Cuando aparecieron el cubismo, el impresionismo y Jackson Pollock, no había palabras para describir su nueva visión del mundo."

Flores y pozos de petróleo

Zakanitch tiene muy claro que su intención es hablar a las partes eternas, sanas y afectuosas que hay en nosotros. "En los últimos veinte años, mis temas consistieron en evocar las partes nuestras que cuidan,

dan afecto y sienten alegría. Mi última serie [Big Bungalow Suite] tiene que ver con la domesticidad y el confort que nos rodean y que nos damos mutuamente. Todo esto lo hacemos en los pequeños gestos de afecto. Las flores son maravillosas cuando se vive cerca de pozos petroleros, y hay una chispa de vida aun en los pequeños objetos decorativos que mi madre tenía en la cocina y el comedor. Tengo otra serie de adornos, a los que considero algo muy positivo porque representan una chispa de alegría cuando los usamos o se los regalamos a alguien a quien amamos. Mi trabajo apunta a reafirmar las cosas delicadas que hay en nosotros. Lo que me pregunto siempre cuando pinto es cómo puedo hablar del éxtasis del espíritu humano, del renacimiento. Si uno puede darle eso a los demás en su trabajo, es mágico."

En nuestras exploraciones para averiguar adónde nos lleva nuestra nueva Visión Global y las nuevas dimensiones de la vida espiritual hacia la cual nos dirigimos, de acuerdo con la Décima Revelación, es importante no perder de vista nuestra naturaleza terrenal. El objetivo es que despertemos todos nuestros sentidos, incluida la intuición. Muchas veces nos cerramos como reacción a lo que nos rodea, por miedo y para evitar el dolor, la pobreza o la fealdad. ¿Cómo podemos abrirnos a la gente que quizá tenga mensajes para nosotros, al poder de la naturaleza, o cómo permitimos que nos lleguen los mensajes simbólicos?

Renovar el alma

James Hillman, psicólogo arquetípico y escritor, señala que en nuestra sociedad nos anestesiamos bloqueando la conciencia con píldoras o música fuerte y nos sobreestimulamos con diversiones y drogas. Conceptualizamos a través de la ciencia y las teologías en vez de experimentar. La tarea del arte es restituirnos a nuestros sentidos y al mundo. Dice: "El ojo del artista está para renovar el alma más que para curar a la sociedad o agudizar el ingenio o señalar la injusticia social, cosas que pueden ser muy valiosas. Pero

"De regreso en la mesa de la cocina, leyendo los avisos pidiendo empleados, imbuida del deseo de cambiar su vida en todos los niveles, de todas las maneras —moverse, avanzar—, levantó con indolencia un frasco de esmalte para uñas y con una mirada desesperanzada y un hueco abismal en el pecho, pasó la siguiente media hora sacudiendo ligeramente el frasco para atrás y para adelante, viendo cómo las perlas plateadas recortaban hebras de esmalte, haciendo grabados en carmesí." **Anne Lamott, *Rosie***

dependen del alma despierta. Por lo tanto, si se renueva el alma, algo más puede pasar. Y el alma se renueva por la belleza, el amor y el recuerdo de la muerte".[13]

El deseo de elevar a las personas se aplica a cualquier trabajo creativo que hagamos. Si nuestra intención interior es valorar lo mejor en cada uno y sacarlo a la superficie, estamos sosteniendo la Visión Global.

ESTUDIO INDIVIDUAL

Revisión del *curriculum vitae*

Haga una lista de todas las ocupaciones que ha tenido en la vida. Piense cómo puede haber sido guiado hasta llegar a su/s grupo/s ocupacional/es. ¿De qué maneras, importantes o no, ha tenido repercusión en ese campo? ¿Lo mantuvo, esclareció su propósito, avanzó en su causa, amplió su influencia, introdujo innovaciones, lo reformó o lo interconectó con algún otro campo?

¿Quién es su mentor o héroe?

¿Qué le gustaría hacer ahora?

¿Qué lo detiene?

¿Qué necesita?

¿Qué paso puede dar?

Si trabajara en un proyecto para beneficiar al planeta o su comunidad, ¿cuál sería?

Busque a otros para armonizar ese objetivo y apoyarse mutuamente para poder actuar.

Entrevista de trabajo

Relea la lista de requerimientos para el servidor del nuevo mundo en la página 311/312. Marque con un círculo las características que usted considera que ya posee, por mínima que sea. ¿Qué característica que no tiene le gustaría desarrollar? ¿Cómo podría hacerlo? Si quiere con mucha fuerza introducir esa cualidad en su vida, aunque no vea cómo desarrollarla ahora, manifieste la intención de poder ver cómo concretarla. (¡Tiene que quererla realmente! Pensar sólo que sería lindo en general no basta para que se manifieste.)

ESTUDIO GRUPAL

Entonces y ahora

Empiecen la sesión escribiendo los cambios que ve cada uno en su campo de interés, en los últimos cincuenta, diez o cinco años. ¿Qué tendencias ve? Luego debatan los cambios percibidos. Esto podría aportar información importante que nadie se tomó la molestia de observar antes. No importa si todos están en distintos campos o no. De hecho, cuanto mayor es la diversidad, más interesante es la discusión.

Desarrollo grupal

Es posible que alguno sienta la necesidad de reunirse con gente de su red ocupacional para barajar ideas relacionadas con una nueva visión para esa actividad. En lugar de ver a los demás como competidores, reúnanse para reflexionar sobre un problema o cuestión comunes en la experiencia personal de las respectivas profesiones.

En la reunión, concéntrense en sentir los vínculos comunes que atrajeron a cada uno a la actividad. Una vez que se produce una resonancia, tal como se expresa en la Octava Revelación, pueden empezar a hablar de sus sentimientos respecto de cuestiones específicas (por ejemplo, nuevas reglamentaciones, falta de aceptación pública, nuevos proyectos y cómo afectan su trabajo). Conviene plantear primero especulaciones imaginativas respecto del futuro del campo. Después, se puede visualizar en silencio una visión más elevada para el grupo ocupacional y compartir las impresiones intuitivas.

Expansores, conservadores, pioneros y constructores

- Por diversión, divídanse en grupitos de acuerdo con el papel predominante que tiendan a asumir. ¿Usted es expansor, conservador, pionero o constructor? Formen sus subconjuntos, pero permanezcan con gente del mismo subconjunto (todos los expansores deben sentarse juntos, y también todos los conservadores, etc.)
- Júntense y hablen durante cinco minutos cada uno sobre lo que hicieron en ese papel.

- ¿Qué le gustó?
- ¿Qué no le gustó?
- ¿Qué haría de otra manera hoy en ese papel o función?
- Sabiendo lo que sabe ahora, ¿qué le habría gustado ver que ocurriera?
- Ahora reorganícese con un grupo nuevo donde haya expansores, conservadores, constructores y pioneros, todos juntos. Escuche las historias de todos los demás sobre lo que usted hizo.
- No se preocupe si siente que es una combinación de esos papeles/ actividades. Simplemente escoja lo que más le gustaría ser hoy.
- ¿Cómo organizaría la tarea de llevar un grupo de jóvenes a trabajar en algo que fuera un servicio a una localidad de un país del Tercer Mundo (con su autorización e invitación, desde luego)?

PARA EFECTUAR EL CAMBIO

- Tome en serio su deseo de realización.
- No lo deje de lado porque parezca imposible o porque otros piensen que son "castillos en el aire".
- Usted no tendría fuertes aspiraciones si no hubiera algo para alcanzar en ese camino. Los sueños nos hacen emprender determinado camino, pero el resultado puede ser algo que usted tal vez nunca habría imaginado o intentado.
- Visualice su campo en su nivel más elevado de servicio. ¿Cómo beneficia a los demás?
- Mejore su capacidad para sostener su visión intuitiva y permita que le muestre cuándo quiere manifestarse en vez de imponerle sus objetivos.
- Comprométase con algo que lo entusiasme, no sólo porque parezca una "buena idea". La capacidad para sostener la visión aumenta cuando estamos realmente estimulados.
- Sea sensible a sus sensaciones viscerales. Confíe en ellas tanto como en su mente racional.
- Manténgase concentrado en la totalidad. Si la visión no se produce como espera, busque el propósito más elevado de la experiencia.
- Busque los signos sutiles que sus Guías y su grupo de almas elaboran a través de usted. Tal vez note un aumento de energía o de claridad, o una disposición a hacer algo por entero

---

nuevo. Una llamada telefónica casual, encontrar un libro o una reunión inesperada pueden ser indicios de que su grupo de almas está contribuyendo a su desarrollo.

- Reemplace su "confusión sobre lo que se supone que estoy haciendo" por un pequeño paso o acción concretos al servicio de otro.

SEXTA PARTE

El círculo completo

CAPÍTULO 13

La Visión Global

HALCÓN
MENSAJERO

De pronto nuestro foco pasó a la dimensión de la Otra Vida, y aquí pudimos ver con suma nitidez que nuestra intención constante no era sólo crear una Nueva Tierra sino también un Nuevo Cielo.

LA DÉCIMA REVELACIÓN:
EN BUSCA DE LA LUZ INTERIOR[1]

LA UNIFICACIÓN DE LAS DIMENSIONES

"Como es arriba es abajo." Las verdades elementales no cambian. Nuestro problema es mantenernos en contacto con ellas y recordar que estamos extendiendo el espíritu a la vida cotidiana.

A medida que vamos captando la realidad de los temas de la Décima Revelación para nosotros mismos —la existencia de la Otra Vida; la reencarnación; comprender que formamos parte de un grupo de almas; sostener las imágenes de nuestra guía intuitiva; prestar servicio; eliminar nuestros miedos y condicionamientos superfluos—, nos elevamos a otro campo de potencialidad. En efecto, nuestra conciencia espiritualiza la dimensión material a través de nuestras formas de pensar expandidas.

¿Cuál es el mensaje espiritual más allá del drama racial o cultural de una vida particular? Cada vida tiene el potencial de contribuir a la evolución del todo. Desde el punto de vista de la Décima Revelación, al mirar la vida que tenemos, nos damos cuenta de que nacemos en una región o cultura particulares para aprender una lección específica. Llegó el momento de aumentar nuestra conciencia de cómo estamos sirviendo en definitiva a la familia planetaria. ¿Estamos aumentando el énfasis en la materialidad, el consumo y la separación? ¿O estamos aumentando el énfasis en elevar el todo?

Alice A. Bailey, que escribió en la década de los 40, creía que el choque de las ideologías religiosas y nacionales servía para impulsar a las personas a pensar en todas las culturas. Decía: "En los siglos anteriores, los que pensaban y planificaban eran sólo los que habían gozado de una educación y los que estaban en las 'clases superiores'. Esta tendencia a pensar pone de manifiesto la activación de una civilización nueva y mejor, y esto prepara hechos espirituales de gran importancia... El espíritu [de la humanidad], en general inconsciente, está avanzando hacia una civilización y una cultura más espirituales... Pero la mentalidad [humana] se desarrolla a diario y su capacidad para captar los asuntos del mundo está aumentando. Ése es uno de los acontecimientos espirituales y es el hecho fundacional que permite la vida del alma y el crecimiento de la percepción intuitiva en gran escala. Esto deriva del choque de las ideologías, pero es el resultado bello y verdadero del sistema educativo universal que —pese a lo defectuoso que pueda ser y es— hizo posible que todos leyeran, escribieran y se comunicaran entre sí".[2]

Valorar la diversidad

Imagínese cómo sería la vida si dejáramos de juzgar a los demás y empezáramos a preguntarnos: ¿Qué pieza del rompecabezas tienen? ¿Cuál fue su Visión del Nacimiento? ¿Qué puedo aprender de ellos? Una masa crítica de gente que conociera la situación total permitiría que la unidad global se produjera a través de personas comunes antes que como resultado de reglamentaciones políticas nacionales. Desde esta perspectiva esclarecida, valoraríamos la diversidad de las culturas y religiones sin tratar de igualar a todos (¡aun cuando fuera posible!). Como curiosos y entusiastas estudiantes de experimentos de química, discutiríamos, compararíamos y respetaríamos los distintos destinos de cada uno. Conscientes de que cada acto silencioso de servicio o asistencia que hiciéramos por otro sería un don a nosotros mismos, buscaríamos maneras de nutrir y beneficiar a todas las personas que encontráramos.

"Me gustaría recordarles que a la Jerarquía espiritual en nuestro planeta no le importa si un hombre es demócrata, socialista o comunista, o si es católico, budista o un agnóstico del tipo que fuere. Le preocupa sólo que la humanidad —en su conjunto— se dé una oportunidad espiritual. Es una oportunidad que está presente hoy de manera más contundente que nunca." **Alice A. Bailey, *The Rays and the Initiations***

LOS NUEVOS EXPLORADORES DEL VIAJE INTERDIMENSIONAL-
TRASPASAR LA BARRERA

La Décima Revelación señala que, cuando ciertos individuos y grupos alcanzan niveles de conciencia que se acercan a la dimensión de la Otra Vida, pueden ir y volver, como ya lo han hecho el estudioso de experiencias extracorporales Robert Monroe y otros.

Monroe, junto con otros estudiosos del campo espiritual y parapsicológico, pensaba que la mayor parte de la humanidad, si no toda, tiene lo que él denomina el Segundo Cuerpo, un cuerpo no físico que viaja a otras dimensiones en la Otra Vida. Creía que la mayoría de las personas salen fuera de su cuerpo por la noche en estado de sueño sin retener un recuerdo consciente de ello. En una de sus extraordinarias excursiones a su Segundo Cuerpo, Monroe visita a un amigo. Mientras está en el Segundo Cuerpo pellizca físicamente a la persona, que manifiesta un instante de dolor. A los pocos días, el dolor físico de ese pellizco es corroborado por la persona en un encuentro por Monroe. Por medio de este experimento, Monroe demostró que una persona que actúa en el Segundo Cuerpo puede tener un efecto tanto emocional como físico en otros.

Sus hallazgos lo impulsaron a considerar la ética implícita en semejante poder. Si cierto porcentaje de personas han llegado al punto de la evolución en que pueden "traspasar el velo" entre las dimensiones en forma consciente, ¿corremos el riesgo de este poder se utilice de manera inadecuada? El conjeturaba que es posible que hasta ahora nos hayan protegido barreras como: 1) no saber que teníamos ese poder; 2) temores supersticiosos a contactar espíritus; 3) la desconfianza de las experiencias trascendentes por parte de las religiones organizadas; 4) el desdén científico que se resiste a explorar el plano espiritual como área válida de investigación. Monroe también incluye la posibilidad de que "el uso de dicho poder puede estar bajo el control y la dirección de reguladores animados, inteligentes o impersonales, y puede prevenir la interferencia no constructiva",[3] dando a entender que quizás haya grupos de almas que nos impiden destruirnos por ignorancia o malicia.

¿Qué pasaría —se pregunta Monroe— si la humanidad aceptara la existencia de la dimensión espiritual y aprendiera la técnica de entrar a su voluntad en la vibración más elevada? Uno de los cambios más importantes para la conciencia humana será el paso de la creencia al conocimiento. Más importante aún, tendremos el conocimiento inequívoco de nuestra relación con Dios y nuestro lugar en el universo.

Con un conocimiento de lo divino vivenciado personalmente estaríamos muy próximos a eliminar gran parte del Miedo (que en definitiva es miedo a la muerte) y tal vez muchas de las emociones más bajas. Como quienes han pasado por una experiencia cercana a la muerte, tendríamos el conocimiento de que la muerte es una transición a otra dimensión de nuestra vida eterna y que somos más que nuestro cuerpo físico.

Tal como indica la Novena Revelación, el aumento colectivo de la energía promovería un conocimiento más amplio en todas las esferas, creando una matriz dentro de la cual las soluciones aparecerían de manera natural en la medida en que las personas siguieran su intuición. El conflicto religioso sería imposible, ya que cada religión recordaría que su mensaje individual tiene un lugar necesario en la visión general. Según dice Monroe: "Cada una racionalizará diciendo 'Eso es lo que hemos tratado de decirles todo el tiempo'".[4]

SALUDOS DESDE EL CIELO

Según Bill y Judy Guggenheim, las comunicaciones posteriores a la muerte se producen de muchas maneras. Sobre 3.300 casos, presentaron una serie de relatos de personas que experimentaron una aparición visual completa, oyeron una voz, sintieron un toque, olieron un perfume, en el estado de sueño e incluso como parte de una experiencia extracorporal. Por ejemplo, una enfermera de Wisconsin tuvo un encuentro místico con su bebita de cinco meses, que había muerto debido a una falla cardíaca: "Unas tres o cuatro semanas después de la muerte de Amada, estaba en la cama pero no dormía. De pronto, sentí que me arrastraban fuera del cuerpo. Me di cuenta de que estaba en el cuarto flotando, cerca del techo y mirando por la ventana. Toda la ventana se llenó con la luz dorada más brillante que puedo imaginar. Era como si alguien viniera hacia mí con las luces de los faros encendidas. La luz me absorbió y sentí la presencia de mi hija. "¡Entonces vi a Amanda! Vi su espíritu en esa luz. Y la oí... fue una comunicación telepática. Dijo: 'Gracias por todo lo que me diste. Te quiero mucho'. De pronto, sentí una presencia muy, muy fuerte, la presencia de Dios. Tuve la sensación de amor y comprensión más increíble que experimenté en mi vida. Y en ese momento entendí todo".[5]

En otro relato, un agente inmobiliario de Carolina del Norte llamado Richard vio y tocó a su padre, que había muerto de un derrame cerebral a los sesenta y seis años. "Tres días después del entierro, alguien me despertó. Me incorporé para ver quién era, y era mi padre. Las luces de la calle que entraban por la ventana que está a mis espaldas le iluminaban la cara. Pude verlo muy bien; sin duda era él. "Dijo: 'Richard'. Reconocí la voz de mi padre y me levanté de la cama. Enseguida nos dimos la mano, y su mano me resultó muy familiar y cálida. Entonces me dijo: 'Me alegra mucho verte, Richard. No te preocupes por nada. Te quiero'. Esto lo oí exteriormente, directo de su boca. La voz sonó más clara que nunca. No podía apartar mis ojos de su cara. Lo veía mejor de lo que lo había visto toda la vida... Parecía contento y feliz, como si hubiera algo mucho mejor de lo que yo podía llegar a soñar. Y después se fue.

"Quedé muy asombrado y emocionado. Había estado muy acongojado, y esa experiencia me dio la tranquilidad de que hay vida después de la muerte. Fue real, no tengo la menor duda."

NUEVO CIELO, NUEVA TIERRA

La Décima Revelación afirma que "nuestra intención constante no era sólo crear una Nueva Tierra sino también un Nuevo Cielo". Al recordar la Visión Global, se transforma la Otra Vida. Cuando individuos y grupos vibran con suficiente intensidad como para alcanzar la dimensión espiritual, los grupos de almas de la Otra Vida logran asimismo la capacidad de ingresar en la dimensión física, completando la transferencia de energía a las dos dimensiones. La Otra Vida, nuestra casa eterna, ha sido la dimensión donde nuestras almas sostienen la Visión y los recuerdos. El plano físico es la dimensión en la que damos existencia material a la Visión.

"Nuestra diligencia en este planeta está dirigida por una decisión de participar en la construcción del origen cósmico de la Tierra y promover la conciencia de nuestra identidad celestial a otros menos evolucionados. Nuestros mayores nos enseñaron que algunos de los habitantes del universo necesitaban tanto la ayuda de otros como otros necesitaban ayudarlos. Esta Tierra fue uno de los muchos lugares donde los que ansiaban ayudar pudieron ver fácilmente satisfecho ese deseo y donde los que necesitaban ayuda podían ser fácilmente receptores de ella." **Malidoma Patrice Somé,** *Of Water and the Spirit*

La Revelación continúa: "Luego, a medida que había ido aumentando la conciencia en la Tierra y aumentando la población, el equilibrio de energía y responsabilidad había pasado lentamente hacia la dimensión física, hasta que, en ese punto de la historia, cuando ya había llegado energía suficiente y la Visión Global comenzaba a ser recordada... el poder y la responsabilidad de creer y crear el futuro determinado pasaban de la Otra Vida a las almas de la Tierra, a los grupos que habían empezado a formarse, ¡a nosotros!".[7] Con el aumento del contacto con las almas en existencia espiritual, la conciencia humana se ve forzada a enfrentar la realidad de esta dimensión. Cuando la masa crítica de aceptación baje las barreras entre los mundos, elevando al mismo tiempo la vibración en el plano físico, la dimensión espiritual podrá interpenetrar con mayor facilidad.

FUTURAS TENDENCIAS PARA EL PLANO TERRENAL

Imaginar es concebir. Soñar es entrar en la cuarta dimensión. Ya sabemos que lo que hace un año era ciencia ficción el mes próximo se vende por catálogo. Mientras la raza humana avanza precipitadamente, nos preguntamos adónde vamos en el mundo, o fuera de él. ¿Qué pasa? ¿Qué ocurrirá si levantamos el velo entre las categorías de la conciencia? ¿Qué interruptor de luz llevamos en nuestro ADN que todavía no se encendió? Pioneros científicos como Hank Wesselman, paleoambientalista y autor de *Spiritwalker*, el relato de un viaje chamánico al futuro dentro de cinco mil años, cree que todos tenemos dentro un "programa de software" durmiente que nos permite entrar en la cuarta dimensión a nuestro antojo. Michael Murphy, que presenta un enorme *corpus* de trabajo sobre el funcionamiento humano extraordinario en su libro *The Future of the Body*, afirma que "las capacidades excepcionales se desarrollan de manera más plena en las culturas que las valoran... a la inversa, dichas capacidades son muchas veces distorsionadas e inhibidas por el condicionamiento social. Algunos atletas, por ejemplo, exhiben un autodominio sensible que indica que podrían ser *yogis* perfectos si vivieran en la cultura hindú...".[8]

La cultura contribuye a dar forma a nuestras capacidades y hasta las revelaciones místicas se filtran a través de la matriz social, aunque surjan de la energía universal de Dios. La evolución, entonces, parecería ser no sólo un proceso automático, sino el amplio campo de la creatividad, moldeado en parte por nuestros cuerpos intencional, emocional y espiritual. La evolución nos forma y participamos conscientemente en el proyecto, aunque no tengamos un cuadro completo del plan.

Ya que estamos tirando nuestro viejo modelo de literalidad, también podemos tirar la interpretación literal de las profecías de destrucción física de las Escrituras. No tenemos por qué aceptar la imagen de inundaciones, fuego y apocalipsis. Con el conocimiento y la experiencia de cómo creamos nuestro mundo a través de la intención y el deseo, cocreando con la mente divina, podemos reinterpretar los mensajes de las escrituras como una descripción metafórica de estos tiempos de transición.

Penney Peirce, una vidente reconocida en el nivel internacional que vive en el condado de Marin, California, desarrolló una descripción de las futuras tendencias a partir de intuiciones, sueños y visiones que armonizan muy estrechamente con los principios de la Décima Revelación. En una conferencia reciente que pronunció en la Iglesia de la Unidad, en Walnut Creek, California, habló de sus predicciones. Presentamos aquí algunos de los principales aspectos de su visión de los hechos evolutivos psicológicos y espirituales en el futuro no tan distante. Tal vez estas especulaciones estimulen sus propias capacidades visionarias.

PADRE CIELO Y MADRE TIERRA - UNIFICACIÓN DE LAS DIMENSIONES Y DE LAS ENERGÍAS ARQUETÍPICAS MASCULINA Y FEMENINA

Peirce ve la unificación de las dimensiones como una unión del Cielo y la Tierra, representada metafóricamente por el matrimonio sagrado de la energía descendiente masculina (cielo) y la energía ascendente femenina (tierra). Esta fusión celestial se expresará en la "vida real" a través de hombres que cultiven e integren su capacidad para recibir, escuchar, empatizar y cooperar/cuidar (energías femeninas) y por mujeres que cultiven e integren en forma consciente su capacidad para conducir, definir y producir (energías masculinas). Según Peirce, en el futuro las relaciones van a ser más fluidas y permitirán que cada parte trabaje con la creatividad cerebral integral intercambiando de manera natural ambos papeles y sea a veces más dinámica y a veces más receptiva. Tanto en la dinámica personal como en la conexión del cerebro izquierdo y derecho se producirá un equilibrio de energías femenina y masculina. La tendencia arquetípica a unir podría hacer incluso que más almas gemelas se encuentren, en especial si se tiene en cuenta que cada vez son más las almas que se encarnan en grupos para trabajar juntas.

La unificación de las dimensiones y las energías femenina y masculina también está representada por nuevas áreas específicas de estudio social, espiritual y científico. Por ejemplo, ya estamos observando un mayor interés en fenómenos mentales y espirituales como ángeles, seres extraterrestres, experiencias cercanas a la muerte, e interés en la geometría sagrada, todos indicios de la naturaleza mental y espiritual más elevada del arquetipo de la energía masculina descendente. Asimismo, la energía arquetípica femenina ya está engendrando un aumento de la espiritualidad inspirada en la Tierra, como el chamanismo, los cristales, las hierbas y el interés en todos los sistemas naturales.

"El enfoque masculino diferenciador... entre el ser humano y el mundo alcanzó un punto de crisis. No obstante, también vemos ahora, de muchos modos, el potencial para una gran transformación y reparación, una totalización gracias al enorme resurgimiento del arquetipo femenino... no sólo los obvios como el feminismo... y la nueva apertura por parte de los hombres a los valores femeninos.

"También es visible en un enfoque totalmente distinto de la vida: nuestras teorías científicas de la psique humana, la nueva sensibilidad respecto de cómo se relacionan los seres humanos con la naturaleza y otras formas de vida en el planeta. Todo esto refleja el surgimiento del arquetipo femenino en escala colectiva de la cultura que se manifesta como una nueva idea de conexión con el todo... la unión del ser humano y la naturaleza... el intelecto y el alma... En este momento estamos inmersos en un proceso sumamente complejo, en muchos niveles." **Richard Tarnas en _Towards a New World View_, de Russell E. DiCarlo**

En las culturas agrarias primitivas, el matriarcado desarrolló nuestra capacidad para fusionarnos y mezclarnos. En la cultura más reciente, basada en la tecnología, el patriarcado nos proporcionó la capacidad para diferenciar ideas (un modo masculino, lineal, racional) y hacer que pasaran cosas en el mundo exterior (ciencia, comercio, control y guerra). Con la percepción integral tendremos una apreciación de nuestro proceso interno (inteligencia femenina) y la confianza de explorar nuevas formas de hacer las cosas (inteligencia masculina).

CAMBIOS DE PERCEPCIÓN

En la nueva cosmovisión, una percepción integrada de mente/cuerpo/espíritu está reemplazando la percepción lineal. En este nivel de conciencia, podremos manejar la paradoja, o sea que seremos capaces de pensar en términos de tanto/como, no sólo de o/o. En vez de fijar pautas sobre conceptos (como por ejemplo "más estado contra menos estado"), podremos ver el contexto más amplio e idear soluciones reales que funcionen para todos.

Al ser capaces de mantenernos en contacto con el fluir de nuestra energía (la Tercera Revelación), podremos reconocer rápidamente la diferencia entre sentirnos pesados y livianos. Comprenderemos que cuando nos separamos de la totalidad (olvidando la imagen integral de nuestro propósito espiritual) experimentamos una caída de energía y nos sentimos solos. Este sentimiento de agotarnos y quedarnos solos será un detonador que nos recordará que nuestro pensamiento se ha ensombrecido. Entonces podemos acordarnos de pedir una orientación intuitiva para retornar a nuestro centro.

"Toda la sincronía de la armonía planetaria no puede entenderse realmente sólo con el intelecto; es más una experiencia intuitiva. El intelecto puede hablar de ella, pero vivenciarla en forma directa y vivirla en nuestras vidas cotidianas requiere un enfoque más directo y profundo. Ésta es un área en la cual la experiencia meditativa, en la que experimentamos de manera natural y espontánea esta conciencia de la unidad, constituye una forma muy efectiva de asimilar este conocimiento. *En este contexto, la meditación no es un lujo, sino una necesidad para la supervivencia global."* **Doctor Gabriel Cousins,** *Sevenfold Peace: World Peace Through Body, Mind, Family, Community, Culture, Ecology, God*

ACTITUDES Y EMOCIONES MÁS ELEVADAS

Teniendo capacidad para ver más que simples elecciones de blanco o negro, aumentaremos la energía y la creatividad. Al sentirnos colmados con un propósito, todos desearemos realizarnos asumiendo una mayor responsabilidad porque redundará en nuestro propio beneficio. Apenas sabemos que somos nuestra alma, nos conectamos de inmediato con la inteligencia universal y las cosas empiezan a fluir otra vez. Sentir la conexión con nuestro propósito espiritual aumenta nuestra vibración y la vibración de cualquier interacción que tenemos con la conciencia del alma. Cuando entre las personas fluye energía, también fluyen la compasión y la tolerancia.

CAMBIOS EN EL NIVEL DE ENERGÍA INCONSCIENTE

Para Peirce, el cambio en las actitudes y las percepciones también afecta el nivel en que sepultamos la sombra colectiva. Ella considera que una conciencia colectiva más elevada sacará a la superficie más material subconsciente rechazado. Prevé un período de transición con perturbaciones, dramas nacionales e internacionales y recurrencias de viejos miedos o regresión a esquemas negativos, lo cual constituye un primer paso natural hacia la eliminación del miedo colectivo en el mundo. Lo que antes era subconsciente ahora se eleva a un nivel consciente, como estamos viéndolo incluso con la popularidad de los programas periodísticos de televisión que exponen todos los traumas, las crisis y la debilidad humana imaginables.

EL INFORMATIVO DE LA TARDE

Ver caos en los informativos no es novedoso. Peirce hace la analogía entre el aparente aumento de los atentados y explosiones y la erupción de nuestra rabia, nuestro miedo y nuestra frustración colectivos reprimidos. Los actos terroristas desatan nuestros miedos

---

"Los mayas sabían cuál era su propósito. Sabían cuándo se produciría su desaparición, del mismo modo que los tibetanos previeron la invasión de su país... Siendo Protectores del Tiempo, los mayas pudieron evacuar la Tierra, conscientes de que habían cumplido su propósito.

"Éste es uno de los secretos más grandes de los mayas: sabían la fecha y la hora... desde su punto de vista, fueron transportados a otra dimensión física... Y sabían que un día su conocimiento, sus claves, serían reveladas y descubiertas por la Familia de la Luz, por ustedes. Consideramos que hay algunas personas que ya descubrieron esas claves."
Barbara Marciniak, *Earth: Pleiadian Keys to the Living Library*

---

de vulnerabilidad más profundos. No obstante, sin una perspectiva espiritual, sólo tenemos una comprensión parcial de estos hechos generalizados, y el miedo, la contención y la venganza parecen ofrecer la única respuesta racional. Muchas veces, nuestra primera respuesta es volver a lo que funcionaba antes, lo que se consideraría un retroceso conservador. Otras pruebas de cambios en la sombra colectiva podrían ser más escándalos nacionales o un nuevo examen de viejos tabúes (una vez más, es lo que vemos en los programas de televisión). También podríamos empezar a oír hablar más de abducciones de extraterrestres, que nos obligan a reconsiderar los límites de nuestro sistema de creencias.

OPCIONES - ¿LUCHAR O HUIR O...?

Las respuestas instintivas a la amenaza (perturbación mundial) son la lucha o la huida (supresión y negación). Sin el conocimiento de la Visión Global, hemos tratado de eliminar y controlar a quienes consideramos enemigos. La huida o síndrome de negación también incluye encontrar (votar por) una figura parental fuerte que nos cuide. Peirce predice

> Piense en usted como una célula en el cuerpo cósmico. En vez de pensar en la humanidad como un tejido de la vida, empiece a comprender la humanidad como una hebra en el tejido de la vida. **Doctor Gabriel Cousens,** *Sevenfold Peace*

que, mientras tratamos de hallar seguridad, habrá un resurgimiento temporario de charlatanes y dictadores.

Si damos lugar a la segunda respuesta, la de lucha, volveremos al pensamiento dual. "Trataré de librarme de ti mediante la violencia y la guerra." Habrá una batalla de ideas y se presentarán las visiones polarizadas que ya tratamos. Parte de la respuesta de lucha —bandas, grupos políticos separatistas, políticas bipartidistas feroces y racismo— continuará creando dominadores y víctimas.

REACCIONES PSICOLÓGICAS Y FÍSICAS

En el modelo de Peirce, la secuela de la utilización de las respuestas habituales del viejo paradigma como lucha-o-fuga es inevitablemente la desilusión. Toda la polarización que estamos viendo a la actualidad es una negación del caos que parece estar a la vuelta de la esquina. Sin embargo, el caos constituye una etapa importante de nuestro desarrollo si lo vemos como el abandono de viejos valores y viejos comportamientos inadecuados para el próximo milenio. En un nivel personal, Peirce predice un aumento de la acrimonia o la resignación en la población. Ya hemos visto un aumento de suicidios de adolescentes y de personas desplazadas, así como un aumento en el uso de fármacos estabilizadores del ánimo, como Prozac. También podemos observar un aumento de enfermedades como el síndrome de cansancio crónico, ataques de pánico, alergias ambientales y adicciones.

En tiempos de caos se desdibujan las fronteras y aumenta el miedo a la invasión. La inmigración ilegal ya es un tema controvertido en los Estados Unidos. Los cambios en las economías mundiales y el ambiente plantean la necesidad de redefinir los lugares de pertenencia. En la escala

> La industria de carnes representa más del cincuenta por ciento de nuestra utilización de agua, ochenta y cinco por ciento de pérdida de suelos y veinte veces más uso de tierra que el requerido para una dieta vegetariana. Una dieta vegetariana ahorra media hectárea de árboles por año. **Dr. Gabriel Cousens,** *Sevenfold Peace*

comunal, la falta de vivienda es otro indicador de que la gente no está centrada en su valor personal (no está "en su casa") y simboliza, de una manera muy real, una falta de identidad y arraigo. Al carecer de los límites autoorganizadores de áreas tribales que tendían a mantener el equilibrio de la población, enfrentamos una superpoblación (crecimiento descontrolado) en el nivel universal, en tanto que en el nivel particular combatimos enfermedades de fuerte crecimiento, como el cáncer. Aun el índice inferior de fertilidad en hombres y mujeres puede ser una respuesta particular al caos mundial.

RECENTRAMIENTO - NIVEL UNO

Después de vernos desbordados por este caos, Peirce imagina una época de recentramiento, cuyo primer nivel es un retorno reaccionario del yo. Nuestro primer paso será recuperar el poder de influencias culturales como la programación para el consumo y la afiliación a partidos políticos tradicionales. La gente dirá: "Merezco que me respeten y no voy a soportar más".

Pueden verse incluso indicios de un aumento en el deseo de individualidad en el auge actual de los bares —que aceleran la adrenalina— y el uso de computadoras personales, el trabajo a distancia y la utilización de psicoterapias para llegar a ser una persona más desarrollada. En forma global, el deseo de individualidad será visto como un aumento del nacionalismo y el patriotismo.

RECENTRAMIENTO - NIVEL DOS

Con nuestros esfuerzos iniciales de crecimiento hacia un nivel más alto de individuación, llegamos a un nivel más profundo de autenticidad. En esta etapa nos damos cuenta de que "Estoy acá. Siempre he sido yo. Estoy conectado con algo mucho más grande de lo que pensaba". Empezamos a relajarnos y a sentir cómo actúan las leyes universales dentro de nosotros (la Séptima Revelación). También nos damos cuenta de que todas las demás personas son parte de la misma energía que nosotros (Octava Revelación). En este nivel de conciencia, estamos en el nuevo paradigma. Haciéndose eco de la Primera Revelación, Peirce considera que, una por una, todas las personas tendrán su propia experiencia y sus revelaciones de las percepciones relacionadas con la cosmovisión que afectan el campo unificado. Al dar el siguiente paso de usar positivamente esta energía, tendremos nuevas formas de educación, atención médica, derecho, asistencia social, arquitectura y gobierno.

BIENESTAR E INTEGRACIÓN

El último paso del modelo de Peirce consiste en reparar el sufrimiento personal y mundial cuando la masa crítica de gente se da cuenta de que todos estamos interrelacionados. Una masa crítica de gente empezará a optar por no agregar dolor al mundo, sino vivir, como dicen los budistas, hábilmente. Cuando surjan situaciones que nos parezcan difíciles, estaremos mejor equipados para tomar decisiones positivas porque tenemos en mente el cuadro global (el ideal). Preferiremos trabajar en un clima de compañerismo. En vez de laboratorios de reflexión, Peirce afirma que habrá laboratorios de meditación donde la gente aprenderá a fusionarse en la frecuencia del amor y el bienestar para producir el cambio. De esos grupos de meditación interdisciplinarios surgirán nuevas técnicas y métodos para resolver problemas. Se desarrollarán más intercambios vía satélite. El aumento del compañerismo fomentará la valoración de las personas que tienen habilidades de las que carecemos y se desarrollará un nuevo campo de gestión de la diversidad.

"Pensamos que nosotros, los seres vivos, somos distintos de los objetos inanimados, pero según el principio del interser, los seres vivos están compuestos por elementos de ser no vivo... ¿Por qué discriminar contra lo que llamamos inanimado?

"Para proteger a los seres vivos, debemos proteger las piedras, el suelo y los océanos. Antes de que arrojaran la bomba atómica en Hiroshima, había muchos bancos de piedra en los parques. Mientras los japoneses reconstruían su ciudad, descubrieron que todas esas piedras habían muerto, de modo que se las llevaron y las enterraron. Después trajeron piedras vivas.

"No piense que estas cosas no están vivas. Los átomos están en constante movimiento... estos átomos y piedras son la conciencia misma." **Thich Nhat Hanh,** *Love in Action*

Peirce está convencida de que el concepto dual y lineal de oposición se convertirá en la paradoja *tanto/como*. Las categorías basadas en "alto contra bajo" se transformarán en círculos y consejos en los que todos se relacionarán de igual manera. Para resolver problemas, buscaremos en forma automática el factor unificador más elevado o la tercera opción. Por ejemplo, en vez de luchar con los problemas de los hombres y los problemas de las mujeres, nos ocuparemos de la cuestión humana. La gente exigirá que la política salga del sistema de oposición de dos partidos para entrar en una búsqueda de tanto/como respecto de lo que funcione para el mayor bien.

Los asilos y los movimientos en pro del derecho a morir aumentarán cuando se tome mayor conciencia de que la muerte es una transición al nivel espiritual de la existencia. Desde el momento en que la gente desee retener la conciencia y el conocimiento de su propósito y las lecciones aprendidas en la Tierra, veremos aumentar las investigaciones y la tecnología sobre la muerte y la agonía. Se llegará a un equilibrio entre salvar la vida y permitir que el proceso de muerte avance naturalmente sin una resistencia o un miedo indebidos.

Armonizados con las formas de energía globales, análogas a nuestra propia habilidad para sintonizarnos con la energía, los esquemas climáticos serán vistos como signos del estado del cuerpo emocional colectivo, y las fluctuaciones monetarias se interpretarán como signos de cambios en los sistemas de valores.

NUEVOS GRUPOS DE ALMAS

Peirce también ve, junto con otros maestros y formadores espirituales, que un nuevo grupo de almas está viniendo al plano terrenal. Tal vez sean almas que no se encarnaron durante mucho tiempo y son más adeptas a las frecuencias más elevadas del plano mental/espiritual. Desde aproximadamente 1970, parece haber un aumento de niños considerados hiperactivos, alérgicos a ciertos compuestos ambientales o con problemas de aprendizaje. Lejos de faltarles inteligencia, estas almas son muchas veces brillantes pero les cuesta adaptarse a las estructuras familiares y escolares existentes. Peirce señala que tal vez estén vibrando en un nivel diferente del que consideramos "normal". Es posible que tengan problemas para ajustar su frecuencia a la densidad del plano terrenal. No obstante, también pueden formar parte de la transformación del planeta, que acelera la frecuencia de la conciencia. Una frecuencia más alta de actividad cerebral puede atraerlos hacia la tecnología de los videojuegos, las computadoras y la realidad virtual. Su desafío consistirá en mantenerse equilibrados, de modo que es posible que necesiten más ayuda con su desarrollo emocional o más contacto y afecto físico. Sin sustentación física o un aquietamiento de la mente con la meditación, tal vez les cueste mantenerse conectados con la energía de la Tierra. Algunos estudios ya muestran que los niños hiperactivos disminuyen su ritmo con ondas beta, a diferencia de las personas "normales", que se tranquilizan con las frecuencias alpha y theta.

Teniendo en cuenta que cada vez son más los niños que nacen en hogares de un solo padre, Peirce considera que desarrollaremos un nuevo tipo de escuela. Ella imagina este nuevo entorno como una cruza entre escuela y casa de crianza, con muchas actividades que desarrollen las capacidades intuitivas de los niños y la posibilidad de trabajar en forma colectiva con un grupo distinto de gente. También los padres recibirían una formación o terapia especial mientras los hijos van al colegio.

"Todo empezó cuando les pregunté cómo se sentían al comenzar el año escolar. Con independencia del medio, no querían volver, y decían: 'Me siento inquieto'. Una chiquita dijo: 'Mi espíritu no puede quedarse tranquilo'.

"Eso me llegó. Supe que estábamos hablando del espíritu. Les encantaba cualquier cosa que tuviera las palabras espíritu, misterio o algo desconocido que nos maneja de alguna manera. También les gusta oír que están a cargo de su espíritu.

"Cuando leí: 'El Maná es la fuerza de la vida que viene de una gran fuente universal —un poder superior— y el viaje en la tierra es un viaje espiritual', todos los chicos dijeron: 'Ah'." **Shirley Richardson, cofundadora de la Summit Intermediate School**

Estas almas también pueden estar tan acostumbradas a funcionar como grupo en la dimensión espiritual que les cuesta funcionar sin un grupo similar en el plano físico. Trabajar con sus necesidades especiales puede ayudarnos a desarrollar métodos para acceder a la mente grupal, asignando un gran cerebro capaz de crear una tecnología por completo distinta de la que conocemos en la actualidad. Tal vez tengamos niños que patenten nuevos dispositivos y aprendan a producir cosas.

LA BANDA DE ALMAS LIVIANAS

Peirce también habla de una visión que tuvo que encaja claramente con el concepto de la Décima Revelación de grupos de almas solidarias que sostienen nuestra Visión del Nacimiento en la Otra Vida. En su visión, una gran banda de almas observaba la Tierra al tiempo que se acercaba cada vez más a nuestro plano de existencia. También vio a seres humanos que elevaban los ojos a los cielos, intuyendo estas almas invisibles. Vio que una banda de luz que rodeaba la Tierra se volvía más brillante y que las almas en espíritu se acercaban a las almas de la Tierra. Luego, se creaba una zona superpuesta de encuentro donde las almas encarnadas y desencarnadas podían intercambiar conocimientos en forma telepática.

Según las futuras tendencias señaladas por Peirce, el arrastre polarizador de la conciencia en esta época hará que algunas personas se sientan más livianas y más conectadas entre sí y que otras se sientan más pesadas y aisladas. Las que se acerquen más al polo de negatividad se sentirán agotadas e impotentes debido a la falta de energía. Cuando la polarización alcance el punto de masa crítica, se producirá una bifurcación energética. Las que tengan una conciencia más densa morirán porque

> "...cada dos mil quinientos años los Kumaras liberan una efusión aumentadísima de Amor Cósmico, Sabiduría y Energía. Esta Luz Cegadora y este Resplandor Trascendente que inunda la Tierra y sus habitantes, penetrando en todo, es un proceso de elevación enorme, y da un mayor impulso al crecimiento de toda la Tierra, así como de su humanidad.
>
> "Justo antes de estas Grandes Efusiones, se producen alteraciones físicas extraordinarias, y la gente siente una inquietud generalizada. Dicha alteración se debe a la discordia acumulada durante el período inmediatamente anterior... la falta de armonía se debe siempre al alejamiento del 'Principio de la Vida' fundamental."
> **Godfré Ray King, *Unveiled Mysteries***

no podrán existir en la frecuencia superior del plano físico. Cuando se reencarnen, regresarán al viejo nivel que recuerdan y no percibirán que ocurrió algo extraordinario. Las almas que tienen más luz en sus cuerpos de energía crearán una dimensión terrenal llena de luz para ellas y serán translúcidas. Las diferentes vibraciones vivirán en mundos paralelos, lo cual encaja con el modelo de la física cuántica. La física cuántica nos dice que la luz es una partícula y una onda. En una escala humana de dicho concepto, podemos imaginarnos oscilando entre conocernos como conciencia individual e intuir también nuestra existencia como el campo de conciencia.

Por ende, para sostener la Visión Global, debemos seguir avanzando hacia personas y campos de interés que vibren en el nivel que queremos alcanzar o en el que queremos existir. Debemos mantener el ideal de lo que luchamos por alcanzar alguna vez en nuestro corazón.

LAS PROFECÍAS ANDINAS

Según las profecías andinas, entre 1990 y 1993 el mundo vivió un *Pachakuti*, un hecho considerado como una "transmutación cósmica a través del cual se realiza la preparación para la llegada de una nueva era de reordenamiento cósmico". Elizabeth Jenkins, directora de la Fundación Wiraqocha para la Preservación de la Sabiduría Indígena, trabaja con la tradición mística andina desde 1987. Desde 1990 colabora con el antropólogo peruano Juan Núñez del Prado, quien a su vez lleva más de treinta años estudiando a los indios Q'ero de Perú.

Jenkins nos dijo: "Los profetas de los Andes, los hombres y mujeres santos que son los videntes y visionarios de su pueblo, afirman que el período actual, 1993-2012, es un 'período crítico' en la evolución de la conciencia hfumana. Entramos en la época que llaman *Taripay Pacha*, la 'era del reencuentro con nosotros mismos'. Hasta hace poco, estas profecías no se debatían abiertamente. Sin embargo, ahora la gente de los Andes dice 'es hora de dejar de lado el miedo y reunirnos para el bien común'".

Los andinos creen que la nueva era llegará cuando surja un líder con poderes de sanación perfectos. Esto indicará que el campo unificado de la conciencia creó las condiciones mediante las cuales los individuos trabajarán menos en el karma individual que en el karma colectivo del planeta. Las profecías también predicen que ahora mucha gente está haciendo la transición en su desarrollo psicoespiritual, de lo que se llama el tercer nivel de conciencia al cuarto. En el tercer nivel de conciencia existe todavía un miedo generalizado, conflicto y una idea de separación. En el cuarto, que armoniza con los cambios que también aborda la Décima Revelación, aprendemos a hacernos amigos o aliados del miedo y de las fuerzas de la naturaleza. Al poder integrar la sombra colectiva, el lugar donde reside el Miedo, los individuos empiezan a contribuir con el cambio evolutivo colectivo. El cuarto nivel es el lugar donde también aprendemos a comunicarnos directamente con las energías de la naturaleza: montañas, ríos, árboles, cielo y la Tierra, tal como se tratan en la Tercera Revelación de *La Novena Revelación*.

El desafío consiste en depurar la energía colectiva del miedo y la conciencia del tercer nivel y atraer suficiente energía espiritual como para pasar colectivamente al cuarto nivel. Estas antiguas profecías son categóricas, no obstante, en el sentido de que el cambio no se producirá si no logramos superar el Miedo.

Los sacerdotes andinos creen que reuniendo energía humana psíquica echamos las semillas de la evolución futura. Todos los pode-

> "Irónicamente, en tanto nuestros problemas se vuelven más complejos y en apariencia inabordables, parece ser cada vez menos lo que el ciudadano promedio cree que puede hacer. Pero esto constituye en realidad la señal de que la participación de los ciudadanos y el compromiso de la comunidad es necesario e indispensable. Mientras no reconozcamos y actuemos sobre la base de esta verdad fundamental, no podremos cambiar de manera significativa las condiciones sociales que enfrentamos." **Bill Shore, *Share Our Strengths***

res humanos del cuerpo, la mente y el espíritu se verán así realizados, tal como lo señala la Novena Revelación. Según el misticismo andino, las condiciones están dadas: llegó la etapa de desarrollo para cambiar la conciencia de la humanidad.

VISIÓN GLOBAL 101

- En la tierra hay más vida de la que nos dicen los cinco sentidos.
- Hasta ahora sólo hemos tenido información parcial sobre el mundo.
- Hay muchos estratos de existencia inteligente (superiores e inferiores).
- Estos estratos existen en la naturaleza (fuera de nosotros) y dentro de nuestra conciencia.
- Estamos empezando a conocer los otros planos de existencia a través de las experiencias cercanas a la muerte, experiencias extracorporales, las comunicaciones después de la muerte, las intervenciones de santos y ángeles (y hasta las abducciones de extraterrestres, quizá).
- Nuestra fijación en el plano material tuvo un sentido, pero está desintegrándose.
- Las experiencias extraordinarias que no coinciden con nuestras creencias sobre la realidad nos están obligando a crecer intelectual, emocional y físicamente. Éste es el cambio de paradigma.
- Todo sucede con un propósito. Existe una Visión Global que sólo podemos imaginar.
- Una masa crítica de almas se encarnó para sostener la Visión Global.
- Parte de la Visión Global consiste en levantar el velo entre las dimensiones.
- El velo está levantándose.

ESTUDIO INDIVIDUAL

¿Recuerda la última vez que estuvo en una reunión —un picnic, un asado, un juego en la escuela, un lugar de vacaciones, un casamiento, un bautismo, un lugar sagrado— y deseó que el día no terminara porque se sentía feliz, amado, conectado? En esos momentos existimos en el *continuum* de energía que tiene una capacidad infinita para el refinamiento y la alegría.

Cierre los ojos durante un momento y recree un sentimiento de gran alegría que haya vivido en el pasado. Aspire energía e ilumine el sentimiento. Ahora elévelo aún más.

CAPÍTULO 14

Sostener la Visión

BÚFALO
ABUNDANCIA

...cuando oramos de la manera correcta no estamos pidiéndole a Dios que haga algo. Dios nos inspira a actuar en su lugar para hacer su voluntad en la Tierra. Somos los emisarios de la divinidad en el planeta... Cada pensamiento, cada esperanza, todo lo que visualizamos que ocurre en el futuro, es una oración y tiende a crear ese mismo futuro. Pero ningún pensamiento, deseo o miedo es tan fuerte como una visión que está en armonía con lo divino.

LA DÉCIMA REVELACIÓN:
EN BUSCA DE LA LUZ INTERIOR[1]

HABLAR CON EL ESPÍRITU DEL RÍO

"Una vez que experimentamos lo imposible, nuestra definición de la realidad se quiebra. En ese momento, simplemente no sabemos qué pasará cuando la energía colectiva empiece a moverse a través de nosotros para abrir el camino de nuestra vida." Elizabeth Jenkins, la mujer que estudia con los sacerdotes de Perú, llamó en el momento exacto en que íbamos a reescribir este capítulo. Acababa de regresar de un viaje a Nueva York. Antes de irse, había llamado para charlar sobre el viaje y no sabía si era el momento oportuno. Su intuición le decía: "¡Ve ahora!".

"Era absolutamente esencial que fuera," dijo Jenkins. Un proyecto de edición se había empantanado y el viaje le permitió resolver las dificultades de una manera que de lo contrario habría resultado imposible. "Cuanto más confío en estos sentimientos y sigo a mi corazón, más me sorprenden las coincidencias que se acumulan, una tras otra. Lo único que debo hacer es estar abierta al soplo divino que me susurra al oído y me conduce al siguiente pensamiento, la siguiente señal."

Jenkins empezó su asombrosa trayectoria hace ocho años, con su introducción inicial y sincrónica en el misticismo de la naturaleza de la tradición andina. Sus experiencias fuera de lo común ya cambiaron su forma de ver la "realidad", y su trabajo de enlazar estas prácticas antiguas y fuertes con la vida de "el trabajo como siempre" es instructivo para todos los que trabajamos para servir durante la transición. Le preguntamos qué consejo le gustaría transmitir.

"Bueno, soy muy consciente de que nuestros filtros nos impiden incorporar algo nuevo. Por ejemplo, cuando hablo de algunas de mis experiencias con los sacerdotes andinos, he notado que a mis amigos más tradicionales les cuesta aceptar lo que digo, sobre objetos de poder, para dar un ejemplo. La información sobre otra cultura podría ser vagamente interesante, pero no encaja en su vida. O sea que, en algunos casos, no me detengo en la importancia de un *símbolo*, sino que hablo del significado que hay detrás de él. Si alguien se queda en lo literal, trato de llegar a la esencia de la información. Por ejemplo, si tuviera que

> Si tomamos en serio que... los pensadores y analistas contemporáneos dicen... debemos abrirnos a la posibilidad de que personas como los yogis indios, los lamas tibetanos y algunos monjes del Monte Athos pueden estar en contacto con realidades inaccesibles para las personas comunes, que están concentradas y atascadas en las preocupaciones de la vida cotidiana dentro del gran mundo material. Dadas estas consideraciones, la alternativa prudente es no rechazar *a priori* las historias que nos cuentan los monjes del Monte Athos sobre hechos milagrosos como si fueran nada más que delirios o alucinaciones. Más bien deberíamos sólo escuchar.
>
> **Kyriacos C. Markides**, *Riding with the Lion*

decirle a un amigo: 'Dicen que este objeto tienen tales y cuales poderes', se fija en su cerebro la imagen de 'objeto mágico' y su parte racional empieza a discutir conmigo si un objeto puede o no tener esos poderes. Ésa no es la cuestión en realidad. Si quiero que nuestra conversación siga avanzando y que fluya, lo que voy a decir es: 'Mira, no importa si a esta piedra la llamamos piedra o el Santo Grial. Lo importante es cómo me llevó a conocer... etcétera, etcétera'. La importancia de un objeto o una idea es el movimiento que me da. Los movimientos energéticos que se produjeron después de haber tenido ese objeto pueden o no haber venido del objeto mismo. El objeto en sí no es la cuestión.

"Así es como recibí los mensajes y seguí adelante —dijo Jenkins—. Seguía los símbolos que tenían energía para mí. Eso me llevó al punto siguiente de mi historia. Entonces supe qué debía hacer. Pude llegar a las siguientes personas que tenía que conocer. El significado literal de algo no cuenta tanto como ver los signos y símbolos como mensajes.

Fluimos con el esquema de energía. La forma no tiene importancia y no debe tener prioridad sobre la corriente de energía.

"Cuando vivo esos encuentros con lo espiritual y luego vuelvo al mundo, veo que mi yo se expande y se contrae. Un día puedo sentirme como Jesucristo. Al día siguiente siento que no soy nada, apenas un gusanito que aprende algo de la vida. Creo que es parte de un proceso. Tenemos que atravesar esa parte, no quedarnos atados a las fluctuaciones del yo. Pueden producirse sincronicidades sorprendentes que hacen volar nuestra mente, pero después debemos tener la capacidad de continuar aunque todo vuelva a parecer aburrido otra vez."

Fue maravilloso oír que Elizabeth Jenkins ponía voz a algunos de nuestros propios sentimientos y articulaba para todos los que lean este libro la experiencia de una persona sobre lo que significa estar en el camino. ¿En qué camino?, se preguntará. ¡El suyo! Nosotros no podemos decirle qué debe buscar o qué está buscando. Entonces no sería un misterio, ¿no? Simplemente quédese tranquilo porque es uno de los constructores de puentes. Haga lo que hiciere para tomar conciencia del poder que hay en usted mismo, la claridad en su ser respecto de lo que más le importa lo hará cruzar todos los umbrales que deba atravesar. Pero ahora volvamos por un momento a las revelaciones que experimentó Elizabeth en su viaje a Nueva York.

"La Pachamama [el espíritu de la Tierra] en Nueva York es sumamente poderosa —nos contó—. La gente cree que Nueva York es sólo un lugar de grandes edificios, pero la tierra de Nueva York es increíblemente fuerte [lo mismo que dijo Joseph Campbell, por otra parte]. Por eso ha atraído semejante masa de energía humana creativa. Yo estaba con mi amiga Linda Michaels y salí el sábado a la mañana pensando que iría al Museo Metropolitano de Arte. Me puse a caminar en dirección al museo. De pronto oí la voz del río [Hudson] que me hablaba. Le oí decir en mi mente: 'Perdón, no viniste a hacerme una ofrenda. No viniste a verme y saludarme'.

"No tenía idea de dónde estaba —continuó Elizabeth—. Podría haber estado en el medio de cualquier parte porque no sabía dónde quedaba el río. Compré un mapa en un kiosco. El río estaba a dos cuadras. Fui directamente hasta ahí e hice una ofrenda. Era un espíritu fuerte, bello e inmenso y me dijo todo lo que necesitaba saber para la reunión con mi editor. También me dijo: 'Los seres humanos son parte de la naturaleza y les convendría admitirlo. Los seres humanos siguen tratando de dominar a la naturaleza, pero muéstrame un solo ser humano que sea capaz de resistirse al poder de un volcán o un tornado o un terremoto. ¿Por qué no se unen a la naturaleza? Admitan su poder, y trabajen con ella. Trabajando conmigo tienen acceso a todo ese poder, dijo el río.

"Estaba parada en Nueva York a dos cuadras de Central Park, y podía sentir el poder de la naturaleza como una

"—Padre Maxime, ¿conoce a un gerontas [maestro] de nombre Vasilios? —le pregunté cuando se sentó a mi lado. Sonrió y permaneció en silencio unos minutos. —¿Y? —insistí.
"—El Padre Vasilios es mi gerontas. Yo trabajo con él.
"Era una de esas coincidencias que nos hacen preguntar si de hecho son coincidencias o la consecuencia de alguna causa inefable oculta a la conciencia ordinaria... El monte Athos es una supervivencia bizantina, parte de una civilización primitiva donde creen en los milagros. Allí se producen realmente milagros suaves, casi invisibles, cadenas de coincidencias que ningún experto en estadísticas creería. A veces estas secuencias nos siguen por el mundo y cambian nuestra vida." **Kyriacos C. Markides,** *Riding with the Lion*

fuerza enorme, y esa ciudad era apenas una escara en esta fuerza de la naturaleza. La ciudad no era insignificante del todo, pero sí relativamente insignificante.

"El resto del fin de semana tuve una experiencia totalmente distinta de la ciudad. Lo pasé fantástico. En general odio las ciudades me gusta estar en la naturaleza. Pero me di cuenta de que más allá del lugar en que esté, estoy en la naturaleza. ¿Adónde podemos ir que no sea la Tierra?" Se quedó callada un instante y luego continuó.

"Yo acababa de volver de Brasil, donde había estado estudiando con mi maestro, Don Manuel. Estábamos en el río Negro, no lejos del Amazonas. Bajamos hasta el río y él empezó a contarme qué decía el espíritu del río. Me enseñaba la 'jerga de la energía' para que me comunicara con el espíritu del río. Y ésa era exactamente la experiencia que necesitaría cuando fuera a Nueva York. La energía de cualquier río tiene una conciencia y si aprendemos a conectarnos con ella podemos recibir información o incluso obtener una sanación. Dicho sea de paso, antes de llegar al río Hudson tenía dolor de estómago y después se me pasó."

SER LA VISIÓN

Sostener la Visión Global significa ser la Visión Global. Sostener la Visión es vivirla para nosotros mismos y proyectar la intención del mayor bien hacia el futuro. En el último capítulo de La Décima

Revelación, David dice: "El aspecto clave de esta Visión no radica sólo en experimentarla, aunque eso ya es bastante difícil. La cuestión, es cómo proyectamos dicha Visión del futuro, cómo la sostenemos para el resto de la humanidad. De eso se trata la Décima Revelación".[2]

Sostener la Visión sabiendo que estamos aquí con un propósito. Aprender a hablar con los espíritus de la Tierra. Aprender a oler el viento. Escuchar el sonido que nos llega de la multitud. Disciplinar nuestra mente para recibir información nueva, hacerla dar vueltas y vueltas alrededor de nuestro sistema de creencias hasta ver qué representa para nosotros en este momento de la vida. Seguir el camino que abre la sincronicidad, olfatear, escuchar, quedarnos quietos como un ciervo, observar, esperar, y luego brincar como Pegaso, el caballo alado, y saltar por sobre la barranca.

Recuerde, asimismo, que la oportunidad desempeña un papel importantísimo en nuestros planes. Imagine que está sentado en el centro de una cueva que fue cavada en arenisca amarillenta. Las paredes, totalmente estriadas por los millones de años en que las cubrió el río, son negras. Sin embargo, un pedacito de la pared de la cueva está iluminado. Veinticinco metros más arriba hay una abertura en la cueva que arroja un haz de luz solar sobre ese pedazo de pared. Usted se acerca para examinar las marcas en esa cara perfectamente iluminada de la cueva. Ve símbolos y se da cuenta de que esos símbolos lo representan en ese momento exacto de su vida. Hasta que el sol no se mueva en su órbita, no podrá ver los símbolos para su futuro. Todo ha sido perfectamente cronometrado según su despertar.

CONSTRUYAMOS EL PUENTE PARA PODER LLEGAR UNOS A OTROS

En *La Décima Revelación*, cerca del final de la historia, el grupo ha estado luchando por lograr cohesión en su concentración y detener así el experimento en el valle. Pese a sus esfuerzos, no pueden sostener la visión. Hay una falla. La falla estaba en que veían a Feyman, el hombre que trataba de desarrollar la tecnología energética a toda costa, como a su enemigo, alguien a quien debían combatir y derrotar. Al concentrarse en él y tenerlo presente le daban energía. Éste es el obstáculo que se nos presenta cuando nos mantenemos en la energía antagónica "anti". El grupo se da cuenta de que resultará más eficaz visualizar a Feyman recordando por qué trabajaba con la tecnología de la energía, enviando así energía a su Visión original positiva del Nacimiento.

1. Abandonar la lucha de poder y "ponerse del mismo lado"

De este ejemplo se desprenden tres principios que le resultarán útiles en su trabajo como Sostenedor de la Visión. Primero, tratar a los otros como si fueran enemigos los fortalece, porque nuestra "enemistad" les da algo contra lo cual luchar. Esto no significa coincidir con ellos, sino que tratemos de entender qué están tratando de lograr desde un punto de vista positivo. ¿Cuál es su intención última? ¿Qué fuerza positiva hay detrás de su intención? Al enviarles energía para que recuerden cuál era su propósito original, no tratamos de "arreglarlos" o cambiarlos.

Nuestro principal impulso debe ser mantener la atención en nuestro ideal y trabajar en formas cooperativas que hagan avanzar a la humanidad. No es bueno ni eficiente para el trabajo que hacemos que nos quedemos atascados con las personas y personalidades y alimentemos la polarización de los puntos de vista. Trabajar exclusivamente en los efectos externos nos mantiene en el problema. Trabajar en los planos internos, en nuestro desarrollo y nuestra apertura, ayuda a crear canales telepáticos que atraerán el apoyo y la información que buscamos. Usar la oración y la visualización para concentrar nuestra intención es la dinámica cocreativa más poderosa del universo. Comprender los miedos o distintos puntos de vista que tienen otras personas nos ayuda a intuir cómo podríamos construir un puente hacia ellas.

2. Ellos no existen

El segundo elemento en la historia es que el grupo aprendió que en la Visión deben estar incluidos todos. Su lucha con Feyman les recordó que todos somos interdependientes. Ya no podemos permitirnos pensar en términos de "nosotros" y "ellos". Ellos no existen. Sólo hay un nosotros. Lo que hace una persona, lo que realiza un grupo, lo que un país desarrolla —cada pensamiento— nos afecta

---

"La memoria no es un término que utilicen los físicos, y sin embargo es fácil encontrarlo en el mundo del *quantum*: partículas que están separadas por distancias espacio-temporales enormes saben lo que cada una está haciendo. Cuando un electrón salta a una nueva órbita fuera de un átomo, su par antielectrón (o positrón) debe reaccionar, no importa donde viva en el cosmos. De hecho, todo el universo está unido por este tipo de red de memoria." **Doctor Deepak Chopra, *Quantum Healing: Exploring the Frontiers of Mind/Body Medicine***

a cada uno de nosotros por lejos que esa persona, ese grupo o país pueda estar físicamente. La conciencia, el fundamento y el elemento interconector de toda la vida están en todas partes.

3. Animar y totalizar

La tercera lección que nos enseña el grupo es que sanar y recordar tienen mucho en común desde el punto de vista energético. Al cambiar el mundo, nuestro modelo podría consistir en sanar —totalizar— lo que queremos cambiar. En vez de usar un modelo para "combatir" el crimen, la pobreza, la guerra y la destrucción ecológica, tal vez estaríamos mejor equipados partiendo de la idea de agregar lo que falta, amando y asistiendo lo que está fracturado y sufre. Hasta ahora, nuestro nivel de conciencia trató de resolver las cosas en la confrontación que en muchos casos termina en conflicto o lucha. Como vimos en el paradigma de guerra o conflicto, en el campo de la salud parecería que estamos listos para ingresar en un modo de reconocimiento de esquemas que nos da mayor amplitud y profundidad. Al trabajar con el esquema de lo que tratamos de lograr, podemos desperdiciar menos energía en el conflicto y reorientar la energía hacia la obtención de un desenlace positivo.

Recordar que todos somos una parte de Dios (o Todo Lo que Es, o Alá), escuchar al otro, respetar su punto de vista y hacerle saber que lo escuchamos, aumenta la vibración del conjunto de la humanidad. En la novela, Wil observa: "Cuando los cinco aumentaron su energía y recordaron en forma consciente la mayor parte de la Visión Global, elevaron todo este valle a un esquema de vibración más alto. Se aproximó al nivel vibratorio de la Otra vida; por eso ahora les parezco más definido y más claro, como ustedes me parecen más definidos y más claros a mí. Hasta los grupos de almas van a ser más visibles ahora en este valle".[3]

ANDAR LAS PALABRAS

¿Se acuerda de que, a veces, estando en el supermercado, un empleado grita, "La caja tres está abierta. No hay cola"? Sin duda recuerda la pequeña ola de alivio porque termina su frustración y puede completar su trámite en el negocio y seguir adelante. Imagínese que la caja tres está abierta. No hay cola. Es hora de poner en práctica aquello sobre lo cual ha estado reflexionando y leyendo. Está exactamente en el lugar en que se supone debe estar, y no faltarán oportunidades de conocer a otros. Analice los encuentros casuales. Mantenga su corazón abierto y su mente alerta para ver dónde puede hacer el mayor bien.

La forma en que atienda a la próxima persona que lo llame por teléfono, la forma en que guíe cariñosamente a un niño, la serena perseverancia al manejar su trabajo, todo eso es parte de la Visión Global. El amor y la bondad fortalecen a las almas en su propósito.

> "Mientras conduce su auto puede [practicar la paz]. Practique respirar y sonreír. Mientras camina de su oficina a la parada del ómnibus, tal vez quiera practicar lo que llamamos meditación en marcha, no pensar en nada, simplemente disfrutar de ir caminando por este bello planeta. Si camina así tres o cinco minutos, se recuperará y retornará la serenidad a su vida. Eso es lo que llamamos la práctica de la meditación en la vida cotidiana." **Thich Nhat Hanh, entrevistado por *We the People* y Jerry Brown**

El beneficio no es cuánto hacemos, sino que hagamos algo, y que lo hagamos desde el corazón. Adopte la perspectiva holística, que ve el "problema" sólo como una parte de una imagen más grande. Tenemos la capacidad de intervenir en los ciclos de la pobreza, el crimen, la violencia y el desempleo llegando a una persona por vez. Haga circular el sentimiento de amor entre usted y los demás. Manténgase conectado con la pasión por la cual hace algo. Esa pasión es su conexión con el espíritu. Si pierde la conexión con ese valor, pronto se agotará su celo por servir a los demás. O empezará a apegarse al éxito y la fama antes que al motivo por el cual empezó a hacer lo que está haciendo. No trate de salvar al mundo y perderse usted. La cuestión es trabajar desde un interés personal esclarecido, lo cual significa entusiasmarse ayudando a la humanidad.

Darnos cuenta de que cada obstáculo puede enseñarnos algo valioso que necesitábamos saber contribuye a evitar el agotamiento. En general queremos quitar un obstáculo lo más rápido posible. Piense qué le está diciendo el obstáculo. ¿Por qué no funciona? ¿Qué no estoy viendo? ¿Que tiene para enseñarme este obstáculo de lo que no soy consciente en este momento? Recuerde las palabras de A.T.: "Todo son mensajes".

CULPA O SERVICIO

Al apartarnos de la tendencia de ceder al miedo y esperar lo peor, dejamos de culpar al mundo exterior o a las "autoridades" por la forma en que son las cosas. Observamos, en cambio, qué caminos se abren para que hagamos algo.

Empiece a tomar conciencia de otras personas que estén desarrollando, aun de manera muy simple, métodos para disminuir el sufrimiento. ¿Hay alguna organización por la cual se sienta atraído? ¿Hay alguna nueva forma de pensar algo que usted necesita abordar?

Bernard Tetsugen Glassman se mudó a Yonkers, Nueva York, para iniciar una comunidad Zen. Su visión produjo proyectos y actividades que crean viviendas accesibles para gente sin techo, albergues y servicios para personas con SIDA, programas de capacitación laboral y un centro Zen. En una

"Conozco a una mujer que se sentaba todos los días en una habitación tranquila de la casa, miraba por la ventana el lago congelado y escribía lo que pensaba y lo que ocurría día tras día: lo que decía su hijita, su marido, los pequeños hechos de sus vidas.

"Escribió a máquina en hojas amarillas y las guardó; una pila grande que se acumuló en un cajón y no volvió a leer durante un año.

"Lo extraño es que cuando se sentaba a escribir y miraba el lago se veía a sí misma como una mujer agradable de mediana edad con una vida tranquila, común, cómoda, más bien carente de interés.

"Pero un año más tarde, cuando miró lo que había escrito —cuando ya era algo frío y separado de ella, como la escritura de una extraña— se soprendió muchísimo. En primer lugar, apenas podía creerlo porque era muy bueno.

"'Vaya, es muy bueno, sorprendente, notable —me escribió—. Y me doy cuenta de que en vez de tener una vida tranquila, agradable y común, tengo la vida más violenta, extraordinaria y fantástica... Y la imagen de mi hijita se destaca como una pintura de Goya'." **Brenda Ueland, *If You Want to Write: A Book About Art, Independence and Spirit***

entrevista para *Inquiring Mind*, Glassman dice: "Las verdaderas enseñanzas de un maestro son su vida, y los alumnos se sienten atraídos por un maestro particular debido a los intereses y preocupaciones que éste tiene... Yo hago mucho de lo que llamo retiros callejeros o trabajo de 'dar testimonio', y algunas personas vienen aquí para hacer esos retiros conmigo en tanto que otras trabajan en distintos proyectos en Yonkers".

El enfoque de Glassman es hacer que la gente reúna dinero de amigos para que puedan ver cómo es pedir dinero y ser mirado con sospecha. Una vez reunido el dinero, va al proyecto de refugio y la persona empieza a prepararse a vivir en la calle durante una semana. Glassman dice: "Cuando uno trata de pedir limosna, ve que casi siempre miran para otro lado. Es una sensación de rechazo a la que nosotros, los de la clase media, no estamos acostumbrados, y nadie que haya estado conmigo puede volver a ser igual otra vez con alguien de la calle. Cuando alguien queda en la calle, en seguida empieza a oler mal, y nadie quiere mirarlo y no lo aceptan ni en los restaurantes a los que iba normalmente para tomar un café. Es una experiencia muy profunda".[4]

Tengamos o no conciencia de ello, todos somos guiados por las intuiciones internas para ayudar. El coraje es el resultado natural del ciento por ciento de la intención. Hemos seleccionado algunas historias sobre acciones y programas de personas comunes, cuyo coraje cambió muchísimo las cosas.

LA VISIÓN - EN ESTE MUNDO

Salvar a los niños

En 1993, Joseph Marshall Jr., profesor de matemática de San Francisco y cofundador del Omega Boys Club, habló frente a una comisión parlamentaria formada por la Subcomisión del Senado de Christopher Dodd sobre Familias, Drogas y Alcoholismo y la Comisión de la Cámara sobre Niños, Jóvenes y Familias. En un libro escrito en colaboración con Lonnie Wheeler, *Street Soldier: One Man's Struggle to Save a Generation-One Life at a Time*, escribe sobre su experiencia: "Es gracioso —dije en la sala del Senado— pero esto no se diferencia mucho de ir a la cárcel o ir a una esquina, donde tengo que convencerlos [a los chicos del hogar] de que dejen de hacer lo que están haciendo, que dejen de traficar drogas, andar en patotas, matar gente. Y la clave de todo esto es hacerles creer que eso es posible... Es necesario saber que es posible. Y lo es. Tengo que decirlo al principio. Lo es".[5]

Como dice Lonnie Wheeler: "Donde nosotros vemos números, Marshall ve chicos. Ve inteligencia, talento, sensibilidad y ambición. Donde nosotros vemos perversidad, él ve potencial. Donde nosotros vemos incapacidad, él ve universidad".[6] Sin un montón de coraje y convicción los números parecen impotencia. ¿Cuáles son los números?[7]

- En 1990 se produjeron 22 muertes con armas de fuego en Gran Bretaña, 68 en Canadá, 87 en Japón y 10.567 en los Estados Unidos.
- Cada cuatro horas un niño estadounidense muere asesinado por un arma de fuego.

- De los hombres negros de entre veinticinco y treinta y cuatro años que abandonaron el secundario, el 75 por ciento están en la cárcel o en libertad bajo palabra.
- Si bien los negros alcanzan sólo el 12,4 por ciento de la población general de los Estados Unidos, constituyen más del 50 por ciento de la población carcelaria.

Y las estadísticas siguen. Joseph Marshall Jr. y Jack Jacqua ven estas cifras como pruebas de una enfermedad que infectó el país. En los últimos veinticinco años ha habido tres veces más estadounidenses muertos en suicidios u homicidios que en todas las guerras extranjeras del siglo XX. Marshall y Jacqua consideran que esta infección de violencia deriva de condiciones y creencias que pueden cambiarse.

En una entrevista con la periodista Catherine Bowman del *San Francisco Chronicle*, Marshall dice: "Me crié en el centro sur de Los Ángeles. Y cuando era chico, siempre tuve trabajo... esa clase de trabajos ya no existen para los niños, como cuando yo era chico. Justo frente a su puerta ahora hay alguna forma ilegal de vivir, y montones de chicos entran a los 8 o 9 años y nunca vuelven a salir.

"El segundo gran cambio [respecto de cuando yo era chico] es la proliferación de armas... estos chicos tienen acceso a armas de guerra, Uzis, AK-47, 9 mm, en las calles de los Estados Unidos... y creo que lo más importante y por cierto más destructivo... es la presencia del crack. Creo que es el peor crimen que afectó a la población negra estadounidense desde la esclavitud."[8] Marshall relata la historia de un chico de nueve años cuya madre empezó a descuidarlo cuando se hizo adicta al crack. "Moría gente en su casa, preparaban drogas en la cocina, le soplaban humo de crack en la cara. Los amigos le dijeron que fumara droga y bebiera alcohol. Le dijeron que consiguiera un arma y matara a los que le habían hecho cosas a la madre."[9] Al final, ese chico terminó matando a un oficial de policía y le dieron una condena de siete años. Mientras estaba en la División de Menores, conoció a uno de los miembros del Omega Boys Club y ahora está a punto de terminar el secundario y tiene intenciones de empezar un estudio terciario este año.

"Se siente el fresco otoñal en el aire. El viento norte sacude y golpea la chapa suelta del techo del granero anunciando que va a cambiar la estación. Los robles dejan caer sus hojas y el viento sopla por el techo de la casa como si crujiera. Los rojos y amarillos otoñales de las hojas de parra están en su apogeo... Una escarcha terrible dejará las hojas onduladas y marrones y ellas también caerán." **Arlene Bernstein, *Growing Season: A Healing Journey into the Heart of Nature***

Marshall se considera "sólo el adulto de la calle que cuida a los niños como los adultos de la calle velaron por mí". No obstante, en su caso, a través del programa del club Omega, ha contribuido a enviar a más de cien jóvenes a la universidad. Para él, la verdadera medida del éxito para los niños que participan en este programa es que sigan vivos y libres. Los estudios no son más que la capa dura de azúcar en la torta.

Lo que Marshall y su colaborador descubrieron observando el ambiente de la violencia, viendo películas, leyendo libros y utilizando a los niños como base de su investigación es que hay ciertas cosas que ocurren siempre en los incidentes violentos. "Lo que tratamos de hacer es confeccionar una lista tangible de cosas que si se evitaran disminuirían el riesgo de violencia. Aun creciendo en un barrio violento... se podría disminuir el riesgo de que siga sucediendo."[10] Su programa da resultado con una receta que promete aumentar en forma significativa la posibilidad de que estos chicos sigan vivos y fuera de la cárcel.

Sobre la base de su experiencia, lo que funciona con los chicos son cuatro "reglas para vivir" que reemplazan los códigos negativos de la calle que matan a la gente. Primero, dice Marshall, "nuestra definición de 'amigo' es alguien que nunca te conduciría al peligro". Segundo, considerando que ganar respeto es una parte importante de la dinámica callejera, explica: "Les decimos que el respeto viene de adentro. No se consigue de otro". Tercero: "Tenemos que hablarles del cambio. Si quieres que las cosas cambien, tienes que cambiar tú". Por último, "la primera regla de la vida es que no hay nada más valioso que la vida de una persona".[11]

Estos dos hombres iniciaron el Omega Boys Club "sin un centavo" y ahora se financian gracias a fundaciones y benefactores privados y públicos. Marshall dice con orgullo: "Poner a un chico en la División de Menores cuesta aproximadamente 40.000 dólares al año. Por ese dinero yo puedo enviar 10 chicos a la universidad... y estamos haciéndolo".

CUENTAN CON NOSOTROS

Cuando dejamos de deshumanizar a las personas convirtiéndolas en estereotipos y estadísticas o viéndolas como víctimas o perpetradores, recuperamos nuestros sentimientos. Al ponernos en contacto con lo que tenemos en común con los demás, dejamos de quedarnos de brazos cruzados dando por sentado el sufrimiento. El mayor trabajo espiritual que podemos hacer es cerrar la brecha entre "nosotros" y "ellos", ya sea en el barrio, la oficina o la política. Lo hacemos dentro de nosotros, cambiando nuestra percepción y disponiéndonos a ver su experiencia.

Nosotros, como Joseph Marshall, Jr. y Jack Jacqua y otros de nuestros grupos de almas, podemos empezar a reconocer que los demás cuentan con nuestra ayuda. Para quienes estén comprometidos en una vida con un poco de coraje, la apatía y la negación son reemplazadas por una sonrisa inesperada, un niño que nos toma de la mano o alguien a quien podemos llamar en medio de la noche. Podemos trabajar como un castor, cambiar nuestra piel como serpientes, trabajar infatigablemente como la hormiga, emitir señales como el cuervo o volar como pájaros.

Una vez que saboreamos el éxito en pequeñas acciones, no hay forma de volver atrás. Eso es el despertar espiritual: no volver atrás. Nuestra intuición nos marcará naturalmente el rumbo y nos dará la fuerza para "tomarnos el tiempo de intervenir en conflictos en cada nivel de la cultura humana".[13] La Décima Revelación nos recuerda que actuaremos con más coraje porque sabemos que tendremos que enfrentar la inevitable revisión de la Otra Vida "en la que debemos ver la consecuencia trágica de nuestra timidez [o faltas de intervención]". También nos recuerda que asumir una posición que no promueve un gesto abarcador es contraproducente.

En la novela, Wil dice: "Podemos aprender a intervenir de manera espiritual. Eso significa ayudar a llevar todo el proceso a la conciencia, como lo hacen estas almas de aquí [en la Otra Vida] con quienes se encuentran cautivos en las ilusiones [construcciones mentales habituales y destructivas]... Sabemos que, por indeseable que sea el comportamiento de los demás, debemos entender que no son más que almas que tratan de despertar, igual que nosotros".[14]

DEVOLVER

A los veintiún años, Palena Dorsey miró el espejo y vio un esqueleto. "De alguna manera sabía que tenía dos opciones —dijo—. O cambiaba y tomaba otro camino, o sería un esqueleto." Más de veintidós años después, ha ayudado a más de 112 jóvenes perturbadas a emprender ese camino distinto que ella también eligió. Madre sola con dos hijos, Palena abrió de par en par las puertas de su casa para

albergar a chicas de to-
das las razas y edades.
"La más joven fue una
prostituta de nueve
años puesta en la calle
para pagar la drogadic-
ción del padre. La
mayoría de mis chicos
tienen adicciones, his-
torias de maltrato y
entradas en la policía."
En un momento, Pale-
na, que además tenía
un trabajo *full-time*,

"Construir una escuela en Baltistan [norte de Pakistán] no es tarea fácil. La zona es tan escarpada y remota que primero fue necesario construir un puente de 85 metros sobre el río Braldu para transportar los materiales de construcción al lugar de la escuela. En este momento, el puente está terminado, ya se echaron los cimientos para la primera escuela, se reclutaron maestros locales calificados y se planea construir una segunda escuela para la localidad de Korphe, a un día de marcha... es oportuno que el nombre del proyecto sea Lam Bela: el camino del mañana." *Boletín de la Fundación Himalayo-estadounidense*, **verano de 1996**

llegó a albergar a veintidós chicas en su casa de ocho habitaciones. Su filosofía es que ninguna chica quiere ser prostituta o drogadicta.

"Lo que las chicas necesitan es saber que una cree y confía en ellas —afirmó Palena—. Necesitan saber que una está de verdad. Les he contado toda mi historia y saben que creo que ellas también pueden cambiar. Una vez que sienten que alguien cree en ellas, se ven bajo una nueva luz y toda su actitud cambia. Si estaban en pandillas porque necesitaban esa identidad de grupo, se apartan de la actitud callejera. Ya no necesitan ocultarse detrás de la banda."

¿Cómo empezó? "Bueno, en 1978 mi pastor me llamó para ver si podía albergar a una chica que iba a un hogar juvenil. Acepté hacerlo porque sentí que quería devolver algo considerando que yo misma había superado tantas cosas. Al principio no fue fácil. Aprendí qué funcionaba y qué no. Creo que lo más importante que podemos hacer es escuchar a los niños. La mayoría de la gente les habla, pero no habla con ellos. Aprendí, entonces, a hablar con estas chicas y a escucharlas. Les hice saber que les tenía confianza y esperaba ciertas cosas de ellas.

"En nuestra casa tenemos ciertas reglas que no son negociables. Si violan las reglas, se van, y lo saben. También tenemos un diagrama con los nombres de todas y la lista de sus tareas. Hay una capitana de la casa y si alguien no realiza sus tareas tiene que hacerlas la capitana, aunque tarde hasta medianoche. También hay una serie de consecuencias, como no salir de paseo durante un mes o hacer más tareas. Tenemos dos reuniones diarias, una por la mañana antes de ir a trabajar y la otra después de cenar. No tengo ninguna estructura para la reunión. Simplemente pregunto: '¿Alguien tiene algún tema para tratar?'".

Una de las reglas de Palena fue que cada una de las chicas debía

> "Es notable que el doctor Hoerni, uno de los abuelos de la industria microscópica, decidiera ayudar a los niños que todavía escriben en el polvo." *Boletín de la Fundación Himalayo-estadounidense*, **verano de 1996**

ganar dinero para comprarse su cama o los muebles de su cuarto y traerlos a la casa sola. "No les hago las cosas fáciles, pero una vez que logran algo, les queda como experiencia." Su objetivo es siempre enseñarles a tener autoestima, estimulando su crecimiento con mucho amor a la vez que con expectativas de responsabilidad.

"Lo más aterrador para mí, al principio, fue sentir que perjudicaba a mis propios hijos rodeándolos de chicas que hablaban de sus viajes con la droga. Pero, por suerte, lo tomaron muy bien y ahora tengo incluso dos nietos." Además del apoyo continuo del pastor de su iglesia, Palena también ha recibido mucha ayuda tangible de la comunidad para vestir y alimentar a su prole. Todavía se mantiene en contacto con sesenta o setenta de las chicas, ahora adultas, a las que albergó. "Siempre hay un porcentaje de fracasos, pero la mayoría de mis chicas continuaron en el nuevo camino y algunas ahora ayudan a otros chicos de la calle."

¿Qué consejo le daría a alguien que quiera trabajar con niños con problemas? "Creo que hay una razón para todo y que si hay un mal, tiene que haber alguna manera de corregirlo. Todas mis chicas han sido lo más importante en mi vida, incluso más que el miedo de perder mi

> "... las aldeas de Nepal occidental... son tan pobres que las familias desesperadas muchas veces venden a sus hijas pequeñas a burdeles de la India. Entre cinco y siete mil niñas nepalesas son obligadas cada año a entrar en la prostitución. Muchas contraen SIDA y la mayoría no vuelven nunca a sus casas y ven sus vidas truncadas.
>
> "Se ha creado un hogar donde las chicas que fueron rescatadas o están en peligro pueden encontrar refugio; si no tienen adónde ir, también pueden encontrar una casa y educación... un pequeño estipendio puede ayudar a la niña a permanecer en la escuela. Cuanto más tiempo están allí, menos probabilidades tienen de ser vendidas a la prostitución.
>
> "Este enfoque se puso a prueba con 56 niñas de la localidad de Syangja y tuvo tanto éxito que, con el apoyo de la AHF, se extenderá este año a una segunda localidad. Es sorprendente que tan poco dinero [100 dólares por niña/año) pueda cambiar tanto una situación. *Boletín de la Fundación Himalayo-estadounidense*, **verano de 1996**

trabajo si se conocía mi pasado. Hay que estar dispuesto a escuchar a los niños y hacerles saber que uno confía en que harán lo correcto. Deben tener la libertad de expresar su opinión. También hace falta paciencia. La paciencia es algo que se tiene o no, y no creo que pueda aprenderse. He visto a muchas personas que no deberían trabajar con niños, pero lo hacen y después se asombran de que nada salga bien."
¿Qué otro consejo tiene?

"Cuando vaya a adoptar, en vez de llevar al mejor niño, lleve al peor. Los chicos que realmente nos necesitan son aquellos que nadie quiere."

Gente como Palena Dorsey, Joseph Marshall y Jack Jacqua son ejemplos vivos de la predicción de la Décima Revelación de que "voluntarios que trabajaban como 'hermanos mayores' 'hermanas mayores' y tutores, todos guiados por las intuiciones internas de ayudar, recordando su intención de realizar un cambio en su familia o en un niño".[15]

LAS SEMILLAS BROTAN EN LUGARES OSCUROS

Recientemente *San Francisco Chronicle* puso de relieve la obra de la Delancey Street Foundation, considerada como el centro de educación residencial de autoayuda más importante del país para ex adictos y ex convictos. Si bien al ingresar en Delancey Street el residente promedio es funcionalmente analfabeto y no posee ninguna calificación, todos los residentes reciben el equivalente a un secundario y son formados en tres especialidades antes de su graduación. Durante ese tiempo, los residentes aprenden no sólo materias académicas y vocacionales, sino también oficios de supervivencia social e interpersonal junto con las actitudes, valores, sentido de responsabilidad y autoconfianza necesarios para vivir en la sociedad normal sin drogas, con éxito y legitimidad. Uno de los rasgos característicos singulares de Delancey Street es que esta "familia ampliada" no le ha costado un solo centavo al contribuyente.

La fundación se autofinancia principalmente mediante una serie de escuelas de capacitación para restaurantes, servicios de

> "Y todos iban difundiendo las Revelaciones y el mensaje crucial de que, por dura que fuera la situación o por afianzados que estuviesen los hábitos autodestructivos, cada uno de nosotros podía despertar a un recuerdo de misión y propósito." *La Décima Revelación: En busca de la luz interior*

comidas, empresas de mudanza e imprentas, que proporcionan oficios a todos los residentes. Todos trabajan siguiendo el principio de "todos enseñan a todos".

Después de veinticinco años rehabilitando convictos, drogadictos y prostitutas, la organización se ha convertido en un satélite acreditado de la Golden Gate University.[16] Grabados en su logo aparecen las palabras "*Vertere Vertute*", que significa "transformar mediante el coraje". Shirley LaMarr, que ejemplifica el tipo de transformación por el cual Delancey Street es famoso, era, a los cuarenta años, una drogadicta y prostituta con cuatro hijos y una larga serie de arrestos. Su siguiente parada era la cárcel, pero gracias a un trato con la policía y los fiscales eligió Delancey Street. Para ella, la transformación tuvo lugar de a poco. Con el tiempo, las cosas simples y pequeñas —"como decir la verdad y admitir que hice algo malo y preguntar cómo puedo arreglarlo"— empezaron a modificar su actitud respecto de lo que podía llegar a hacer. "La filosofía de Delancey Street es básica —dijo LaMarr—. No hay nada místico. Es ser responsable, aprender qué es la integridad, tener carácter, no hacer concesiones. Es tratar a las personas como quieren ser tratadas y es disciplina. Una disciplina buena, fuerte y dura. No hay golpes suaves. Es amor duro y difícil." Si le preguntan qué herencia le gustaría dejar, sugiere las palabras del nuevo logo, *Vertere Verture*. "Me siento feliz con eso. La cuestión es ésa." Esta destacada organización constituye un tributo al principio de que individuos comunes pueden hacer realidad sueños extraordinarios —imposibles, incluso— uniendo sus recursos, apoyándose unos a otros y viviendo vidas con un propósito e integridad.

LA MISIÓN EN LAS CÁRCELES

Nuestro personaje de *La Décima Revelación* nos recuerda que la transición se produce como un proceso evolutivo. Por ejemplo, comprende (en la Visión Global) que: "a corto plazo, hacían falta más prisiones e instalaciones de detención, pues se admitía la verdad tradicional de que devolver a los delincuentes a la comunidad demasiado rápido o dejar libres a los perpetradores para darles otra oportunidad reafirmaba el comportamiento… Sin embargo, al mismo tiempo, vimos una integración de las Revelaciones en el manejo directo de estas instalaciones que introducía una ola de participación privada con los encarcelados, lo cual modificaba la cultura del crimen e iniciaba la única rehabilitación que funciona: el contagio de recodar".[17]

Las soluciones tradicionales que se concentran sólo en el castigo ya no satisfacen las necesidades de nuestra cultura. Almacenar transgresores sociales sin ningún tipo de educación, formación o rehabilitación piscológica nunca ayudará a la sociedad en general.

Según Peter Breen, director ejecutivo de

> "El cuervo es presagio de cambio. Los Antiguos Caciques nos cuentan que el Cuervo ve simultáneamente los tres destinos: pasado, presente y futuro. Si la medicina del Cuervo aparece en nuestra vida, vemos las leyes del Gran Espíritu en relación con las leyes de la humanidad.
>
> "La medicina del Cuervo significa un conocimiento directo del bien y el mal de un orden superior al indicado por las leyes creadas en la cultura humana. Con la medicina del Cuervo, hablamos con una voz potente al abordar temas que para nosotros parecen carentes de armonía, de equilibrio, descolocados o injustos."
> **Jamie Sams y David Carson, *Medicine Cards***

Centerforce, una red de servicios que se ocupa de los hijos y familiares de los presos, "el 55 por ciento de los hijos de padres presos terminarán en prisión". Con la convicción de que estos niños que ya están en peligro pueden ser apartados de los caminos que tomaron sus padres, la misión de Centerforce consiste en ayudarlos a sanar las heridas que los separan de sus hermanos integrados a la sociedad normal. Sólo en California, hay en este momento 350.000 niños con uno o los dos padres en prisiones estatales, y esto sin incluir a los niños con padres en cárceles locales o departamentales. Se supone que la cantidad de chicos con padres encarcelados se duplicará en los próximos dos años. En este momento, en el nivel nacional, se estima que son unos 2,5 millones los niños que tienen uno o los dos padres en la cárcel.

Centerforce nació en 1975 simplemente prestando servicios básicos de atención a los chicos y transporte a las familias que visitaban a los reclusos de San Quintín. En la actualidad constituye una red con veintisiete centros que atienden treinta prisiones estatales.

Programas como éstos pasarán a ser un aspecto importante de la nueva Visión Global a medida que nuestra cultura abandone su negación basada en el miedo respecto del crimen y su efecto en toda la sociedad. Holísticamente, es preciso entender el significado que tiene ayudar en los aspectos moral y económico a estas familias que son excluidas, condenadas, abandonadas por los amigos, los compañeros de clase y la comunidad, junto con el preso. Los padres reclusos y sus cónyuges muchas veces tampoco tuvieron padres y carecen de capacidad para cuidar a sus propios hijos. Los cónyuges también sufren muchísimas presiones económicas y emocionales. El bienestar de estas familias es parte integral de nuestro futuro. La mejor oportunidad con que cuenta un preso para retornar a una vida normal es mantenerse conectado con la esperanza y el amor. Es necesario que pueda ver crecer a sus hijos, hablar con su pareja, adquirir una mayor percepción de sí mismo y de sus opciones, y desarrollar capacidades que los respalden, a él y su familia, cuando regrese a la comunidad. En medio de nuestra sofisticación técnica, tendemos a soslayar la necesidad de una instrucción básica en matemática y lectura y la enseñanza de disciplina, gratificación postergada y responsabilidad personal, además de una misericordia compasiva.

Hace cuatro años San Quintín instituyó un nuevo programa, Boot Camp, régimen de condena alternativo para transgresores no violentos que delinquen por primera vez. Este programa piloto singular, armado en base a uno que existe en Nueva York, combina una instrucción estilo militar y ejercicios a la mañana temprano con detalles de trabajo comunitario, educación y asesoramiento intensivo. En un artículo aparecido en el *San Francisco Chronicle*, Erika Zak Bencich, psicóloga del programa, comenta que para muchos reclusos "es la primera vez que han tenido una disciplina en su vida, un modelo positivo. Ante todo, les estamos enseñando a vivir".[18] Hasta ahroa, ninguno de los reclusos que completó todo el programa —desde Boot Camp hasta libertad bajo palabra— volvió a la cárcel. Este tipo de programas dependen en gran medida del apoyo comunitario y de los voluntarios. ¿Se siente llamado a ofrecer enseñanza, ayuda psicológica, transporte o atención a niños? ¿Está en condiciones de reunirse con un grupo de reclusas una vez por mes para intercambiar sentimientos, esperanzas o buenos libros?

LA MISIÓN AMBIENTAL

La contaminación se produce debido a una condescendencia, una ignorancia y una apatía tácitas. Todos vemos basura en los riachuelos. Tosemos cuando pasa un auto con el escape flojo. Seguimos como si nada y volvemos a nuestras propias preocupaciones. Con un cambio de perspectiva que deje de lado esa "tolerancia aprendida", una sola persona puede hacer mucho.

Como los "testigos inspirados" que aparecen en la Visión Global, las personas mencionadas en las siguientes historias vieron qué hacía falta y actuaron.

GUARDIANES DEL BOSQUE

En Nueva México, una organización ambientalista llamada Forest Guardians acaba de comprar más de 1.250 hectáreas para proteger del ganado que pasta a los bosques aledaños a los ríos. John Horning, director de conservación para la organización, entrevistado por Salle Merrill Redfield en *The Celestine Journal*, dijo: "Nacimos de la controversia. En 1989, el Servicio Forestal propuso talar el último monte

---

"Hay un camino encantador que va de Ixopo a las colinas. Estas colinas están cubiertas de hierba y llenas de ondulaciones, y son más bellas que cualquier canción compuesta sobre ellas... la hierba es rica y enmarañada, no se ve el suelo. Pero las ricas colinas verdes se quiebran. Caen al valle que está más abajo y al caer cambian su naturaleza. Se vuelven rojizas y desnudas; no pueden retener la lluvia y la niebla y los ríos se secan en los valles profundos... Nadie lo cuida, ni custodia, ni se preocupa, ya no guarda a los hombres, no custodia a los hombres, no se preocupa por los hombres. El titihoya ya no grita más por aquí.

"Las grandes colinas rojizas están desoladas, y la tierra se desgarró como carne. Los rayos resplandecen sobre ellas, las nubes desbordan sobre ellas, los ríos muertos renacen, llenos de la sangre roja de la tierra. Abajo, en los valles, las mujeres raspan el suelo que quedó y el maíz apenas alcanza la altura de un hombre. Son valles de viejos y viejas, de madres e hijos. Los hombres no están, los hombres y las mujeres jóvenes se fueron. El sol ya no puede guardarlos." **Alan Paton, *Cry, the Beloved Country***

---

viejo del Bosque Nacional Santa Fe. Sam Hitt, fundador de la organización, pensó que la venta de troncos no era para beneficio del pueblo, y por eso se fundó la organización con el deseo de preservar este bosque antiguo. A la larga nos impusimos y hasta el día de hoy es el único bosque que todavía resiste".[19] Últimamente Forest Guardians está trabajando para evitar daños a las riberas del río causados por el ganado, que destruye la vegetación y contamina el agua. "Al enfrentar el icono del *cowboy/ranch*, nos dimos cuenta de que sería un tema muy difícil y delicado. Por eso pensamos que el mercado libre era una forma de que el tema resultara lo menos controvertido posible. Fue la forma que elegimos para lograr nuestro objetivo de proteger las tierras de bosques próximas a los ríos sin apoyarnos en querellas y juicios, lo cual no quiere decir que no encontráramos ninguna resistencia. La ironía de esto es que la comunidad ganadera, pese a ser un icono de fuerte individualismo, recurrió al gobierno local, provincial e incluso estatal para evitar que los ambientalistas utilizaran el mercado libre."

La organización adquirió más de 1.250 hectáreas de tierra, a aproximadamente un dólar anual por hectárea.

Ésta es una circunstancia en la que la vieja forma de vida —la explotación rural— debe dar lugar a una visión superior tendiente a servir a la tierra. Según Horning y el grupo de Forest Guardians, hay muchas zonas donde el ganado

---

Lobos - Custodia, Ritual, Lealtad y Espíritu

"Los lobos son el epítome del espíritu salvaje... el verdadero espíritu del salvajismo libre e impoluto. El lobo tiene una inteligencia muy grande... un sentido del olfato que le permite una gran discriminación... y una sensibilidad auditiva excelente.

"[El lobo] advierte sobre la importancia de escuchar los pensamientos y las palabras interiores. El lobo tiene capacidad para establecer vínculos emocionales rápidos y firmes. Parte de lo que nos enseña la medicina del lobo tiene que ver con aprender a confiar en las propias percepciones y a asegurar los vínculos como corresponde." **Ted Andrews,** *Animal-Speak*

---

que pasta no beneficia a la comunidad. Además del daño que se causa a tierras públicas, se destinan dólares de los contribuyentes —hasta 70 millones— para subsidiar la devastación.

Otros esfuerzos para evitar que se redujera el Servicio Forestal también resultaron útiles, pero todavía queda mucho trabajo por hacer para proteger lo que queda del bosque antiguo de las empresas madereras multinacionales. Es increíble que el Servicio Forestal pueda negarse a vender derechos sobre los montes a la Alianza del Ecosistema del Noroeste, principal oferente, porque no planean dedicarse a la explotación forestal. Horning afirma: "Creo que esto revela el hecho de que el Servicio Forestal está en connivencia con las empresas forestales multinacionales. ... la razón por la que estamos parejos en esta situación es que el Congreso y el presidente Clinton sancionaron una ley que suspende todas las leyes ambientales sobre bosques nacionales con el pretexto de que la explotación forestal colaborará con la salud del ecosistema. Es una excusa para ir a talar los últimos bosques antiguos. Estamos tratando de fomentar una conexión entre la gente y el lugar. En la medida en que podamos fomentar dicha conexión, la gente defenderá con una pasión feroz los lugares que conoce y le preocupan".[20]

En el nivel de conciencia representado por la Décima Revelación, es de esperar que surjan nuevas coaliciones como las de "los cazadores de la vieja visión y entusiastas de la historia nostálgica y los que percibieron los lugares naturales como portales sagrados", que ayudarían a salvar recursos naturales como las selvas tropicales y las selvas vírgenes. Parte de este cambio de percepción se producirá a medida que se expandan la intuición, la conciencia y la memoria, y las culturas desarrolladas integren el conocimiento místico de sus pueblos nativos.

HÉROES AMBIENTALES PREMIADOS

Cuatro ganadores del Premio Ambiental Goldman en 1996 caracterizan el tipo de conciencia, voluntad y coraje frente al gran riesgo personal que marca la vanguardia de la Visión Global.

Jaguares, lobos, loros y personas

Edwin Bustillos, de 31 años, que sobrevivió a tres atentados contra su vida producto de la violencia del tráfico de drogas, fundó en 1992

"[El pájaro carpintero] es un ave conectada con el pulso mismo de la Tierra... también puede reflejar una necesidad de fomentar algunos cambios y ritmos en su vida.

"[El pájaro carpintero] vuela de una manera y con un ritmo únicos. Todo esto sirve para acentuar el hecho de que cada vez será más importante que usted siga sus ritmos y vuelo exclusivos. Haga lo que le da resultado de la mejor manera para usted. Cuando el pájaro carpintero entra en nuestra vida, indica que la base ya está. Ahora es seguro seguir nuestros propios ritmos." **Ted Andrews,** *Animal-Speak*

---

una organización ambiental y de derechos humanos llamada CASMAC (Advisory Council of the Sierra Madre). El proyecto consiste en crear una reserva de la biosfera de 2 millones y medio de hectáreas en la Sierra Madre Occidental, en el norte de México, para proteger los ecosistemas que se hallan en grave peligro y las cuatro culturas nativas distintas que llevan dos mil años viviendo en las montañas. Estas tierras, hogar de los indios Tarahumara, cuya capacidad para correr distancias larguísimas es legendaria, al igual que la de los jaguares, los lobos grises mexicanos, los loros de pico grueso y cientos de especies de pinos y robles, cayó bajo el dominio de cultivadores de drogas. La comunidad indígena central, rodeada por un bosque antiguo, acaba de ser declarada reserva como consecuencia de los esfuerzos sostenidos de Bustillos y su pequeña organización. Bustillos considera que "entre los densos bosques y los profundos cañones, entre el ruido de los pájaros y las cascadas y entre una abundancia de especies vegetales y animales, no hace falta nada más para vivir. Por esa razón, quienes viven en armonía con su entorno viven con inteligencia".[21]

Coraje en la Amazonia

Marina Silva, de 38 años, pasó su infancia recolectando caucho, cazando y pescando para ayudar a su padre a mantener una familia numerosa. Nacida en el corazón del Amazonas brasileño, a los dieciséis años se trasladó a la ciudad. A pesar de su analfabetismo y su enfermedad, estudió de noche y pronto logró completar una carrera universitaria. En la década de los 80 volvió al estado de Acre y con Chico Mendes, líder de los recolectores de caucho, contribuyó a organizar las manifestaciones pacíficas de los recolectores que viven en la selva contra la deforestación y la expulsión de las comunidades de sus tierras. Después del asesinato de Mendes, en 1988, Silva siguió trabajando en favor de la creación de reservas de extracción sostenibles. En la actualidad hay 2 millones de hectáreas de selva que producen caucho y avellanas, administradas por comunidades indígenas. Pese a sus problemas de salud, Silva se ha convertido en la primera recolectora de caucho electa para el senado federal de Brasil. Dice: "La mejor alternativa que tenemos en este momento es prolongar nuestros días en este planeta. Toda nuestra capacidad técnica y científica será utilizada para revertir el proceso de destrucción que hemos creado. Por eso me siento orgullosa de ser de la Amazonia, donde todavía tenemos la posibilidad de iniciar una historia sustentable".[22]

"El loro es un maestro maravilloso del poder de la luz y los colores. A algunos loros les enseñaron a imitar a los humanos. Gracias a esta habilidad, el loro es considerado un eslabón entre el reino humano y el reino de las aves. En este sentido, los loros podrían equipararse a embajadores, diplomáticos e intérpretes para el ámbito de las aves. Tienen una magia que nos permitirá entender a los otros de una manera más eficaz. Pueden ayudarnos a tomar conciencia de un sentido de la diplomacia." **Ted Andrews, *Animal-Speak***

"Simplemente estoy todo el tiempo a favor del ambiente"

En 1984, Mahesh Chander Mehta, de 49 años, hoy uno de los abogados más importantes del mundo en asuntos de interés público, visitó el Taj Mahal. Vio que el mármol se había vuelto amarillo y estaba agujereado como consecuencia de los contaminantes de las industrias locales. Presentó su primer caso ambiental ante la Corte Suprema de la India, seguido por otro en favor del río Ganges, gravemente contaminado, que se incendió debido a los efluentes industriales. Desde ese entonces, todos los viernes se reserva una sala para los casos de Mehta.

En 1993, después de diez años de batallas jurídicas, la Corte Suprema ordenó que 212 fábricas pequeñas situadas alrededor del Taj Mahal cerraran, porque no habían instalado dispositivos de control de la contaminación. Otras 300 fueron puestas sobre aviso para que hicieran lo mismo. Mehta, que trabaja en

"Los elefantes personifican la fuerza y el poder. Eran vistos como símbolos de nubes y muchos creían que los elefantes creaban las nubes... son símbolos de la niebla que separa los mundos formados de los mundos sin forma.

"El elefante... confía en su sentido del olfato. Quienes tengan un tótem elefante deben prestar atención a lo que huele bien y lo que huele mal. ¿No discrimina como debería? ¿Y los demás? ¿Algo huele divertido? ¿No está respondiendo, aunque las cosas no huelan bien?" **Ted Andrews,** *Animal-Speak*

general solo, investigó personalmente los lugares y presentó las denuncias en respuesta al sufrimiento que veía. Como consecuencia de esto, ganó sin ayuda cuarenta querellas ambientales muy importantes. Mehta es responsable de reglamentaciones que exigen a 5.000 fábricas que instalen dispositivos de control de la contaminación y a 250 localidades que instalen plantas para el tratamiento de aguas servidas. Presentó una petición ante la Corte Suprema para ordenar al gobierno federal que permitiera la venta de nafta sin plomo en las cuatro ciudades más grandes del país, y ordenó que 9.000 industrias contaminantes fueran reubicadas en zonas alejadas de Nueva Delhi. Sus esfuerzos también trajeron aparejada la formación ambiental obligatoria en las escuelas y lugares públicos. Cofundó el Consejo Indio de Acción Ambiental y Legal, una organización de abogados, científicos y médicos sin fines de lucro que promueve la conciencia ambiental y lucha por lograr que otros abogados se comprometan en litigios ambientales en pro del interés público. Mehta afirma: "Ya no estoy nunca en contra de nadie, como creen muchas veces. Simplemente estoy todo el tiempo a favor del ambiente. Aquellos a los que me opongo en la corte se darán cuenta de que ellos, y también sus hijos, son los beneficiarios de la protección ambiental".[23]

Mostrar y hablar

Amooti Ndyakira, periodista de *New Vision*, uno de los diarios independientes de África, trabaja incansablemente por elevar la conciencia de la gente en cuanto a las cuestiones ambientales. Afirma: "La gente no tomará conciencia hasta no estar informada. Recién cuando todos tomen conciencia actuarán, y recién cuando actúen se salvarán las especies y el ambiente".[24] Su trabajo sobre la caza de los gorilas de la montaña y la tala ilegal generó una intensa protección. Corriendo un gran riesgo personal, Amooti colaboró en un operativo secreto para atrapar una red de contrabando de animales salvajes. También contribuyó a presionar al gobierno para que firmara un acuerdo internacional sobre especies en vías de extinción.

REVOLUCIÓN EN EL CORAZÓN DEL HAMBRE

Existen miles de organizaciones y grupos que trabajan en forma infatigable para llevar alimento y refugio a la gente. Un grupo innovador, Share Our Strength, brinda no sólo alimentos para el estómago, sino todo un modelo nuevo de servicio a la comunidad. En una época en que la mayoría nos sentimos desalentados porque ninguna política gubernamental ni organización de beneficencia puede suministrar recursos suficientes para quienes sufren verdadera necesidad, existe una nueva visión de crear riqueza comunitaria que ya ha demostrado que podemos reinventar soluciones inspiradas para problemas arraigados.

Después de pasar muchos años en la política como asistente de los senadores Gary Hart y Bob Kerry, Bill Shore se sintió en una encrucijada. Su experiencia trabajando en el gobierno no sólo le había permitido desarrollar valiosas capacidades para organizar y conectarse con la gente sino que le había mostrado también qué cosas se podía esperar o no que el Estado hiciera. En 1987 tomó la decisión de invertir su experiencia y energía en concebir un nuevo modelo para enfrentar el hambre y la pobreza. Junto con su hermana, Debbie Shore, fundó la organización Share Our Strength, que en diez años ha crecido hasta convertirse en una entidad que da becas por valor de 30 millones de dólares sin recibir ninguna financiación estatal. En su libro *Revolution of the Heart: A New Strategy for Creating Wealth and Meaningful Change*, Shore nos presenta un programa contundente para reinventar la noción misma de la organización sin fines de lucro. La primera parte de su plan consiste en cambiar el sector sin fines de lucro de manera tal que deje de ser respaldado por donaciones y becas que dependen de fondos sobrantes de presupuestos ya limitados, para convertirse en una actividad empresaria y autosuficiente. En segundo lugar, su estrategia toma en consideración nuestra necesidad personal de contribuir de maneras significativas, no sólo con unos pocos dólares aquí y allá, sino dando lo que mejor hacemos.

"Ningún otro animal, salvo quizás el lobo, epitomiza más la idea de comunidad que el perro de la pradera. La comunidad de un perro de la pradera siempre está llena de actividad. Toda la ciudad se divide en camarillas o comunidades individuales donde los miembros dependen unos de otros.

"Son muy sociables... se saludan con un beso y un abrazo... Con la boca abierta, juntan los dientes. Les encanta mostrar afecto.

"Analice su sentido de comunidad... ¿está participando plenamente?" **Ted Andrews,** *Animal-Speak*

Si hiciéramos una lista de necesidades prioritarias en el mundo, sin duda alimentarnos a nosotros mismos y a nuestros jóvenes sería la número uno junto al control de la natalidad y la convivencia pacífica. Los niños subalimentados no sólo están más expuestos a la enfermedad, sino que, si no reciben una nutrición adecuada cuando determinado órgano necesita crecer —como el cerebro, por ejemplo—, el daño puede ser incalculable e irreversible. Estos niños tienen menores expectativas de atención, menos capacidad para concentrarse y menos curiosidad. Las consecuencias de estas deficiencias a largo plazo son obvias. Mientras en otras partes del mundo el hambre puede derivar de la guerra o las penurias, en los Estados Unidos deriva no sólo de la pobreza económica sino de la pobreza de visión respecto de lo que se puede hacer para repararlo.

"Antes de que Share Our Strength fuera una organización, fue una idea. Y antes, fue una emoción, un reflejo, una respuesta —escribe Bill Shore—. Siempre creí que el impulso que dio origen a SOS era mi respuesta a los horrores del hambre en Etiopía, pero ahora veo que fue una respuesta a eso y mucho más. También fue una respuesta a la lucha de una década en las trincheras de la elaboración de políticas en el Congreso, las victorias y las decepciones, una respuesta a la superficialidad de las políticas presidenciales, una respuesta a una infancia cómoda gracias al cuidado de padres afectuosos y comprensivos. Fue dar vuelta a la esquina desde un lugar donde siempre había considerado que el Estado, la empresa u otras instituciones tenían la responsabilidad principal de resolver problemas sociales, a un lugar donde pasé a ver la responsabilidad y la promesa que yo y otros como yo teníamos".[25]

En un primer momento, SOS organizó una serie de actividades nacionales con comida y vinos, llamados El Gusto de la Nación, en los que *chefs*, dueños de restaurantes, comerciantes de vinos y empresas de café y bebidas alcohólicas aportaban sus talentos, tiempo y recursos. Posteriormente, SOS desarrolló el concepto de lo que denominan una Empresa para la Riqueza Creativa, un híbrido empresario que "suministra un producto o servicio a gente que quiere comprar por razones independientes de sus intenciones caritativas".[26]

Shore y sus colegas vieron que la gente prefería hacer aportes no monetarios de tiempo y habilidad. Por ejemplo, escritores reconocidos como Anne Tyler escribieron cuentos que fueron publicados y los derechos fueron destinados a SOS. Otros autores también juntan dinero leyendo sus obras y publicando antologías. "SOS tiene hoy más de 100.000 contribuyentes. Una asociación increíble con American Express hizo crecer la organización casi al doble y contribuyó a formar otras asociaciones con Norhwest Airlines, Universal Studios, Seagram's, Fetzer Vineyards, Barnes and Noble, Starbucks Coffee, Calphalon Cookware, Gallo Wines y muchas más. En 1996, Share Our Strength reunirá y gastará más de 16 millones de dólares para respaldar esfuerzos comunitarios destinados a aliviar y evitar el hambre. Ninguna parte de este dinero procede del Estado, ni tampoco de otras fundaciones o correo directo. Por el contrario, se generará nueva riqueza y se aportarán más dólares al esfuerzo para que puedan beneficiarse todos los grupos que combaten el hambre y la pobreza."[27]

Una de las sugerencia prácticas enumeradas en Revolution of the Heart consiste en seleccionar un artículo de su empresa cuya compra signifique un beneficio para la causa que más le llegue al corazón. Shore dice: "No sólo recauda dinero y crea conciencia sobre los temas importantes de la comunidad, sino que da a sus clientes la oportunidad de tomar decisiones que también son socialmente responsables".[28]

"Si en el mundo cada uno se tomara cinco o diez minutos diarios para detenerse a pensar, nos ayudaría a todos a abordar la obra de Dios, porque necesitamos reflexión, necesitamos pedirle a Dios Su bendición diariamente, y necesitamos hacerlo entrar en nuestras vidas para poder darlo a los demás. Cuando tenemos a Dios en nuestras vidas, Él les da sentido, hace que todo sea digno y fructífero también. La ausencia de Dios en general acompaña las cosas que dejan que desear en nuestro mundo." **Lucinda Vardey, *Mother Teresa: A Simple Path***

Patrocine Empresas para la Riqueza de la Comunidad como Newman's Own (la empresa de alimentos de Paul Newman dona el 100 por ciento de las ganancias previa deducción de impuestos a una serie de causas de caridad y educativas), Working Assets, Timberland, American Express, House of Seagram's y FILA.

Use su capacidad o enséñela. Encuentre una escuela, un centro comunitario o una organización sin fines de lucro donde pueda enseñar o proponer su oficio o pasión creativa.

Cuando nos concentramos en culpar a los demás, ya sea un gobierno ineficiente o las empresas multinacionales, sin darnos cuenta empezamos a deshumanizar a las personas y alimentar la polarización de buenos y malos. Cuando buscamos soluciones más elevadas —como compartir lo que mejor hacemos— y asumimos personalmente una responsabilidad, sostenemos la Visión. Nos sentimos bien con nosotros mismos, nuestra energía se mantiene plena y la gente recibe ayuda. Estamos conectados con nuestra intención original.

SEGUIR DESPERTANDO

En *La Décima Revelación*, Will nos da un importante mensaje: "Estas mismas experiencias están ocurriéndoles a personas de todo el planeta. Después de entender las primeras Nueve Revelaciones, todos quedamos en el mismo lugar: tratando de vivir esta realidad día a día, frente a lo que parece ser creciente pesimismo y división a nuestro alrededor. Pero al mismo tiempo seguimos adquiriendo una perspectiva y una claridad mayores respecto de nuestra situación espiritual, respecto de quiénes somos en realidad. Sabemos que estamos despertando a un proyecto mucho más grande para el planeta Tierra".[29] Esto ocurre de a un paso por vez.

> Los desafíos de la última década antes del milenio pueden enfrentarse perfectamente una vez que tomamos conciencia de la necesidad de reordenar nuestro mundo, en base a principios más elevados y no sólo ocupándonos ineficazmente de los sistemas actuales. **Corinne McLaughlin y Gordon Davidson,** *Spiritual Politics: Changing the World from the Inside Out*

PLANTAR Y COSECHAR JUNTOS

Janine Echabarne, artesana, vive en California desde hace veinte años. Ella y sus dos hijos varones adolescentes viven en una casa vieja, pequeña pero acogedora, enclavada en un huerto de almendros. La historia de Janine ilustra cómo su carga resultó un don de vida para alguien que había perdido no sólo su familia y sus amigos sino también la identidad y la patria.

"Tengo un jardín muy grande —nos contó—. Después de estar afuera un año, me encontré en junio entre malezas que me llegaban a la cintura. Para mí, un jardín es el centro de una casa, y quería que volviera a estar resplandeciente. Les pregunté a mis vecinos si no querían reanimarlo conmigo, pero no les interesó.

"Un día se me ocurrió que podía pedirle a una familia Hmong que viniera a compartir el jardín conmigo. Hay una numerosa colectividad Hmong que se instaló aquí, en el condado de Merced, cuando se vieron obligados a abandonar su patria durante la guerra de Vietnam. Había notado que muchos tenían jardines lindísimos en la zona.

"Llamé a Lao Family Community, Inc., una agencia que ayuda a los asiáticos del sur a adaptarse a la cultura estadounidense. Pusieron mi nombre en la televisión por cable y ese mismo día recibí un llamado de May Der, una chiquilla de doce años, que me dijo que su mamá estaba interesada porque unos chicos del vecindario acababan de arruinarle el jardín.

"Cuando colgué el teléfono, empecé a pensar y me asusté. Se han formado algunas pandillas asiáticas en los alrededores debido a la ruptura de sus estructuras familiares originales con la reubicación. Empecé a pensar: 'Diablos, ¿a quién estaré invitando?'. Entonces recordé que ese miedo siempre me acompaña cuando doy un paso nuevo. Parece ser una reacción natural al abrir el corazón. En cuanto mi corazón se abre, deja que entre el miedo. De modo que no le hice caso. Al día siguiente, Gee Vang y su hija vinieron y hablamos sobre los términos de nuestro reparto. Mi preocupación más grande era que no se usaran sustancias tóxicas o fertilizantes químicos. Por lo demás, empezaríamos y veríamos qué pasaba.

"En un mes, el jardín lucía como nunca. Todo lo que Gee pone en la tierra crece como por arte de

... no tratemos de almacenar las cosas que necesitamos y limitémonos a manejarnos con lo que nos llegue como nos llegue. Creo que de esta forma continuaremos recibiendo las bendiciones de Dios, especialmente si no nos volvemos extravagantes y no quedamos cautivos en vivir para el futuro, en vez de hacerlo aquí en el presente. **Lucinda Vardey,** *Mother Teresa: A Simple Path*

magia. ¡Me ha enseñado tantas cosas! Los alimentos frescos son muy importantes para el pueblo Hmong. Aunque viven en un departamento, usan hasta la más mínima pizca de tierra. Conocí a toda la familia, y a veces les doy clase a los chicos. También los ayudo con los problemas del idioma para los seguros, etcétera. Al conocer la comunidad de Hmong a través de Gee me di cuenta de todo el sufrimiento personal que soportaron. La mayoría perdieron a sus familias cuando huyeron de Laos. Aquí tienen una sensación de pérdida de alma y pérdida de la cultura, pero creo que en sus bellos jardines retienen gran parte del espíritu y la conexión con su cultura. Gee tiene semillas originadas en Laos y se han propagado después de haber crecido muchas estaciones en los Estados Unidos. Me honra que las comparta conmigo y poder serle de utilidad de vez en cuando.

"Disfruto mucho la amistad con Gee, su marido, Chue, sus nueve hijos y su numerosísima familia. Ella y yo comemos juntas, hacemos compras juntas y a menudo voy a trabajar al colegio con todos nuestros chicos.

"Gee dice: 'Compartimos ideas como madre e hija. Yo puedo confiar en Janine y ella puede confiar en mí. Y todo lo que no sé, trata de explicármelo y me dice qué hacer. La información es muy importante, para guardarla en mi mente para siempre'".

> "Mary, voluntaria de los Misioneros de la Caridad, trabaja en una cocina comunitaria donde se distribuye sopa y dice: "Descubrí que la ayuda práctica puede resultar deprimente, salvo si se hace con amor... establecer contacto es algo que se da por etapas... es mejor no tratar de afanarse demasiado por dar la comida y recoger los platos, sino proponerse hablar o sentarse junto a alguien, para tratar de establecer un contacto de uno a otro." **Lucinda Vardey, *Mother Teresa: A Simple Path***

Esta historia revela cómo una persona actuó pese a su miedo. Su gesto es un puente para quienes se vieron duramente desarraigados sin culpa alguna y un modelo para el resto de la comunidad.

No hay recetas para la acción. Observe simplemente qué está experimentando y pida una orientación para dar el primer paso. Preste atención a lo que aparece para usted.

VOLVER A LA CASA DE ABUELA - UNA NUEVA HISTORIA

Kim Burroughs, de Toronto, también actuó siguiendo una orientación intuitiva. Un día decidió realizar un pequeño proyecto que había sido una especie de "obsesión" durante mucho tiempo. Kim dijo: "Pensaba todo el tiempo qué desperdicio era tener viviendo en geriátricos a todos esos ancianos que todavía tenían una mente brillante y mucha energía, pero no la capacidad de salir solos. Y pensaba qué bueno sería que pudieran pasar tiempo con niños, que también necesitan ese tipo de atención personal que es tan poco frecuente en las familias hoy en día. La mayoría no pasamos mucho tiempo con nuestros abuelos, y ellos son un eslabón fundamental de

"Están hambrientos no sólo de comida; están hambrientos de ser reconocidos como seres humanos. Están hambrientos de dignidad y de ser tratados como nos tratan a nosotros. Están hambrientos de nuestro amor." **Lucinda Vardey, *Mother Teresa: A Simple Path***

nuestro sentido de la herencia. Estaba decidida a ver si podía concretar algún tipo de conexión entre ambos.

"Primero busqué en la guía telefónica direcciones de geriátricos y escuelas primarias. Un sábado hice un recorrido con una amiga. Para la tarde, habíamos encontrado lo que yo buscaba: una escuela y un geriátrico que estaban prácticamente uno frente al otro.

"Llamé a la directora del colegio, me reuní con ella y algunos maestros y les conté mi idea, y vimos qué era lo que hacía falta para que funcionara. Después hablé con los coordinadores del geriátrico y nos pusimos a trabajar todos en los detalles. Nadie sabía si funcionaría o no, pero decidimos intentarlo.

"Fue de verdad estimulante ver a esos chicos llegando a los saltos al hogar el primer día. A los grandes les había dicho: 'Escuchen a los niños. No tienen que corregirlos ni nada; dejen que les lean o léanles ustedes a ellos. Véanlos simplemente como niños inteligentes y especiales'. A propósito, no les dije a los grandes nada sobre los chicos, si los consideraban tímidos, o alborotadores, o lentos o dotados, o lo que fuere. No quería ponerle rótulos a nadie.

"Alenté a los mayores a que les contaran a los chicos cómo era Toronto en su época, y los chicos estaban fascinados con los cambios de ese entonces al presente. A veces, simplemente jugaban al bingo juntos. Bueno, después de cuatro meses de estas visitas semanales estábamos todos sorprendidos. La directora se sentía encantada con los cambios positivos que observaba en los chicos. Un niño, sobre todo, había sido muy agresivo en la clase y ahora estaba tranquilo y prestaba más atención, pero todos los chicos manifestaron algún tipo de mejoría. Hicimos una pequeña ceremonia de graduación y les pedí a los chicos que escribieran una breve declaración sobre lo que habían vivido con los mayores y luego la leyeran a todos. Fue fantástico. Dijeron cosas como: 'Los viejos no son aburridos', 'Lo pasé realmente genial', 'Me gustó oír hablar de los viejos tiempos'. El personal del geriátrico también estaba sorprendido por los cambios operados

> "Una vez estaba tocando el piano y un músico que me oyó me dijo:"Eso no va a ninguna parte. Siempre debes tocar para alguien: puede ser para el río, o Dios, o para alguien que esté muerto, o alguien que esté en la habitación, pero tiene que ir a alguna parte." **Brenda Ueland, *If You Want to Write: A Book About Art, Independence and Spirit***

en las actitudes de los ancianos que participaron en este programa. Estamos totalmente decididos a repetirlo este año.

"Hubo una mujer, Margaret, que no tenía hijos. Siempre llegaba temprano a las sesiones y tenía todos sus libros listos. El día de la graduación, se quedó en su habitación porque no quería que el programa terminara. Dos de los chicos fueron a buscarla, le leyeron la declaración y le dijeron: 'Eres nuestra mejor amiga', y le dieron un fuerte abrazo."

LA ORACIÓN INCESANTE

La mayor parte de este libro apuntó a describir la manera en que personas comunes se abren a su orientación espiritual para servir al mayor bien de la humanidad en el mundo secular. Algunas almas nacieron para trabajar en beneficio de la Visión Global en forma anónima y recluida. Los ermitaños y las órdenes sagradas de monjes y religiosas se retiraron de la vida mundana y dedicaron sus energías a la comunicación incesante y directa con el espíritu divino. La literatura está llena de leyendas de milagros y sanaciones de místicos que, a través de muchas vidas de perseverancia, pudieron alcanzar estados no ordinarios y llevar a cabo materializaciones, teleportaciones, rescates milagrosos y mucho más.

Sin embargo, cualquier adepto espiritual respetable negará dichos poderes. El camino hacia esos poderes, irónicamente, consiste en alcanzar un estado "en el cual no tenemos ningún deseo personal, cuando nos volvemos puros, libres de anhelos egoístas, [y] lo que pedimos nos es dado porque nuestra voluntad se vuelve una con la voluntad de Dios. Lo que el santo desea es exactamente lo que Dios desea, y por lo tanto es dado. Ése es el propósito de la *ascesis* [la forma de vida ascética]".[30] Markides continúa diciendo que la persona que sigue esta forma de vida muy concentrada supera cualquier fijación en una pasión o deseo personales para que el Espíritu Santo pueda tener un canal despejado, libre de egoísmo, para circular. Markides recibió un texto esotérico de manos de un finlandés ortodoxo, Tito Collianter. En ese libro, *The Way of the Ascetics*, leemos: "Para quien no tiene deseos individuales, apasionados, todas las cosas avanzan en la dirección que él desea que avancen... Su voluntad converge con la voluntad de Dios y todo lo que pueda pedir en la oración le es concedido. Por esa razón, llegué a comprender que, cuando gerontes o staretzs como el padre Vasilio rezan por el bienestar del mundo, sus oraciones son importantes. Y por esa razón rezan sin cesar".[31]

Todos tenemos un lugar en los planos de la conciencia. "Y debes saber que si los que rezan desaparecieran, el mundo se terminaría."[32]

Somos seres de luz grandes y poderosos

Tómese un tiempo ahora para cerrar los ojos y volver a la cueva donde vio los símbolos de su vida. Entre y siéntese en el centro mismo de la cueva, dentro del haz de luz que cae desde la abertura que está sobre su cabeza. Siéntese bajo el haz de luz y observe cómo se vuelve translúcido cuando lo baña la luz dorada.

Su transparencia salpica las estriadas paredes color ocre de la cueva iluminándola en todas las direcciones. Sienta que es uno con la luz.

Notas

CAPÍTULO 1

1. James Redfield, *La Décima Revelación*, ed. Atlántida, Buenos Aires, 1996, pág. 24.
2. Paul H. Ray, "The Rise of Integral Culture", *Noetic Sciences Review* 37, primavera de 1996.
3. Ibid.
4. Ibid.
5. Daniel Goleman, *Emotional Intelligence: Why It Can Matter More Than IQ*.
6. Patricia Hurley, carta, *The Celestine Journal*, enero de 1996.
7. Marla Cukor, carta, *The Celestine Journal*, enero de 1996.
8. Kyriacos C. Markides, *Riding with the Lion: In Search of Mystical Christianity*, Penguin, Nueva York, 1995.

CAPÍTULO 2

1. James Redfield, *La Décima Revelación*, ed. Atlántida, Buenos Aires, 1996, pág. 31.
2. Ibid., pág. 18.
3. Doctor Alvin Stenzel, *The Celestine Journal* 2, No. 12, diciembre de 1995.
4. Caroline Myss, "Why People Don't Heal: Hoy You Can Overcome the Hidden Blocks to Wellness", Sounds True Studios, Boulder, 1994.
5. Michael McCabe, "A Decade of Opportunity", *San Francisco Chronicle*, 8 de marzo de 1996.
6. Doctor Larry Dossey, *Healing Words: The Power of Prayer and the Practice of Medicine*, HarperSanFrancisco, 1993.
7. Jack Kornfield, *A Path with Heart: A Guide Through the Perils and Promises of Spitirual Life*, Bantam Books, Nueva York, 1993.
8. Pat Brady Waslenko, carta, *The Celestine Journal* 2, No. 2, febrero de 1995.

CAPÍTULO 3

1. James Redfield, *La Décima Revelación*, ed. Atlántida, Buenos Aires, 1996, pág. 19.
2. Ibid., pág. 41.
3. Sandra Fry, carta, *The Celestine Journal* 2, No. 3, marzo de 1995.
4. Redfield, *La Décima Revelación*, pág. 95.
5. Sam Whiting, "A Friend for Life", *San Francisco Chronicle Datebook*, 7 de abril de 1996.
6. Allan Ishac, carta, *The Celestine Journal* 2, No. 6, noviembre de 1995.
7. Redfield, *La Décima Revelación*, pág. 98.

8. Marilyn Allan, carta, *The Celestine Journal* 2, No. 11, noviembre de 1995.
9. Redfield, *La Décima Revelación*, pág. 108.
10. Marie-Louise Von Franz, *On Divination and Synchronicity: The Psychology of Meaningful Chance*, Inner City Books, Toronto, 1980.
11. Redfield, *La Décima Revelación*, pág. 266.
12. Marie-Louise Von Franz, *On Divination and Synchronicity*.
13. Ted Andrews, *Animal-Speak: The Spiritual & Magical Powers of Creatures Great & Small*, Llewellyn Publications, St. Paul, 1994.
14. Ibid.
15. Ibid.
16. Ibid.
17. Redfield, *La Décima Revelación*, pág. 264.
18. Dan Miller, carta, *The Celestine Journal* 2, No. 11, noviembre de 1995.
19. Jean Houston, *The Possible Human*, Jeremy P. Tarcher, Los Ángeles, 1982.
20. Ibid.
21. R. L. Wing, *The I Ching Workbook*, Doubleday, Nueva York, 1979.
22. Nancy Vittum, carta, *The Celestine Journal* 2, No. 6, junio de 1995.
23. James A. Swan, *Sacred Places: How the Living Earth Seeks Our Friendship*, Bear & Co., Inc., Santa Fe, Nueva México, 1990.

CAPÍTULO 4

1. James Redfield, *La Décima Revelación*, ed. Atlántida, Buenos Aires, 1996, pág. 193.
2. Caroline Myss, "Why People Don't Heal: Hoy You Can Overcome the Hidden Blocks to Wellness", Sounds True Audio, Boulder, 1994.
3. Ibid.
4. Russell E. DiCarlo, *Towards a New World View: Conversations at the Leading Edge*, Epic Publishing, Erie, 1996.
5. Ibid.
6. Ibid.
7. Redfield, *La Décima Revelación*, pág. 217.
8. Hans TenDam, *Exploring Reincarnation*, Penguin Books, Londres, 1990.
9. Redfield, *La Décima Revelación*, pág. 214.
10. Doctor Brian I. Weiss, *Many Lives, Many Masters*, Simon & Schuster, Nueva York, 1988.
11. Ibid.

CAPÍTULO 5

1. James Redfield, *La Décima Revelación*, ed. Atlántida, Buenos Aires, 1996, pág. 79.
2. Ibid., pág. 206.
3. Doctor Larry Dossey, *Healing Words: The Power of Prayer and the Practice of Medicine*, HarperSanFrancisco, 1993.
4. Ibid.

5. Rosemary Altea, *The Eagle and the Rose*, Warner Books, Nueva York, 1995.
6. Redfield, *La Décima Revelación*, pág. 90.
7. George Leonard y Michael Murphy, *The Life We Are Given: A Long-Term Program for Realizing the Potential of Body, Mind, Heart, and Soul*, Jeremy P. Tarcher/Putnam Books, Nueva York, 1995.
8. Ibid.
9. Ibid.
10. Ibid.
11. Henry Dreher, "The Healing Power of Confession", *Natural Health*, julio/agosto de 1992.
12. Redfield, *La Décima Revelación*, pág. 87.
13. *San Francisco Chronicle*, abril de 1996.
14. "Who Says There Are No Heroes Anymore?", *San Francisco Chronicle*, 4 de mayo de 1995.

CAPÍTULO 6

1. James Redfield, *La Décima Revelación*, ed. Atlántida, Buenos Aires, 1996, pág. 42.
2. Robert Monroe, *Journeys Out of the Body*, Doubleday, Nueva York, 1971.
3. Ibid.
4. Ibid.
5. Doctor Raymond L. Moody, Jr., *Life After Life*, Bantam Books, Nueva York, 1988.
6. Ruth Montgomery, *A Search for Truth*, Ballantine Books, 1966.
7. Ibid.
8. Ibid.
9. Doctor Kenneth Ring, *Heading Toward Omega: In Search of the Meaning of the Near-Death Experience*, William Morrow, Nueva York, 1985.
10. Moody, *Life After Life*.
11. Hand TenDam, *Exploring Reincarnation*, Penguin Books, Londres, 1990.
12. Brian Weiss, *Only Love Is Real: A Story of Soul Mates Reunited*, Warner Boooks, Nueva York, 1996.
13. Ibid.
14. Bill Guggenheim y Judy Guggenheim, *Hello from Heaven!: A New Field of Research Confirms That Life and Love Are Eternal*, Bantam Books, Nueva York, 1995.
15. Moody, *Life After Life*.
16. Ibid.
17. TenDam, *Exploring Reincarnation*.
18. Redfield, *La Décima Revelación*, pág. 107.
19. Guggenheim y Guggenhiem, *Hello from Heaven*.
20. TenDam, *Exploring Reincarnation*.
21. Moody, *Life After Life*.
22. Doctor Raymond A. Moody, Jr., *Reflections on Life After Life*, Bantam Books, Nueva York, 1977.
23. Ibid.
24. Doctor Kenneth Ring, *Heading Toward Omega: In Search of the Meaning of the Near-Death Experience*, William Morrow, Nueva York, 1985.

25. Ibid.
26. Ibid.
27. Ibid.
28. Ruth Montgomery, A World Beyond, Ballantine Books, Nueva York, 1971.
29. Ibid.
30. Weiss, Only Love Is Real.
31. TenDam, Exploring Reincarnation.
32. Ibid.
33. Malidoma Patrice Somé, Of Water and the Spirit: Ritual, Magic, and Initiation in the Life of an African Shaman, Penguin Boooks, Nueva York, 1995.

CAPÍTULO 7

1. James Redfield, La Décima Revelación, ed. Atlántida, Buenos Aires, 1996, págs. 106-107.
2. Thomas Moore, Soul Mates: Honoring the Mysteries of Love and Relationship, HarperPerennial, Nueva York, 1994.
3. Redfield, La Décima Revelación, págs. 143-144.
4. Ibid., pág. 144.
5. Ibid., pág. 103.
6. Hans TenDam, Exploring Reincarnation, Penguin Boooks, Londres, 1990.
7. Ibid.
8. Redfield, La Décima Revelación, págs.105-106.
9. TenDam, Exploring Reincarnation.
10. Ibid.
11. Ibid.
12. Ibid.
13. Redfield, La Décima Revelación, pág. 143.
14. Ruth Montgomery, A Search for Truth, Ballantine Books, Nueva York, 1996.
15. Glenn Williston y Judith Johnstone, Discovering Your Past Lives: Spiritual Growth Through a Knowledge of Past Lifetimes, Aquarian Press, Wellingborough, Inglaterra, 1983.
16. Ibid.
17. Montgomery, A Search for Truth.
18. Albert Savedra, San Francisco Chronicle, febrero de 1996.
19. Ross Sondergaard Rasmussen, ibid.
20. Bownie McGhee, ibid.
21. Eleanor Clark, ibid.
22. Rosalie E. Taylor, ibid.
23. Eligio Panti, ibid.
24. Page Smith y Eloise Smith, ibid.
25. Benny Ong, ibid.

CAPÍTULO 8

1. James Redfield, La Décima Revelación, ed. Atlántida, Buenos Aires, 1996, págs. 178-179.

2. Robert Monroe, *Journeys Out of the Body*, Doubleday, Nueva York, 1971.
3. Glenn Williston y Judith Johnstone, *Discovering Your Past Lives*, Aquarian Press, Wellingborough, Inglaterra, 1983.
4. Robert Monroe, *The Ultimate Journey*, Doubleday, Nueva York, 1994.
5. Ibid.
6. Redfield, *La Décima Revelación*, págs. 167-168.

CAPÍTULO 9

1. James Redfield, *La Décima Revelación*, ed. Atlántida, Buenos Aires, 1996, pág. 44.
2. Andrew Bard Schmooker, en *Meeting the Shadow*, compilado por Connie Zweig y Jeremiah Abrams, Jeremy P. Tarcher, Nueva York, 1991.
3. Robert Bly, *A Little Book on the Human Shadow*, Harper & Row, San Francisco, 1988.
4. Redfield, *La Décima Revelación*, págs. 125-126.
5. Ibid., pág. 135
6. El Dalai Lama y Jean-Claude Carrière, *Violence and Compassion*, Doubleday, Nueva York, 1966.
7. Ibid.
8. Ramon G. McLeod, "U.S. Population Expected to Be Half Minorities by 2050", *San Francisco Chronicle*, 15 de marzo de 1996.
9. Fran Peavey, con Myrna Levy y Charles Varon, "Us and Them", en *Meeting the Shadow: Hidden Power of the Dark Side of Human Nature*, compilado por Connie Zweig y Jeremiah Abrams, Jeremy P. Tarcher, Nueva York, 1991.
10. Ibid.
11. Ibid.
12. Ibid.
13. Ibid.
14. Robert Monroe, *The Ultimate Journey*, Doubleday, Nueva York, 1994.
15. Ibid.

CAPÍTULO 10

1. James Redfield, *La Décima Revelación*, ed. Atlántida, Buenos Aires, 1996, pág. 254.
2. Margaret Wheatley, "The Unplanned Organization: Learning from Nature's Emergent Creativity", *Noetic Sciences Review*, primavera de 1996.
3. Doctor Paul H. Ray, "The Rise of Integral Culture", *Noetic Sciences Review*, primavera de 1996.
4. Redfield, *La Décima Revelación*, pág. 212.
5. Ibid., pág. 214.
6. Ibid., págs. 215-216.
7. Ibid., pág. 218.
8. Benjamin Barber, "The Global Culture of McWorld", *The Commonwealth*, 26 de febrero de 1996.

9. Redfield, *La Décima Revelación*, pág. 221.
10. Walt Hays, "The Natural Step: What One Person Can Do: The Story of Karl-Henrik Robèrt", *Timeline*, The Foundation of Global Community, Palo Alto, marzo/abril de 1995.
11. Ibid.
12. Redfield, *La Décima Revelación*, pág. 222.
13. Ibid., págs. 224-225.

CAPÍTULO 11

1. James Redfield, *La Décima Revelación*, ed. Atlántida, Buenos Aires, 1996, págs. 242-243.
2. Aice A. Bailey, *A Treatise on White Magic or The Way of the Disciple*, Lucis Publishing Company, Nueva York, 1980.
3. Redfield, *La Décima Revelación*, pág. 249.
4. Barbara Sher y Annie Gottlieb, *Teamworks!: Building Support Groups That Guarantee Success*, Warner Books, Nueva York, 1989.
5. Ibid.
6. Russell E. DiCarlo, entrevista con la doctora Beverly Rubik, *Towards a New World View: Conversations at the Leading Edge*, Epic Publishing, Erie, 1996.
7. William Drozdiak, *Washington Post*, "Onetime 'Sewer of Europe', The Rhine Is Reborn", publicado en *The San Francisco Chronicle*, 1 de abril de 1996.
8. Tom Hurley, "Community Groups", *Noetic Sciences Bulletin*, primavera de 1996, Institute of Noetic Sciences, Sausalito.
9. Ibid.
10. Russell E. DiCarlo, entrevista con Peter Senge, ibid.
11. Michael H. Murphy y Rhea A. White, *In the Zone: Transcendent Experiences in Sports*, Penguin Books, Nueva York, 1995
12. Ibid.
13. Ibid.
14. Ibid.
15. Redfield, *La Décima Revelación*, pág. 228.
16. Ruth Montgomery, *A Search for Truth*, Ballantine Books, Nueva York, 1996.
17. Redfield, *La Décima Revelación*, pág. 230.

CAPÍTULO 12

1. James Redfield, *La Décima Revelación*, ed. Atlántida, Buenos Aires, 1996, pág. 249.
2. William Van Zyverden, "Holistic Lawyering", *Legal Reformer*, enero/marzo de 1994.
3. William Zyverden, "Collaborative Law - Moving Settlement Toward Resolution", *Vermont Bar Journal & Law Digest*, febrero de 1994.
4. Ibid.
5. Ibid.
6. Laurette Rogers, *The California Freshwater Shrimp Project: An Example of Environmental Project-Based Learning*, Heyday Books, Berkeley, 196.

7. Ibid.
8. Ibid.
9. Ibid.
10. Alice Waters, "Dear Mr. President...", monografía, The Center for Ecoliteracy, Berkeley, 1995.
11. Torri Minton, "Shoolkids Help Save Marin Salt Marsh", *San Francisco Chronicle*, 4 de mayo de 1996.
12. Fritjof Capra, "Hyping Computers in Education", *San Francisco Chronicle*, 12 de marzo de 1996.
13. James Hillman, entrevista, *Sculpture,* marzo/abril de 1992.

CAPÍTULO 13

1. James Redfield, *La Décima Revelación*, ed. Atlántida, Buenos Aires, 1996, págs. 257-258.
2. Alice A. Bailey, *The Rays and the Intuitions*, vol. 5, *A Treatise on the Seven Rays*, Lucis Publishing Company, Nueva York, 1960.
3. Robert Monroe, *Journeys out of the Body*, Doubleday, Nueva York, 1971.
4. Ibid.
5. Bill Guggenheim y Judy Guggenheim, *Hello from Heaven*, Bantam Books, Nueva York, 1995.
6. Ibid.
7. Redfield, *La Décima Revelación*, pág. 258.
8. Michael Murphy, *The Future of the Body: Explorations into Further Evolution of Human Nature*, Jeremy P. Tarcher, Los Ángeles, 1992.

CAPÍTULO 14

1. James Redfield, *La Décima Revelación*, ed. Atlántida, Buenos Aires, 1996, pág. 269.
2. Ibid., pág. 262.
3. Ibid., pág. 281.
4. Barbara Gates y Wes Nisker, "Street-Wise Zen: An Interview with Bernard Tetsugen Glassman", *Inquiring Mind*, Berkeley, 1996.
5. Joseph Marshall, Jr. y Lonnie Wheeler, *Street Soldier: One Man's Struggle to Save a Generation - One Life at a Time*, Delacorte Press, Nueva York, 1996.
6. Ibid.
7. Ibid.
8. Catherine Bowman, "A Man Malcolm Could Be Proud of", *San Francisco Chronicle*, 28 de abirl de 1996.
9. Ibid.
10. Ibid.
11. Ibid.
12. Ibid.
13. Ibid.

14. Redfield, *La Décima Revelación*, págs. 184-185.
15. Ibid., págs. 249-250.
16. George Raine, "25 Years of Tough Love at Delancey", *San Francisco Chronicle*, 17 de marzo de 1996.
17. Redfield, *La Décima Revelación*, pág. 250.
18. Donna Horowitz, "Out of San Quentin by Their Bootstraps", *San Francisco Chronicle*, 5 de mayo de 1996.
19. Salle Merrill Redfield, "Visionaries at Work: An Interview with John Horning", *The Celestine Journal* 3, No. 4, abril de 1996.
20. Ibid.
21. Gacetilla de prensa, Goldman Environmental Foundation, San Francisco, 1996.
22. Ibid.
23. Ibid.
24. Ibid.
25. Bill Shorem, *Revolution of the Heart: A New Strategy for Creating Wealth and Meaningful Change*, Riverhead Books, Nueva York, 1995.
26. Ibid.
27. Ibid.
28. Ibid.
29. Redfield, *La Décima Revelación*, pág. 281.
30. Kyriacos C. Markides, *Riding with the Lion*, Penguin Books, Nueva York, 1995.
31. Ibid.
32. Ibid.

Sobre los autores

JAMES REDFIELD vive con su esposa, Salle, en Alabama. Es autor de *La Novena Revelación, La Novena Revelación: Lo esencial de las nueve Revelaciones* y *La Décima Revelación*.

CAROL ADRIENNE es coautora, junto con James Redfield, de *La Novena Revelación: Guía Vivencial*. También es autora de *The Numerology Kit* y *Your Child's Destiny*. La señora Adrienne es asesora, maestra y conferencista desde 1976.

LA NOVENA REVELACIÓN

de James Redfield
Narrada por Martín Wullich

La Novena Revelación contiene secretos que cambiarán el mundo.

Inspirándose en la sabiduría de un antiguo manuscrito peruano, muestra cómo establecer conexiones entre los hechos que ocurren en nuestra vida... **y nos permite ver qué sucederá en los próximos años.**

El libro de James Redfield sale a la luz en una época en que el mundo lo necesita profundamente. Desde su aparición en pequeñas librerías en los Estados Unidos, ha pasado de mano en mano y de amigo a amigo, hasta que se convirtió en el **best-seller número uno del mundo, con más de 5 millones de ejemplares vendidos** en cuarenta países, y se tradujo, virtualmente, a todos los idiomas.

La Novena Revelación es a la vez una aventura atrapante·y una guía que tiene el poder de cristalizar nuestras percepciones acerca de nuestra misión en la vida... y de dirigir nuestros pasos hacia el mañana con optimismo y renovada energía.

Un libro que aparece una vez en la vida y que la cambia para siempre.

Contiene 2 casetes
Duración aproximada 180 minutos

EDITORIAL ATLANTIDA
LIBROS EN AUDIO

Código 18998